千古枭雄

曹操

张浩洪 著

国际文化出版公司
·北京·

图书在版编目（CIP）数据

千古枭雄曹操 / 张浩洪著．—北京 ：国际文化出版公司，2020.4

ISBN 978-7-5125-1120-0

I．①千… II．①张… III．①曹操（155-220）－人物研究 IV．① K827=342

中国版本图书馆 CIP 数据核字（2020）第 021408 号

千古枭雄曹操

作　　者	张浩洪
责任编辑	焦　飞
封面设计	鸿儒文轩
出版发行	国际文化出版公司
经　　销	国文润华文化传媒（北京）有限责任公司
印　　刷	三河市华东印刷有限公司
开　　本	710 毫米 ×1000 毫米　　　　16 开
	22.75 印张　　　　335 千字
版　　次	2020 年 4 月第 1 版
	2020 年 4 月第 1 次印刷
书　　号	ISBN 978-7-5125-1120-0
定　　价	49.80 元

国际文化出版公司

北京朝阳区东土城路乙 9 号　　　　邮编：100013

总编室：（010）64271551　　　　传真：（010）64271578

销售热线：（010）64271187

传真：（010）64271187-800

E-mail：icpc@95777.sina.net

http://www.sinoread.com

目录

楔子		1
一	奉迎皇帝迁许都……挟天子令诸侯	1
二	处心积虑振朝纲……摆平各路人马	21
三	坚决果断清奸党……肃军纪揽人才	39
四	以敌制敌讨袁术……妙计扫荡群雄	59
五	长坂坡前释子龙……官渡以少胜多	79
六	袁绍败逃到邺城……曹操选出妙手灭袁	99
七	碣石山顶观沧海……迁都霸业初成	119
八	铁腕治军不容情……斩杀曹氏族人	137
九	曹操谋划征刘表……玄德寄居荆州	155
十	孔明献计救刘琦……曹操计取新野	175

目录

十一　曹操轻取荆州地……泄愤斩杀孔融　195

十二　诸葛妙计败孟德……曹操将计就计　213

十三　赤壁失策遭火攻……千古一战惨败　233

十四　大功未成病先扰……华佗妙手救治　255

十五　挥师西进重征战……关中收服张鲁　275

十六　神童曹冲一病亡……曹操误杀神医　295

十七　无奈献帝封魏公……暮年南征东吴　315

十八　三国鼎立大局定……一病不起寿终　335

附录　曹操大事年表　353

楔 子

东汉末年，大汉帝国大一统的格局开始崩裂。

这是一个混乱的时代，也是一个英雄辈出的时代；这是一个分裂的时代，更是一个渴望统一的时代。千古英雄，纵横驰骋，说不完的壮怀激烈，道不尽的叱咤风云。

曹操，一个才气飞扬的文学大师，一个敢作敢为的真性情男人，一个文治武功的大政治家……千百年来，却一直以"奸相"的形象留在民众的记忆里。历史在曹操这里开了一个大大的玩笑。

曹操生于官宦世家，他的父亲曹嵩是费亭侯曹腾的养子，汉灵帝时官至太尉。年轻时的曹操机智警敏，善于随机应变，他任性好侠，放荡不羁，不修品行，不研究学业，所以常人并不认为他有什么才能，只有梁国的乔玄等人认为他资质不凡。当时的名士许劭以知人著称，他曾对曹操说："君清平之奸贼，乱世之英雄。"

188年，汉灵帝为巩固统治，设置西园八校尉，曹操因其家世被任命为八校尉中的典军校尉。189年，凉州刺史董卓进入洛阳，废少帝，立献帝刘协，后又杀何太后及少帝，自称太师，专擅朝政。曹操见董卓倒行逆施，不愿与其同流合污，遂改姓易名逃出京师洛阳。曹操到陈留以后，散家财，合义兵，号召天下英雄讨伐董卓。

190年，袁术等人共推渤海太守袁绍为盟主，曹操任代理奋武将军，参加讨董军。同年2月，被联军击败的董卓胁迫献帝迁都长安。联军惧怕董卓精锐的凉州军的战力，无人敢向关西推进，而曹操认为应趁机与董卓决战，遂独自引军西进，结果大败。曹操又建议诸军各据要地，围困董卓，关东诸将不肯从。不久，关东诸军之间发生摩擦，相互火拼，联军至此解散。

192年4月，王允设连环计，吕布杀死董卓。不久，李傕、郭汜围困长安，杀死王允，打败吕布。同年，曹操击败了青州黄巾军，收编为"青州兵"，实力得以壮大。

195年，曹操领兖州牧。第二年，汉献帝在杨奉等人的护送下，回到长安。满腹韬略、胸怀壮志的曹操开始在这位有名无实的大汉天子身上打起主意，精彩的历史大戏就此拉开序幕……

一

奉迎皇帝迁许都
挟天子令诸侯

东汉末年，天下大乱，群雄争霸。身处乱世、上任兖州牧几个月的曹操与部下商议迎请汉献帝迁往许都。曹操「挟天子以令诸侯」，在政治上取得了极大的优势地位。他开始了自己统一华夏、建功立业的征程。

 196年，正值东汉建安元年。这年八月，中原大地，在如火的骄阳炙烤下，热浪滚滚，暑气袭人。

受到汉献帝的封赏，走马上任几个月的兖州牧曹操，此时正和部下众将在驻地许县的营中议事。他们的议事内容主要是奉迎皇帝来许县安身。天气太热，尽管议事营内门窗大开，人们仍是燥热难耐，涔涔汗水顺脸流下，湿透衣衫。

坐在上首席的曹操，边拿手帕擦拭鬓角边的汗水，边对众人讲话。

"诸位请多用心思忖，咱们身为大汉臣子，稳坐帐中，一日三餐，有酒有肉，天天饱食。然天子累遭劫难，初时被李催、郭汜劫往长安，衣食无着。后被杨奉、董承等人又迁回都城洛阳。而都城早被董卓作乱洗劫一空，百般摧残，粮米稀少，住所难寻。操每每思之，无不痛心疾首，意欲把天子迎奉许县居住，以尽臣子之道，不知各位意下如何？"

曹操话落不久，大将曹仁离席而起。他摊开双手说："主公所言，不无道理，天子有难，臣子分担，也属天经地义。不过，就目前处境，我们也有难处。咱到许县刚刚立足，袁术、袁绍、吕布诸多强敌兵陈四周，对我等虎视眈眈，随时都会进犯。我们粮草尚且不足，真要把天子迎来，一干人等，吃喝住睡，承担起来实是负重不小，万望主公多思为宜。"

曹仁的话虽委婉，但也较直爽。因是家族兄弟，说话从不顾及。基于已成习惯，曹操也就见怪不怪了。

众人正在思忖着曹仁的讲话，忽地又站出一人，甩出几发"炮弹"。

"对对，子仁将军言之有理。当前，正处动荡之际，不管什么天子、地子的，来了就是一个大包袱，别人甩还甩不及呢，我们何苦自找这个麻烦？你看刘表，还有袁氏兄弟，哪个不比咱势力大，他们都不奉迎，咱们迎个屁呀！"

此位真是直来直去，毫无隐晦之意，且语言粗野，目无尊长。众人放眼一看，谁呀？大将军夏侯惇。

这番话如果换成别人，是断断不敢。而如果是别人来说，曹操也是断断不允。可这个夏侯惇放了这一炮，曹操不仅没有发怒，反而呵呵一笑，摆摆手说："元让不要着急，有话慢讲不妨？"

曹操的火候、性子，真的这样好吗？非也！这里面有个主要原因，夏侯惇也是他的一个族弟！

原来，曹操的爷爷曹腾在东汉安帝时期，就进宫成了黄门从官，用后来的话说，就是进宫当了太监。众人皆知，太监因已去势再无生育能力。为了有人继承他的官位和财产，就从当地夏侯家抱养一子，取名曹嵩。曹嵩长大以后，在东汉桓帝时入朝为官，担任司隶校尉。待儿子曹操长大后，方辞职还乡。随着年龄的增长和阅历的增多，曹操逐渐清楚了自己的身世。了解到"夏侯"氏是本身的血脉渊源。所以，在他长大带兵起事时，一起从军的既有曹家族弟曹洪、曹仁等，也有夏侯族弟夏侯惇、夏侯渊等。尤其是夏侯惇，自入伍以来，武艺出众，勇猛异常，出生入死，时刻不离曹操左右，对这位兄台可谓忠心耿耿，沥胆披肝，立下累累战功。所以，曹操对这位族弟十分器重，而夏侯惇在这兄台上司面前，向来是无拘无束，斗胆直言。

帐下的文官武将，见曹操并未因夏侯惇的直言犯谏发怒生气，都深深出了口气，汗水淋漓的脊背上，随着松弛下来的神经，比来了一阵习习凉风还舒适惬意。只是，众人面面相觑，久久无语。

曹操见状，手拍桌案，倏地离席而起，脸色严肃地说：

"众位为何不语？方才子仁、元让将军各陈己见，是否良策，还请大家定夺。有话直说，总比不说要好。况且，奉迎天子，乃燃眉急事，岂容

优柔寡断？"

　　曹操话音刚落，帐下文官中有人轻咳一声，慢慢地站了起来，说了一句：“对曹将军、夏侯将军的见解，本人不敢苟同，我十分拥护主公所言，即刻奉迎天子来许。"

　　此人声音不大，分量倒是不轻，硬邦邦地向两位将军唱起对台戏。这位是谁？原来是谋士荀彧。

　　荀彧，字文若，投在曹操麾下已有几年。他头脑聪颖，腹有谋略，在曹操的征战生涯中，出过许多良策，被曹操视为汉初的张良。他铿锵有力地说：“当前，天下大乱，群雄奋起，汉室江山摇摇欲坠，朝不保夕。起初董卓窃据要位，祸乱朝纲，引得国人共愤，讨伐之声遍于四野。后来，又有李催、郭汜作乱，裹挟天子至长安，穿山越岭，受尽颠沛流离之苦。现虽已回都城洛阳，但仍遭缺衣少食之灾。主公今被皇帝封赏要职，更应奉迎天子来许，报效皇恩，以赢得天下人的赞许！"

　　说到这里，荀彧看到曹操频频点头，且又面露喜悦之色，就又清清嗓子说下去：“当前，群雄势力强者，莫过于袁家兄弟和吕布。他们雄心勃勃，屡有废帝称霸之心，招得天下共愤，实乃鲁莽荒唐之举。而主公在天子危难之时，伸手相援，将帝迎来，既换得国人口碑，又对咱们的事业有千载难逢的极大益处。"

　　这个荀彧不愧有张良之才，他不仅陈述了废帝和迎帝的利害关系，而且还藏而不露地说出了迎来皇帝并不是赔本的买卖，而是大有赚头。

　　此时待在洛阳城里的汉献帝，年纪刚刚十五，加上本身性格怯懦，无半点儿主见，一切听命于杨奉、董承的摆布。虽是如此，这皇帝的大牌子，还是高悬头顶之上。其实曹操奉迎天子之意，早已胸有成竹，今天在营中议事，只不过是对部下人的一番测试罢了。

　　奉迎天子，也不是今天刚刚提出，早在曹操刚任兖州牧后，他的谋士毛玠就已献此良策，只不过比荀彧说得更详细一些，毛玠说：“当今天下分崩，国主迁移，生民废业，饥馑流亡。真所谓国不泰民不安。这样下去，绝非长久之计。此时，急需一个有雄才大略之人收拾颓唐局面。纵观他人，个个虽有许多军队，也有较多粮草，但他们一心想的是称王称霸，

千古枭雄曹操

全无顾全大局之心，所以，谁也不能成其大事。唯主公，与此等不同，完全能够担当其任，收拾残局，一统大业。"

接着，毛玠又向曹操提出三项建议，即奉迎天子，修耕植，蓄军资。"奉迎天子以令不臣"，这是毛玠的核心建议。试想，天子颠沛流离，食不果腹，居无定所。各方诸侯都不伸手，此时若有人来尊奉天子，天子焉有不感恩戴德之理？如果借机向天子提出什么建议，天子也不可能不加以采纳，这样还愁支配不了天下的诸侯、大臣？

今天荀彧的议论和毛玠所言如出一辙，直喜得曹操笑容满面，他扔掉擦汗的手帕，击节说："知我者，荀文若也。"

曹操又稳稳落座，抬头望了望曹仁、夏侯惇，微微一笑说："二位将军所见，乃小家之言，而文若所说，方是大家之论。诸位也知，当前天下时局难定，天子幼小，且软弱无主见，身旁的韩暹、杨奉、董承之流居功自傲，暴力恣睢，帝极无奈，只有任其摆布。若此时把帝迎到身边，行君臣之礼，借天子之言，还愁制约不了诸侯？此时机实属可遇难求，万万不可错过！"

只一番话，说得帐下众文官武将频频点头，更有那头脑灵活、舌尖嘴巧之人赞不绝口："主公所言，真知灼见，实乃宏论。我等鼠目，望尘莫及，实是惭愧。"

曹操也知道这些人在陈述主见时缄口不言，却对自己的话大加吹捧，是十足的"拍马"。但他们总归是好意，也就未加斥责。他当机立断，向下发出指令："中郎将曹洪听令，你带五百人马，速去都城洛阳，奉迎天子来许。你要谨记，天子要毫发无损，大臣要一个不缺，速去速回，不得有误！"

中郎将曹洪引领一队人马，在炎炎烈日下猛劲向西北进发。宽阔的大道上，骏马踏蹄扬起的尘土，形成一道人为的屏障，完全隔断了人们的视线。两旁的庄稼，因充足雨水的滋润，长得绿茵茵，偶尔有一片高杆的玉米、高粱和几棵绿树，其阴凉遮在疾驰的行人头上，令人感到丝丝凉意。

天气尽管炎热，坐在马背上汗水涔涔的曹洪等人丝毫不敢耽误行程。他们清楚，此行关系着主公日后的基业，更与自己的前途紧密相关。且不

谈曹操治军军纪有多么严明，就是身为一个家族战将，对主公必须忠心耿耿，尽心尽力地去完成自身的使命。

马蹄得得，烟尘滚滚，曹洪及众人疾驰前进，终于在第二天上午来到在都城洛阳居住不久的汉献帝的宫门前。

曹洪翻鞍下马，撩起战袍擦去脸上的汗水灰尘，向守门将士通报："兖州牧特使曹洪，奉主公曹操之命，特来迎接天子回许县居住，请予通禀。"

此时的汉献帝刘协正和群臣议论今后的去向。站在下面的樊稠、韩暹、李乐、张杨、杨奉、董承等人，一个个摇头晃脑，阐述着自己的意见。

处在高座之上的汉献帝，面容憔悴，双目无神。他静静地听着群臣的议论，头脑中不时显现出颠沛流离的旧景。

是啊，多么可怜无奈的皇帝呀！在他九岁，还不谙世事之时，就被董卓挟持着登基称帝，改元初平。自从当上皇帝那天起，就没过过一天安稳的生活。董卓执政，祸乱朝纲，王允授计，除掉董卓，袁术、袁绍拥兵自重，挑起诸侯纷争，李傕、郭汜作乱内讧，将天子劫持至长安。都城在战火的摧残下，遍地狼藉，满目荒凉。现在，在自己力争的情况下，依靠韩暹、杨奉等人又回归洛阳都城，而群臣又整天为今后的去向争论不休。他烦透了这种喋喋不休的嘈杂之音，但尚未失聪的耳朵偏偏把这些话又都收听进来。

安集将军董承，现在成了汉献帝的老丈人，说话比谁都硬。

"大家都说洛阳又穷又破，但这里毕竟是都城。几代皇上都在此居住过，如果真迁往他处，提此建议者，都是心怀叵测之人。"

董承几句话，如同在奄奄一息的火堆上浇了一勺清油，立即火苗四起，众口反击。

韩暹首先讲话："董将军所言甚谬，谁有不测之心？想当初，是我们尽力为之，将皇帝从长安迁回这里。现在您想迁出，无非是想找个生活出路。总囚在这个破地方，如果诸侯来犯，就是饿也把众人饿死！"

韩暹刚讲完，兴义将军杨奉也站了起来，脸红脖子粗地直喊："董大

千古枭雄曹操

将军你有何等能力，还坚持守这个破城？你不同意迁走，好，你把宫殿修起来，把粮食弄来，我们大家都给你叩头作揖。”

董承见二将把炮口全对准自己，好生烦恼。他正准备用话回击他们，忽听外面有人来报："兖州牧曹操，派人来迎接圣驾到许县。"

曹操，这个名字、这个人，谁都不陌生。尤其是汉献帝，对曹操印象更深。不论在讨伐董卓方面，还是平定李傕、郭汜作乱方面，曹操都为汉室立下了汗马功劳。就在一个多月前，曹操亲自来到洛阳，三跪九叩见了自己，并带来了许久未见的粮食和酒肉。他抚摸着自己陈旧的龙袍，眼泪簌簌而下，其礼、其情，何等的诚敬啊！为此，封给他新的官位，录尚书事，并授予符节和黄钺。现在，曹操兵驻许县，着人前来迎驾，更显其忠心无二。

想到这里，汉献帝舒展开笑脸，连声说："好，这正合朕意！"他刚想下旨传唤特使前来晋见，不料，正在气头上的董承厉声相拦："且慢，曹操何许人也，竟打发人来恭迎圣驾？再说，许县乃弹丸之地，他有多大的能力，让朝廷去那儿存身？据我猜测，这个曹孟德居心叵测，皇帝万万不能前往。"

不管董承的为人如何，不论他与曹操有无私人成见，在这一点上，他多少还是有些政治头脑的，居然一下说到了点子上。然而这句话却给自己后来埋下祸根。

献帝本想把曹操使者曹洪唤进来，听听兖州牧的主张，以决断今后的退路。今让董承一番话，噎了个瞠目结舌，完全打消了召见曹洪的念头，随即传下旨意："朕现在议事，无暇面见外臣，请来人返回许县，告之兖州牧，朝廷去往何处，日后再议。"

其实，就在董承说完话，汉献帝在思考的过程中，阶下一个叫董昭的人，因和曹操私交很好，就偷偷溜出来，将事情经过告诉了曹洪，让他转告曹操，再想良策，一定要将天子奉迎许县。所以，待传旨之人说完后，曹洪二话没说，调转马头回去了。

待在许县营中的曹操，并不比皇宫中的君臣轻松多少，也不比来回驰骋的曹洪等人舒适安逸。当曹洪等人走后，曹操的大脑一刻也没停止转动。

一 奉迎皇帝迁许都：挟天子令诸侯

— 7 —

　　是啊，别看汉献帝周围尚有一些文臣武将，但处此乱世之中，每个人心中都有自己的打算。有几个人能为汉室江山着想？有几个人能为黎民百姓着想？更有几个人能为眼前的皇帝着想？这些人，别看出谋划策、行军打仗都不怎样，但打起自己的小算盘来，倒都是顶呱呱，个顶个。尤其是那皇帝的老丈人董承，胸无点墨，志广才疏，专会搬弄是非，嫉贤妒能。曹洪此去，如没有董承拦阻，或许能够成功。

　　想到这里，曹操望望天空，但见蓝天白云，烈日如火，在营中待着尚且燥热难耐，何况走在途中的将士，该是何等辛苦哟！

　　他拿出条手巾，在凉水盆中洗了洗后，在脸上擦拭几下，丝丝凉意，给出汗的身躯带来些许舒服。他刚把手巾拧干，忽然外面传来马嘶之声。曹操急忙放下手巾，身后营门一开，曹洪已风尘仆仆地进来。

　　曹洪见了曹操，赶紧行礼谢罪：“下官曹洪，办事无能，有辱使命，未能迎得天子来归，实是罪不能赦！”

　　曹操弯下腰去，将曹洪扶起，拉过凳子让他坐下，安慰说：“子廉已经尽力，何罪之有，喝口水慢慢讲话。”接着，递过一杯凉茶给了曹洪。

　　曹洪这才安稳下来，喝了一大口茶水，向曹操学说了事情的全过程，尤其是董昭的讲话。

　　曹操在他的位置上坐着，边听边手拈胡须。听完以后，并未暴跳如雷，也没有大声责骂，而是静静地思索起来。片刻之后，他语气沉稳地说：“果不出我所料。好个董承，到时看我叫你来求我！”

　　这年的八月十五日到了。自东汉起，中国人就有了过中秋节的习俗。洛阳城内。早饭刚过，安集将军董承正悠闲地坐在花园凉亭下，看着下人们在湖中捞鱼，准备过一个和和美美的中秋佳节。

　　此时，有人进来报告：“将军，外面有两个人求见！”

　　董承忙问：“谁来有事见我？”

　　下人回答：“不知何人，只说见了将军再说。看样子有什么东西要送！”

　　董承有个毛病，特别爱占便宜，朝廷内外人人皆知。尤其是当了国丈以后，那些拍马逢迎的人络绎不绝。这个送钱，那个送物，他是来者不拒，见礼就收。若是想托他办事，两手空空，钱物不带，成功的概率几乎为零。

今天是中秋节，不定又是谁来"孝敬"。既来之，则接之，董大将军向来不会客气。于是，他告诉下人："快去，唤他们进来！"

求见的人来了，都是军丁打扮。他们放下两大包东西，见了董承，马上跪地叩头。没等董承发问，就自报了家门："董老爷，我们是从许县而来，奉了主公曹操之命，在中秋佳节，特备些薄礼前来问候……"

没等他俩说完，董承马上拦住话头：

"等等，你家主公曹操，远在许县，怎能派人前来？你们是何人，敢来冒充公差？"

其中，一个年纪稍大点儿的赶紧回话："老爷请勿着急，我们是三天前奉主公之命来此办事的。临行前特意嘱咐，八月十五这天前来拜会您老人家。对了，这里还有主人一封书信。"说完，递给面前的董承一封信。

董承接信在手，一看正是曹操的手笔。信中大意是"将军常年辛劳，为汉室呕心沥血，国人无不叹服。上次奉迎天子，将军出于公心，予以制止，实乃利国之举也。曹操不仅不恼，还为你的直言深深敬佩。今又逢中秋，特备薄礼相送，物虽不多，情感尚重，万望笑纳。"

看完信，董承哈哈一笑说："好个曹将军，不计前嫌，还有礼物相赠，胸襟可谓大矣！好，这礼我收下。回去告诉你们主公，有机会来都城一叙。"

就在董承在家收礼的时候，兴义将军杨奉和司马张杨的府上，同时去了两个密报之人，说董承在皇帝面前常进谗言，贬低二位目光短浅、志大才疏，迟早要把他们撤职。

杨奉、张杨听到后，因都知道董承仗势压人、心地不善，所以对这番话深信不疑。好，你是皇帝老丈人，那就把皇帝交给你了，咱们赶早到外面驻防算了。二人一商量，就搬出洛阳城去了。

此时，大将军韩暹也去了外地，朝内武将只剩董承。至此，他方感到了孤单。假若袁术、袁绍等人前来进犯，自己孤掌难鸣，怎保天子安然无恙？现在朝内闲杂人员不少，但个个都是庸碌之人，找谁来做帮手呢？

他骤然想到了曹操，于是，就奏请献帝，要曹操来京护驾。

其实，所有这些，都是曹操一手策划的，事情的发展也是完全按他的预料顺利进行的。当曹操接到汉献帝的进京圣旨后，不由捋须长笑："哈哈，天助我也！"

曹操终于如愿以偿，来到汉献帝的身旁，成了一位名副其实的护驾将军。

临来洛阳之时，曹操把众将召集到一起，进行了推心置腹的谈话。

还是那个夏侯惇，愣愣怔怔地发起牢骚："去那破地方何益之有？在皇帝眼皮底下一待，还得受他管着，哪有在咱这地盘好。你是主帅，对我们这些人随意吩咐，任意使唤，真正是人上之人，何必在人家面前充三孙子！"

夏侯惇的讲话，粗野实在，幽默动人，不仅帐下的文官武将发出笑声，就连在上座静听的曹操也笑了起来。

曹操笑着望望夏侯惇，叫着他的字说："元让，你的年龄已是不小，在军中带兵也是一名猛将，怎么就不学着点儿动动脑子，学着说点儿文雅之语？"

站在文官席上的荀彧说道："主公此去，不知有何打算？是长期留于京都，还是仍回许县？"

曹操一笑，他站起身，背着双手在营内踱起步来，从他的神情上，那些头脑聪颖之士，都知道主公又在深思，也在谋划着今后的出路。

曹操踱了一会儿步子，又回到原地坐下，面色严峻地说："文若诸位问得很对，我在这里可以告诉大家，我是不会在洛阳待很长时间的。是的，当今天子，内忧外患，危难之时多于平安之日，我这做臣子的，前去护驾，一安天子之身，二安百姓之心。若是不去，定有负于天子对我的封赏，有负于对我的厚望，有负于一些臣民百姓的期盼！但是，洛阳绝不是我的久留之地！"说到这里，他见大家都在屏息凝神地听着，就又接下去说："诸位放心，我曹某人初衷不改，一定将皇帝迎来许县，以尽我的臣子之道！"

曹操带着护卫将军典韦和五十名士兵，在中秋节后的凉爽之天，策马疾驰在去往洛阳的大道上。因急着赶路，晓行夜宿，马不停蹄，仅两天时间就到了洛阳城。

到洛阳后，他们找到了汉献帝的住处，宫里人带他到汉献帝面前。曹操跪倒叩头，连呼："罪臣曹操见驾来迟，还望吾皇赦罪！"

屡弱不堪的汉献帝，手拽着那身不合体的龙袍快步来到殿下，用手将曹操搀扶起来，细声细语地说："卿家快起，你如此忠于汉室，何罪之有？来人，快给曹将军让座！"

曹操坐了下来，他仔细观看刚刚坐于龙座之上的汉献帝，内心不觉翻腾起来，两行热泪簌簌而下。

是啊，这小皇帝太凄惨了。弱小的身体，怜悯的面容，无奈的眼神，时时处处无不显露出百遭磨难的容颜。细想，如果有一个好的环境，有一种好的生活，整日过着衣食不愁、无忧无虑的日子，怎么也不至于这副模样。

曹操擦去泪水，又想到眼前的政治情况，皇帝生活尽管如此困苦，那些个野心勃勃的阴谋家，还不时向朝廷发难。他们看不到因他们的争权夺势给天下百姓带来的苦难，看不到因他们觊觎皇位而给朝廷带来的祸殃。这些人，有愧于汉室臣子，有愧于皇帝的封赏！只要有我曹操在，这种局面一定会加以改变，那些争权夺势、蝇营狗苟之徒，决不让他们有好日子过。

此时，坐在上面的献帝，看到曹操至诚至切的伤感，内心激动不已，他对曹操说："曹将军请不要为朕过分忧心。你的此情此义，朕会永记心头。今日来到朕的身边，我心定了，朝廷安稳了，你就放心大胆地干吧！用你的智慧、你的才能，尽快扭转这不利局面。"

晚饭过后，曹操漫步在洛阳街头。此时正是九月初，清淡的、弯弯的月牙儿，已经移向西方。在星光闪闪的夜空里，阵阵秋风吹过，使穿衣不多的曹操感到丝丝凉意。

说实在的，曹操对都城洛阳并不陌生。他幼年时候，随父亲曹嵩就多次来此居住，长大步入仕途后，也几多在这里为官。对这里的一街一巷，一个门口，一条道路，不敢说了如指掌，但也是相当清楚。想当年，都城

一　奉迎皇帝迁许都：挟天子令诸侯

何等繁华，何等昌盛！白天，宽阔的大街上车水马龙。鳞次栉比的店铺里人来人往，琳琅满目的物品引得人们争相购买。在城隍庙的大街旁，耍把式卖艺的，出售杂物玩具的，吹拉弹唱的，交织出一派太平景象。每到夜晚，街头巷尾多有各色灯笼高挂，卖夜宵的，下饭馆的，也是出奇的热闹。

唉，现在呢？曹操边走边想。现在的都城早已面目全非。经过董卓、李傕、郭汜等人的轮番糟蹋，往昔的旧景已不复存在。断壁残垣，庙宇颓废，宫殿被毁，荒草萋萋，人烟稀少，已成了今日都城洛阳的真实写照。

夜色越来越黑，街上寂静得叫人心里发毛。曹操不往前走了，他转身回返，坚定的脚步落在凹凸不平的大街上，显得那么沉稳有力。这脚步透出了曹操的决心和信心：定尽己能，报效朝廷，鞠躬尽瘁，肝脑涂地。不为彪炳青史，只为天下太平。

第二天早朝以后，献帝把曹操单独留下，君臣进行了一次机密谈话。

可能是因曹操的到来，心感踏实之缘故吧，此日皇帝的脸色要比前几日好得多了。稚嫩的小脸上渐渐布上红晕，有了充足睡眠的双眼，也忽闪忽闪地更加有神。

献帝把曹操唤至身边，指手让坐。曹操忙低头回答："哪有臣子与君同坐之理。多谢皇上，承蒙厚爱，我就这样说话吧！"

献帝呵呵一笑："曹将军对皇家一向耿耿忠心，从无二意。如果先人地下有知，也不会忘记你的辉煌功绩。今此屋只有你我二人，就不必再行君臣之礼了，无拘谈话吧！"

在献帝的诚恳要求下，曹操终于坐了下来，二人的谈话也就开始了。先开口的当然是汉献帝："曹将军，你到都城已有多日，朝廷内外的情况恐已掌握不少。依你之见，日后准备如何行事？"

沉思一会儿后，曹操才说："吾皇如此抬爱，臣已诚惶诚恐。方才所提之事，我也思忖许久。就眼前来说，朝廷内部人心混乱，各怀异心。出去的杨奉、韩暹等人，权欲熏心，明争暗夺，和朝里的人内外勾结，沆瀣一气。弄得朝内人人自危，互不信任。依我之见，当前急需做三件事情。"

"三件事？哪三件？曹将军快说！"曹操的话刚一停顿，汉献帝就迫

不及待地催促起来。

"所说三件事情都很紧急，但最紧急的一件事，应是先整肃朝纲，清除内患。"曹操接着话茬说。

清除内患，清除谁呀？曹操没有说出来，汉献帝也没有继续问。君臣这番谈话，算是宣告结束。

说起内患，曹操确有所指。一个是侍中台崇，一个是尚书冯硕。这两个人都是汉献帝眼前的红人，惯于迎奉拍马，搬弄是非，是两个十足的小人。因是献帝庞臣，故曹操指名道姓。不过，曹操已定决心，及早将二人除掉。

话说这次曹操到洛阳之前，收到了董承的信件，邀他来京护驾。此事侍中台崇不知怎的得到了消息，听到后，晃着自己不大的小脑袋盘算起来。

台崇想，这个曹操是人中豪杰，听哥哥说过，他曾与董卓有隙，暗中搞过刺杀，又杀过吕伯奢一家，鬼疑多心，更不厚道。所以如若来朝护驾，不定谁会遭殃，还是想法子挡一挡。

这小子也是死期将至，曹操的这些事情与你何干？但他偏要从中作梗，搬弄是非。一方面，串通了尚书冯硕，到献帝面前去说曹操的坏话；另方面，派人去联系外边驻军的韩暹，让他进京加以干涉，并威胁太尉杨彪到朝廷内外散布谣言，中伤曹操的为人。

台崇原想此事做得十分神秘，谁知早让拜议郎董昭得知。这董昭早就赏识曹操的豪爽大度，谋略超人，这次来京也早曾给过皇帝建议。现在，一个小小的侍中，竟敢行此大逆，实属可恶至极！于是，董昭采取先入为主的方法，奏请皇帝，曹操来京，勿听闲言碎语，并给韩暹等人写信，不要轻信台崇小人之言，还将冯硕派出的散布谣言之人抓进牢房。待曹操进京后，董昭利用一个时机，全盘予以托出。这也等于给台崇、冯硕加判了死刑。

这天早饭以后，曹操在他的住处叫人布置好厅堂，放好桌案。桌案上摆好皇帝所赐的符节和黄钺，下面摆好椅子。他吩咐侍从官："快去请各位大臣来此议事！"

一　奉迎皇帝迁许都：挟天子令诸侯

侍从官刚要出去，曹操又说："站住！"接着，拿出桌案上的符节，对侍从官吩咐："你持符节，去通知王公大臣，速来此地议事。如有借故不来者，杀头斩首；贻误时间迟到者，重打三十军棍。速去速回！"

侍从官带着两名挎刀武士，手持皇帝所赐的有生杀大权的符节匆匆去了。曹操在厅堂里，边踱步，边捋须思考。

是啊，这是他人都以来第一次行使生杀大权，也是他在朝廷王公大臣面前第一次显示自己的威严！

有权，就要会用、会使、会制裁一切有虞之人；威严，全凭自己的行为来树立，尤其重要的是要在人们心目中来树立。

威严，显示着自己的权力。将它用好用坏，极大影响着自己今后的发展和前途！

正思考间，人们陆陆续续地到了。

他们几乎异口同声地向曹操打招呼："曹将军好，曹将军辛苦！"

当然，这些打招呼的人群中，曹操已经注意到，既有台崇，也不缺冯硕。

这个侍中台崇，三十多岁，獐头鼠目，脸面发白，说话尖声细语："曹大将军好威风呀！"说完，坐在人群之中。

那个尚书冯硕，四十岁上下，身材臃肿，脸大脖粗，临坐之前，面向曹操皮笑肉不笑地说了声："将军好！"坐下后就再没声音了。

人已到齐，曹操就座。面前的桌案上，摆放着皇帝所赐符节、黄钺，背后站立着曹操有名的护卫将军典韦。典韦身高五尺，面孔黝黑，络腮胡子，在粗粗壮壮的身躯上，横挎一口宝刀，双目炯炯，不怒自威。

厅堂鸦雀无声，人们都不知道今天有什么事情要发生，这位曹将军派人手捧符节请人，不亚于一道圣旨，谁想不到也不行。

正在人们面面相觑，悉心猜测时，坐在上面的曹操开口了。只听他说："各位公卿，上个月我奉天子旨令，来京城护驾。在这二十多天里，我百感交集，不胜忧心。想当年，多么好的都城，多么好的升平景象！而如今，是这么破败不堪，人们的生活如此穷困潦倒，连草根、树皮、谷糠都啃食干净。大家心里都非常清楚，这不是天灾，而是人祸，是人祸

呀……"

说至此，曹操拿眼看看下面，都在聚精会神地听着。他端起茶杯喝了口水，清了清嗓子，继续说："人祸谁造成？是董卓，是李傕、郭汜他们。他们把汉室江山弄得支离破碎，遍地硝烟，杀声遍于四野，尸横街头，百姓流离失所，天子居无定所，其罪昭昭，罄竹难书。当前，皇帝刚从长安搬来不久，陪伴而来的杨奉、韩暹等辈，全部逃之夭夭，另谋出路，丢下皇帝不管，其行也属不当。经此劫难，天子已是软弱不堪。凡有良心者，食汉室俸禄者，都应为国忧心，替皇帝分担眼前之苦。可是，有些人就是心怀叵测，搬弄是非，唯恐天下不乱！"

曹操说到这里，情绪已显激动。他看看人群中的台崇、冯硕，都默默地低头不语，就又大声地说下去："我曹操临危受命，放下优裕的生活来此和皇帝同甘苦、共患难，不为求功，但只为忠，谁知有人竟攻击于我，妄图挤我出京，这是何意！"说至此，他手指台崇、冯硕："你们两个说一说，我来京城，与你等何干！咱素无怨恨，如此不遗余力陷害于我，是何居心？"

坐在板凳上的冯硕早已吓得面如土色，颗颗汗珠顺脸流下。只那个台崇，还相当镇定，站起来分辩："将军言之不实，我何时攻击于你？"

台崇不说话时，曹操火气还未太大，他这一说，如同在熊熊烈火中又加了一把干柴，火苗腾空而上。只听曹操厉声说："台崇、冯硕两个小人，你们的罪行外面告示已清楚记录，分辩又有何益？"

台崇、冯硕站起身，说："那我们出去看看。"说完往外就走。

曹操冷冷一笑："告示是供别人看的，你们到阴曹地府去看吧！"说完，他把符节一拿，就地宣布："我受皇命，今将台崇、冯硕两个不法之徒正法，以儆效尤！典韦何在？"

护卫将军典韦马上回答："末将在此！"

曹操吩咐："马上将台崇、冯硕就地正法！"

典韦领命，抽出腰刀，将走到厅堂边的台崇、冯硕拽住，亮闪闪的腰刀挥了两下，台崇、冯硕的人头俱已落地。

一 奉迎皇帝迁许都：挟天子令诸侯

众人大惊失色。一些胆小的文官被吓得张开的嘴，久久没有合拢。然而，只有一个人煞是镇定自如，站在人群的后面，望着曹操，送去钦佩的目光。

谁？朝中拜议郎董昭董公仁！

这天，又是一个秋阳高照的好天气。飒飒的风，吹得路旁的杨柳微微地弯腰，偶尔有几片枯叶落下，即刻随风刮到断墙旮旯之处。

洛阳汉献帝住处，曹操正在和皇帝说着昨天执行的第一件事，清除了侍中台崇、尚书冯硕两个宫中的隐患。听到这里，皇帝并未显现惊讶之色，只是点头"嗯嗯"两声。

这或许是赞同吧，抑或是不满吧，反正没有明确表态。

其实，曹操早已料到这种局面，就当前这个形势，尽管是两个宠臣，但毕竟都不是什么显赫人物。为了他们，皇帝还犯不上和曹操翻脸，当然，皇帝也不敢。接着，曹操又说出了第二件事和第三件事："臣说的第二件事，就是要奖赏一些有功之臣。他们在汉室遭难，天子流离之时，在保护圣驾方面，功不可没，理应论功补偿，以服人心！"说到这里，曹操看到献帝频频点头，就列举了一些人的名字：董承第一，董昭第二，伏完第三……一直说了十三个人名。其中是文臣多，武将少；宫内的多，宫外的少；皇帝身边的多，驻扎外边的少。这就是曹操的聪明之处，笼络人心，以求发展。

这件事，献帝听完，当即表态："将军所言甚是，朕也早有此意，就这样去办吧！"

皇帝话音刚落，曹操又说出了第三件事，就是追封那些为汉室江山捐躯的文武大臣，用以抚慰后人。

这一条献帝答应得更是痛快。至此，曹操来京后的第一步棋算是圆满收场。

曹操从献帝住处出来了，一路上，心情无比爽快。

跟在后边的典韦，快步追上，忙说："主公今天这么高兴，是皇帝赏赐什么宝物了吧！"

曹操一笑，说："你哪知道，今天对于我来说，比得到什么宝物都值

千古枭雄曹操

钱！"作为一介武夫，典韦当然弄不懂曹操是什么心思，只有陪着主公开心而已了。

到了住处，曹操刚进院中，侍从人员快步从屋中出来，向曹操禀报："老爷，屋内的客人等待多时！"

客人？谁来拜见于我？京城之内我并没有交往过密之人呀？带着满心狐疑的曹操刚到院中，就见从屋中出来一人，边走边喊："好个录尚书事，本官已坐多时，想见尊容，实属不易！"

曹操定睛一看，原来是董昭。急忙跨前一步，抓住董昭的手，欢快地说："下官来迟，让公仁久等，罪过！罪过！"

董昭哈哈一笑："孟德不必过谦，你我既成同仁，何过之有？"

说笑间，二人来到屋中落座。曹操从仆从手中接过茶杯，呷了一口，望着董昭说："公仁兄，多蒙数次相助，使曹屡屡功成，日后必定重谢！"

董昭也呷了口茶，微微一笑说："昭所出微薄之力，全为汉室江山，何必言谢？再说，每每事成，全赖将军的智勇双全，昭实在佩服之至！"客套一阵后，话落正题。董昭问："孟德将军可谓旗开得胜，不知下步有何打算？"

曹操见问，手抚茶杯，沉默片刻后回答："我的心思，公仁早已体察透彻，既为汉室大业，就要竭力为臣之道。仍是最初主张，将都迁往许县，奉迎天子有个安稳去处，不过，此事做来难处也是不少。"

董昭见曹操顿住话头，又毫不客气地阐述自己的见解。他说："将军所言，极其正确。奉迎天子去许，实属于朝廷有益。但朝内人心涣散，多有异议。上次你遣人来请，被董承等人所挡。这次，阻力恐不逊于上次。"他说到这里，端起茶水喝了一口，见曹操正襟危坐地听着，又接下去说："阻力虽有，就看将军的决心和胆量了！"

曹操听完，马上接口说："议郎请放宽心，曹操奉迎天子，其心明，其志坚，事不做成，决不回头！"

董昭高兴地站了起来，他既钦佩曹操的雄心大志，又欣赏他的办事果断。随后，二人研究起了接下来的行动计划。

曹操说："论朝廷内的阻力，董承之流，已不足为虑。他虽不同意，

一、奉迎皇帝迁许都：挟天子令诸侯

— 17 —

但表面上绝对不敢明着阻拦。只是那兴义将军杨奉，就驻军于洛阳附近。到时候他派军来挡，恐有诸多不便！"

董昭笑了起来，对曹操说："将军所虑，不无道理。但杨奉此人，纵有许多军兵，但有勇无谋，头脑简单，咱只要动些心思，他就不会从中作梗。"动什么心思呢？二人伏案商量了起来。

离洛阳百十来里远的梁县，是兴义将军杨奉的领军驻地。自上次中了曹操的离间之计，离开洛阳到梁县以后，杨奉对董承的做法越加不满起来。后来，听到将曹操调来京都护驾，痛恨之余，又多了个曹操。他曹操算什么东西？不就是新封的一个小小的兖州牧吗？何德何能可以当上护驾将军？当听到曹操有了皇帝的符节、黄钺和新加封的官职录尚书事时，更是暴跳如雷。他大声喊叫："曹操是个野心家，现在有了这个皇封御命，不定什么人遭殃呢？"

别看杨奉是个粗人，这点却被他不幸言中，随着权力的增加，台崇、冯硕都已成了刀头之鬼，而驻扎在梁县的杨奉军队，则被晾了起来，皇帝连问都不问，杨奉为此好生气恼。

这日，杨奉正在营中议事，忽有军丁来报："将军，外面有人求见。"杨奉大手一挥："带进来！"

来人一进，马上递给杨奉一封书信，抖开一看，是曹操的亲笔手信。其意是："目前朝廷稳定，全赖将军鼎力护卫，方无人敢来进犯，其功大矣。曹操总想前来拜会，实因政务繁忙，无暇前往，实属抱歉。今洛阳城内粮草空虚，难于生存，天子欲迁往粮草充足的鲁阳，想必将军不会阻拦。迁往之时，还望将军多加关照，不使他人干扰！"

杨奉看罢书信，深思起来。都说曹操有野心，现在让皇帝迁往鲁阳，离梁县防地很近，根本不是去许县，看来人们的传说多有不实！于是，他告诉来人："告诉你家录尚书事，天子迁都，本将军不加拦挡，随意去吧！"

就这样，曹操欺骗过了兵力强胜的杨奉，轻而易举地把皇帝迎到了许县驻地，进而"挟天子以令诸侯"。而等到杨奉知道上当后，除了跺脚大

千古枭雄曹操

骂一通，别无其他良策。

汉献帝来到许县又当上他的皇帝了，而曹操，并未像人们预想的那样将天子废掉，自己取而代之，因为此时他作为臣子，其政治价值远比当皇帝要强得多！

一 奉迎皇帝迁许都：挟天子令诸侯

处心积虑振朝纲
摆平各路人马

曹操将汉献帝迁往许都，号令天下，招致许多人的不满，朝廷内外一时议论纷纷。汉献帝封曹操为大将军，手握兵权。曹操略施小计，轻而易举地斩杀了司空张喜、太尉杨彪等对自己不满的大臣，并摆平了杨奉、韩暹等各路人马。

　　曹操终于如愿以偿，将汉献帝及朝廷迎来许县，使这里成了一时的东汉都城。

　　许县，位于洛阳东南部，在当时是个比较荒凉的小县城。自从诸侯混战，曹操兵驻这里后，许县方有了一丝生气。现在，皇帝驾幸于此，更有一番独特景象。街上车辆来来往往，商贾小贩忙忙碌碌，兵丁民众络绎不绝。街头巷尾的王公大臣，官袍玉带，格外显眼；战将兵丁，盔明甲亮，在秋阳照射下，熠熠生辉。

　　这日，坐在新的"皇宫"里的汉献帝，正在桌案上看些公文折子，样子很是认真。

　　来到许都后，朝廷的生活明显好转起来。尤其是献帝，其待遇更高于他人。虽谈不到宫廷御宴，但居住洛阳许久见不到的酒肉菜肴，几乎天天可以得到满足。一日三餐的粗茶淡饭，难咽的糙米粮糠和少盐缺油的菜肴，仿佛又成了梦中之景。

　　由于伙食好转，再加上年岁轻轻，献帝的身体也日渐健壮起来。皮肤白皙，脸色红润，两目放光，配上一套新的朝服，皇帝的威严又呈现在人们眼前。还有一个重要的原因，就是在精神上放松了下来，有了曹操军队的保护，有了忠于汉室的臣子，献帝既摆脱了流离失所、落魂丢魄的苦难日子，又不用担心被人劫持，被人暗杀，被人废黜，可以心神安定、无忧无虑地生活下去了。

试想，在这仅仅一个多月的时间里，这些明显的变化，真可谓天翻地覆，皇帝的形象必然也判若两人。

献帝看完折子，头慢慢抬起来，目视前方，凝神思索起来。

作为一个寄人篱下、受人恩惠的皇帝，既不能忘却自己的处境，更不能忽略授惠之人。

授惠之人，当然就是曹操。

作为仍然还有人权、皇权的天子，当务之急，就是向曹操授权，进行新的封赏。

这天早朝，包括曹操在内的文武大臣对皇帝进行了朝拜。

朝拜毕，汉献帝叫黄门官当众宣读一份圣旨，敕封曹操为大将军、武平侯。

曹操听罢，马上跪地，口称："多谢皇上封赏，但臣尚无突出贡献，屡屡受封，实感有愧。还望皇上收回成命，另封他人！"

献帝一听，马上回话："卿家不必过谦，目前朝廷安危，完全仰仗于你。迁都于许，使我等摆脱困境，获得新生。俱是卿的功勋。朕此封赏，只你当之无愧！"

至此，曹操方诚恳接受，再次谢恩！

给了曹操这么高的封赏，朝内大多数人都表示赞成。当然，反对也是无济于事。他们都很清楚，现在居住许都，吃喝拉撒全是曹操供给，反对人家，还算吃人饭的吗？

嘿嘿，这种不吃人饭的还真有，谁？仍是辅国将军董承。

董承自从邀请曹操到洛阳后，很快就发觉这步棋没有走对。

他发现，曹操到洛阳后和其他大臣来往甚密。尤其是与董昭、钟繇一些文臣经常谈笑风生。而和自己，则较冷淡。虽然曹操也曾上书要皇帝表彰董承，但仅是表面文章，在借皇权充装好人而已！为什么冷淡呢？恐怕还是和第一次阻拦曹洪接驾到许有关。

他感到很窝火：你曹操要不是我的提议，能来得了京城吗？要不是杨奉等大将的撤离，你曹操能来护驾吗？他想啊想，杨奉和张杨怎么突然间和自己不辞而别了呢？为什么把自己孤立起来了呢？董承一时怎么也没想通。

物极必反。大凡一些过分聪明的人，到某些时候极易变得愚蠢起来。而董承，正是这类人物的代表！

他完全忽略了所中伤的对象是曹操，而不是别人。

他更不知这所有现象的产生，完全来源于曹操！

带着这窝窝囊囊的情绪，董承跟着自己的皇帝女婿，终到许都曹操房檐下求生。

这次，曹操被封为大将军、武平侯。封的侯位，虽然比原来大了两级，但对谁都不能形成什么威胁；但大将军这个职务，可是十分了得。它的权力之大，可以随意调动皇家军队，可以指挥各路诸侯，也拥有一切生杀大权。对于一些曾经与曹操有隙的人来说，无异是一个巨大威胁。所以，董承极力反对！

不过，董承也变得聪明起来，并未明着反对，在人们齐呼"天子英明，孟德公能胜大任"的叫声中，也随声附和地喊了句，但下朝回家后，边生气边预谋着下一步的行动。

这年的九月初一，天气阴沉，黑云压城，时间不长，就下起了秋雨。秋雨浇在干渴的大地上，浇到刚刚播过的麦地上，其价值比油还贵重。可是，如果浇在行路人的身上，远不如夏季那么凉爽惬意，而是湿漉寒冷了。

在通往梁县的大道上，来了一个骑马挨雨淋的人。但见老马顺着鬃毛往下淌水，而坐在马鞍上的人，衣服湿得紧紧贴在身上，丝丝凉意冷得他嘴唇发紫，全身战栗。

这个挨雨淋的倒霉的人，正是董承。他是偷偷跑出来，去梁县找车骑将军杨奉的。

杨奉自上次移兵梁县后，终日闷闷不乐，除有时和幕僚们下下棋外，就是喝闷酒。他这人酒量不大，喝上二两就醉，而且还有个毛病，爱耍酒疯。只要一醉，就找军兵的毛病，不是打，就是骂，弄得军营上下怨声载道。

他又时常深恨董承，如果不是董承爱在皇帝面前拨弄是非，自己又怎能从皇帝身边溜到梁县？在皇帝跟前只要有点儿功劳，就容易受到封赏，

而在这破地方呢？也是为汉室卖命，谁又知道呢？能有什么封赏呢？他真是恨死了董承，但又无可奈何，毕竟人家是皇帝的老丈人，且又掌握着很大的权力。

后来，他又听到曹操来到洛阳都城，当了护驾将军。在曹操的操纵下，皇帝又封董承为辅国将军，权力更加扩大。而他杨奉仍是原来的车骑将军，其职权小得多，因此，更是对董承愈加不满。

九月初一这天，本以为是好天，正准备好外出打猎，谁知早饭后，下起秋雨，且淅淅沥沥下个不停。望着顺着屋檐流下的条条水线，溅到地上起了一溜水坑，杨奉的心情烦躁透了。他把手一挥往外喊："来人！"

立即从耳房跑来一个兵丁，往前一跪问："老爷，何事唤我？"

杨奉唬着个脸，不耐烦地吩咐："给我弄几个菜，沽两斛酒，快去快来！"

兵丁领命，速速冒雨去办。时候不大，用食盒弄来四个酒菜，右手拎着两斛酒，放到桌案上。对杨奉说："老爷，酒菜摆好，请用吧！"说完，退了出去。

杨奉也不言语，又自斟自饮起来。

正当吃喝来劲，酒已到量时，外边侍从来报："老爷，大门外有人求见！"

杨奉放下夹菜的竹箸，翻着醉眼问："谁这么混蛋，这个天来找我？"

侍从又说："是个挨雨淋的人，战战兢兢的，他说叫董承！"

一听董承，杨奉气不打一处来，大吼一声："把他轰走，让大雨淋死他！"

侍从答应"是"，转身刚走，杨奉又喊："等等，还是叫他进来吧！正好骂他一顿出口恶气！"

时间不长，董承被从人领来了。

进屋后，董承见杨奉仍然吃着菜，喝着酒，就说："车骑将军好生自在，下官来了，难道就这样欢迎于我？"

杨奉看了董承一眼，样子好不可笑：发髻松散，衣服尽湿，脸色苍白，浑身颤抖。本想发火给他个下马威，今见董承这么个可怜相，杨奉的

处心积虑振朝纲·摆平各路人马

火倒小了些，但话语还是冷冰冰："辅国大将军，怎么找这个好天屈尊我处？想必又要将我挤往他乡！"董承听此话，就知定有原因。但现在心里冷得难受，就没争辩什么，用央求的口气说："车骑将军，看在你我候殿称臣，多年交往的面子上，总得先给我换换衣服吧，稍后再诉衷肠！"

见董承说得这么可怜，杨奉没再说什么，把手一挥："来人，快给董将军换身新衣服来！"

当董承把衣服换好后，身体才停止了颤抖，坐在杨奉旁边，不客气地喝了两杯白酒暖暖身子。

杨奉既没让，也没拦，待董承喝得差不多时，才开了口："董大人这个天来，想必不是单纯来这里喝酒吧？"

董承放下酒杯笑着说："今来和杨将军有事相商，难道你不欢迎？"

杨奉冷冷一笑："莫不是从许都曹操处领来皇帝旨意，要来整治于我！"

董承见杨奉前后话语中句句有刺，忙追问这是为了什么？于是，杨奉也就直来直去，把在八月十五日听到的传言一并说出。听至此，董承方才大悟，说："杨将军聪明一世，糊涂一时，你我自长安以来，同和天子患难与共，我何曾说过你的坏话？不用说，这肯定是那曹操派人尽挑拨离间之事吧，还望杨将军细细考虑！"

千古枭雄曹操

至此，两人的疙瘩终于解开了，把怨恨的矛头共同对准了曹操。于是，董承又开口说话："杨将军，我此来就是和你商量，想些方法，将曹操除掉，或是将他从皇帝身边挤出去，免去我们的后患！"

杨奉拍手称赞："我看曹操的野心，比董卓的还大，不定哪会儿将皇帝赶下台他自己当，那绝对不行，咱们得商量个万全之策。"

杨奉说完，又挥手叫人："把桌子收拾干净，重新上酒上菜，我要和董将军边谈边饮，一醉方休。"

时间过得真快，汉献帝将朝廷自洛阳迁来许都已是一年有余。

在这一年的时间里，曹操倒是遵循诺言，"奉天子以令不臣"，而没有搞"挟天子以令诸侯"。对身边的皇帝既热情，又忠诚，深得皇帝的信任。也正因于此，对曹操的话，皇帝无所不听，事事照办。

这一日，闲暇无事，曹操轻车简从，自己去城外游览一番。

终日繁忙的政务、军务，使重任在身的曹操总是忙得不可开交，根本没有时间和精力到处走走、看看，放松一下紧张的神经。就是有时候出来，护卫兵丁前呼后拥，人们见了他们如同见到怪物一般，都是慌忙走开。今天难得有个机会，真正独身到野外溜达一番，实在弥足珍贵。

此时正是晚秋初期，地里的高秆作物，高粱、玉米、豆类等都被农人收割归仓；种下不久的小麦有的刚刚露出尖尖，远远看去，一片黄绿。道路旁边的杨树、柳树绿色的叶子俱已换上金装，被风吹得飘飘洒洒，覆盖在田间地边。地边的一条小溪，流水潺潺，清澈见底，几条摇头摆尾的小鱼儿，匆匆顺流而下。

这景象，是大自然赋予人类的一幅珍品。能够悉心地对它观赏，不得不说是一种享受。

曹操边欣赏田间美景，边想当前的社会状况。如果没有战争，没有人世间的争夺，没有人与人之间的砍砍杀杀，这个世界该是多么美好啊！作为一介汉臣，朝廷又将重任赋予己身，若凭自己的能力才干，消除世间的厮厮杀杀，是何等地好啊！

"先生，快、快去救人！"

曹操正思索之时，后边忽有人向他求救。扭头一看，原来是一个四旬开外的妇女。

"大嫂，何事如此张皇？"曹操问。

老妇人喘着气回答："我和女儿在前边捡柴，突然过来两个歹徒，搂住我女儿就想非礼。我发现后，前去央求，他们一脚将我踢倒，把我女儿架起来绑在马上要带走。所以我才找到先生求救。"

曹操见说，忙问："他们在哪里？"

老妇指着前边："就在不远处洼地！"

曹操二话没说，快步往前走去，到待洼地边时，发现两个二十多岁的男青年，正把一个十六七岁的女子绑在马上，将要离去。

"站住！何方歹徒，竟敢抢劫民女？"曹操怒不可遏地问道。

刚要离去的两个青年见有人拦路，立刻下马停了下来，其中一个冲曹

二 处心积虑振朝纲：摆平各路人马

操恶狠狠地说：

"谁是歹徒？你再信口胡说，小心割去你的舌头。"

曹操愤愤地说："说你是歹徒，有何冤枉？抢劫良家妇女，不是歹徒，就是强盗！"接着，厉声喝道："快快把人放下！"

这时，两个人都冲了上来，恶狠狠地说："此事与你何干？既爱管闲事，就叫你尝尝管闲事的苦头！"说着，二人扑向曹操就要猛打。

曹操后退一步，刚想还手，猛听后边有人喊："主公不要动手，我来也！"

话到人到。面前的两个歹人还没看清是什么人，早就被此人打得趴在地上不能动弹。

曹操一看，是护卫将军典韦！

典韦拔出腰刀，要去将二人杀掉，曹操将手止住："慢！"说着，走到二人面前，问："你们是什么人，抢姑娘意欲何为？"

二人马上跪地求饶，说："我们是司空张喜的家人，奉大人命，给他找一个漂亮姑娘做妾。今天路过这里，正好碰见，所以想将她劫往张府。"

曹操一听，"嗯"了一声，说："司空张喜，朝廷命官，做此扰民之事，实在可恶，你俩助纣为虐，也是罪不能赦，先打发你们两个走吧！"二人一听，原以为放他们回去，谁知典韦明白曹操的意思，追上前，腰刀一挥，二人一齐倒地死亡。

曹操回到驻地，马上见到献帝。因刚才的气愤，脸色仍是铁青。

献帝问："卿家何事找朕？谁惹你如此生气？"

曹操的情绪稍缓过来点儿，但声音仍然很大："皇上，臣今天碰上一件有损朝廷风化的事情，就是张喜指使家人去抢农家民女，实在可恶至极！"

献帝很感惊诧，问："真有此事？"

曹操回答："难道皇上还信不过臣？"

献帝忙说："不，不是这个意思。这张喜身为司空，竟去如此残害百姓，真是该死！"

曹操马上接过去，说："这张喜明知是汉家臣子，还违规丢朝廷脸面，皇上判他死罪，也是他罪有应得。皇上圣明，我这就去执行！"

还没等献帝明白过来怎么回事儿，曹操已经出去，代传圣旨："将司空张喜就地正法，因他支使家丁强抢民家妇女，犯下不赦之罪，速去速回！"

皇宫中几个武士一阵风似的去了。

时间不长，武士们提着张喜血淋淋的头进来复旨。

献帝见状，吓得闭上眼睛，说："真的杀了？"

曹操一笑，说："皇上，刚才可是你说他'该死'的呀！"

献帝再也没有言语了。他想："我只是顺口说说而已，谁知，真的要了一个司空的命，唉！"

其实，发生张喜被杀一事，看似偶然，实际背后有它的必然性。

自汉献帝迁都许县以后，有些大将就曾找到曹操，说随皇帝来的一些内臣牢骚满腹，怨气很大。尤其是那炮筒子夏侯惇讲得更直白："这些内臣真不是好货，叫他们随帝而来，吃喝充足，反倒胡言乱讲，真不如一刀一个，打发去见阎王算了。"每每这时，曹操都是微笑着加以制止："尔等不要议论，我心里有数，已有安排。"

其实，曹操早听谋士程昱、荀彧等人说过，对朝廷内部不轨之说，须小心提防。他们都发现，太尉杨彪、司空张喜等人经常集在一起，私下议论，恐于曹操不利。自此，曹操就下定决心，一定要用些手段，征服众人，稳定局面，以图后进。

偏巧，这个倒霉蛋张喜正好碰到曹操的枪口之上，头一个做了刀下之鬼。尽管官居司空之职（相当于后来的宰相高位），此时的皇帝是听命于大将军曹操的，根本救不了他们的性命。

还有个太尉杨彪，五十多岁，已是三朝元老，朝廷内威望较高。这次对皇帝迁许，甚为不满，总是怀疑曹操用心不良，曾与张喜议论过此事。所以，早已成为曹操进行整治的目标，只是苦于没有抓到把柄罢了。

大凡被人盯住挑毛病的人，就是神仙恐怕也难逃此劫。太尉杨彪大概正属此例。

一天早朝散后，太尉杨彪走到街上，忽听背后有人喊他："杨爷！"

一 处心积虑振朝纲·摆平各路人马

千古枭雄曹操

　　杨彪扭头一看，是个二十出头的年轻人，高高的个头，黑黑的脸庞，倒是有些面熟，似曾见过，就是想不起来是谁。杨彪问："你是谁，唤我何事？"

　　小伙子往杨彪跟前一站，跪下叩头说："大人好生健忘，我不是洛阳的王虎吗？前年多蒙您老搭救，我方保住性命，今番我是还钱来了！"

　　杨彪忙说："哦，王虎，记起来了，快快起来说话！"说着，把小伙子从地上扶了起来。

　　那是前年春天，杨彪留在洛阳自己的家中，因战火频繁，无所事事，就整日在后花园看书、钓鱼，苦等着汉献帝的回归。

　　一天外出办事，他在城外遇见一伙强盗在抢劫一个年轻人，即眼前王虎的包袱。杨彪马上冲过去，将强盗喝退，方救了王虎一命，而包袱已被强盗抢走。

　　王虎见没了包袱，捶胸顿足地哭起来，边哭边喊："丢了包袱，就等于丢了性命，还不如被杀为好！"

　　杨彪惊问其故，王虎方说出自己去给一个王爷要账，要回的钱全在里面，现在被强盗抢去，如何去向王爷复命？于是，杨彪将好人做到底，把王虎带回家中，给了他二十两银子，叫他回去复命。王虎这才破涕为笑，千恩万谢地走了。

　　事情已经过去两年，杨彪在朝内身为太尉，公务繁忙，怎能还记得这个事情？他对王虎说："小伙子，事情既已过去，何必还什么账来？"

　　这个王虎说："杨爷此话差矣！杀人偿命，借债还钱，天经地义，切切不可推辞！"说着，把一包银子往杨彪怀里一扔就走。

　　此情此景，被躲在后边的一个人看个清清楚楚。

　　第二天一早，杨彪刚开大门，忽然进来几名军丁，其中一人高喊："杨太尉接诏，有人告你接礼受贿，请到大将军府回话！"不容杨彪分说，几个人往上一拥，推着他就向曹操府上走去。

　　到得曹操府上，只见曹操正襟危坐于大堂之上，两旁军丁站立，俨然像审讯一个重刑犯人。

　　杨彪气呼呼地走到堂前，不忿地质问："曹将军这是何意？"

曹操板着面孔，指着桌案上的诏书说：

"奉天子命，本官审判你敲诈钱财罪，快带证人上堂！"

曹操话音刚落，王虎被两个士兵拉到堂上跪下。曹操惊堂木一拍，喝道："王虎，你控告杨彪敲诈你钱财，再讲一遍！"

王虎抬头看着脸已被气绿的杨彪，眨眨小眼睛，说："小人曾受到杨太尉救助二两银子，谁知昨天遇见，定要我偿还二十两。我怕他抓我进官府，只得忍痛给他！这么大的太尉老爷，不是敲诈小民吗？"

见王虎如此信口雌黄，杨彪气得浑身乱颤，说："你纯属胡说，哪有这等事情？"

这时，从后堂又走出一人，对着杨彪说："太尉老爷，此事我亲眼所见，岂容你矢口否认！"

好家伙，敲诈钱财，既有指证，又有旁证，杨彪纵有八个嘴也说不清了，只气得坐在地上，干瞪着眼，一言不发。

曹操见状，马上宣判："根据杨彪敲诈事实，报请皇帝批准，革去杨彪太尉之职，另任太常卿，到洛阳去管理汉室族。宣判完毕，即可赴任，不可有误！"

就这样，一个三朝元老太尉，竟被曹操略施小计干净利落地刷了下去。至此，献帝朝廷内部局势趋于稳定，文臣武将、王公贵族，见了曹操都恭敬有加，很长时间不闻异议之声。

这天早晨，曹操洗漱完毕，在院中练了几趟剑，身体发热，鬓角渐见汗珠，就收住招数，停了下来。

此时已是初冬，庭院已无什么绿色，只有几株矗立于墙角的蜡梅仍是生机勃勃。蜡梅含苞待放的花蕾，傲视着碧野晴空，好似有意向即将到来的寒冬挑战。

曹操提着剑，准备回屋休息一会儿，然后去献帝跟前请安。

这已经成了习惯。自皇帝来到许都后，曹操对他的生活非常关心，派了烹调技术高超的厨子，专事侍候皇帝。一日三餐，酒食菜肴，花样不断。而且曹操每天必来皇帝身边问安，探询寝食和下人的照顾情况。

他刚进到内院，就见一个厨师提着食盒往外走去。曹操知道，这是

一 处心积虑振朝纲：摆平各路人马

去给皇帝送红烧鹅肉，正在此时，从内院跑出一个五六岁的男孩，来到厨子面前伸手讨饭。厨子见是小公子曹植，不假思索地从食盒里拽出一只鹅腿，交给曹植。曹植好不欢喜，拿在手中就要啃食。

曹操见状，断喝一声："不许吃！"

六岁的曹植吓了一跳，刚想吃的鹅腿掉到地上。厨见是曹操，心中甚是害怕忙跪在地上，边叩头边求饶："老爷，请勿生气，这不关少爷的事，是我要给他吃的！您处罚我吧！"

曹操板着脸说："你先起来。"接着命令曹植："子建还不跪下！"曹植跪在曹操面前，战战兢兢地说："父亲恕罪，孩儿嘴馋，日后定改！"

曹操看看厨子和曹植，火气渐渐消了下去。他说："你们知道，这是送给皇帝的膳食，岂容他人随便食用？皇帝是天子，万全之体，你虽是侯门子弟，和天子岂能相比？再说，咱曾立过规矩，难道你母亲没有跟你说过？"

小曹植边叩首，边说："孩儿不知，今后再也不敢！"

曹操说："日后再说再议，今日法不轻饶！典韦何在？"

以往，曹操只要喊上一两声，典韦随即准到。这是一个英猛无敌、忠诚无二的卫士长。自曹操起事以来，时时不离左右，曾有几次杀退敌人，使曹操化险为夷。故此，曹操对典韦十分器重。可今日，不知何故，连喊三声，人也没到，就自己弯下腰去，在曹植的小屁股上重重打了三下。打得曹植哇哇乱哭，又不敢起来。

站在旁边的厨子复又跪下说："老爷，这不关少爷的事，责任在我，打我吧，放了少爷！"

曹操停住手，厉声说："我看得清清楚楚，分明是子建和你要食，怎能怪你？如果说怪你，你不该徇私给他。记住，以后不论是谁，尤其是我的家人，谁敢动给皇帝的东西，一经发现，重责不饶！"

说完，曹操愤愤地走了。

厨子先把曹植扶起，送回内院，而后自己送饭去了。

曹操打了几下曹植，火气仍没消除，这典韦又去了哪里？当他从典韦房前经过时，听得里面有呻吟之声，忙进到屋中，一看，典韦肚子疼得直冒冷汗，正在炕上不断呻吟。

典韦能征善战，对曹操赤胆忠心，但有一个毛病，嗜酒如命，每每酒醉必睡，为此曾遭曹操多次训斥。

今天曹操本来火气就大，心想如遇典韦醉酒，定重责一番。今见爱将突然生病，不仅火气全消，还涌出爱悯之心，忙喊："典将军哪里疼痛？"典韦疼得大汗淋漓，低声说："主公勿急，可能是着凉肚痛，一会儿准好！"说完呕吐起来。曹操见旁边有一瓦罐，马上去接，尽管吐在罐里，一些黄的、绿的污物仍溅在曹操身上不少。因典韦昨晚喝过酒，吐出来的污物酸中有臭，臭气钻入鼻孔，十分难闻。但曹操仍待典韦吐完后，将污物端出屋外，后给他舀碗凉水漱漱口，问："现在感觉怎样？"

典韦吐出后，肚子再也不疼了，忙说："好了，好了！"再看看曹操，手上、衣服上尽是污物，又不好意思地说："主公，看把你弄得污秽满身，下官实感惭愧！"

曹操抖抖手说："好了，你只要不疼就行，快躺下好好休息吧！待会儿我叫厨子给你做点儿面汤，喝上一碗就彻底无碍了！"说完，曹操走了。

曹操走后，有一事还没忘记，就是去找曹植的母亲卞氏夫人。对她教子不严，疏于管理，训斥了一顿。

近日，朝廷内发生的曹操处理大臣一事，虽说无人再敢当众议论，但不等于众人都很服气。尤其是那个辅国将军董承，心中总是不平。自前些日子从梁县杨奉驻军处回来后，他就日夜思量如何控制或驱逐曹操离开皇帝。如不及早采取措施，张喜、杨彪的下场就不知会落在谁的头上。

董承来到皇帝后宫，正好献帝被人陪着外出游玩去了，只剩女儿董妃留于宫中。

董承先给女儿董妃问安，尔后董妃方给父亲见礼。董妃问："父亲来后宫想必有事，为何愁眉紧锁，满脸阴云？"

董承"唉"了一声，坐在董妃对面说："我早观曹操怀有奸心，终于使他得逞。前次叫他到皇帝身边，不异于引狼入室。这次又迁都来许，在他的制约之下，不亚于落入虎穴。想必你也看到，司空张喜，太尉杨彪，

处心积虑振朝纲·摆平各路人马

其下场如此悲惨，都是曹操一人所为。不知皇上对此有何看法？"

董妃扭身把门掩好，这才轻轻说道："父亲所说之事，有目共睹，只是现在曹操权大势重，无人敢言罢了。"

董承又问："皇上什么心思？"

董妃没有立即回答，沉默一会儿，方说："皇上年纪尚小，并无多大主见。现在曹操对他关怀备至，百般呵护，大小诸事，皆从命于曹操。其实，论当前曹操所为，皇上也有不满，可拦他又有不便，如之奈何？"

董承把脚一跺，右手一挥说："那就给他来个干脆的，找人将他除掉！"

董妃忙上前捂住董承的嘴，轻声说："父亲切勿乱讲，小心有人偷听，带来祸害。我看这样……"说至此，董妃走到门旁听听，确定外边没什么动静，方返回来又说："你可在朝内找伏皇后之父伏完，或去梁县再找杨奉密商一下，确定今后的行动。但不管怎么办，都要小心为是！"

就在董承父女谈话的时候，曹操也正在营中议事。

今天的曹操特别高兴，看看排在两边的文臣荀彧、荀攸、程昱、毛玠、满宠、董昭、钟繇等，俱是精明强干、足智多谋之士。再看武将，曹仁、曹洪、曹真、曹休、夏侯惇、夏侯渊、许褚、徐晃、朱灵、李通等，个个精神抖擞、虎虎生威。

曹操看着这些运筹帷幄、能征善战的精英，更是思绪万千，心潮滚滚。过去平定董卓、李傕、郭汜之乱靠着他们，今奉迎天子来许靠着他们，而今后征战各路诸侯，称霸一统，更得依靠他们。

看到时间尚早，在议事前，曹操故意要大家放松一些。他说："文若、公仁，你们都是满腹才华的秀才，每人给大家讲个笑话吧，以提提精神！"

那些文官们知道，今天准有重大事情要做。为了先让大家放松一下精神，说笑一番是最好的良丹妙药。

曹操先点的荀彧的名，当然他第一个要说了。荀彧先喝口水，清清嗓子，接着说下去："前朝有个文人要到外地去做官，临行前和老师辞行。老先生嘱咐他说：'在外不好做官，凡事要谨慎小心为宜！'此人答道：'老师请放心，我已准备了百顶高帽子，碰上就送一顶，谁还不喜欢我呢？这样恐怕就没有人和我过不去了！'老先生一听，这学生分明是去拍马迎承吹捧人，就生气地说：'忘了我怎么教你的吗？做人要有标准，把邪说成正，以后会有什么前程？'此人忙正色回答：'学生错了，还是老师品行端正，做人耿直，似你这样不爱戴高帽的人，恐怕在世上难寻难找。请放心，我一定谨记在心！'老师点头一笑：'这才是我的好学生！'到家后，他媳妇问他：'你怎么剩下九十九顶帽子？'那人一笑：'第一顶就给老师戴上了！'"

荀彧说完，营中果然哄堂大笑。夏侯惇说："荀文若真损，是讽刺那些爱戴高帽的吧？"

荀彧笑着说："仅是笑谈而已，下面该谁了？仲德比我能讲，你说个吧！"

程昱被荀彧一点名，也只得往下说了："河东地区那年灾荒特别严重，水灾、旱灾接连不断。秋后，族长到县官那里报告灾情，要求给百姓减赋。县令问族长：'今年麦子收了几成？'族长答：'收了三成！'县官又问：'玉米呢？'族长回答：'二成！'县官接着问：'棉花呢？'族长答：'一成五！'县官最后问：'那么，谷子呢？'族长回答：'就谷子好，收了三成五！'待族长说完，县官扳着手算起来：'三成加二成，等于五成，五成加一成五，等于六成五，六成五加三成五，正好十成！好，一点儿税也不减。十成年景嘛，交税吧！'县官的话把族长差点儿气死，他想了想说：'我活了一百五十三岁，还从没听过如此算账的！'县官一惊，忙问：'你多大年龄，一百五十三岁？是不是胡说！'族长说：'小人不敢。我今年七十三岁，我老伴六十岁，我儿子二十岁，你算一算，不是一百五十三岁是多少？'县官拍掌大笑：'你真是老糊涂了，世间哪有这样算岁数的？'族长当即反问：'你没糊涂，不也是这样算的收成吗？'只这一句话，把县官噎了个半死！"

"哈哈！"营中又是一阵大笑。连曹操在座上也笑起来，说："我们大家以后可勿做这糊涂官哟！"

武将那边有人还想要求再讲，曹操咳嗽一声，严肃地说："好了，时

间已经不早，咱们议事吧！"

营内立即恢复了安静，静得连众人的呼吸都听得一清二楚。

正襟危坐的曹操，终于开口说话了。他说："从眼前讲，朝廷内部尚属平静、稳定，对于天子，咱也已尽君臣之道，恐也不致怨气太重。只是在朝廷外围的杨奉、韩暹，存有虎视之危。前日有人来报，杨奉、韩暹二人勾结，拟于近日进攻许都，妄图将天子再劫他手。形势危机，对方磨刀霍霍，我等定将予以迎击，以免朝廷重蹈混乱，以保天子不再受颠簸之苦！"

曹操的话音刚落，谋士程昱接下去说："杨奉、韩暹来犯，全在我预料之中。此二人从长安将帝迁来洛阳，都有挟制天子之心，现帝在我手，心必不甘，故来争夺，实必然也！"

程昱话音方落下，荀彧又说下去："兵来将挡，水来土屯，我们要针对他们的来攻，做好迎击准备，不至于临时受挫。另一方面，杨奉为人骄横，韩暹性格多疑，此二人联合起来，稍用心思，就能将其瓦解，尔后一一击退，岂不更好！"

曹操听到这里，边点点头，边抬眼看看荀彧，暗想："此人高矣！"

武将这边，炮筒子夏侯惇、虎将许褚早憋不住了，二人齐喊："又有几天刀下不见肉了，好馋哟，咱马上带领人马杀去梁县，将杨奉、韩暹捉住，以祭刀剑。"

曹仁、夏侯渊等人也说："咱不必等他来攻，干脆杀过去，一举把他们收拾了！"

见大家发言都已相差无几，曹操又说了起来："大家所说，都较有益，只是还有一点，杨奉、韩暹都非等闲之辈，且军队较多，切不可予以忽视。方才文若所言，颇有道理，应将二人分开，一一歼灭之！"他看了众人一眼，都在聚精会神地听着，就又接着说："杨奉虽勇，但头脑简单；韩暹有谋，但鬼心多疑。咱就抓住这点，定能取而胜之！"

说着，曹操抽出一支令箭和一个信札，喊道："子廉听令，命你派一员副将，领着几十个人，前往韩暹营地，按信札上所说去办！"

随后，又令夏侯惇、徐晃二将，加紧操练人马，准备随时迎战。

杨奉驻兵在梁县，韩暹驻兵在梁县南面。从许都到梁县，必将从韩暹驻兵处路过。

这一日，从许都出来一队人马，大约有百十来人，每个马匹上都驮着许多东西，看样子有丝绸布匹，也有一些生活用具，还有部分金银。这队人马到达韩暹营地时，为首的一名副将叫开营门，告诉营门士兵："我们是许都曹大将军的人，今应梁县杨奉将军之约，前去聚会，商讨安置天子一事，请通禀韩将军，将我们放行。为表示感谢，曹大将军让拨给你们十匹马的东西，万望笑纳！"

此时的韩暹正和夫人在营中说话，忽有人来报，他问："何事前来通禀？"

来人说："营外有曹操百十匹人马，驮着许多贵重物品，说是给杨奉营中送去，并商谈安置天子一事！"

韩暹一听，愣一下说："这是真的吗？"

来人说："实在没假。他们还拿出了杨将军给曹操的邀请信！"

韩暹"哦"了一声又问："他们还说什么来着？"

来人马上回禀："没说什么，只是从百十匹马驮的东西里，给咱拨出十匹马的东西，说是从此路过给的酬劳！"

韩暹一听，怒火中烧，一边骂曹操目中无人，一边骂杨奉阳奉阴违。好啊，杨奉，前天还商量联手对付曹操，今天又背着我与曹操合好，这不是戏弄于我吗？我韩暹岂是你能戏弄之人？想罢，他把大手一挥："不行，绝对不得放行，把马匹、物品留下，将人放走。日后他们如何来往，一概不管！"

就这样，曹操由副将带领的所谓给杨奉送的东西，全部由韩暹扣留。他们在回来的路上，都夸曹操料事如神，韩暹果真上当了。

然而，就在他们回来向曹操汇报时，韩暹早领人马，拔营向西，投奔袁术去了。

第二天，正当杨奉因韩暹不辞而别感到疑惑时，忽有人来报："曹操大军前来进攻！"

杨奉披挂上马，手拿大刀，带队来到营外，一见曹操领有二千多人，

雄赳赳、气昂昂地杀向营门。左有夏侯惇、夏侯渊、许褚，右有曹洪、曹仁、李典，当中曹操全身披挂，指着杨奉说："车骑将军，听说你要讨伐于我，今日送上门来，你将怎么办？"

杨奉手握金刀，一声怒吼："曹操，你已挟扶天子在手，巧令诸侯，可我偏偏不听。你今即来，就是送死！"随即，回头唤道："哪位将军去擒曹操！"

随着一声答应："末将愿往！"人到马到，原来是先锋杨光，手握金枪，直奔曹操。曹操旁边闪出夏侯惇，手拿狼牙棒迎上前去。这杨光虽然人高马大，但根本不是夏侯惇的对手，只两个回合，就被狼牙棒砸于马下。接着，杨奉这边又闪出骑白马的将军，名叫宋忠，也是举着一口大刀，往前直冲过来。曹操这边许褚迎战，手使利斧，喳喳乱叫，只一回合，就叫宋忠真的送了终，被斧砍于马下。

杨奉连连死去两员大将，人心涣散，无心再战，军营被曹操人马一冲，即刻溃不成军，杨奉带着残兵败将往北投奔袁绍去了。

至此，朝廷内外的疾患都除去了。

（二）

坚决果断清奸党
肃军纪揽人才

国丈董承讨得汉献帝的诏书，与伏完、王子服、种辑、吴硕密谋除掉曹操，被董府的伙夫丁一听到并向曹操告密。曹操先发制人，将五人全部斩首。为积累实力，曹操以身作则，严整军纪，并四处延揽人才，以图实现宏志。

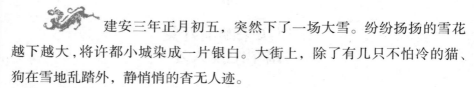建安三年正月初五，突然下了一场大雪。纷纷扬扬的雪花越下越大，将许都小城染成一片银白。大街上，除了有几只不怕冷的猫、狗在雪地乱踏外，静悄悄的杳无人迹。

驻在临时宫殿的汉献帝，此时正在后宫同董妃待在一起说话。他们的面前放着一只炭盆，里面的炭火把屋里烤得甚是暖和。

坐在正面的献帝虽然脸放红光，体态较好，却掩饰不住焦躁的内心。显然，二人的谈话涉及到的是朝廷大事。

坐在侧面的董妃，望着沉默不语的汉献帝，仍在喃喃地诉说着："皇上，你不仅思虑汉室大业，还要为我着想。我已有三个月的身孕，长待此处，总觉心中不安！"

听到这里，汉献帝顺势抓过董妃的纤纤细手，放在自己的嘴上吻吻，然后用眼溜一下董妃稍微凸出的腹部，不紧不慢地说："刚才所言，我何尝不知？昨日辅国将军——你父董承也和我长谈许久，有关摆脱曹操控制一事，咱跟前兵微将寡，若想改变时局，恐很难办到！"

说真的，这个汉献帝，真正是个无奈之帝。自几个月前从洛阳来许之后，身家性命有了保障，日常生活有了很大改善，但仍欢喜不起来。

他尽管尚属年少，但并不痴愚，朝内发生的一系列事情，还有杨奉、韩暹部队的败北逃跑，时时刻刻都在噬咬着他的内心。纵有皇权，在很大程度上还得听命于曹操。特别是在文臣武将上，任谁，免谁，甚至杀谁，自己只是别人的一张嘴而已，堂堂大汉王朝，延续至今已有四百余年，到自己这代发展到目前程度，何止是窝囊，更是耻辱！

可是，话又说回来，自己又能有什么济世良方呢？

见皇帝这个状况，董妃渐渐有些着急："有何难办？我父董承和伏皇后父亲伏完，还有偏将军王子服、长水校尉种辑、议郎吴硕等，俱是不满曹操之人，如若联合起来铲除他，何难之有？"

献帝此时也没了主张，他问董妃："摆脱了曹操，离开许都，咱能去何处存身？还有谁能依靠？"

董妃还没回答，外面有一人突进，说："这有何难？北去冀州有袁绍，南到荆州是刘表，西边有马腾、杨秋等，哪里还没君臣安身之处！"

献帝不用抬头，就知是自己的老丈人——辅国将军董承。因为皇帝和董妃谈话，又是深宫后院，除了董承，没有第二个人有此胆量，没有第二个人能来到这个地方。

献帝看了董承一眼，见他面带气愤之色，忙让他坐下，并说："辅国将军既胸有成竹，朕就看准你联结他人，讨伐曹操吧！"

董承见皇帝答应，又提出一个条件说："去联合人易，皇上还得给我写个文字啊！"

献帝立即答应，从自己的龙袍里子上扯下块布，咬破中指，用血往布上写下几句诏书："朕命董承，去招伏完、王子服、种辑、吴硕，共同伐操，此诏，献帝，建安三年春。"

由于下雪，不能操练兵马，曹操觉得无事可做，就唤出典韦，牵出几匹马来，带上几个人，拿着弓箭，到许都城外围打野兔。

此时雪已停下，凛冽的西北寒风吹在人脸上，刀刮般地疼痛。坐在马背上的人，因太寒冷，不住地用脚蹬磕打着马肚子，马匹急速在雪地上飞跑起来。

跑在前边的曹操，骑的是匹枣红色的骏马，四蹄生风，肆意驰骋。曹操身披斗篷，斜背弓箭，伏在马鞍上，毫无寒冷之感。后边则是典韦和二十名随从，俱各弯弓挎箭，紧紧跟随。

正急驰间，曹操忽地拽住缰绳，嘴喊一声"吁"。可能由于紧急停止，

猛跑的枣红马后腿蹬地，前腿高高站起，若不是能征善战、驰骋疆场之人，定会被摔倒在地。当然，曹操稳如泰山，随着枣红马的前腿放平，人仍稳稳地坐在马背上。

典韦等人扶鞍下马，忙问："主公何事停下？"

曹操马鞭一指，说："你们看！"

随着曹操的马鞭看去，只见前边的雪道上，有七八个男女幼童正在雪地嬉戏。有的打雪仗，有的滚雪球，还有的堆了雪人，正好挡住去路。此时，典韦身后有两名士兵过来说："这好办，我们过去把他们赶走！"说完就要冲过去。

"站住，谁敢再跑一步，吃我一顿马鞭！"曹操在马上厉声吼道。

随着曹操的怒吼，两名士兵吓得站在原地不敢动弹了。只听曹操说："孩子们玩兴正浓，决不能因我们路过而去破坏。记住，这是我们的章程，以后不论在何时何地，凡扰民者重责不饶！"

孩子们仍在忘情地玩耍，曹操一行二十多人从远道绕过继续前进。

时间不长，他们来到一片树林边。只见地上白雪皑皑，树上裹着一层银装，远远看来，雪林一色，景致十分壮观。

正在此时，忽听树林里有人喊："快，有只大灰兔！"

曹操一行听得清清楚楚，马上拈弓搭箭，而曹操身手更快，只见一只大灰兔刚跑出树林，"嗖"地一箭射去，正中头部，大灰兔打了个滚死在雪地里。

"好！"典韦和众士兵齐声喝彩，马上跑过去拣野兔，谁知从树林里也跑出十来个人，高喊："站住，兔子是我们射的！"

典韦一见有人要抢狩猎成果，马上把腰一叉，手拿弓箭，大喊："你们是何人，敢来认领我们的猎物！"

那伙人中，走出一个二十出头的壮士，紧身打扮，手拿弓箭，脸色不满地说："你们的猎物，看看兔子身上那几支箭！"

经他一说，众人细细一看，大灰兔屁股上果然也中一箭。不过，典韦并不服，说："别管中几支箭，谁先抢到手就是谁的！"说着，弯腰将野兔夺在手里。

对方小伙子也不示弱，上前一步，又一把从典韦手里夺过来，并说："你们怎么不讲理？"

典韦本来是个打架的祖宗，见兔子被对方抢去，就甩掉棉衣，往上直闯，边闯边说："你小子活腻歪了，快……"

没等典韦说完，曹操马上把他喝住："站住，不得无礼！"

典韦撅着嘴不动了，曹操望着小伙子笑着说："壮士，野兔是你先射的，请拿走吧。原谅我们的人粗鲁莽撞，这里我替他们赔礼了！"

小伙子见曹操如此宽容大度，也丢下野兔，脸红红地说："这位将军，恕小子无礼，猎物你们拿走吧！最后致死一箭是你射的！"

曹操见小伙子如此通情达理，心中非常高兴，忙问："壮士何方人士，能否告知姓名？"

小伙子也很直爽，忙回答："我是朝廷偏将军王子服的副将，姓沈，名良，字一丹，今日雪天无事，来此游玩射猎，不想遇见大人。冒昧问下，你是大将军曹操曹大人吧！"

曹操哈哈一笑："正是本官。原来是沈将军，同朝为官，各不相识，真是抱歉！"

沈良终于扔下野兔，带人回去了，而曹操，从此对沈良留下了深刻印象。

雪后初晴，天气虽然寒冷，但在和煦阳光的照射下，沟旁路边一些向阳的地方，雪被溶化，使道路很是泥泞。

因忙于政务，曹操几天没有到宫中问询皇帝的生活了。今天挤出点儿时间，决定去宫中一次。等他到了宫中，因路上泥泞，鞋上、裤子上溅上了许多泥点。

他进到宫中，偏巧皇帝没在，只董妃一人在内。见到曹操到来，忙迎出来，说："大将军请进，想必来见皇上！"

曹操赶快施礼："特来问询皇上与娘娘生活如何？如有不便，尽管直言！"

董妃笑笑说："皇上刚刚外出，大将军稍候片刻，一会儿即归。"说着，站起来，走近曹操，弯腰竟给曹操擦起衣服上的泥点来，并说："我

早仰慕大将军是个盖世英雄，无奈身份有碍，不得接近。今日屋中只有你我，让我温存一番！"边说边抚摸曹操大腿。

正如董妃所说，曹操确是个盖世英雄。入伍二十多年来，南北征战，东挡西杀，血染战袍，功勋卓著，不愧为人中豪杰。

但是，他也是人，并且是个十分亲近女色的男人。他精力充沛，性欲旺盛，无论行军打仗，还是营盘驻扎，几乎每晚都得有美女陪睡。

今天，董妃此举，并非因羡慕曹操的阳刚之气而进行挑逗，而是完全出于政治目的，只要曹操情一所动，顺势和董妃轻浮一番，就将落进董妃父女二人的陷阱。

此时的曹操四十一岁，血气方刚，一个如花似玉、满身香味的绝世佳人在身旁，真让他有些心荡神摇，难拴意马之感。但曹操终归是个人中豪杰，不是色中流氓，他轻轻拨开董妃的手，倏地转身走开，说："皇妃自重，请说与皇帝，曹操明日复来探望。"之后，大步流星地走了。

自从领了皇帝的衣带血诏，董承一天也没安稳过。他清楚，曹操并非等闲之辈，此事如做，必须做好。如若稍有不慎，消息败露，必将惹出塌天大祸；不仅自己的身家性命，就是其他人，包括皇帝、皇妃，恐怕都难逃灭顶厄运。他思忖再三，现在已无退路可走，只有豁出命去拼上一把了。

董承派人将伏完、王子服、种辑、吴硕秘密找来，谋划行动事宜。伏皇后的父亲伏完感到奇怪，首先发问："车辅将军唤我等何事，有话请讲！"

随后，王子服也问："董大人一向事务繁忙，今天怎有时间和我等闲聊！"

余下的种辑、吴硕虽未发问，也是不解地看着董承。

董承并未回答大家的问话，而是先提了个问题要他们回答。他问："当前朝廷有无祸害？根源何在？"

见问至此，那伏完气愤地说："你是明知故问！朝廷的祸害就在眼前，曹贼不除，国无宁日！"看来伏完与曹操仇深似海。也难怪，上次被杀的张喜是他的儿女亲家。

那王子服也跟着说："曹操不除，说不准哪天我们的脑袋也得搬家！"有知情者曾和他说起曹操计害杨彪的过程，每每想起他就心有余悸，因此对曹操成见也都不小。

种辑、吴硕几乎是齐声说话："这个曹操，欺上瞒下，乃祸根孽源，比当年董卓还坏！"

见众人态度一致，董承拿出皇帝的衣带血诏宣读，尔后说："皇帝已把铲除曹贼的任务交与我们，咱们就要同仇敌忾，合力齐心地把事办好。咱要商量一个运作方法。"

于是，五个人密谋起来，最后商量，二月初一这天，以请曹操赴宴为名，一举将他杀掉，尔后都城仍迁回洛阳。

事情如果不发生变故，曹操的性命确实危险。为了收服诸侯，统一全国，曹操此刻正紧张地操练人马，准备马踏北方，征服袁绍。他只认为，朝廷内的杨彪、张喜等人，外面的杨奉、韩暹等人都已被铲除，没有了隐患，把全部心思放在了日后收服强敌方面。他做梦也没想到，由董承父女作俑，甚至皇帝也参与的，杀害他曹操的团队正在霍霍磨刀。

然而，"天不灭曹"，距离他们发难的二月初一还有几天的时间，有人就把这消息透露给了曹操。这个人是谁呢？是董承家的一个伙夫。

这个伙夫唤作丁一，二十出头，长得獐头鼠目、猴嘴尖腮，模样叫人看了实在不怎么舒服。但人不可貌相，别看他长了这个样子，却有一手好的做饭手艺。煎炒烹炸，饭菜酒宴，味道鲜美，花样繁多。所以，朝廷迁来许县后，董承就从许都一家饭馆里把他要来。

丁一刚来将军府，又是皇帝的老丈人家，心里欢喜得几乎忘了自己姓什么，做饭特别用心，整天将董承侍候得喜上眉梢。这个董承欢喜倒不要紧，董承的一个小妾未红却离不开了丁一。原来这个未红刚满二十，正是青春年少难守空闺之时。因为这个伙夫丁一整天给未红送菜送饭，未红吃着又非常适口，倒是渐渐喜欢上了这个人看人烦的丁一。有天晚上，二人终于凑到一起，勾搭成奸。自此，二人只要找着机会，便会相会。可是好景不长，就在二人偷情两个多月的一天傍晚，终于被董承逮了个正着。董承当即叫家将把丁一绑起来打了个皮开肉绽、血肉模糊，那个未红第二天

也不见了踪影，死耶？活耶？谁也不知，当然董承除外。

因为丁一认错态度很好，再加之烧饭手艺实在高超，董承就又把他留了下来，只是告诉他以后必须远离内宅。时间一长，董承早把此事忘掉，而丁一对此却久久难以忘怀。特别是每当想到和未红销魂断魄的美好时光，如百爪挠心，难以自禁，现在未红死活不知，难觅人影，他恨死了董承，暗暗咬牙，不报此仇，誓不叫丁一。

机会终于来了。那天，五个人商量向曹操发难一事，中午董承留四个人吃饭，在送饭当中，几个人忽视了伙夫的存在，照样边吃边喝边议论，结果，全部话语都只字不漏地录在了这个小尖脑袋丁一的记忆里。这丁一什么也没考虑，只想以此报复董承。晚上，他偷偷溜进曹宫，将情况如实告诉给曹操。结果，捅了天大的窟窿。

曹操初时听到这个消息，打了个冷战，头脑一阵昏眩，险些摔倒在地。本来自己就有头痛的旧疾，经这一刺激，头又剧烈地疼痛起来。

他咬牙挺身站起，召唤来人："快将丁一照看好，从今天起，他不能再回董府，吃睡不准离开此院！"这就等于将丁一软禁起来。目的是日后当作证人。

接着，曹操又吩咐："去两个人到董府送信，就说丁一去河边买鱼，和人打架，被扔到冰窟窿里了！"因丁一给董大老爷戴了顶绿帽子，就是死上八回也不可能找他。所以，董承说："死就死吧！"

此时，天色已黑，晚饭后的人们正在营中闲聊。曹操连饭也没吃，就叫人点上油灯，自己又思考起来。

此时，形势已是十分紧急，人家已经磨刀霍霍，而自己还在过太平日子。如果不是这个丁一，如果不发生其他事情，这个二月初一就是自己的归天之日了。

怎么办？当机立断，先下手为强，要赶到董承他们前边动手。

从常理讲，此事理应召集谋士们商量一下，但因涉及人员较多，况又有皇帝在里面裹挟，还是先不告诉他人为宜。

夜里，曹操辗转无眠。吃了医生熬制的中草药后，头痛虽缓解一些，但过度地思虑，使大脑仍不舒服。

他翻身起床，穿戴整齐，往外喊道："来人，速请各位谋士、各位将军来营议事，快去快来！"

时间不长，都已躺下睡觉的谋士、将军们俱已来到大营。但见营中灯火通明，曹操一脸严肃地坐在上面，古铜色的面庞，在灯光映射下铁青森寒。每来一人，只是略略点头，算是打了招呼。

到了营中的文武官员，被眼前的情景弄得满腹狐疑：发生了什么大事？这时，坐在上首的曹操开口说话了："黑夜议事，十万火急。我得确实消息，车辅将军董承，联络伏完、王子服、种辑、吴硕要于二月初一向我发难。今日是正月二十，尚有十一天时间，如果不是有人通报，刀架脖项尚且不知。既是如此，彼不仁，我定不义，趁他们还未动手，咱先下手为强，根除后患！"

曹操说了大概情况，但并未提汉献帝的事，这也是曹操的高明之处。他刚刚打住话头，人群中传来一片"嘘嘘"之声，有的还小声议论起来："真是想不到哪，竟有此类事情出现！"

隔了一会儿，曹操又开口说话："现在听我指令：荀彧、程昱、荀攸、毛玠，你四人分成两拨，去到伏完、董承府中，就说皇帝有要事相商，待出家门后，立即挟持到这里。曹洪、曹仁、夏侯渊、徐晃、许褚、李通分兵三部，各带百名士兵，到王子服、种辑、吴硕家，即刻抓捕他们来营！"

按照将令，几路人马旋风般地出发了。曹操背着双手，在桌案旁来回踱步，过了一会儿，他把夏侯惇叫到跟前，在他耳边悄悄吩咐了几句，夏侯惇领命出去了。

众人疑惑不解，让夏侯惇去做何事？为什么秘而不宣？其实很简单，是让夏侯惇带人马在汉献帝周围布置停当，静观皇宫中的动静。因曹操只字没提汉献帝，难怪大家不知。

夜半时分，大营外面渐渐热闹起来，董承、伏完、王子服、种辑、吴硕被依次带来。见了曹操后，他们大喊大闹，尤其是董承喊得最凶："曹孟德，你好大的胆子，为什么绑架朝廷大臣，难道你要造反不成？"那个伏完也不示弱，他说："你们知道我是谁吗？我是国丈，皇帝是我的女婿。

— 47 —

深更半夜，将我们绑架至此，曹操，你要何为？"

当然，那几个人也不安宁，连吵带喊，手脚不停。

借着灯光，曹操看到院子中人已很多，不仅五名主事者，还有一些紧紧相随的家将、仆从也被一并带来。

他来到董承、伏完跟前，厉声斥责："为什么将你们捉来，纯属明知故问。如果今天不捉你们，恐怕几天后你们捉的就是我！懂吗？这就叫先下手为强！"

其他人均低头不语，都已清楚这是事情败露，现在只得引颈等死。

可这董承，并不服软，大声质问："曹操，你这是血口喷人，诬陷朝廷大臣，罪当受死！"

曹操冷一笑说："董大国丈，请拿出衣带血诏，不然，二月初一怎能杀我！"

董承听罢，冷汗顺脸而下。这是黑夜，看不清楚，若是白天，其面色说不上有多么难看。因为底子被全盘托出，还有何言抵赖！

不过，董承还不认输，他强装镇定，看着曹操说："这是内部有人吃里爬外，出卖我们，不然，你确也活不几天。曹孟德，你是英雄，敢把泄密之人实言相告吗？"

曹操又是一笑，说："你已是将死之人，我有何不敢？典韦，速把丁一带上来！"

"丁一？"董承听至此，实感惊讶，不解地问："他不是掉到冰窟窿死了吗？怎还在此？"

曹操讥讽说："董大国丈，你的聪明哪里去了，他来告密，不再回去，你定然发觉，岂不有所准备，不这样麻痹于你，能顺顺当当捉你来吗？"

此时，丁一被带到。他跑到董承面前，摇着小脑袋尖声尖气地说："董大人，你们几个商量要在二月初一杀害曹将军的事，我都听得一清二楚，你就承认了吧，等我和将军讲个情，给你留个全尸！"

"呸，你这忘恩负义的无耻之徒！"话到人到，董承一脚狠狠踢去，丁一滚出三丈多远，差点儿把丁一踢死，把他疼得哭爹叫娘："哎哟，疼死我了！"

随后，董承面对曹操，咬牙切齿地说："曹操，好你个英雄豪杰，竟收留这等龌龊小人。他和我的小妾私通，遭我处罚后，我仍又收留于他。原想他知错必改，谁知他以怨报德，吃里爬外，卖主求荣，死在这般人手里，实为汗颜！"

董承说完后，蹲在远处仍在呻吟不止的丁一又说话了："你扯淡，你如此待我好，把未红弄到哪里去了？你不喜欢，我还舍不得呢！说，她在哪里，我还要她。"

听至此，曹操断喝一声："丁一，闭住你的臭嘴！典韦，你找条绳子把这无耻小人捆了！"

这时候，被逮到的人群中有人高喊："啰唆什么，既然被捉，是杀是剐，悉听你便，快给个痛快的吧！"

谁？这还算个好样的，曹操到跟前一看，原来是王子服的家将沈良。这次曹洪、曹仁去捉拿王子服时，遭到家人的大力阻挡，其中抵抗最厉害的就是沈良。沈良自到王子服家后，忠心耿耿，从无二心，勤奋练武，保护着王子服的安全。这次有人来犯主人，不管什么原因，一定尽量加以阻挠。当然，他哪是曹氏兄弟的对手，很快就和王子服一并被捉来。

沈良见到曹操，用鼻子"哼"了一声，扭过头去不再看他。曹操微笑着摇摇头，也没说话，回到众人面前。他声色俱厉地说："现在，事情已是明了，你们俱已犯下谋害朝臣之罪，我已事先讨得皇帝手谕，将你们就地正法！"

他望望眼前这些人，说："董承、伏完，俱是国丈，给个全尸，以勒颈处死，余者全部斩首！"

曹操话音刚落，刀斧手们一拥上前，两人一个，执行处决。当刀斧刚要砍王子服的头时，王子服忽然喊道："住手，我有话说！"

曹操挥手止住行刑，问："你有何言？"

王子服说："曹操，你如果是正人君子，我临终有点儿托嘱，家父现年七旬开外，我死之后，再无他人扶养，请看在过去同殿称臣的份上，给予关照！"

曹操痛快回答："好，我答应你，一定将你父视为我父，给他养老送

终。你若不信，请伸出手，你我击掌为誓！"说着，走到王子服面前，两只手响亮地击了三下。

王子服哈哈一笑，说："多谢曹公，送我上路吧！"

王子服随着钢刀一落，尸首分离，倒地身死，魂归那乡去了。

轮到处斩家将沈良，沈良将身一挺，脖子一伸，说："来吧，爷爷不怕死！"

刀斧手刚要行刑，曹操来到跟着说："住手！"并亲自给沈良松绑，而后问他："沈将军，王子服他们的事情，与你等无关，我曹某人决不滥杀无辜。自上次见面后，我就喜欢上你的为人，如蒙不弃，可到我这里一同做事？"被解开绳索的沈良定睛看了看曹操，沉默片刻后说："曹公所为，我已一目了然。虽然我主已死，但我仍佩服你的为人。好，归你这里不难，但我有一个要求，请你务必应承！"

曹操一笑："请讲！"

沈良说："看在我主和诸位都是汉家臣子的情分上，请将处死之人快快收殓，免受星光映照，并予以厚葬！"

曹操高兴地说："好个沈良，真义士也！所言不差，全数办理！"接着，吩咐众人将尸体一一收殓，明日准备人员，予以安葬。

一切完事，刚想转身，典韦来到跟前说："主公，那个丁一怎么处理？"

曹操"哦"的一声，停住身躯，来到丁一面前问："丁一，你可有家口？"

龟缩在墙角早已吓得没魂的丁一，听到曹操问他，哆哆嗦嗦地回答："没……不，有一个六十八岁的老娘，无人照料。我厨子也不当了，回去侍候她！"

曹操说："丁一听着，就我而言，应该感谢于你，立了一大功。然纵观你这个人，既不仁，也不义。如果你和董承小妾继续通奸，你也不会报告于我。你看，倒下的这片人，地下的这些鲜血，全是由你而引起。所以，从另方面来讲，你实在对不起董承，你不是人，你是条狼。既然你是狼，我就不能收留你，更不能让你活下去再害人。看在你对我有功的分上，我明日拿出五百两白银送给你母亲，算是对你的报答吧！"说完，望着典韦一挥手，典韦立即明白，一刀下去，将丁一劈作两段。

随着事情的结束，文官武将又都齐聚营中，大家七嘴八舌地又议论开了。

荀彧首先发言："我们杀了这多朝廷重臣，况且还有两个皇亲，应迅速思忖下步对策，不然，人人皆知，引起共愤，实于我等不利！"

曹洪、许褚一齐喊道："事已至此，干脆连皇帝一起干掉，主公往上一坐，我们俱是大臣，然后征战四方！"

曹操马上挥手制止："子廉、仲康不得乱讲。一切我自有主张。文若所言极是，理应安排今后事项。其实，我早令元让带兵守住皇宫，免得有人乘机作乱。"他仰头望望天空，和大家说："诸位已是一夜未眠，趁天未亮，暂且回家休息，待天明后余事再议！"

众人尽皆散去，只剩曹操留在营中。

本来他说头疼，是喝了碗中药得到了缓解，方才一阵紧张的变故，丝毫也未犯病。可现在静下来，痛楚又悄悄袭上来。天还未亮，只有忍一忍吧！于是，曹操和衣爬在桌案上，静静地休息。

他在朦胧间，猛然发现汉献帝带领着董承、董妃、伏完和伏妃，一齐闯进营来，只听献帝厉声发喊："曹操，随意就戮大臣，你可知罪！"接着，董妃、伏妃一齐上来，揪住曹操衣服，齐声说："还我父性命来！"又见董承、伏完每人手持钢刀，望着曹操就剁。曹操刚想躲避，不想被皇帝拉住，两把刀重重地砍在曹操的头上。曹操疼得"啊呀"一声，立即惊醒，原来是一场噩梦。这场梦倒提醒了曹操，两个妃子都是帮凶。尤其是董妃，出谋划策，多行不轨，决不能轻饶！

天亮了，曹操梳洗一番，胡乱吃些东西，带着典韦，直奔皇宫。

汉献帝刚刚起床，宫女们正在服侍他穿衣，还没穿戴利落，曹操就急匆匆地掀帘而进。

献帝一惊，说："将军何事，这么早就来见朕！"

曹操也没见礼，更没问候，只是挥挥手叫宫女退出，然后，沉沉地说："现有一事向皇上请教，这是什么？"说着，抖出从董承身上搜出来

三 坚决果断清奸党·肃军纪揽人才

的血衣带诏。

献帝一惊，战战颤颤地说："这，你从哪里得来？"接着一改口说："这是董承让朕给他写的，不知他要此何意？"

曹操冷冷一笑，说："我知道这并非皇上意愿，可董承以此勾结四人，要害我命！"

献帝脸色苍白，结结巴巴地说："真有此事？快快唤人，将他们捉来审问！"

"不用皇上费劲，臣昨晚已将这几个人捉拿正法。因天色太晚，唯恐惊吓皇上，故未告之，今早特来通禀！"曹操正色说道。

献帝一听，倒坐在床上，喃喃地说："已经正法，董承也死了？"

曹操说："对，都已经死了。现在只有两个人还活着！"

献帝张口结舌地问："谁还该死？"

他问这句话的时候，头上已经冒出了冷汗，心想，这下轮着自己挨刀了。

不料，曹操已经看出他的心情，故意轻松地说："皇上勿急，该死的是两个妃子，董妃和伏妃！"

献帝一听，悬着的心仍未放下，冷汗顺脸涔涔流下，他哀求说："曹将军，董承、伏完就戮，是罪有应得，与两个妃子关系不大，况董妃已有身孕，你就高抬贵手，饶了她们吧！"

"不行，皇上不用为她们求情。留下她们，早晚是朝廷的祸害。"曹操说至此，看看皇帝的眼泪扑簌簌流下，心又软了下来，就又换个口气说："这样吧，我也不会赶尽杀绝，将伏皇妃留下，与你做伴，而董妃就不能留了，因她造孽太深，事情多因她而起！"曹操刚想吩咐典韦去动手，忽听外面宫女喊："不好了，董妃上吊自缢啦！"

原来，董妃已听宫女们说曹操前来索命，知道自己厄运难逃，就回后宫找条丝带，自缢身亡了。

曹操一听，冷冷一笑说："这可省事！皇上，请你安排人给她办理后事吧！"说完，带着典韦，头也不回地走了。

皇帝，多么无奈，多么窝火！曹操走后，汉献帝伏在床上，号啕痛哭

千古枭雄曹操

起来，边哭边喊："怎么办？天哪，今后这皇帝当之还有何益？"

曹操听到董承他们就要加害自己的消息后，以迅雷不及掩耳之势，将五个人一并逮捕并予以杀戮，将朝廷内的祸害消除殆尽。这虽是一件好事，但也带来许多弊病。

初时，散布在四周的诸侯、军阀们大为反对，长江以南的袁术、刘表；江东的孙策，西南四川的刘璋、张鲁；陕西的杨秋、马腾；河北的袁绍等人，均称曹操为"汉贼"，"要挟天子"为所欲为。当然，尽管他们闹闹哄哄，曹操仍然泰然处之。

这年的三月，花红草绿，杨柳依依。经与谋士们和众将商议，决定以汉室大军的名义，去到宛城征伐气焰嚣张的张绣。然而，在这次战役中，曹操轻敌思想较重，张绣的谋士贾诩用妙计，打得曹操的军队一败涂地。战斗中，曹操的忠实卫士，猛将典韦为保护曹操被乱箭穿身当即死亡。曹操的长子曹昂将马让与父帅，被张绣军兵乱刀砍死，侄子曹安民也当场阵亡，而曹操自己，臂膀中了一箭，若不是众人拼死保护，也险成张绣的俘虏。

在向山东方向败退途中，因吃了败仗，众将都是萎靡不振之色，行军速度极慢。见此情景，身负箭伤的曹操在马上断喝："胜败乃兵家常事。今日之败，皆因我轻敌而致。现在我宣布，自罚俸银三千两，粮食一千担。众将士要抖擞精神，这三千两白银和一千担粮食，奖励今天奋勇杀敌和行军动作迅速者！"

曹操这一自责自罚和重奖，使全体将士精神倍增，全速前进，很快退到山东舞阳城。

最先到达舞阳的是夏侯惇的部队。由于几日没得饱饭吃，夏侯惇的部队到舞阳城后，士兵们窜到商店、居民家，连抢带夺，恣意摧残。有一老汉，背着半袋粮食去藏，恰遇夏侯惇骑马至此，连呼："老汉站住，快把粮食拿来！"

老汉惊得站住，颤声问道："你们是何方军队，前来抢粮？我家五口，全靠此粮度日，给了你们，我们吃什么？"

夏侯惇把马鞭一挥，喝道："老东西，啰唆什么？我们是曹操大军，

弄点儿粮食吃，你能怎么着？"接着，命士兵推倒老汉，抢了就走。

正在这时，曹操的督阵将军于禁率队赶到，见夏侯惇的部队如此残害百姓，不禁怒从心头起，命令部队："但凡抢劫百姓财物的，不管是兵是将，一律捉住正法！"

就这样，于禁的督军连连砍倒几十名抢物之人，场面方才稳定下来。有人立即向夏侯惇报告。夏侯惇听后暴跳如雷，找到于禁，破口大骂："你吃里爬外，竟敢杀戮我部士兵，莫不是张绣的帮凶？"说着，往前拥去，就要和于禁拼命。

于禁也不示弱，仗剑在手，说："夏侯惇，别以为你是大将军的族弟就为所欲为。残害百姓，理应正法，难道你能例外？"

正在二人剑拔弩张之时，突然从后边传来一个声音："文则所言极是，残害百姓者，就地正法，绝不容情！"

众人抬头一看，大将军曹操！

见曹操到来，夏侯惇还满腹委屈，刚想说话，被曹操厉声制止："元让休得再言！你身为主将，带领士兵抢劫百姓粮食，严重违规违纪，照章该罚。"接着，唤过两名士兵："重责元让二十军棍，以后再犯，决不轻饶。"

夏侯惇乖乖地脱去衣服，趴在地上，挨了重重二十军棍。

打完夏侯惇，他吩咐随军医生："给元让用药敷上伤口，用心调治，不得马虎！"接着，他对于禁说："文则今日所为，甚是正确。一个军队如没有严格的纪律，终将失败到底。我们今日失败，是我部署有误，改了以后，定能转败为胜。但如果纪律松弛，军心涣散，则永远不能取胜！"

表扬之后，又封于禁为益寿亭侯，并赐金器一副。

对于禁表扬结束后，曹操又对全体军士说："你们来看，还记得我这把胡子短这么一块的原因吗？"

"记得！"军士们齐声喊道。

这事当然记得，只恐怕就夏侯惇这个炮筒子将军忘得干干净净。

那是在半月前，他们初过青州地界时，路过一块刚刚泛绿的麦田。曹操当即下令："仔细路过，人畜不得踏坏一棵麦苗，违令者斩！"

此令一发，人们都小心翼翼地在麦地里走着，唯恐踏坏麦苗，被当成违反军令的典型。可有凑巧，曹操骑马正行走间，麦田里突然飞出一只鹌鹑，惊得战马一个趔趄，当即踩到几株麦苗。

曹操见状急速下马，找到执掌刑罚的谋士郭嘉说："奉孝，我已带头违令，请你按规办事，处我斩刑！"当即脱去盔甲，立在郭嘉面前。

郭嘉为难地说："军令是严，但怎能用于主帅身上呢？"

曹操正色道："令是我下，我更应遵守，如果我领头破坏，以后谁能服我？"言罢，就要拔剑自刎。

一见曹操真心自罚，众将都着了急，拥上前去，抢去宝剑，齐声喊："将军此举，我等心悦诚服，以后定当严守军令，快快饶过自己一次，好率领我们去征战。"

郭嘉毕竟是有才能的聪明人，他走上前去，对曹操说："将军可曾记得，古人云：'春秋之义，法不加举。'况今日事出偶然，因马惊而起，既然有因，就能谅解。"

见众人苦苦哀求，曹操感动地说："承蒙诸位相谅，曹操当深深致谢。然毕竟我犯军令，不得死罪，也得处罚。"说着，抄起宝剑，左手持住胡须，"刷"的割下一缕，往地下一掷说："今日就以须代首，下不为例！"

仅仅发生十几天的时间，人们怎能忘记？自此以后，不论南征北战，曹军违反军令的事很少发生。

随着军事布置的调整，曹操于一个月后再次征讨张绣，结果大获全胜，逼得张绣举手投降。

张绣来降，其实真不是出于本心。他十分清楚，几个月前，在宛城激战中，曹操的爱将、儿子和侄子，俱丧命于自己军队之手，曹操本人也中箭负伤，试想，这种仇恨，是切齿的、深刻的，甚至是终生的，几代人都难以忘怀的。现在战败去投降曹操，无异于投奔虎口，自取灭亡。退一步来讲，就是曹操不予追究，他的部下、他的儿子们恐也不干，所以，他的主张是投奔河北的袁绍。

投奔袁绍，远离曹操，众将均无异议，只有一个人唱反调，力排众议。他就是张绣的谋士贾诩。

三　坚决果断清奸党　肃军纪揽人才

贾诩是这样阐述自己的观点："当前，从经济实力和军事强盛方面，非袁绍莫属。但袁绍谋略不足，用人失策，是外强中干。而曹操是展翅雄鹰，志向高远，目前势力虽不及袁绍，迟早必超过于他。且曹操已有迹象，近期内将进攻河北，袁绍必被他吃掉无疑，到时候，再做一次俘虏，其情更难！"

在贾诩认真透彻的分析下，张绣带部队投奔了曹操。

张绣的来到，曹操表现出了出奇的热情，而张绣则深感有愧。

他来到曹操跟前，深施一礼，歉疚地说："孟德公，今来投奔，想起宛城一战，实在抱愧。现到麾下，任凭发落！"

曹操忙弯腰扶起，和蔼地说："张将军切勿如此，战场就是你死我活，也属正常，现在你投我处，就是一家，何必再提往事！"于是吩咐："来人，快去给张将军接风洗尘！"

好宽阔的胸怀，好宏大的肚量呀！张绣做梦也没有想到会是如此境况，至此，悬着的心方踏实一些，感动得他热泪盈眶，哽咽着说："孟德公，此量我不济也，此举张某终生难忘，今愿在麾下，追随左右，至死不悔！"

张绣往后营歇息去了，曹操的众将，尤其是曹氏宗族大闹不止。那曹洪暴跳如雷地说："这小子害了我们多少人，昂儿、安民儿，都命丧他手，不仅不应收留于他，还应将他碎尸万段！"

曹操二儿子曹彰吵得更厉害："杀兄害弟之仇，不共戴天，将张绣剁成肉酱，也难解其恨！"

最要命的还是那夏侯惇："只报曹家仇不成，那典韦，对主公忠心耿耿，九死一生，命丧他手，此恨难消！"说完，怒气冲冲，抽出宝剑，就要去找张绣算账。

听至此，曹操高声断喝："子廉，你给我站住！你们的心情我都理解，张绣和我们有仇，我岂不知？但是，那是在战场上，刀枪无眼，你死我活，历来如此。再说，张绣带人已投我部，就不能耿耿于怀，纠缠旧账。如果这样，以后谁还投奔我们？怎能打败我们的对手？诸位，今天此举，我不怪罪，但今后再如此胡来，军法处置，决不轻饶！"

历史证明，曹操此举实属高明之至，后来张绣在曹操军中，能征惯战，破袁绍，战马超，灭韩遂，都立下了汗马功劳，最后，被升迁为将军，执掌帅印。

四

以敌制敌讨袁术
妙计扫荡群雄

袁术在寿春称帝，汉献帝封曹操为大丞相，发兵讨伐。曹操用「以敌制敌」之计，以汉天子诏书令吕布、孙策讨袁，自己按兵不动，使袁、吕、孙三方厮杀，可谓「一石三鸟」。

千古枭雄曹操

　　　早在曹操征战张绣的时候，南方出了件大事，就是袁术自称皇帝，以淮南寿春城为都，设置公卿百官，并举行了祭祀天地的仪式。

　　大汉天子还在，朝廷仍掌握着统治权力，各地诸侯都是汉室的朝臣，现在，袁术意冒天下之大不韪，称孤道寡，自立为帝，真是胆大包天。这天，汉献帝将曹操召到宫中，共同商量此事。汉献帝说："卿家想必已经知晓，袁术竟敢在淮南称帝，置汉室朝廷于不顾，其罪难赦，国人皆诛之。"

　　曹操看了一眼献帝。因为过去数月，上次董承风波已在心中淡忘，随着心神的好转，小皇帝的脸色又好看多了。见皇帝话已说完，曹操说："皇上所言极是，袁术盘踞江南，拥兵自重，自立皇帝，敢和大汉王朝分庭抗礼，其罪罄竹难书。当今之计，务必派大军征讨，使其就范，以安民心！"

　　献帝一听，满心欢喜，说："卿言正和朕意，应该出兵征讨。只是出兵之人，思虑在三，还得烦卿前去。袁绍远驻河北，孙策盘踞江东，刘表身在湖广，皆远水难解近渴，此重任非卿莫属矣！"

　　曹操一听，正中下怀，他说："捍卫汉室江山，臣难辞其咎，只是臣仅有大将军之衔，还是……"说至此，曹操顿住话头，不再言语。

　　献帝也学得聪明起来，知道曹操嫌官职太小，于是，他说："朕已思虑成熟，将军在朝中，功高盖世，远比当年先祖时的萧何还强，从今日起，卿即是当朝首辅，位居丞相，诸事自行处理为是！"

曹操听罢，赶紧谢恩，从这天起，又戴起了丞相大帽子，其权、其势，更是一手遮天了。

曹操满怀高兴地离开皇宫，回到自己营中，向众人说起此事，文官武将齐声道贺："丞相一职，非将军莫属，自此之后，我等愿随丞相，效犬马之劳！"

不管大家贺与不贺，曹操争得了"一人之下，万人之上"的最高职位，心遂所愿，有名有实，还是相当欢喜的。他喜笑颜开地吩咐夏侯惇、曹洪："元让、子廉，派出兵丁，杀猪宰羊，全营庆贺，吃饱喝足，准备征战！"

夏侯惇、曹洪高高兴兴地办理筵席去了。临近中午，筵席办理停当，营房内外，搭起许多餐桌，每张桌上大盆的猪肉、羊肉，几坛好酒，全体将士围坐一起，风卷残云般地吃了起来。

今天曹操特别高兴，红光满面，喜笑颜开。他端着酒碗，一桌一桌地敬酒，尔后众将又轮番给他来敬酒，喝着，喝着，渐渐地醉了起来。喝完以后，他端着酒碗来到几个谋士跟前，边喝边说："文若、奉孝、仲德，你们都……都给我……我喝！"说罢，一碗酒仰脖而尽。

荀彧、郭嘉、程昱都站起来，端起碗来齐说："多谢丞相敬酒！"说罢，也都一饮而尽。

此时，谋士郭嘉看看曹操已有醉意，便上前劝道："丞相，你已有醉意，酒多伤身，还是有些节制为好！"

这个酒精在有时候能起好的作用，而有时候却能把人包括一些聪明的人支使得忘乎所以，得意忘形，不辨真假，误入歧途。现在的曹操，恐怕就成了这第二种人。

尽管郭嘉出于好意，而此时的曹操醉得已神志不清，见郭嘉拦他的话头，把酒杯一摔，训斥说："你郭奉孝胆子好大，竟敢挡我兴头，不知罪吗？"说着，走上前去，把郭嘉推倒在地，而他自己也坐在地上，昏睡过去。

众人见曹操如此，赶紧将他搀到营中歇息，荀彧、程昱等人也把郭嘉

扶起来重新坐好。

酒宴，就在不愉快的气氛中结束了。

第二天早晨，曹操的酒劲彻底醒了过来。他躺在床上，细细回想昨晚宴会上的情景，依稀记得推了谁一把，是谁？记不太清了。于是，喊过来他的新任卫士沈良："一丹何在？"

沈良答应一声："下官在此，丞相有何事吩咐？"

曹操坐起来，问："昨晚谁被我推了一把？"

沈良如实回答："是司空郭嘉，他当时劝丞相少喝点儿酒，唯恐酒多伤身！"

"什么？是郭嘉？"曹操激灵一下，站了起来，有些自责和悔意，说："奉孝对我一向忠心，而我酒后一时性迷，竟推操伤人，实是不该发生。"想了一会儿，他又吩咐："一丹，跟我到奉孝处赔礼道歉！"

此时的郭嘉正在看书，对于昨晚之事，早已忘却。喝醉酒嘛，别说是丞相，自己的顶头上司，就是其他人，也不应斤斤计较。

郭嘉看书正聚精会神间，门外仆人来报："老爷，曹丞相前来探望！""啊，曹丞相来了，何不早说？"郭嘉赶紧放下书本，往外就走。

谁知刚要出门，险些和进门的曹操撞个满怀。

"奉孝好生厉害，如果不是老夫躲闪，定给你撞个四脚朝天！"曹操满面笑容，边说边进屋中。

郭嘉大脸一红，略显尴尬地说："不知丞相到来，没能远迎，万望海涵！"

曹操哈哈一笑，扶住拱手作揖的郭嘉说："奉孝何必过谦，今日老夫前来，主要是来道歉。昨晚酒醉失手，将你推倒在地，实是抱愧。想必身体没甚大碍？"

郭嘉忙让曹操坐下，接着回答："昨晚之事，早已忘怀，何必再提？再者，摔倒在地，也是赖我酒已过量，脚跟不稳，与丞相推操毫不相干！大人如还以此为歉，实是折煞小人。"

郭嘉实在聪明，这番话把曹操说得轻松愉快，他满心欢喜，说道："好了，你我二人相识虽时不长，却心心相印，已无必要客气。今日到此，道歉是我的笑谈，实则是有事请教！"

丞相有事，轻车简从，来到谋士府上请教，在当时的上层社会实是不多，发生在曹操身上恐怕也是屈指可数。

由此可见，曹操对郭嘉非常器重。

郭嘉，字奉孝，河南颍川人，这年刚交三九之年。他头脑聪颖，少年得志，曾投到袁绍麾下任参军。后见袁绍缺谋少智，独断专行，不纳良言，一气回到家中。后被程昱推荐给曹操，当二人坐下深谈天下事时，曹操被郭嘉的深谋远虑、见解透彻、辩事清晰所折服，高兴地说："助我成大业者，必此人也！"而郭嘉对曹操的礼贤下士，谋勇俱全，虚以待己，诚以待人，赞赏不已。他对曹操一躬到底说："曹公真我主也！"

自此，二人经常交谈，交谈之时也较随便。

今曹操至此，确实又是和郭嘉前来交谈。其内容主要是如何对付袁术的问题。

曹操试问郭嘉，说："奉孝想必已经知晓，袁术在寿春已自称为帝，这叛国之举，在朝廷中已有很大反响，究竟日后如何处理，胸中应有数。"

郭嘉点点头，赞同地说："丞相所言极是，就袁术称帝一事，确是轰动朝野一大要事，但我估算，此荒唐之举，绝计维持不久。其因有三：一是汉室稳定，天子还在，擅自称帝，有悖常礼，必遭国人共讨之；其二，袁术此人志大才疏，气量狭小，独断无谋，部下所属怨声载道，人心不齐，此势头绝难成事；其三，天下诸侯，群雄四起。妄自称帝者必成众矢之的，这是失败之基也。"曹操边听边频频点头，见郭嘉说话告一段落，方接下去说："奉孝所言，真知灼见，实属宏论。现今皇帝身旁，仅有我部，叛臣既出，就得征讨，此出兵乃仁义之师。只是如何出法，尚需斟酌。"

郭嘉已经听出，这是曹操在试探自己。但此重大之事，还须听听主公的口气，方保说话无虞。于是，他说："征讨袁术，非我军莫属，想必丞相早已成竹在胸？"

曹操听至此，心中暗暗一笑，这小子，终归把我套住了。接着，他对郭嘉说出了自己的打算。郭嘉听后，大加赞扬，并说："丞相出征，我定紧随其后！"

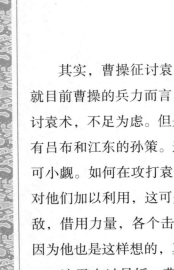

其实，曹操征讨袁术，确实已有章程，只不过没有和大家公开罢了。就目前曹操的兵力而言，文官谋士，人才济济；武官将军，数量可观。征讨袁术，不足为虑。但是，除了自称皇帝的袁术外，距许都较近的将领就有吕布和江东的孙策。这些人虽没有袁术、袁绍强大，但论其战斗力都不可小觑。如何在攻打袁术的同时，牵制住这两股力量不能成其为害，甚至对他们加以利用，这可是一个大的谋略问题。当曹操和郭嘉说出"以敌制敌，借用力量，各个击破"的打算后，郭嘉对曹操佩服得更是五体投地。因为他也是这样想的，真可谓"英雄所见略同"矣！

这天吃过早饭，曹操急匆匆地来到皇宫叩见皇帝。行礼过后，曹操说："皇上，袁术称帝，我们意欲征讨。此前，为借助力量，应先安抚和笼络一下就近的吕布、孙策等人，和他们联手对付袁术，岂不更好！"献帝马上回答："丞相所说极对。吕布、孙策都非等闲之人，对他们还是加以防备为是，卿家准备如何办理？"

见皇帝发问，曹操说道："请皇上发诏，封赏吕布，奖励孙策，督促他们出兵征讨袁术。"

献帝非常赞同，他高兴地说："对，就此办理，丞相你可代朕发诏！"

看看，这皇帝当得实在省心，连圣旨都不愿写，俱授权于曹操。其实，这也是他学会了办聪明之事。自迁都许以后，有哪个诏书不是曹操所写所发？

曹操领命，从皇宫回归自己的住处，想了一会儿，马上传命："一丹何在？"

沈良赶紧过来，忙问："丞相有何话说？"

曹操挥挥手，对他说："马上把乐进、于禁二位将军找来，有要事相商！"

沈良应声而去，时间不长，把乐、于二将找来。二人见过礼后，问道："主公，唤我等有何吩咐？"

曹操坐在桌案后边，拿出一份诏书和一封书信，一并交与乐、于二将，尔后说："文谦、文则二位将军，令你们持诏速去小沛营中，传皇帝封赏之命！"二人转身刚要离去，曹操随即又唤住："二位稍等，还有一

女给吕将军带去！"

说完，往营帐后面喊声："英娘快快出来，二位现在就要动身前去小沛，见了吕将军勿忘替我问候！"

曹操话音刚落，帐后走出一婀娜多姿的女子，年纪二十左右，生的眉清目秀，唇红齿白，身材高挑，说话燕语莺声，望着曹操拜了三拜说："丞相，妾身此去吕布营中，唯恐去之有日，来之无时，万望保重身体！"

曹操把手一挥，说："请自珍重，你们走吧！"

乐进、于禁带着英娘和百名军士，骑上骏马，扬鞭踏尘而去。

这英娘本是洛阳城中的一个歌伎，不仅模样生得花容月貌，而且技艺超群，吹拉弹唱，无所不通。由于董卓作乱，都城被毁，原来那种歌舞升平的日子随着战火的燃起，已不复存在，因此，英娘只得屈身街头卖唱，以挣点儿糊口之粮。那日，正巧曹操走上洛阳街头，见此女歌喉洪亮，唱腔委婉，不由驻足观看，一曲唱完，众人一哄而散。没有一个人丢银给物。曹操见状，十分气愤，随手掏出五两纹银，交于英娘之手。为此，英娘不胜感激，追问曹操姓名，表示以后有了机会，定报救济之恩。曹操马上回绝说："区区小事，何必言谢！"说罢，扬长而去。后来，英娘终于得知，接济他纹银的是大将军曹操，就有了追随他的心愿，但始终没有找到机会。直到曹操把皇帝迁都来许，这英娘也悄悄跟了过来，找到曹操营中，一定以身相许。曹操见凭空来个大美人，心中十分欢喜，但碍于混战时期，两个夫人又都在身边，就没敢正式收纳，把英娘暂时寄存一处闲房，派两个使女专事侍候，他抽空便来住上两夜，以尽二人的鱼水之欢。现在，为了征讨袁术，拉拢吕布，完成"以敌制敌"的战略，想把这心爱美的人给吕布送过去。他知道，吕布失去了绝世佳人貂蝉以后，心情沮丧，战斗意志锐减，若要他去征战袁术，除了给他晋升官职，再补给他个美女，其作用恐怕比当官还要大。所以，曹操只得忍痛割爱，做通英娘的思想工作。好在英娘深明大义，又久闻吕布是个英俊无比的剽悍男子，也就痛快答应，愿去吕布身边效劳。曹操此举，又演了一回王允巧施美人计，真不知吕布这次又有什么结果。

乐进、于禁、英娘等人，骑在马上，急速前进，仅两天时间，就来到

小沛县城。

　　小沛县，远不如许都繁荣，再加之许都后来成了国都，相比之下小沛县就差得更多。街道狭窄，房屋陈旧，店铺稀少，行人不多。街上偶尔有几个兵丁，也是松松垮垮、无精打采的样子。由此可见，吕布领兵蜗居至此，心情是何等地不畅。

　　他们很快寻到吕布的驻地。乐进走到门前，对守门士兵说："我们是朝廷派来的命臣，请快通禀吕将军！"

　　一听来自朝廷，士兵马上转身进院回报，一会儿，告诉众人："将军传你们进见！"

　　此时的吕布，自平定董卓之乱，打退李傕、郭汜的进攻，将袁术从徐州驱赶到寿春后，刘备、袁绍等都曾招他前去，但因整日战事纷繁，鞍马劳顿，累得筋疲力尽，就拒绝各处参战，暂退至小沛养息。尤其是平定董卓之乱后，貂蝉突然失踪，不知去向，使他终日丢魂失魄，倦怠军事，无心征战。经常在营中喝酒，借以浇愁，睡梦中与貂蝉相会。有时，也带人去城外行围狩猎，消磨时光。

　　这日，刚从外边围追野兔回来，就有人来报，说是朝廷派人来见。吕布不知这是何意，就梳洗打扮整齐，准备出外迎接。刚到门口，乐进、于禁依次进来，因三个人都较熟悉，先是热情一番。

　　身材高大、面孔白皙英俊的吕布，上前拉住二人的手说："文谦、文则二位将军，不在孟德身边尽责，来此小县，有何贵干？"

　　乐进、于禁马上应声道："奉先将军，承蒙问候，多谢多谢！我们此来，是奉诏行事，先请将军接旨。"

　　说完，乐进抖开诏书，给吕布读了一遍。其意是："原平南将军袁术坐镇拥兵自重，目无汉室，势压天子，自立为帝，实乃罪不容赦。今诏吕布，封为平东大将军，颁发金印，并银钱万两，即日起兵征战袁术，功成以后，再行封赏。"吕布听后，欣喜异常，叩头谢恩。接着，于禁又将曹操的一封亲笔信交给吕布，里边称："奉先将军，恭贺又得高升，所知皇上命你讨伐袁术实乃英明之举。袁术荒唐，兵精马壮，武艺高强，他人前去征讨，无异于以卵击石，自取其祸。只将军武艺超群，名震四海，能胜此任，大军所到，袁术必望风而逃。待公发兵后，我自行兵相援，两下起来，还愁袁术不灭？"

吕布本来是心高气傲之人，皇帝加封，曹操趁机吹捧，把个吕布弄得神魂颠倒，心中发烧，乐得脸上如绽开的一朵鲜花，高兴地说："皇上圣明，孟德高明，如此看重于我，吕布肝脑涂地、粉身碎骨在所不惜！"

乐进、于禁看吕布精神振奋，容光焕发，和方才所见已判若两人，就又趁机说："奉先将军，祝你喜事连连，佳音不断。我们带来一女，名唤英娘，目前流落我处。她仰慕将军大名，时想投奔于你，丞相令我们带来，不知将军可否接纳？"

吕布虽素来好色，却很是挑剔，一般姿色的女人，他决不问。如若才貌出众，楚楚动人，他又不择手段来追来求。正如貂蝉这类女人，到得他手，如胶似漆。自貂蝉走后，他失魂落魄，茶饭不思，又兼两个夫人不在跟前，寂寞难耐，每到晚上，更是情欲难熬。今日一听有一女来投，忙问："现在何处，速速唤来一见！"

英娘随唤进得营中，吕布一见，心中猛然一惊，这是哪来的女人，长得如此美丽！原以为貂蝉是绝色佳人，世上难寻，天下难找，谁料眼前这位美人，不说是天女下凡，也是嫦娥离月，看来我吕布艳福实在不浅。

吕布边看边想，愣愣怔怔地站在原地不动。只待乐进说声："大将军你看可否中意"的话后，吕布方缓过神来，欢快地说："好，好，本将军收纳，本将军收纳！"

乐进、于禁带着人马，回许都复命去了。吕布在其小沛驻地，可就折腾欢了，操练兵马，筹集粮草军饷，准备征讨袁术。

确实，吕布是个武艺高强、争强好胜之人。尽管他胆小怕事、心无主见，但今天看到皇帝对他如此封赏，曹操对他又如此器重，还有送来的英娘这一美女，都促使他雄心勃勃，跃跃欲试。

准备工作已经进行了十天，明天就要南征袁术了。晚上，吕布和英娘相拥睡在帐中，几乎一夜未眠。

英娘的俊俏，英娘的温存，吕布深深地感到大胜貂蝉一筹。所以，从第一天晚上开始，吕布的疯狂、激情和欲望，都得到了前所未有的发泄与

四

以敌制敌讨袁术：妙计扫荡群雄

— 67 —

满足。而英娘，从曹操处过来，对吕布的应付好似有种责任感。后来，看到吕布英姿勃发的面孔、高挑伟岸的身材及晚上的万种风情，很快对吕布有了深深的好感。基于这点，两人在这十来天的时间里，如胶似漆，形影不离。

明天就要出征了，沉浸在蜜月之中的男女，呈现难割难舍之情，也是在所难免。这英娘搂着吕布的脖颈，低声细语地询问："将军，明天就要远行，扔下妾身一人，形单影只，好孤独啊！"

吕布不胜温情地回答："我何尝愿意离开于你，只是食君俸禄，圣命难违，怎好不去出征？请放宽心，我此去不消数日，定灭袁术，凯旋之日，你就在路口迎接与我吧！"

时间已是二更，正沉睡间，突然营门被猛地撞开，副将高顺闯进来，高声说："将军，大事不好，袁术带兵杀进来了！"

高顺这一闯一喊，立即惊得二人翻身而起，紧急之中，迅速穿好衣服，吕布边提靴，边问："怎么回事？袁术来了？"

"对，快走吧！眼见大军杀近营门！"高顺说完就风风火火地走了。吕布见军情紧急，再也顾不得睡眼惺忪的英娘，披挂整齐，跨上赤兔马，提着方天画戟，去杀来犯之敌了。

袁术部队夜袭吕布军营，不仅吕布等人感到突然、奇怪，恐怕就是读者也较困惑不解！明天就去征讨，袁术怎么晚上就送上门来了呢？其实，往细里想一想，也不是难解之题。你想，曹操派来两员大将，带着百十多人，对吕布进行公开的封赏，还有，连续十来天的部队演练，喊喊杀杀，其消息早有人报给袁术。

袁术，字公路，河南汝阳人。自在淮南寿春称帝后，一天也未得安宁，反对之声不绝于耳，各地诸侯要来征讨的消息此起彼伏。尤其在前日，听说居住小沛的吕布操练人马，就要杀来，不由怒火中烧，大骂出口："吕布孺子，反复小人，别人征讨于我，倒犹可，他有何德何能也敢来犯？不用他来讨我，待我带领大军，先去把他收拾了！"

一提吕布，这个自封"皇帝"的袁术，火气可谓大矣！真的，吕布的名声并不好，先前依附荆州刺史丁原，后因董卓送给一匹"赤兔马"，竟将丁原杀害去投董卓，并拜认为义父。以后，王允用计，奉献貂蝉，吕布又和董卓翻脸，一戟又将这个义父刺死。且不谈丁原，董卓政治背景如何，如此见利忘义、反复无常之人，不论他的武艺多么出众、超群，其德缺乏，其义虚伪，其名声臭不可闻，这也不怪袁术对吕布嗤之以鼻了。

袁术和吕布还有一个隔阂就是，当年袁术在强盛初期，出于巴结人的目的，吕布曾主动要将自己的女儿嫁于袁术之子。袁术父子都很同意，于是，择定吉日给两个孩子完婚。可是，就在袁术这边准备停当，公卿亲友前来贺喜，吕布女儿坐着花轿将到袁术家门口的时候，吕布被谋士陈理所劝，突然悔婚，着人从半途中把女儿唤回。当时此事轰动朝野，所有人在指责吕布耳软心活、反复无常的同时，也耻笑袁术的轻率和痴迷。吕布这事办的如此缺德，难怪袁术着急上火，耿耿于怀。试想，这事就是放到今天，两家也必得法庭上相见！

袁术有备而来，乘夜偷袭，吕布毫无准备，仓皇应战，其结果可想而知。吕布大败而逃，副将高顺和五六百名士兵，都成了刀下之鬼，就连美人英娘也被袁术掳去，成了他的胯下之人。只可怜英娘从南到北，屡换男人，累被蹂躏，自叹命运太苦，又恨爹娘给生了个俊俏模样。

吕布带着两千多人往东而逃了。当曹操听到这个消息后，非常气愤，大骂吕布沉溺女色，耽误大事。后来听到英娘被袁术掳去，心中妒火烧得更旺。如此一个美女，落入袁术之手，就同进了魔窟，说什么也要把她搭救出来。于是，准备升帐，就要点兵出征袁术。

此时，郭嘉来到帐中，见曹操满脸焦躁，问道："丞相，莫不是仍为袁术之事着急？"

见郭嘉到来，曹操的心绪稍稍安定下来，说："奉孝快来，我刚刚准备升帐议事，这袁术再不征讨，咱可就难辞其咎了！"

郭嘉随着曹操的手势，坐在了他的对面，深思熟虑地说："丞相切勿着急，这袁术虽败吕布于小沛，但对于自封的皇位，却毫无作用。其实，咱若出兵，打败袁术恐怕问题不大，但为避免损失，还有一个方法可使！"

听至此，曹操来了兴趣，面露笑容地说："奉孝不可卖关子，有话全

盘托出，岂不更好？"

郭嘉这才说道："目前袁术营中，战将虽然不少，但内部你我猜忌，矛盾重重，只要在这方面施些谋略，远比咱出兵还强！"

曹操点点头。郭嘉接着话头说："上次杨奉投在他营，后来韩暹又去，此二人都是不良之辈，又兼袁术心胸狭窄，不能容人，听说杨、韩已想反他而去，咱可抓住这个时机，搅他个内部不安，从中渔利。"

曹操听罢，拍手称快，说："奉孝此言，正合我意。我看下步咱这样办理。"接着说出了自己的想法。

袁术偷袭吕布，大获全胜，满心高兴地回到寿春宫中。尤其令他欣喜的是，从吕布营中弄来个绝色佳人。当天夜里，拥着英娘，云雨一番。

这袁术和曹操、吕布并不一样，对女色不甚靠近，英娘来后只欢娱一夜，就觉此事索然无味，第二天就把英娘放到一个闲置房屋供养起来。而这个闲置房屋离杨奉、韩暹的住地又很近。

这天，杨奉、韩暹无事，瞅个时间去到寿春街上闲逛。逛什么呢？是想去找青楼发泄已蓄很久的欲望。

他们都是来到袁术房檐下避雨的将军，终日替人行军打仗，根本不可能带着妻子儿女，所以，激情欲望，没有地方发泄。他们又都是二十多岁，精力充沛，欲望旺盛。这天闲着无事，二人一商量，就准备去青楼消遣一番。

然而，就在他们行走间，后边早就跟上了两个人。见他们正奔向一个叫"夜来香"的青楼，两个人快步跑到他们跟前，其中一个高个子说道："二位将军，你们是否要去青楼消遣？"

别看是过去那个时代，只要是逛青楼，很少有明火执仗去的，都是偷偷摸摸、鬼鬼祟祟的，大概也是顾忌一个脸面吧！见有人公开问他们这个，杨奉大脸一红，训斥道："你是何人，来此胡说八道？"

韩暹干脆骂了起来："再来放屁，打断你们的狗腿！"

那个人不急不恼，还是笑笑说："杨将军、韩将军，请别着急，我们是袁术宫中之人，方才让我们送一美人在你们将军府左边院中居住。我们哥俩商量，将她送给你们劳苦功高的将军们，那多好啊！可咱们袁大人就

千古枭雄曹操

是不同意。你二位是否和咱皇上说说去，这是个新俘虏的女子，弄到你们这里多好！”

杨奉、韩暹一听，有个闲置美女，袁术不给，好，咱们来个硬上弓，于是，二人来到英娘的住所，把几个把门的士兵赶走，抢起英娘就来到自己的院中，二人将英娘摁倒在地，脱去衣服，急不可耐地轮番疯狂一番。此时，几个把门的士兵早已跑到袁术跟前，说起杨奉、韩暹抢英娘一事，把个袁术气得火冒三丈，高喊："来人，把杨奉、韩暹抓来！"

时间不久，众士兵将杨奉、韩暹抓来面见袁术。袁术手指杨、韩，一顿臭骂，然后各打五十军棍，轰了出去。

杨奉、韩暹又气又恨，在街上一跛一拐地走着，忽然从后边又来一相面之人，说二人不日将有血光之灾，要多加注意才是。两个人一听，吓得脊梁骨直冒冷汗，一商量，三十六计，走为上策，不在这混蛋跟前等死。所以，当天晚上，二人带着部队溜出寿春城，投奔别处去了。

至此，曹操的离间之计，又得成功，使袁术的力量削弱了很多。

出了寿春城，杨奉、韩暹就商量他们的去向。

杨奉想了一会儿说："我看咱去投奔袁绍，他那里兵强马壮，早晚能够成事，功成之日，还愁没咱的位置？"

韩暹一听，摇头表示反对，他说："袁绍和袁是同父异母的兄弟，平时二人虽然有隙，但总归是亲兄弟，若去那里，凶多吉少。"

杨奉一听，也有道理。那去哪里呢？南边的刘表，实力不强；江东的孙策，刚刚兴起；西边的马腾，人不熟识；流落江湖的刘备，行止不定。思之再三，真是没有可去之地。

最后，还是韩暹有办法，他拿着马鞭子说："我把马鞭往空中扔去，落下地后，鞭梢指的方向就是去的地方，这叫听天由命！"

杨奉也没提出异议，结果韩暹马鞭一落，鞭梢正指东北方向，于是，他们像一群无头苍蝇一样，直奔东北方向而去。

途中，他们又饥又饿，因跑出来仓促，什么粮米也没带，一起跟来的二百多人，人吃马喂，一天消耗多少食粮？所以，有时候走到一个村里要点，有时候抢点儿，如果再不够吃，就采点儿野菜等物充饥。好在此时正

四

以敌制敌讨袁术·妙计扫荡群雄

是初秋，大的玉米棒子，加上河中的鱼蟹，都是充塞肚皮之物。就这样，他们在途中走了十来天的时间，这一日来到山东邹城地界。

刚进得邹城，他们发现这里驻着一些部队，经打听，原来是先他们一个月到达的吕布等人。

吕布自上个月被袁术偷袭后，带着五百多人的队伍，直插东北，奔向山东地界。当到达邹城后，他们发现这里土肥民壮，百姓生活富裕，就在此处驻扎下来，招募人马，养精蓄锐，以图日后再找袁术报仇雪恨，也好要回自己的美英娘。

这一日，吕布正操练兵马，忽然士兵报告，说道上来了二百多人，不知是哪里的部队。

吕布一听，停止训练，叫人牵来赤兔马，手拿方天画戟，带人前去观看。走不多远，发现两个疲惫不堪的将军，带着歪歪扭扭的二百来人，在道上歇息。

吕布来到跟前，大喝一声："你等是什么人？来此何干？"

杨奉、韩暹抬头一看，不由得倒吸一口冷气：啊，吕布！这两个人此时是心力交瘁，手已无缚鸡之力。在吕布面前，根本无法交战。就是平时，二人的武艺，如果和吕布伸起手来，也是小菜一碟，白白相送，所以，他两个坐在吕布面前，没发一言。

吕布当然认得二人，早在洛阳董卓作乱时，都是一朝臣子，后来多次交手，他们到袁术手下为将，不觉间成了对头。吕布在马上，手拿画戟一声断喝："杨奉、韩暹，你二人莫不是奉袁术之命，前来追杀于我？"

杨奉、韩暹翻眼看看吕布，有气无力地说："奉先将军，我们也成袁术追杀之人，何来追你？今来主要是投奔将军，以效犬马之劳！"

嘿嘿，二位到底是久闯江湖之人，也会说些假话！吕布问道："袁术因何也追杀你们？你们因何脱离于他？"

于是，二人又瞎编一场，说："袁术排挤我们，不容讲话。在酒席间顶撞一句，就大打出手，想要我们的命，没办法，趁黑跑了出来，寻觅将军，找个存身之地！"

当然，他俩再傻也不敢说糟蹋英娘之事，如果说出来，吕布不把他们

千古枭雄曹操

剁碎，也把他们剐了。

吕布听至此，心想这也不错，又多了两个反对袁术的力量。目前，他们虽成丧家之犬，待恢复一段时日后，总能发挥些作用。所以，痛痛快快地答应收留他们。于是，重新整顿兵马，以图寻机去找袁术报仇。

其实，曹操"以敌制敌"的战略战术，封赏吕布只完成了一半，另一半则是笼络江东的孙策，让他也参与到征讨袁术的行列之中。

这次他要亲自出马了。待奏请汉献帝后，曹操怀揣诏书，轻装上阵，只带着沈良、许褚和十个兵丁，直奔江东孙策驻地。

这个孙策，可不同于吕布，是名门之后。其父孙坚，曾任长沙太守。孙策字伯符，有勇有谋，德才兼备。自父亲战死后，他就统领江东大军，将军队和地方治理得井然有序，人们对他称赞有加。

此时，尽管时过中秋，天气仍很炎热，骑在马背上的十几个人，都已汗流浃背，湿透衣衫。胯下的坐骑，和背上的主人一样，浑身冒汗，喘着粗气。正行走间，前边出现一片树林，浓荫遮地，十分凉爽，跑在前边的曹操勒住缰绳，停止了疾驰。他抹了抹头上的汗水，对大家说："来，都下马休息一下，这么热的天，难得有这么个地方乘凉，稍带喝上口水！"

人们都跳下马背，往树下绿茵茵的草地上一坐，掏出马背上的行军水壶，贪婪地喝起凉水来。此时，一阵清风吹过，伴着喝下的凉水，身上的燥热逐渐消退，随之而来的是凉爽惬意。

坐在曹操身后的沈良，掏出水壶正要喝水，一看，坏了，壶盖不知何时丢掉，里面早已壶净水干，沈良"啪"地丢掉水壶，说声："真倒霉！"

曹操扭转头，忙问："一丹，何事这么晦气？"尔后，看到地下一只没有盖子的水壶，立即明白是怎么回事了，没容沈良回答，就把自己刚刚准备喝的水递过去，说："给，快快喝了！"

沈良一见，慌忙摆手说："丞相，您快喝，我不渴！"曹操脸色一沉，训斥说："不许撒谎，快喝，尔后赶路！"

沈良只得接过来，慢慢地说："丞相，你也很渴呀，给我你怎么办？"曹操脸上绽起笑容，说："谁说我渴？在耐渴方面，你们年轻的不行，我是有过锻炼的！"

四 以敌制敌讨袁术：妙计扫荡群雄

沈良终于一仰脖，将曹操的水喝干了。其实，曹操此时早已嗓子冒烟，何尝不想喝口水润润喉咙！但谁叫自己是主帅呢？

喝完水，众人刚想起身登程，突然，从树林中传来两声断喝："站住，都别动，留下身上钱财，可保你们活命！"

嘿嘿，碰上劫道的了！真是不知死活的鬼。只见话到人到，树林里边，忽地蹿出两条大汉，每人手持一把明晃晃的钢刀，快步来到众人面前。

曹操一见，眉头一皱，忙问："你们是何方人氏，敢来此地劫道？"

二人把眼一翻，说："少废话，快留下钱财走人，不然，一刀一个，去见阎王！"

两个小子刚把话说完，听到身后有动静，扭头一看，许褚早到跟前，一脚一个，把二人踢翻在地，抽出腰刀，就要结果性命，曹操忙挥手制止："仲康，且慢动手！"说着，走近二人身边问："你们是干什么的？为何来此劫道？"

其中一个小个子说："我们都是刘表的兵丁，上个月跑回家后，无事可做，就到此想个生财之道，谁想遇见各位，望大人们放掉我们，此生不忘再造之恩！"

沈良一声顿喝："劫道伤人，还想放生，谈何容易？"说完就要动手杀人。

曹操又制止道："一丹，后退。我想起来，留此二人，去江东大有用途，暂让他俩活上几天！"说罢，吩咐沈良、许褚，将二人捆住手脚，分别往二人马背上一放，扬鞭启程，又奔上了去江东孙策方向的道路。

三日后，曹操一行终于到达江东孙策驻地。

到得孙策府前，沈良忙对守门将士说："烦你们通禀，大汉丞相曹操，来此拜会孙将军！"

守门将士忙跑进去，时间不久，里边走出二人，前边的是孙策，身高八尺，膀阔腰圆，面若朗月，二目放光，旁边一位，小他三两岁，是孙策胞弟孙权，字仲谋，身材较矮，面庞发红，五官端正，一脸福相。

孙氏弟兄刚出门口，就直奔曹操，边走边说："孟德公，一向可好！"

曹操也上前拉住二人的手说："承蒙问候，身体无恙！伯苻、仲谋也都安康吧！"

寒暄一阵后，曹操又把沈良、许褚一一做了介绍，尔后进到府中大厅。

宾主坐好后，曹操拿出诏书进行宣读，其意是："伯苻兄弟坐镇江东以来，事业发达，国力兴旺，百姓安居乐业，今敕封为吴侯讨逆大将军。因袁术称帝作乱，扰乱朝纲，接诏后，统领人马，前去征讨，功成之日，再行封赏！"

孙策接诏后，立即表态，不日发兵，征讨袁术。

袁术在几年前，在孙策之父孙坚任荆州太守之时，就曾伙同他人攻击过孙坚，对此孙策早就耿耿于怀。这次又听他在寿春称帝，为害一方，岂能坐视不管，所以他痛快答应下来。

见孙策如此痛快，曹操也很高兴，为稳定他的情绪，增强他的意志，获得好感，曹操又抛出一招，正色说："伯苻，我们在途中遇到两个剪径之徒，捉住询问，都曾是刘表部下的士兵，现在外边，请予审问！"说着，叫沈良、许褚将二人带来。

孙策一听刘表，马上柳眉倒竖，义愤填膺，咬牙切齿地说："既是刘表的士兵，都不可留，推出速速斩首！"两个劫道之人做梦也没想到，竟来江东魂断孙策之手。

将劫道之人斩首后，孙策望曹操拱手一揖说："多谢孟德，还记得孙家仇恨，日后定当报答！"

孙策说得很是正确，孙家和刘表确实有杀父之仇。当年孙坚在战场厮杀，是刘表的军队将孙坚乱箭穿身，死于非命。从那以后，江东人时刻不忘仇家刘表，凡捉住刘表的人，不论是谁，一概处死，今日杀死二人，也算了却一点儿孙家心愿，他们对曹操的好感，也是有增无减。所以，曹操这笔买卖，又赚了一把。

曹操从江东走后，孙策马上统帅三万大军，往寿春进发。在到达山东邹城境内时，正遇吕布调拨征讨大军，于是，两股部队合一，浩浩荡荡地杀向寿春，直捣袁术的大本营。

四、以敌制敌讨袁术：妙计扫荡群雄

到得寿春后，袁术派兵仓促应战，大将桥蕤、陈龙俱被吕布和孙策的大将黄盖斩于马下。袁术见二将被斩，无心恋战，带领部队，弃城而逃往青州，投奔侄子袁谭去了。后来，袁谭待他非常冷淡，自觉没趣，就又独自一人，偷偷潜回寿春。这次回来，和上次已大不一样，驻地荒凉，行人稀少，缺衣少食，抑郁间一病不起，一个月后，病情加重，吐血而亡。

这就是妄自称帝的下场，如果不是此举，其生命总不会如此短暂。

两股军队打败袁术后，孙策带队复回江东去了。只吕布带着杨奉、韩暹在寿春城里住了下来。

吕布有他的想法，一是在这里掠夺些财物，扩充一下自己的经济势力，二是寻找失散的英娘。

这一天，吕布刚从外面回来坐下，就有人报告，带来一个乡下女人求见。吕布忙说："快快带来见我！"

话音刚落，从门外进来一个女人，身穿粗布糙衣，头罩麻巾，脸色发灰，不细看，就是一个地道农妇，而再看，正是日思夜想的英娘。

吕布一见，忙上前拉住英娘之手，说："英娘，想死我也，为何这般模样？"

千古枭雄曹操

英娘微微一笑，从吕布手中抽出双手，说："将军请自珍重，我已是落魂之人，不值得将军想念。今来只有一言相告，我被袁术掠来后，曾遭杨奉、韩暹二人轮番糟蹋。听说他们都在你的帐下听命，奉劝将军多加小心，免遭两个小人祸害！"言罢，扭头就走。吕布还是恋恋不舍，执意挽留，英娘扭过头说："将军，你是创业之人，岂可为我一落魂女子分神忧心。请勿再挽留，我去意已决！"尔后，头也不回地走了。不一会儿，有人来报说，英娘到得城外，以巾包头，纵身跳入护城河内被溺身死。可怜一个如花似玉的歌伎，就这样悲惨地结束了一生。

英娘投河身死，吕布痛不欲生。悲痛之余，他又恨起了杨奉、韩暹。袁术偷袭，劫走英娘，这是双方激战，走死逃亡，在所难免。而这两个小人竟干如此卑劣之事，实在可恶至极！

其实，就看他的历史来说，比杨奉、韩暹强不了多少，他的为人，也遭到许多人的指责和唾骂。这次曹操使用他，为灭袁术，灭完袁术后，距他的末日到来，恐怕已是为期不远了。

　　果然，在三年后的下邳战斗中，吕布让曹操、刘备联手捉住，被一条白绫勒死在白门楼下。而他唯一的大将张辽，被曹操收服，最后成了曹操的心腹将军，在以后的战争中，驰骋疆场，南北厮杀，立下了不朽功劳。

四

以敌制敌讨袁术：妙计扫荡群雄

五

长坂坡前释子龙
官渡以少胜多

曹操率军夜袭刘备所在的沛县，赵子龙在长坂坡前力战众将，曹操爱才，放其逃走。袁绍率五万大军与曹操交战，但刚愎自用，致使谋士许攸投奔曹操献计。曹操用许攸之计，在官渡之战中以少胜多，大败袁绍。

千古枭雄曹操

建安五年（200年）三月。这年的春天来得较晚，节令虽已进入春分，但寒冷的气温，使大地仍无绿色，只有河边的几株垂柳，枝条间泛出丝丝生气。

这天，刚刚吃过早饭的曹操，伸手打开窗户，让初春新鲜的空气，充斥一下整个冬天都门窗紧闭的房间，以吐故纳新。

曹操站在窗前，望着一棵含苞待放的杏树，又凝神思索起来。

从眼前的形势来看，与己倒是有利：袁术的失败，吕布的消亡，杨奉、韩暹等人的身死，张绣的投降，都非常有利于今后的生存和发展。但是，最近新发生的一件事情又对自己很是不利，那就是一向居无定所的刘备带兵占据了曾为吕布驻地的小沛。想到这里。刚刚轻松下来的心，又似压上一块巨石，复又沉重起来。

这个刘备，别看藏头缩颈，不喜张扬，但内心沉稳，城府很深。尤其是他有着一张"汉室后裔"的画皮，到处搜集人员，网罗亲信，跟前集聚了文如孙乾、糜竺、简雍，武如关羽、张飞、赵云等一批精悍人才，对自己形成了很大的威胁。他既不同于袁术的心胸狭窄，不能容人；更不似吕布那样有勇无谋，心无主见；也不像张绣一样目光短浅，不成大器。可以这样比喻，这是藏于身后草丛中的一只猛虎，随时都有进攻和吃掉自己的危险。

想至此，曹操返身回到屋中，刚刚坐下，门外有人说话："此等大事，必得丞相定夺！"

曹操掀帘一看，原来是郭嘉、荀彧、程昱，边说话边向屋中走来。

看见三个谋士同到这里，曹操心情有些好转，立即热情招呼："来，奉孝、文若、仲德，里边来坐！"

三人依次坐下。曹操望他们一眼，笑着问："三位此来，想必有要事相商。有话尽管直说，不用藏头掖尾！"

三人对视，观望片刻，荀彧开口说话："有关当前时局，我们三个简单一议，现在刘备等人，定居小沛，观其举止，居心不良，对此，我们不得不防！"

荀彧说完，郭嘉接着开口："刘备为人，远非袁术、吕布所比，深藏不露，似实而奸，迟早必为后患！"

程昱也说了类似的话语。待三人把话说完，曹操方开口说话。他说："诸位所虑，我何尝不知？在你们未进屋前，我正忧虑此事。既然咱们不谋而合，就应全面策划，如何去除这心腹之患。"

郭嘉点头称是，接着又说："我觉得，刘备虽是心腹之患，倒是不难对付，还有比刘备更厉害的，就是盘踞河北的袁绍，虎视眈眈，亡我之心与日俱增，咱也不得不防！"

曹操哈哈一笑，不屑一顾地说："奉孝不必过虑，我料目前袁绍不敢来犯，还是先考虑一下刘备之事吧！"

见曹操如此言语，郭嘉没有加以反驳。也许丞相已经成竹在胸，何须我们多此之言？于是，他说："丞相所言极是，刘备毕竟羽翼未丰，趁机将他赶出小沛，也是上上之策。"

于是，四个人围坐一起，秘密策划起来。

此时，居住在小沛城的刘备，也正在和文官武将商议发展之事。

刘备，字玄德，汉中山靖王刘胜之后，初领涿鹿亭侯。后带领义弟关羽、张飞协助曹操等人平叛董卓之乱。因无立足之地，只得投靠各路诸侯，借用地盘，招兵买马，以图发展壮大。后听说曹操在许都迁来皇帝，封为汉相，心中多有不服，总想和各路诸侯联合，灭掉曹操，以扶汉室江山。当吕布撤出小沛后，他带领人马，乘机将这里占领，暂做存身之处。

五 长坂坡前释子龙·官渡以少胜多

目前，他手下已集聚两千多人，座下有出谋划策的谋士，马上有能征善战的将军。尤其是义弟关羽、张飞，武将赵云，都有万夫不当之勇。为此，刘备雄心勃勃，志向高远。

今天帐下的谋士、将军都已到齐，坐于上首的刘备正在说话："曹操的势力越来越强，袁术、吕布、张绣等人，都已败于他手，接下来不知有谁又得被他吃掉。现在他挟扶天子，在为时不远的日子里，恐怕就要废掉皇帝，灭掉汉室江山。果真如此，我们这些汉室之臣，岂不有负皇恩，有负天下！"说完，眉头紧蹙，满脸愁云。

见刘备这个样子，猛将张飞再也沉不住气，他大声喊道："大哥何须发愁，这个曹阿瞒除了会施诡计，能干什么？你给我五百人马，今天晚上我就去许都，将他一矛刺死，不就一了百了了吗？"

听听这位的话语，就能看出他的为人和长相，人粗、话大、样子凶。

旁边的关羽扯了扯他的衣襟，接着说："三弟怎能这样说话，事情岂是如此简单？大哥言之有理，这曹操确不可等闲视之！"

终归是结义的二哥，当面如此批评，张飞竟没有分辩。若是换作他人，这位烈性三爷，肯定还有下言——当然没有什么好听之语。

刘备点点头，说："云长言之有理，翼德说的过于轻率。从今日起，咱要加紧操练人马，注意曹操动向，在预防他来进攻的同时，咱也准备好出击于他。"

几位谋士都未陈述意见，看看时近正午，就结束商谈，回归本营去了。

要说到刘备的警惕性确实是有的，但是，还没有容他布置停当，就在这天夜里，曹操的大队人马不期而至。

夜半时分，正在熟睡中的刘备，突然被一阵人喊马嘶之声惊醒，他猛一下翻身起床，刚想喊人去问，房门被忽地推开，只见谋士简雍披发跣足地跑进来，上气不接下气地说："主公，大事不好，曹孟德派人偷袭来了！"

刘备此时已经穿戴整齐，拉住简雍就问："云长、翼德他们呢？"

简雍回答："还有子龙，他们正在拼命抵抗，怎奈曹操兵多将广，很难打退。云长叫我前来喊你，做好撤退准备！"

刘备急步走出营帐，提着双剑，跨上战马，要去寻找关羽他们。可是，哪里去找，整个营地，乱成一团，人喊马叫声、刀枪碰击声、惨叫声，混成一片，到哪里去找人？

刘备骑在马上，漆黑中去各个营房探望。尤其是两位妻子糜夫人、甘夫人的住地，她们带着刚出生的儿子阿斗，一旦发生危险，可是一件大事。然而，哪里去见人影？只见营门大开，遍地狼藉，脚下不知都是什么东西，马踏上去"哗啦"直响。刘备破着嗓子喊了几句，返回耳际的除了四周的厮杀声外，再也没有一个人来回答他。此时，他的身边只有十来个士兵，人单势孤，能干什么？只有一个字，跑！于是，他带着这些人，连夜奔北方跑去了。

此时的关羽、张飞、赵云等将和众位谋士，都被曹操的大军分割开来，尽管他们武艺高强，但曹军人多势众，怎奈他们孤掌难鸣，最终都分散败逃而去。

张飞南逃湖北，跟随的有部分谋士简雍、糜竺等人。赵云往北突围，怀揣刘备的儿子阿斗，边退边战。只有关羽，因保护着刘备的两个夫人和部分随从，行动缓慢，被曹操军队围困于下邳城，最终成了俘虏。

曹操骑着从吕布手中缴获而来的赤兔马，心高气傲地在各个战场奔驰。他非常得意自己的杰作。自昨夜以来，所率几千人的大军，以迅雷不及掩耳之势，直插刘备驻地小沛，曹洪、曹仁、夏侯惇、夏侯渊、徐晃、许褚、张辽、李通等众将个个都如下山猛虎，杀得刘备军队人仰马翻，溃不成军。这时，他来到一个叫长坂坡的战场，见夏侯渊、徐晃、李通等将，正围着一个穿白战袍的将军鏖战。只见白袍将军身跨白马，手提一条银枪，在潮水般的包围部队中，左冲右突，越战越勇，毫无惧色，白色的战袍和战马，被血污几乎染成红色。

曹操看到此处，问旁边的沈良："一丹，你可知此将是谁？"

沈良马上回答说："他是刘备帐下小将，名叫赵云，习称常山赵子龙。"

听到这个名字，看看如骁勇善战的小将，曹操的爱将之心油然而生。

— 83 —

他想，这样的将军收服过来，该有多好啊！想到这里，他向沈良传令："一丹，号令众将，有伤害此将军者，军法论处！"就这样，赵云把曹操的士兵伤了不少，而自己却未损毫毛。

此时，已经临近中午，战斗中的赵云趁空隙时间，看看怀中的阿斗正在酣睡，不由地长叹一声。曹军至此方知赵云不是单身作战，而是怀中尚有一人，所以，众将士对赵云的武艺、胆量，更加佩服之至。

看到此景，大将军夏侯渊来到曹操面前，细说此事。曹操听说，惊奇的"哦"了一声，说："竟有此等事项，赵云真神将也！"

说完，策马冲进人圈，挥手让众将士停止围攻，对仍坐在马上挺枪怒目的赵云拱拱手，说："子龙将军，我是曹操，今日一睹将军风采，不胜佩服，想必没有伤着？"

赵云一见曹操如此谦恭，也就放下银枪，口气冷冷地说："曹丞相真英雄也，子龙深感佩服。黄夜偷袭营寨，数千人马，大军压境，我弹丸之地瞬间土崩瓦解，众军士已围攻我半天有余，此举恐他人望尘莫及，只丞相能干耶！"

好厉害的赵云，不仅武艺出众，话语朗朗，尖酸刻薄，实在是一难得人才！

尽管赵云如此讽刺、挖苦，曹操仍不恼不怒，笑着说："将军恐也是熟读兵书之人，难道敌我对仗，不允许'出其不意，攻其不备'吗？不这样，如何能速速取胜？我十分敬佩将军的为人和武艺，听说怀中尚有一小孩，可否告知是谁家所生？"

赵云听至此，紧张的神经也放松下来。其实，曹操所说，不无道理，如此以理服人，真正不愧为豪杰。所以，他口气舒缓地说："丞相恭维，在下受之有愧。谈到怀中小孩，乃我主刘玄德之后也！"

曹操听至此，愈加敬佩地说："将军不仅有勇有谋，还有仁义二字，现在我有一言，说与将军。当今匡扶汉室，一统江山，正急需将军这样的人才，如蒙不弃，能否来和我共事，我当重奖重封，俱在他人之上！"

赵云听后一笑，说："承蒙丞相厚爱，赵云不才，难领盛情。再说，我已投在玄德公麾下一年有余，玄德待我如同兄弟，我岂能见利忘义，弃他而去？丞相，我实言相告，你千军万马，索子龙一命易，而想收服于我难，万望丞相体谅于我！"

赵云这番话，软中有硬，把个曹操回驳得哑口无言。停了半刻，曹操刚想说话，旁边的众将等不得了。只听曹洪说："丞相，咱对他已是仁至义尽，如果不降，大家上去围而歼之，岂不痛快！"

猛将夏侯惇、许褚也都站出来，齐声说："不用再费口舌，咱一拥而上，连大人带小孩一刀一个，免得他来奚落我们，也叫他知道我们的厉害！"

听至此，曹操把脸一沉，训斥说："谁再乱说，军法论处！"接着，他看看赵云，又说："赵将军的话语很有哲理，为将之道，须讲仁义，你不归来，我决不强留，望你带好玄德后代，速速离去吧！"说完，号令一下，众军让开一条道路。

赵云一见此景，心中也很感激，忙在马上拱手一谢说："多谢丞相放行，此恩此德，子龙终生不忘！"说完，双脚一磕马镫，连人带马绝尘而去。他只顾跑得匆忙，怀中阿斗身上的一只长命金锁掉下全然不知。

这金锁正好掉在许褚脚下，捡起来一看，黄澄澄，明闪闪，上刻"阿斗"二字，十分精致，刚要装起来。曹操一见，马上喝住："仲康，不得私藏东西，这金锁是赵云怀中小孩落下，快快给他送去！"

曹操的话，哪敢不听，许褚拿着金锁，带着几个士兵，骑马追赶赵云而去。

由于小孩撒尿，赵云正在路边处理，忽然许褚带人追来，赵云马上警惕起来，抄起银枪，问道："难道丞相反悔不成，叫你等又来追杀？"

许褚哈哈一笑，说："赵将军请勿多虑，是你怀中小孩的长命锁落地，丞相叫我们前来送还！"说着，往赵云手中一抛，几个人策马而归。

赵云一手端枪，一手托着长命金锁，望着许褚等人已经走远，方又跨上了北行的大道。

就在赵云怀揣阿斗、北寻主公刘备的时候，被曹军困在下邳城中的关羽，正在住处和两位夫人交谈。

诚然，如果凭关羽的能力，绝对不会轻易被困，就是对方兵力再强，

五 长坂坡前释子龙·官渡以少胜多

他也能够冲出重围。可是，现在身边有一个大包袱，就是刘备的二位夫人和一些仆从，有了他们的牵扯，关羽欲走不能，欲战不胜，真正是英雄难用其武。

刘备的两个妻子糜夫人、甘夫人倒很通情达理，劝解关羽不要顾及她们，快快逃走。糜夫人说："云长，你走后速去找你兄长，辅佐他成其大业。我们乃女流之辈，就是一命归西也不足惜，切不可因我等误了大事！"

旁边的甘夫人也说："告诉你的兄长，将阿斗扶养成人，也能继承刘家事业。你快快逃去，免遭曹军俘获。"

看着两位花容倦怠、孱弱不堪的义嫂，遭此战火洗劫，关羽心如刀绞。他手拄着青龙偃月刀，坚定沉稳地说："两位义嫂请放宽心，关某决不能放弃你们独自逃生。有我在，纵然曹操有通天之能，也要你们毫毛无损。"

三人正谈话间，外面有人说话："好个云长，真仁人义士也！"

关羽手捧大刀，望门外一看，嚯，老朋友张辽。不过，由于张辽现是曹操的心腹大将，关羽不得不防这位老友。他故意板着脸问："文远，莫非是来给曹操当说客，引诱我们归降？"

张辽哈哈一笑，上前拉住关羽的手说："云长不必多虑，丞相敬佩你的为人，除已吩咐人给你们送来五十两黄金作为日常费用外，还于今晚给你接风压惊，请你务必赴约前往！"

关羽沉吟片刻，对张辽说："多谢丞相好意，只是两位嫂嫂在此无人照管，关某不宜离行。"

张辽刚要说话，糜、甘两夫人齐说："既是丞相相请，云长不宜推辞，你尽管前去，我们这边尚有几个女仆，况在曹丞相治下，总不至于出事吧！"

总不致出事，这个确未言中！关羽终于随张辽去了，关羽一走，真的出了一件不该发生的事情。

关羽走后，两位夫人回到自己的房中，吃了一些女仆做的便饭，就要上床休息。然而，就在此时，有两个大汉猛地推门而进。他们是曹操身边

的偏将，一个叫霍盖，一个叫艾一道。这两位在围城时，曾经目睹了糜、甘夫人的芳容，起了歹心。所以，这几天只要闲下来，就到两位夫人这边偷偷窥探，只是关羽在旁，不敢伸手而已！

今天，他们已知曹操给关羽接风洗尘，瞅准机会，待关羽一走，就闯进来要行不轨。

两个夫人一见，惊得站起，问是何人，来此何干？那霍盖"嘿嘿"一笑，说："干啥，怕两个美人寂寞，我们来和你们做伴！"

那艾一道也涎着脸说："我俩前来，就是怕你们闲着，咱们两人一对，亲热一番吧！"

两位夫人破口大骂："大胆淫贼，真正该死！想你们曹丞相，竟养着你们这些无耻之徒，真真替他丢脸！"

霍盖、艾一道早已按捺不住，脱衣就往前闯。正在此时，外边的几个女仆听得有人乱喊乱骂，知道夫人屋中有事，一齐冲了进来，一看歹徒就要伸手去拉两个夫人，就手抄棍棒，搂头盖脑地打将下去，只打得二人"哇哇"乱叫，拎起衣服跑出门去。

经这一闹，糜、甘两位夫人惊得丢魂落魄，四肢无力，一下子瘫倒在床上，有一个灵活胆大的女仆，马上去给关羽送信。待关羽回来后，发现这一情况，立刻怒火中烧，安抚了一下两位夫人，就直奔曹营而去。

此时，曹操兴致正浓，在喝酒当中，看到有一女仆将关羽唤走，不知发生了何事，正狐疑间，关羽"当"的一脚把营门踢开，冲着曹操断喝："曹孟德，你好阴险歹毒，算什么英雄豪杰，搞这套难于见人的诡计？"

关羽此举，惊得曹操把举着的酒杯"当"的掉在地上摔个粉碎，他也怒声问道："关云长，你好不识相。看在以往的交情，看在你的仁人品德，到了我们地盘，我方招待于你，而你如此对待本相，是何道理？"

其他众将也都放下酒杯，手按利刃，怒目相看关羽。曹仁大声地说："关云长，丞相真心待你，你却污骂丞相，良心何在？"

关羽冷冷一笑，说："你们不用以势压人，你们将我诳来喝酒，然后派人到我们住处去搞龌龊勾当，说你们阴险有何不服？若不相信，请到我两位嫂嫂屋中看看便知！"说完，扭转身形，气哼哼地走了。

五 长坂坡前释子龙·官渡以少胜多

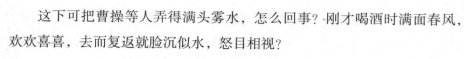

这下可把曹操等人弄得满头雾水，怎么回事？刚才喝酒时满面春风，欢欢喜喜，去而复返就脸沉似水，怒目相视？

望着关羽愤愤离去的身影，听听他的话语，内中必有蹊跷，曹操立即唤过郭嘉、张辽，说："奉孝、文远，你们速去看望一番，究竟所为何事？"

郭嘉、张辽领命去了，时间不长，二人回来复命，把糜、甘两位夫人发生的事情如实说了一遍。这一说不要紧，险些把曹操气个半死。他把脚一跺，吩咐沈良："一丹，速速去查，看看是何人所为，捉来立即见我！"

沈良急速查办去了。

众人这才如梦方醒，难怪关云长发怒生威。在他离开之际，身后竟发生了如此卑劣猥琐之事，且不说她们俱是汉室宗亲刘备的夫人，就是其他宅院的女人，在曹营里面也不允许发生这样的事！这种给丞相、给曹营众将士抹黑丢脸的人，实在罪该万死！

隔了大约二刻时间，沈良手提钢刀，将两个偏将霍盖、艾一道捆绑着拥进来。

霍盖、艾一道进来后，情知不好，马上跪在曹操面前，叩头求饶。曹操铁青着脸，看他们一眼后，转身离开。这下，该众将说话了，齐声怒骂："你两个畜生、淫贼，竟敢去干如此下流之事，连累众人遭辱挨骂，把你俩撕碎也难消其恨！"

许褚跳过来，提着利剑，咬牙切齿地说："和这种畜牲没话可说，让他们早早见阎王去吧！"说完，举剑就砍。

曹操见状，马上制止："仲康，且慢动手！你押着他俩，跟我去见关羽，交与他手，听任发落！"

说完，曹操向关羽和糜、甘二位夫人住地走去，许褚押着霍盖、艾一道在后随行。到得关羽处后，曹操先打招呼："云长，本相给你赔礼来了！"进到屋后，又说："向二位夫人请安，恕我对下属有失管教，实是罪过！"

此时的关羽已经知道了真相，这事纯属两个恶徒所为，与曹操实不相干，刚才一闹，也觉非常尴尬。现在曹操亲来，就忙出迎，并一躬到

千古枭雄曹操

底说："何劳丞相前来？方才是关羽性急量小，说话多有冒犯，还望丞相海涵！"

曹操弯腰将关羽扶起，说："云长话语虽然欠佳，但心情却能理解，事情已过，休再提起。现在，我让仲康将两个恶徒押来，任凭将军发落！"接着，让许褚把霍盖、艾一道押了进来。

关云长看看两个已经龟缩成一团的恶徒，思忖了一下，说："丞相，我关羽现在是败军之将，怎能发落你的手下之人？我看，你们就随意处置吧！"

关羽也算聪明，如果按其火气，自己动手杀人，就显得太没器量和不识相。

曹操也暗暗佩服关羽的聪明，就把手一挥，对许褚说："仲康，交你去办理吧！"

许褚已明丞相之意，就把二人押到外面，一剑一个，双双毙命。这可应了他俩的姓名，多行不义，活该挨宰了。

曹操把这事处理后，内心仍是十分恼火。他确实非常钦佩关羽的武艺和为人，如果施用一些手段将关羽拉过来，岂不成为自己一有用之才？然而，正当自己刚刚迈出第一步的时候，竟让这两个该死的东西给破坏了。下一步怎么办？

曹操坐下来，喝喝茶水，继续深思。关羽已经提出，要求放他们去寻刘备，在自己的苦苦挽留下，方才住了下来。并让他们搬到一座院落，派兵丁在四周日夜保卫，由一厨师专侍候饮食，并又拨出百两黄金供关羽等人生活使用。同时，还代皇帝拟诏，封关羽为汉寿亭侯，这种关怀照顾可谓前所未有，就是众将也心存嫉妒和眼红，只不过不敢言语罢了。

正思虑间，有人来报："丞相，关羽携糜、甘两个夫人已出后门走了。"曹操一听，站了起来问："走了多长时间？为什么方才相告！"

来人回答："已有两个时辰，刚走时我曾想说与丞相，见丞相正在酣睡，就没惊动，故晚了两个时辰。"

曹操听完，把来人打发走了，随即带上沈良，去到关羽的宅院中。

到了院中后，只见给关羽拨付使用的女仆，都关在一个屋内，每人面

前放着一锭白银，算是关羽付给她们的酬劳。到得关羽所住内室，只见曹操几次给的黄金、白银，整整齐齐地摆在桌上，分文未用，正中房梁上，挂着黄绸裹着的"汉寿亭侯"黄金大印，桌案上放着写有"曹丞相亲启"的信件。曹操打开一看，上面写着："丞相台鉴，关某携两位嫂嫂，承蒙庇护关照，在此已有月余，终日打搅，心甚不安。近来，二位夫人思夫心切，执意要独自出行，关某必得随侍。一是护卫夫人安全无虞，二是寻兄以尽结拜之谊。但出此行，实是愧对丞相厚爱和抬举，此恩此德，关某没齿难忘，日后若有时机，定当相报。今将金银原数奉还，黄金印鉴悬梁吊挂，敬请丞相收讫，恕不辞行，关羽草书。"

曹操看完，沉默不语，频频点头，自言自语地说："真英雄也！"说完转身回去了。

刘备和他的几员大将，虽未做曹操的俘虏，但终归失败，落荒而逃，解除了曹操又一心腹之患。

曹操近日十分高兴。但凡人有了喜事，一定神清气爽，满面生辉。自将刘备赶走后，曹操的心情格外轻松舒畅，他已有几日没有升帐议事了，大部分时间都待在后营和几个夫人闲聊，有时也和谋士们下下棋，再者就是带着沈良等人到郊外打打野兔，观赏一下田园风光。

这一日，他和沈良从野外游玩归来，兴高采烈地问沈良："一丹，你学识深，可会吟诗作赋？"

沈良腼腆一笑，回答道："小时家境贫寒，只读二年私塾，吟诗作赋，格格不入。"末了，他接着说："丞相，我不会作诗，但爱听诗，尤其是您的诗，可否再做一首我听？"

此时的曹操本就心中欢喜，现在经沈良把高帽一带，更觉轻飘起来。他笑一笑说："既然愿听，那本相就吟上一首给你听！"说罢，略一思索，真的吟唱起来：

神龟虽寿，犹有竞时。
腾蛇乘雾，终为土灰。
老骥伏枥，志在千里。

烈士暮年，壮心不已。

盈缩之期，不但在天。

养怡之福，可得永年。

幸甚至哉，歌以咏志。

"好，好！"不管听没听懂，沈良拍掌连呼好听，直把个曹操乐得在马上差点儿掉下来。接着，他在马后打上一鞭，说声："快走回营！"随后，主仆二人在路上奔跑起来。

当回到营寨，路过荀彧、荀攸营门时，听得里面有人正在说话。只听荀彧说："我看就是居功自傲，麻痹轻敌，哪有身为全军统帅，有事不议，放纵逸乐的呢！"

又一个人开口说话，是程昱的话："主公在高兴之际，若是泼泼冷水，定不高兴，但看看，荒废事业，咱又心有不忍！"

程昱刚说完，荀攸接着说："丞相执掌大权，如何办理，自有定夺，何须你我劳心费神！"

听到这里，沈良还要听下去，曹操挥手示意，往后营去了。

这天夜里，曹操躺在炕上，辗转反侧，久久无眠，他想到谋士们的谈话，既蕴含着不满，又有一份担心，这是何等可贵啊！但是，他们能在背后讲，不敢明着说，又折射出他们对自己有畏惧之心，这个兆头，实在不妙！看来，作为全军统帅，如果妄自尊大，独裁而行，就不能广开言路；不广开言语，就不能看到彼之长，己之短，这对于日后的事业，是百害而无一益。

第二天，他早早升帐议事，全体文官武将参加，他以检讨性的口气说："近日，皆因击败刘备，我已滋长自傲情绪，心懒身怠，沉溺逸乐，荒疏事业，实是有愧于朝廷，有愧于诸位的期望。嗣后，有发现我这种状况者，秉正直言的奖，视而不见的责，顺我者罚！"

几天没有议事，丞相今天刚一升帐，就来如此一套，究竟何意？众人不解其意，但荀彧、程昱、荀攸是心中明了，不觉暗暗咋舌："昨日谈话，已被丞相听去！"

正在此时，忽又听曹操说："一丹，取出白银百两，绸缎两匹，给文若、仲德两人分之！"

为什么奖赏这二人？众人都有所不知，曹操和沈良也没揭底。只有二荀一程知其所以然，只不过因荀攸话不对路，没有轮上而已。

曹操在这里高价收买批评意见，而另一个人正好和他相反，根本听不得不同的声音。这集中在对曹操的征战中。这个人就是占据河北冀州的袁绍。

袁绍，字本初，和袁术是同父异母的弟兄。自董卓之乱后，他带队离开都城洛阳，到河北冀州一带驻防。

袁绍此人，头脑灵活，精明干练，他看到腐败无能的大汉朝廷面临着土崩瓦解、行将就木的局面，烽烟四起，诸侯纷争，都在觊觎着皇权后位。为此，袁绍也苦心钻营，招兵买马，网罗各地英豪，使自己形成了一支军事力量、经济实力比较雄厚的独立集团。随着已丰的羽翼，政治野心也膨胀起来，在占据的幽州地带，终日演练军马，积蓄力量，准备时机成熟，夺取汉室江山，也想品尝一下面南坐北、一国皇帝的滋味。

然而，好事多磨，就在别人尚未动手之际，曹操却捷足先登，引得天子来到身旁，迁都于许。但是，这曹操非常奸猾，到得皇帝身边，却不废掉皇帝自己予以取代，而是拿着皇权作为招牌，用皇帝的嘴说自己的话，行使自己的主张，让天下诸侯无所适从。你反对吧，就是反对皇帝，他可以名正言顺的声讨你；不反对吧，就得听命于他，叫你死，肯定活不了，叫你去当平民百姓，准当不了官。司空张喜、太尉杨彪就是很好的例证。这怎么行？所以，袁绍一直想发兵到许都找曹操兴师问罪。

袁绍这个人，虽说算是个英雄，但他有自己的致命弱点：刚愎自用，言行不一。他屡次想出兵，结果临到跟前却改弦易辙，按兵不动，只急得那些谋士大将们搓手跺脚，就是苦于无法扭转局势。

这次，曹操倾尽全力征讨刘备时，谋士田丰见时机到来，就力谏袁绍："主公，趁此曹操征讨刘备，后方空虚之机，咱一举进攻，定可夺取许都，让曹操没了立足之地。对于日后发展咱的基业，大有益处。"

袁绍当时点头答应，说："所言极是，待召集文官武将商定后再议。"

千古枭雄曹操

结果，隔了半月有余，始终也没召集大家商议。

这田丰也是个忠心耿耿之人，见袁绍没有反应，又去谏言。他说："征讨曹操，燃在眉睫，主公切不可一拖再拖，拿自己的事业当作儿戏。"

话语挺直，且又有胁迫之意，袁绍岂能承受。他翻眼看看田丰，觉得这人实在讨厌，就不满地说："有什么可急的，征讨不征讨的我自有打算，先下去吧！"

田丰一见袁绍有厌恶自己之意，也上来火气，我这是为你袁家大业着想，怎么还不耐烦起来？说，非说不可！于是，他大声地说："主公好不识相，征讨曹操机不可失，时不我待，怎么不着急？你有什么打算，可说出来让众人参考一下。就你这种样子，还谈得上征讨？不让曹操把我们征讨就不错了！"

听至此，袁绍勃然大怒，手一拍桌案，训斥说："你是和谁说话，如此张扬！今后发兵不发兵的不用你管，来人！"

随着呼唤，进来两个兵丁，袁绍吩咐："将田丰赶出营案，撤去参谋职务，以后永不录用。"

这就是心直性梗的报应吧？其实远不是人人如此，只不过田丰把人看错罢了。

袁绍撤了田丰的职，火气还是没消，心想：我就不信，曹操敢来征讨于我，好，即刻发兵，杀向下邳曹操的驻地。

好武断的统帅，袁绍又没和大家商量，就点齐五万人马，以大将张郃为先锋，横冲直撞地杀了过来。

此时的曹操正在欢庆胜利，虽然知道袁绍是个威胁，要加强防备，但没想到如此迅猛，一夜之间，五万大军铺天盖地而来。于是仓促应战，无奈袁绍兵力过强，自己又缺乏充足准备，结果下邳城很快被袁军占领。

曹操领人边战边退，不仅有自己统帅的一万多人，还有下邳全城百姓，扶老携幼，全部跟随。大将张辽、曹洪、曹仁、徐晃、许褚等人，边抵挡袁军边掩护众人撤退。由于有很多男女百姓相随，撤退的速度明显缓慢，使曹军损失两千多士兵。

望着倒在地上的士兵，张辽、曹洪等将领眼都红了，他们来到曹操面

五 长坂坡前释子龙·官渡以少胜多

前，说："主公，以此速度，我们的损失将更惨重，是否把百姓甩开，待我们走脱后，调整一下兵力，再来搭救如何？"

坐在马上的曹操，用手理了一下有些散乱的发鬓，斩钉截铁地说："此议不可，百姓乃衣食父母，岂有扔掉他们之理？宁可战得只剩一将一卒，也不能眼睁睁叫百姓受损！"说完，他想了想说："我看这样，咱们兵分两路，子孝、子廉、文谦、文达等将，带领百姓暂向西北延津方向转移，记住，谁如果扔掉百姓不管，必军法从事，决不姑息。元让、文远、仲康、文烈等将随我往白马方向撤退，将来回归许都集合！"

分派已毕，曹仁、曹洪、乐进、李通等人带领百姓向西北方向走了，剩下的军队由曹操率领夏侯惇、张辽、许晃、曹休等几千名将士继续向北撤离，直达官渡地界。

到得官渡后，曹操见众军士个个灰头土脸，狼狈不堪。因疲于奔命，给养不及时，更显精神萎靡，接到原地休息的号令后，在城里大街上，找个合适地方，席地而坐，闭目养神，有的索性躺下，打盹歇息。

曹操见状，眉头不禁一皱，以此状态，如果敌兵压境，不说全军覆没，也要都做俘虏，这可是个极其危险的信号。他踱步在街上，边走边想，一会儿，走到埋锅造饭的地方，见几个厨子正要淘米烧饭，曹操眉头一皱，想出一个奇招，他叫过沈良说："一丹，告诉厨子，今天此饭不必他们来做。马上传我号令，全体军兵，都到此领米领菜，交由自己设法做饭，两个时辰后，汇聚到此，我有要事相商。"

沈良接令在手，就要前去传达，曹操又把他喊住："等等，告诉众人，做饭期间，一概不许扰民，如有发现，严惩不贷！"

这个号令一传，全体将士都为之一振，纷纷行动起来，都去领米领菜来做饭。反正已无现成饭可吃，不去领来就得饿着，两条腿跑了将近一天，早已饥肠辘辘。恨不得马上把生米变成熟饭充饥，谁还不抓紧去做？谁还想休息睡觉？于是，有多人合伙的，有拿米和百姓换饭的，也有把米卖掉用钱买饭的，不消两个时辰，大家都吃饱喝足，快步到曹操跟前汇聚。

此时的状态和之前大不一样，原来萎靡不振的样子早已无踪无影，代之而来的是精神焕发，虎虎生气。曹操望望大家，笑着问："各位还困不困？"

所有将士都嘻嘻一笑，齐声回答："丞相真有办法，现在想睡都没觉了！"

曹操刚想继续讲话，忽有探马来报，说袁绍大将郭图、淳于琼率两千人马追来。曹操说了声"来得好！"

众将士一听袁绍大军又到，马上紧张起来，很快披挂整齐，只等丞相号令。

曹操向众人挥挥手，说："诸位莫急，快把随身携带的东西尽皆丢掉。尤其是一些金银、丝绸等值钱之物，全部抛弃至大街之上。尔后隐好身形，听我号令！"

一听此话，众人都很惊愕，丞相何来此举？只有随行的谋士荀攸微微一笑。说："这是丞相抛饵钓鱼，等着瞧热闹吧！"

时间不长，袁绍大军如潮水般涌进城中，只见街头杳无人烟，遍地俱是遗弃之物，众兵丁马上停下，你抢我夺，尽拣值钱之物。一时队伍大乱，带队将官不能制止。正在此时，四周一片呐喊之声，千人铁骑冲进街头，马踏枪挑，刀砍斧剁，冲进来的袁绍部队除郭图带几个卫士逃脱外，几乎全军覆没。

去除死去的士兵，袁军被曹操俘虏八百多人，包括将军淳于琼在内。张辽、曹休等人来问曹操："丞相，除歼敌一千多名外，共生俘八百余人。我们正处逃难当中，这些俘虏怎么办？"

曹操想了一会儿回答："我还没考虑成熟，你们看着处理！"

这是一句含糊其辞的话语，也是曹操聪明之中的一个失误。这些将官都是杀人如麻之人，让他们处理，就是杀人的代名词。尤其那个许褚，不亚于杀人魔王，听得丞相如此说，马上召集士兵，将八百多人尽皆砍死，顿时大街上鬼哭狼嚎，刀光剑影，血流成河，惨不忍睹。

谋士荀攸知晓此事后，马上找到曹操，脸色严肃地说："丞相，是你传令将八百多俘虏尽皆诛杀，我觉此举实在不妥，这些人被俘后，已无还手之力，但既称仁义之师，就要以礼待之，或收服，或释放，都比斩杀要

五 长坂坡前释子龙·官渡以少胜多

— 95 —

强。如果长此下去，丞相将丧失人心矣！"

好家伙，这个荀攸猛轰一通，根本没给曹操喘息、分辨的机会，直轰得曹操头脑发胀，哑口无言。

稍停片刻，曹操方说："公达能直待于我，我实在感激。就诛杀俘虏一事，始于将士之手，责在我的态度不坚，嗣后，咱共同纠正吧！"说完，吩咐沈良奖荀攸绸缎两匹。

同样都是三军统帅，这和袁绍相比，其对照多么鲜明啊！

袁绍这次追击曹操，吃了一次大亏，损失将士两千余人，为此，他十分恼火，坐在帐中连气带骂。

这时，谋士许攸来到帐中，向他进献一策，趁曹操兵驻在外，许都空虚，派出一支人马前去偷袭，定能将天子劫持过来，还愁曹操不被降服！

袁绍听后，摇摇头说："此议不妥，应先攻击曹操为是！"

许攸听至此，十分寒心，如此刚愎自用之人，保他何益之有？不如去投明主，日后也好有个好的归宿。于是，他连夜投到曹操营中，把个曹操欢喜得拍掌大笑说："子远到来，我大幸也！"于是，当即封许攸为典军校尉。

第二天，曹操给许攸接风，和诸将一一见面，大家像久别的亲人一样，对待许攸十分热情，把许攸感动得热泪盈眶。他说："早知孟德如此，何不早日来投！"于是，他向曹操提出了一个建议："袁绍兵驻乌巢，粮草辎重万余车，如派兵前去烧之，断了袁绍后路，主公则大事可成矣！"

曹操一听，捋须一笑："子远此议可行，我当照办！"

别看曹操答应得十分痛快，他也不得不留个心眼，究竟许攸其意是真是假？当天晚上，派出几个人去乌巢探听，直到回来说情况属实后，才派兵前往乌巢焚烧袁绍粮草。

此时，袁绍营中正在商议出兵一事，大将张郃主张边护卫乌巢辎重，边偷袭曹操在官渡的驻军，结果，袁绍仍然不听，他固执地说："乌巢粮草辎重，派有重兵把守，谅曹操不敢前往。咱有十万大军，比曹操多上几倍，何必偷偷摸摸地去？传我号令，正面进攻官渡！"

张郃还不死心，又说："主公还要多思多想，想前日郭图、淳于琼两位将军正面进攻，曹操早有部署。今日前去，恐怕后果还是不佳！"

听至此，袁绍"腾"地火起，厉声说："张将军，休要长他人志气，灭自己威风。郭图、淳于琼算什么东西，无能小辈，带兵打仗，焉有不败之理，这次我去，看看谁胜谁败！"

张郃一听，知道再说于己又是无益了。于是缄口不再言语，任凭他瞎折腾罢了。那个郭图更是恼火，跟上这么个混蛋，有什么干头？先前攻曹，险些丢掉小命，今又被贬为无能小辈，走吧！于是，当晚也投奔了曹操。

第二天，张郃已见郭图带人走了，也就心动身摇，在袁绍这里待得越久，对自己越不利，晚走不如早走，他也就三九天滑冰，溜之大吉了。去了哪里？当然还是投奔曹操去了。后来，这些人在曹营都成了鼎力大将，俱立下了汗马功劳。

还没等袁绍出兵，曹操听取了许攸、郭图、张郃等人的意见，调配大军，直捣袁绍大本营。因袁绍主观武断，固执己见，不听忠言，人心涣散，被曹操大军冲击得七零八落，最后带着大儿子袁谭落荒而逃。

五 长坂坡前释子龙·官渡以少胜多

袁绍败逃到邺城
曹操迭出妙手灭袁

袁绍兵败逃到邺城，不久病亡。袁绍的三个儿子为争冀州牧一职明争暗斗，最终手足相残。曹操利用其内部矛盾，巧施计谋，将袁绍的势力消灭殆尽。不久又北征乌桓，大胜而归，基本统一了北方。

 大战之后的官渡，显得很是萧条冷落。街上被毁坏的房屋庙宇，遍地的残砖断瓦，已被踏成平地、满目狼藉的农田作物，缺枝短梢的树木，所有这些景象，都清楚地折射出几天前发生在这里的一场惨烈的战斗。

战斗的胜利者曹操，率领大队人马进驻官渡；而失败者袁绍，则带着数百骑人马，从这里逃命去了。

酷暑八月，天气格外炎热。由众位将士护卫着曹操，在官渡大街上迤逦而行。他望着凌乱的街面上，尽是袁绍军队逃亡时丢弃的衣食甲胄，还有面带惊慌、偶尔穿行于街头巷尾的居民，心中无限感慨。他长叹一声，自言自语地说："战争，祸害之首也！"

时间不长，他们来到一座大门前。只见四周高墙围筑，门楼高耸，两只龇牙咧嘴的石狮分列两旁，镶有金黄色的门钉的红漆大门半闭半开。曹操刚要张口问话，站在旁边的张辽告诉他："丞相，这里就是袁绍的府第。"听到这里，曹操"哦"了一声，接着问："里面还有人吗？"

张辽马上回答说："他们家人都随袁绍逃走了，里边的人是咱的士兵，在清理遗弃物品。"

"好，咱也进去观看一番。"曹操说着，就带领众人进到里边。他们穿过石砌小道，越过满目狼藉的前庭，来到富丽堂皇的议事大厅，只见十几个士兵正在从地上和墙角拾掇着一堆堆图书、一张张字画、一件件珠宝玉器，然后造册登记，统一放到一个大箱子里。

曹操漫步上前，拿起几本书，什么《孙子兵法》《论语》《中庸》等名人著作，几乎应有尽有。他看了看，放在箱子里，不禁呵呵笑了起来。

见丞相发笑，将军许褚有些莫名其妙，问道："主公何事发笑？"见许褚发问，曹操笑而不答。尔后，望望身后的谋士荀彧说："文若定知其意，你可说与仲康听听！"

无怪说曹操对部下知人善任，聪明的荀彧见到袁绍府中的情况后，确实和曹操有了同感。现听到点了自己的名，也微微一笑说："承蒙丞相抬举，在下岂敢随意猜想！"

曹操把手一挥说："但讲不妨，文若不必过谦！"

听至此，荀彧这才说道："袁绍其人，志大才浅，胸无点墨，却好浮华，优于装饰。所陈物品，实为装点门面而已！"

许褚听完，似懂非懂地点点头，而曹操则赞叹不已。他说："文若所言极是，对本初其人，我是了如指掌。自幼就顽劣成性，话大喜吹，追求浮躁，而当三军统帅后，仍是如此，实是可悲可怜！"

曹操所说对袁绍了如指掌，实是千真万确。他们俩在幼年时，就追随在朝为官的父辈住在京城，常在一起玩耍。有一天，他们听说有个大臣娶亲，二人一商量，就想出了一个馊主意——抢新娘。晚上，正当亲朋好友欢聚一堂，吆五喝六地大吃二喝时，猛听窗外有人高喊："不好了，贼来啦！"众人忙离席跑到院外，曹操、袁绍则乘乱进入新娘屋中，背起新娘就跑。新娘在袁绍的背上连哭带喊，引得众人过来追赶，旁边的曹操则给他打气："别放下，快跑！"袁绍越跑，背上的新娘越闹，并连抓带挠，把个袁绍抓得手脸鲜血直流，一疼就把新娘从背上扔了下来，而自己就狂跑起来。因天黑看不清路，只听"咕咚"一声，跌进一个长满荆棘的洞里，后边人喊狗叫，袁绍越急越爬不上来，躲在暗处的曹操猛的喊声："贼在这里，快快来人！"袁绍一听，吓得冷汗直冒，一使劲，竟翻出洞来逃走了。

随着年龄的增长，二人都到了读书阶段。到学堂里，老师在的时候，袁绍装模作样，摇头晃脑，把书读得连天作响，可当老师离开时，则去玩

耍、淘气，只字不学。而曹操则正好相反，老师在与不在，都是埋头苦读，用心学习。回家后，袁绍专门结交一些豪门贵族纨绔子弟吃喝玩乐，放浪形骸；而曹操则是熟读兵书，研究学问。无怪乎当了三军统帅后，二人走上不同的道路，并有了不同的结果。

从袁绍府中回来后，曹操拿了众人献给他的一盒珠宝，回到夫人卞氏的屋中。

卞氏夫人是一个端庄秀美、性情温顺的女人。她出身低微，曾做过陪舞伴唱的歌伎，但追随曹操做妾后，知情达理，以礼待人。曹操对她甚为宠爱。尤其是丁夫人和曹操分开后，她做了夫人，仍是矜持自谦，毫不张扬。她生的两个儿子，曹丕和曹植，一个是日后的魏国皇帝，一个是聪明无比的神童，其身价更为高贵。但她始终低调做人，恪守为人之道。今天，看到曹操拿来这么多宝物，无限惊奇地问："丞相，从何弄来这许多东西？"

曹操放下珠宝盒子，坐下说："都是袁绍大妻小妾所用之物，逃走遗弃，今到我手，自然拿来夫人受用！"

卞氏听至此，并无喜色，而是板着脸说："丞相是三军统帅，曾号令将士不得私藏所获物品，难道你带头违反吗？"

曹操看了卞氏一眼，接着说："我下号令不假，赶走袁绍，打败敌兵，皆我之功劳，享用些许东西，有何不可？"

待曹操说完，卞氏夫人声调大变，嚷着说："丞相，莫不是被眼前之功冲昏头脑？打退敌兵，夺得胜利，固然有赖丞相决策，但众将士浴血奋战，出生入死，怎说皆是你一人功劳？堂堂大汉丞相，说出此言，我都感觉有愧！"

好厉害的卞夫人，如此辛辣尖锐的话语，恐怕举国上下，仅此一人敢说。到这里，曹操突然放声大笑，说："曹某有此夫人，胜过多少金银财宝，我平生足矣！夫人快坐，请勿着急。"说着，走到卞夫人跟前，手扶她的肩膀，低声说："别急，可别气坏了身体！"接着，后退两步，往外喊道："文远，仲康，子谦快快过来，咱已赢矣！"

曹操话音一落，张辽、许褚、曹仁等将一齐从外而来。许褚扯着大嗓

千古枭雄曹操

子喊：“真个值金值玉的夫人，我输了！”

原来，这是一场考验！

在清理袁绍大厅时，士兵们发现内室留下几盒珠宝玉器，光芒四射，夺目耀眼，当众将问这些东西怎么处置时，曹操说：“照章办事，点数归公！”

站在旁边的许褚，一听都入国库，有些着急了，他说：“宝物俱是我们拼命所得，他袁绍的夫人能够享用，丞相的夫人就不能享用？我提议，给丞相夫人一盒！”

许褚此言一出，众皆赞同，齐说：“对，提的好，丞相应得一份！”曹操向众人挥挥手说：“这些宝物，我的夫人确未见过，但是，缴获的东西，绝对不要！”

许褚把手一拍，说：“我才不信，哪有红颜不爱宝物之理？咱打个赌，丞相拿去一盒珠宝，如果夫人真的不要，算我输！”

站在旁边的张辽一笑，说：“你输了怎么办？”

许褚拍拍胸脯，说：“我输了学两声狗叫！”

就这样，一场考验落在卞夫人头上，而输者，又是猛将许褚。

这下张辽等人有话说了：“仲康，学两声狗叫吧！”

就连曹操也笑着说：“今天，夫人如果要了，就是我输，真若如此，我岂止狗叫两声就行？现在仲康认输，别无选择，叫上两声吧！”

许褚一点儿退路也无，没办法，只得掐着嗓子“嗷嗷”叫了两声，一时引得众人哄堂大笑。

正笑间，外面忽然进来一人，叫声：“丞相，我有要事相禀！”

众人一看，是沈良。只见他手里拿着一包东西，脸色严峻，语气沉重，一看就有要事。于是，其他人相继退了出去。

见众人已走，曹操忙问：“一丹，你有何事？”

沈良抖开包，里边掉出七八封信件，对曹操说：“我刚才从袁绍屋中经过，兵士们翻出许多信件，其中这些都是我营中的将士所写，其意是准备我方失败后，投奔袁绍，另谋出路。里边有三个副将、一个监军和几个士兵。”

曹操

六 袁绍败逃到邺城 曹操送出妙手灭袁

曹操接过来封，一封一封地细看起来。看完后，久久无语。沈良刚要问，曹操就开口言道："一丹，你说此事如何处理？"

沈良想都没想，不假思索地说："叛国之徒，早晚是祸，抓起来一杀了之！"

曹操起身望着窗外，沉思片刻说："杀人不难，但征服人心不易。他们这些人，数量虽少，但牵涉人员很多。如果一一杀之，表面畏惧，内心仍存芥蒂，迟早还是心病。"

沈良看看曹操，不解地问："那您说，如何处置合适？"

曹操回转身，一字一句地说："装聋作哑，不予追究，收服人心，大度为本。"说完，他叫沈良附耳过来，告诉他了一个实施办法。

第二天，曹操在营房内召集众将议事，各队的副将、监军一个不缺，听着曹操训示。曹操声音洪亮地说："此次官渡之战，我方胜之，袁绍败逃，绝非一人所能，完全仰仗全体将士同心协力，浴血战斗。其功其绩，都已造册登记，待回朝后，升赏自有定数。只是诸位不可懈怠，袁绍虽败，其势尚存，况且他的三个儿子、一个外甥俱各独居一地，招兵买马，将来还得一一歼之，故此……"刚说至此，忽听外面有人高喊："放我们进去，有要事向丞相通禀！"只听守门的士兵说："不行，丞相正在议事，任何人不得入内！"

听到这里，曹操吩咐沈良："一丹，看看是谁有事来禀，放他们进来！"

沈良领命去了，时间不长，领进两个行人模样的人。曹操忙问："尔是何人？因何闯营前来见我？"

只见两个人跪在地上，叩完头后说："我们俱是袁大将军的随从，专事管理来往信件。这些信件，有南方刘表的，西边马腾的和三个公子的，还有丞相你营里的。"说着，将一包信件呈上。

沈良接过来，马上就要拆看，只听曹操说："书来信往，人之常情，看它何益？一丹，快拿出去全部焚烧，我们接着议事。"

沈良马上在营房一角，当众将所有信件一一点着。红红的火苗，化成一道青烟往营外飞去，而那些写信有心投靠袁绍的人，刚才"呼呼"乱跳的心，随着上升的青烟，也稳定了下来。

带着儿子袁谭，在官渡战场失败的袁绍和随行的几百名将士，匆匆忙忙地向北跑去，直奔他的驻地邺城。

邺城，此时也是一片混乱，从官渡逃回的败兵，早已把这不幸的消息带了过来，全城人都惊慌不安起来，藏东西的、拾掇物品准备逃走的、将孩子们投送亲戚的，应有尽有，仿佛曹操大军已兵临城下。

居住在邺城的袁绍夫人张氏，这几天格外烦躁。她十分清楚自己的丈夫志广才疏，难成大业，刚愎自用，不听良言。听说一些谋士将军，都离他而去，现只剩他孤家寡人，带着长子袁谭夺命而回。想想出征曹操前，兵多将广，粮草充足，现在将寡兵缺，少粮断草，和先前形成多么鲜明的对照！张夫人正叹息间，忽有丫鬟来报："夫人，将军回来了！"

张氏夫人听说夫君回归，立即起身，整理一下发髻，压下心中的不快和忧愁，强装笑容，准备出外相迎。谁知尚未出门，心神疲惫的袁绍已掀帘而进。张夫人忙说："将军鞍马劳顿，快快歇息。丫鬟上茶！"

随着呼唤，进来两个伶俐的丫鬟，一个端着脸盆，一个捧着茶盘，放在厅堂中间，又躬身退出。

袁绍洗了把脸，喝口浓茶，总算缓解了一下颠沛流离带来的紧张心情。张夫人因已知军情，也就安慰说："将军，且请宽心，胜败乃兵家常事，待休养生息一下，日后再报仇不迟。"

听至此，袁绍把茶杯往桌案上一墩，愤恨地说："报仇，一定要报仇！郭图、张郃这些吃里爬外之徒，竟然反水，助纣为虐，真正气死人也！"张夫人哀叹一声，说："将军，当初若是采纳沮授、田丰之议，不和曹操决此一战，恐也不会有今之局面！"

见夫人说到这里，袁绍又是无名火起，他训斥说："纯系胡言！沮授、田丰，均是小人之见，劝我不战，有悖常理。张郃、郭图等人见风使舵、卖主求荣，日后捉住他们，一定将其碎尸万段！"

好一个固执己见、冥顽不化的袁绍，时至今日，失败了还去怨天尤人，根本不从自身找找缘由。想想前一阶段，谋士沮授、田丰都曾建议：此时曹操盛气凌人，兵威将硬，只可智取，不可力敌。尤其是那田丰，对

六 袁绍败逃到邺城·曹操送出妙手灭袁

于袁绍不采纳建议，实是不满，他强硬力谏："主公若是不听良言，一意孤行，官渡之战，必以我败而告终矣。"

为此，袁绍勃然大怒，手指田丰说道："尔等犯上，纯属忤逆之言。进军官渡，和曹操决战，我意已决。今你动摇军心，实在罪不可赦。"接着，他喊来两个侍卫，吩咐："将田丰押入大牢，待我消灭曹操后再来找他算账！"

官渡之战的结果，完全在沮授、田丰意料之中，袁绍几万大军几乎覆没，谋士沮授被曹操俘虏，田丰仍被关在牢中。

此时，关在牢中的田丰神清气爽，毫无倦怠之色。他已于前天听说袁绍兵败官渡，这完全没出己料。有朋友前来祝贺，主公败退，被你言中，回来一定赦免于你。田丰苦苦一笑，说："所说错矣。主公若是胜利，则有可能放我，以此向世人证明我的偏执、他的正确。现在失败而归，被我说中，若是放我，岂不显示他的无能？诸位，我已时日不长矣！"

朋友又劝他："若要活命，可向主公求饶，能有一线生机！"

田丰朗朗回答："人生天地间，岂能违心逆志苟活一生？跪地求饶，怎如直立一死？"

田丰估计得完全正确，当袁绍喝完茶水，看到夫人哑口无言时，又问："田丰狱中表现如何？"

张夫人立即回答："他在牢中倒是安生，祈盼将军早日释放出牢！"张夫人有意保护这一忠心的谋士，谁知袁绍气急败坏地说："释放出牢？哪有此事！来人，到牢中押出田丰，斩于市曹示众！"

斩了田丰，袁绍胸中终出一口恶气。他环顾四周，身旁已无多少可用之人。大儿子袁谭来邺后，到青州驻守去了。二儿子袁熙、三儿子袁尚也俱在外带兵，跟前最亲近的人就是这位张夫人了。他冷冷一笑，跺脚说："都走吧，我还要找阿瞒报仇！"

报仇谈何容易？曹操的大军在官渡驻扎一段时间后，于这年的十一月又回归许都。回许都做的第一件事，则是向汉献帝递上奏表，细述了官渡一战的过程，末了，又奏请表彰封赏有功的文官武将。坐于龙庭之上的皇帝，看了一眼奏表，拿起朱红御笔批上两个大字：准奏！着宫人递给曹操，尔后说："丞相终日征尘，驰骋疆场，尽耗体力心力，皆为汉室江山，真乃世之良臣，国之栋梁！刘氏先祖纵在九泉之下，也无限欢欣。今丞相所奏，一概准奏，对有功之臣，重加封赏，还烦丞相代劳吧！"

晚上曹操正酣睡间，忽听外边有人轻轻敲门，连唤："丞相请起！我们有要事相商。"

曹操激灵惊醒，披衣而起，忙问："何人召唤？有何急事？"

当外边两个人报上姓名后，曹操已经穿戴整齐，忙说："奉孝、文若还没安息？走，前厅说话！"

说着，开门而出，尔后轻轻带上房门，同郭嘉、荀彧一起来到前厅议事。落座以后，郭嘉就和曹操说起了刚刚发生的一件事情。

原来，今天对立功者进行封赏，其中有刚刚从袁绍阵营过来的张郃，封偏将军、都亭侯，并赏白银千两，为此，众将多有不服。尤其是夏侯惇、许褚两人吵得更凶："刚来曹营，寸功未立，就封侯拜将，难道就不脸红？"

这边一喊，消息必然传到张郃这里，张郃听到后，好不生气。他这人是有勇有谋有度量之人，在三国战将里也是排的上名次之人。他想：我看曹丞相心宽似海，仁义待人。迟早必成大业，袁绍比之相差甚远，所以前来相投效力，封侯拜将，非我所求，丞相既有此意，岂能相拒？现遭众人如此贬低，在此何益之有，不如早早离开这是非之地。想至此，他就收拾行囊，准备连夜离去。

张郃的举止惊动了曹操派给他的一个都尉。经过几个月的相处，他已看出张郃为人正直诚信，有才有谋，如果离去，对曹营损失大矣。于是，他偷偷走出张郃营盘，将此事告诉了郭嘉。郭嘉一听，也很着急，就找到荀彧，一齐来找曹操。

曹操听完事情经过，心中又气又急，赶忙拉起郭嘉、荀彧，齐奔张郃住处。此时，正处于寒冬时节，夜间气温过低。由于出来的匆忙，郭嘉衣服穿得较少，被"嗖嗖"的冷风一吹，身体顿感不适，连连打了几个喷嚏。

曹操一听，知道郭嘉体质较弱，禁不住冷风侵袭，就将自己的棉袍脱

下，扔给郭嘉说："奉孝，快快穿上！"

郭嘉一见，连忙把棉袍递回去，激动地说："丞相，我不冷，再说把你冻着不行啊！"

曹操边走边说："休要啰唆，快快穿上。我行伍出身，总比你们文弱书生要强！"

没办法，郭嘉终于穿上了曹操的棉袍，三人加快步伐，到得张郃住处，只见张郃正要跨马前行。曹操忙说："俊义将军，因何不辞而别？"

张郃一见曹操到来，忙上前施礼，说："丞相，张郃无功受禄，心中有愧，无怪众人不服。我想解甲归家，躬耕田亩，只是有负丞相重望，心中多有不忍。桌上留有书信一封，算是告别之言，还请丞相见谅！"

等张郃说完，曹操上前拉住张郃的手说："俊义差矣，何为功也？你弃袁投我，就是一大功劳；你我从敌成友，是第二大功劳；你为我带兵打仗，是第三大功劳。不用听他人嘈杂之声，切勿有小人之见！"

曹操一番话，把张郃感动得热泪直流，只是天黑之下，无法看见而已。他刚要说话，站在旁边的荀彧开口了："俊义将军，丞相的棉袍让与奉孝所穿，快让我们进屋吧，把丞相冻坏了，你可担当不起！"说完大笑起来。

借着淡淡的星光，张郃这才发现，曹操身上确实穿的单薄，而站在旁边的郭嘉，穿的倒是臃肿。还有何话可说？这样的丞相，这样的仁人，谁如果碰上，实在是大运当头。张郃马上将丞相三人让进屋中，忙忙致礼道歉："丞相，多多原谅末将心胸狭隘，日后紧随丞相，肝脑涂地，在所不辞！"说完，吩咐置办一桌酒席，给丞相驱寒取暖。

就这样，四个人围坐一起，边吃边谈，直到夜深。

第二天，曹操没有忘记一件事，就是狠狠训斥了夏侯惇、许褚一顿，并让他俩向张郃赔礼道歉。张郃哪能接受，忙扶住二人，三人又是一番吃喝。从此，他们成了密友，共同携手辅佐曹操成就大业。

时间如白驹过隙，一晃到了建安七年（202）正月。此时的曹操，正统领着大军，在他的老家谯县（今亳州）休整。在这一年多的时间里，他们几乎一刻也没闲着。去年四月，又挥兵北上，在仓亭和袁绍军队大战一场，打得袁绍落花流水，溃不成军，使他们大都撤离黄河一线。到了秋季，为解除北上的后顾之忧，分兵一部，袭击了驻在汝南的刘备部队，又使刘备仓皇而逃，一直投奔湖北荆州的刘表去了。与此同时，还派夏侯渊、张辽去东海围攻昌豨，使昌豨部队全部投降。至此，曹操军威大振，兵强马壮。基于此点，他在家乡进行了军队休整，以利于今后的战斗。

回到谯县以后，曹操将部队安置好，做的第一件事情，就是去祭拜祖坟。说是祖坟，其实就有其父一个墓冢。墓冢修得庄严肃穆，四周青藤环绕，墓前有石人石马，一块高大的石碑格外引人注目，上书："大汉三公太尉曹氏嵩之墓。来到墓前，曹操摆下祭品，跪地叩头，回想往事，不觉泪如雨下。他哽咽着说："父亲大人，不孝儿看你来了！"

见了父坟，心中悲痛，也属正常。但曹操其情更为特殊。其父曹嵩，生前赖他养父曹腾在朝任职之权，二十多岁就在汉灵帝跟前做了个司隶校尉，后升迁为大司农，大鸿胪，到了四十多岁的时候，正逢汉灵帝国势衰败，卖官敛财，凭借长期积累的经济实力，拿出一亿钱，买了个太尉职位，位居最高权力"三公"之巅。后来，风云变动，曹嵩辞职，曹操也初露头角，到朝中任职。此时的曹嵩带领全家居住泰山郡华县，曹操得势后，令泰山太守应劭将父亲及全家护送至兖州。这天夜间，徐州牧陶谦派千数骑兵而至，将曹操的弟弟曹德、父亲曹嵩及全家四十多口，尽皆杀戮，只应劭一人逃出报告曹操。后来，曹操誓报杀父之仇，要征陶谦未果，直到陶谦病死，终给曹操留下未亲手报仇的遗憾。每每思想至此，曹操总是痛彻肺腑，潸然泪下。今天来至墓前祭拜，也难怪他又悲从中来。

曹操领军在谯县休整两个月后，于春暖花开的三月，开往浚仪（今日的开封）。

浚义附近有条大渠，叫睢阳渠，它是贯通东西、直穿南北的运粮水道，因年久失修，河道淤积，已经很难行船。为了给日后的战争做准备，曹操动员军队，全力以赴清理河渠。

这天，曹操吃完午饭，没有带随从，自己走出营盘到街上闲逛。到得一酒馆跟前，听到里面吵吵闹闹，喝酒猜拳之声不绝于耳，再一细听，是几个大将夏侯惇、徐晃、张辽、张郃、李通等人。曹操本想进去看看，但

六
袁绍败逃到邺城·曹操迭出妙手灭袁

思忖一下，停住脚步，走了过去。他穿街往北而去，走了二里多路，就看到睢阳渠旁人山人海，众多士兵赤脚光臂拿着铁锨在渠底挖泥，手不停息。由于天热，个个汗流浃背。尽管如此，站在岸上的偏将、督军等人，还手拿皮鞭，吆喝他们快干。曹操顺渠看去，见渠旁插着的狼牙旗中，有"曹"字的、"夏侯"字的、"徐"字的、"张"字的、"李"字的，等等，这分明是各将领的部队都在分工合作。

看到此，曹操心绪不宁，翻腾起伏，士兵们都在卖命猛干，而将领们却在吃喝玩乐，这太有失公平。回去招呼他们也来干活，当然谁也不敢不来，但又觉这样欠妥，思忖了一会儿，曹操有了主意，马上赶回驻地。

第二天一早，曹操换了一身便装，扛着一把明晃晃的铁锨，带着沈良和几个护卫，往睢阳渠工地走去。

夏侯惇刚一出门，见曹操如此打扮，忙问："丞相意欲何往？"

曹操一笑，说："渠边清淤，仅有士兵，没有将领，兴趣何来，等到何日方能清完？你们可尽兴去玩，我要去干了！"

好家伙，丞相去干活，让部将们去玩耍，这话比用皮鞭抽大家还厉害，比发号施令更强胜百倍。就这样，众将官都身先士卒，带头猛干，不足半月时间，就把睢阳渠清理完毕，渠水哗哗流过，运粮草的船只又畅通无阻了。

修完睢阳渠，曹操带领大队人马又往北进发。一路上，队伍浩浩荡荡，将士甲亮盔明，"曹"字大旗更为醒目。走着走着，曹操忽问旁边的沈良："一丹，此是何地？"

沈良看看地界碑，回答说："丞相，现已进入太牢地界！"

曹操坐在马上，"哦"了一声，沉思一会儿说："传令，大队人马休息。一丹，准备一些果品和一只鸡、一斛酒，跟我出去一趟！"

沈良领命而去，时间不长，用牛皮包拎来鸡、酒和一兜鲜果品，跟着曹操往东走去。大致走了二里多地，来到一个小山包下。这里青松翠柏环绕，一座坟茔掩映其间，坟前矗立石碑一块，上刻"大汉太尉桥玄之墓"。曹操立刻翻身下马，亲手将果品、鸡、酒摆在墓前，垂头默默肃立，样子既虔诚又悲哀。

桥玄是汉灵帝时期的太尉，还是在曹操顽童时代，别人都厌恶曹操的"好飞鹰走狗，游荡无度"，唯独桥玄十分赏识曹操的聪颖机警。一次，桥玄问起曹操平时看什么书，曹操回答："经史略有所涉，然而好读《孙子》。"

桥玄又问："有否可得？"曹操答："最好论及'九地形势不同，因时制利也'，读了不忘。"接着又说，"兵无常形，以诡诈为道。因此孙子曰：'兵者，诡道也。故能而示之不能，用而示之不用；近而示之远，远而示之近。利用诱之，乱而取之，实而备之，强而避之，怒而扰之，卑而骄之，佚而劳之，亲而离之。攻其不备，出其不意。兵家之胜，不可先传也。'"听至此，桥玄拈须微笑，点头赞许，故意问道："孙子兵法，浩瀚精深，君虽有悟，会用否？昔日孙膑能使魏惠王降阶相送，君能使我离座吗？"曹操思索一会儿，摇头一笑："孙膑何许人也，我怎比拟？时间不早，在下告辞！"说完就走。桥玄刚想起身，复又坐下，笑着说："君请走好，不相送，如送，岂不中计耶！"曹操不搭理，扬头向外走去，到得门口，被门槛绊了一跤，"咕咚"栽倒在地。桥玄忙下坐相扶，并问："可否摔伤？"曹操站起身掸掸身上灰尘，哈哈一笑："伤倒没有，只是令公终离座耶！"至此，桥玄方知中计，更加钦佩曹操的机智腹谋，二人成了忘年之交。后来，经桥玄推荐，曹操终于入朝为官。就在桥玄病危之时，曹操前去探望，桥玄还在和曹操笑谈："我死之后，你从我的坟前经过，如不拿鸡拿酒祭奠，我叫你肚疼三天！"曹操痛痛快快地应承下来。

今天，路过这里，曹操一是难忘老友相交之谊，二是长思推荐之情，三是兑现所说之话，故有今天此举。

站在旁边的沈良知道这些事情后，无限钦佩地说："丞相，真仁人也！"

这年的四月，虽说已是夏季，但由于春季多雨，低温，天气还不是十分暖和，早晚出来，仍使人感到浑身发凉。

此时的邺城，路旁的树木刚刚长出嫩叶，叽叽喳喳的小鸟穿行跳跃，显得十分轻松愉快。然而，整天在官邸郁郁寡欢的袁绍，此时不仅轻快不

六

袁绍败逃到邺城·曹操送出妙手灭袁

— 111 —

起来，而且忧虑成疾，愈发严重。

但凡刚愎自用、固执己见的人，都有一个毛病：脾气烈性。他位居一方诸侯，手下有数万军马，权威势重，一呼百诺，经的全是舒心顺意之事，现在让曹操打得一败涂地，部将分崩离析，身边亲信所剩无几，整日冷冷清清，如此大的落差，要不窝囊上火，那就不是他袁绍了。所以，自这年主月起，就病在床榻，把个张夫人愁得坐卧不安。现在，袁绍病势越来越重，在苟延残喘之际，他忽地想起一件事：安排人接班的问题！

安排人员接班，他思之再三，总未拿准主意。按道理，应该让长子袁谭接任，可他喜欢的却是三子袁尚。如果真按所想办理，势必引起兄弟间的内乱，到时候局面很难收拾，所以迟迟没有挑明。现在，眼看就要撒手归西，再不决定，可就为时晚矣了。他把张夫人唤至跟前，低声说道："你把尚儿叫来，我有话说！"

张夫人问道："叫他何事？"

袁绍喘口气，断断续续地说："我准……准备，把印信……交……交于……"谁知还没说出交于谁手，忽然一阵剧咳，从口鼻涌出许多鲜血，头一歪，眼一合，归天去了。

袁绍已死，先办后事，驻地外边的三个儿子、一个外甥十天前已来至家中，现在终于等到袁绍咽下最后一口气，还得体体面面地办理一下。于是，着人搭灵棚，请乐队，扎纸人纸马，排排场场地发丧七天，然后哥几个共同守灵百日，方在邺城郊外选了一个风水好的地方埋了下去。

埋了袁绍，张氏把哥仨唤至跟前，代丈夫传达遗嘱，由最小的袁尚接任冀州牧官职，行使军队的调动大权。

这个张夫人本无主见，丈夫临死也没留下文字遗书，只是平时经常提起，所以也就顺着此意走了下来。谁知袁谭参谋辛评，曾偷听了袁绍临终所言，告诉他主公并未明确袁尚接任。袁谭一听，怒火冲天，本想大闹一场，但他母亲已当众公布，闹也无益。于是，就在袁尚接任的当天，自己打出车骑将军的旗号，带队离开邺城，往黎阳驻防去了。

袁绍死去和袁氏兄弟不和的消息，很快传到曹操那里，曹操马上召集众谋士议事。

曹操坐于上首位置，对众人说："今本初已死，剩下三子一甥仍有许多军队，如欲征战，尚需议出一个谋略，不知各位有何高见？"

众谋士对视片刻，均未言语，曹操又说："知无不言，言无不尽。有话则长，无话则短，请勿多虑！"

丞相一再启发，就不能总沉默无语了。谋士荀攸首先开口说话："现今袁氏弟兄不睦，正留下可乘之机，咱应迅速出动，分兵击之，方能稳操胜券。"

荀攸说完，郭嘉马上接着说："公达所议有理，值此袁军内部矛盾纷争，实是歼灭之机，我无异议。只是有一点不敢苟同。袁氏弟兄纷争在即，内乱将生，咱可暂缓进攻，待其两败俱伤时乘虚而入，定可唾手可得，省却多少精力，实乃两全其美矣！"

郭嘉说完，荀彧、程昱等人也都赞同，意见基本上达成一致。

看到气氛又活跃起来，曹操十分高兴。尤其是郭嘉的发言，正中他下怀。他离席而起，把手往桌案上一拍说："公达所议正确，奉孝说的尤以在理。咱先稳住身形，静观其变，不消月余，定有音讯！"

曹操等人真是料事如神，一个月后，袁谭、袁尚果然翻脸，袁尚先发大军，直捣袁谭黎阳驻地，袁谭抵挡不住，大败而逃。逃往哪里呢？二弟袁熙和表弟高干远在幽州，远水解不了近渴，现只有一条路，投降曹操，取得支持，消灭袁尚。

此事实是令人感到不可思议，为了消灭骨肉同胞，不惜投向敌人怀抱，寻求同情和支持！

曹操听到这个消息，顿时欢喜得手舞足蹈，他开门迎接到来的袁谭，往前一步，扶起跪在地上的降将，口中说道："贤侄请起，来到叔叔面前何必行此大礼？"

满面羞愧的袁谭，起身后委屈地说："袁尚实在不该，欲置我死地而后快，我已山穷水尽，只有投靠曹叔。"

曹操哈哈一笑，说："贤侄请勿多言，快随他们入营休息！"接着，吩咐人将袁谭安置后营。

见此情况，郭嘉来到曹操面前，说："丞相，袁谭此降未必真心，穷

六 袁绍败逃到邺城·曹操迭出妙手灭袁

— 113 —

途末路来投，日后如有机会，举许反矣！"

曹操点点头，说："我已有所估量，他决不是真心事我。但此时来投，于我有益无害。咱静观其变，到时候怎能依他随意出入？"

事隔两月以后，曹操营外又有两人来投，领进一问，原来是袁尚的两个部将吕旷、高翔，因不满袁尚武断暴戾，故来投奔曹营，曹操又热情接待了他们。

但是，自吕旷、高翔到来之后，袁谭和他们格外亲密起来，不仅经常吃吃喝喝，而且还常常彻夜长谈，这事已经引起曹操的注意。有天夜间，谋士程昱从袁谭房前路过，听得有人在窃窃私语："大公子，你说怎么办，我们听你的！"显然，这是吕旷的声音。

只听袁谭说："我已着人给你二人刻了将军印，等有机会咱杀掉曹操，反出曹营，你俩都是大将军了！"

听至此，程昱打了个冷战，原来这是一只狼啊！回来立即告诉曹操，曹操并未慌张，说："仲德勿急，此事我已察觉。既然如此，那就及早加以了断，免得他在此兴风作浪！"随后，做了周密部署，吩咐摆上酒席，宴请众将和袁谭、吕旷、高翔。

时间不长，众将齐聚帐中赴筵，大家都不解，现在战事繁忙，丞相怎有闲心摆宴？思忖间，袁谭、吕旷、高翔也先后进来，早已坐于上首的曹操笑容可掬地招呼他们："快来，贤侄、吕将军、高将军，你们来此多日，因军务繁忙，还未给你们接风，今日在你们上路前，和大家喝上杯酒吧！"

袁谭听后，心中一动，忙问："曹叔，对我们已有安置，派往何地？"曹操笑笑说："勿急，一会儿就知！"

酒席筵间，众人轮番给三个人敬酒，也都以为曹操要派他们去外地驻防，只有程昱心中明白，这可是鸿门宴啊！

席间，曹操显得很是慈祥和蔼，一会儿劝袁谭喝酒，一会儿叫人给吕、高斟酒。见三个人喝得差不多了，曹操这才开口说话。他拿着一杯酒来至袁谭面前，笑笑说："贤侄，请喝最后一杯，叔叔马上送你上路。"

袁谭酒量颇大，尽管喝了不少，仍很清醒，惊问："马上就走？"

曹操顿时把脸一变，猛地把酒杯往地上一摔，喝声："来人！"立即拥进一群士兵，不容三人分说，将他们绑了个结结实实。

袁谭倒在地上，还在发问："这，这是为何？"

曹操愤恨地说："袁谭，看在你父我们儿时的友谊，你来投奔，收留于你，谁知你反心不死，妄图加害于我。今日此酒，专门给你们送行！"说完，把手一挥，喝令士兵推出帐外，一并砍了。

三个人就这样在酒足饭饱之际，做了刀头之鬼。嗣后，程昱向众将讲了三人谋反的经过，众人这才如梦方醒。

光明荏苒，转瞬又是一年有余，到了建安九年正月，曹操重新调动人马，攻打邺城，征服袁尚。

在未攻城之际，早从袁绍营中投靠曹操的谋士许攸，依仗二人是小时的同学，说话毫无遮拦，他提着曹操的小名说："阿瞒，袁尚小儿，胸无韬略，何必兴师动众，只去少数人马，就能攻取邺城！"

对此称呼，曹操极不满意，毕竟是大汉丞相，也是三军统帅，当众仍叫乳名，总觉心中不快，但碍于老面子，实在无法翻脸，只是"唔唔"敷衍而已。

一切准备停当，在这天夜间，众将收拾停当，急速前进，不消几个时辰，就将邺城拿下。袁尚带着小股人马，落荒而逃，投奔二哥袁熙去了。

曹操进得城来，首先发布号令，凡扰民者，不管是谁，格杀勿论。接着，直奔袁绍官邸，见到张氏夫人，曹操一躬到地，口称："嫂嫂，你受惊了！"

张氏见是曹操到了，心中好不酸楚，一股愤恨油然而生，本想发火，但想到自己的丈夫招致今天结局，也是咎由自取，于是，只看曹操一眼，缄口不言。

张氏如此冷淡，曹操并未怪罪，吩咐手下，一律不准进入袁宅相扰，张氏的生活起居，并要照顾得当。接着，他来看望被自己俘虏的袁绍原来的谋士陈琳。

这个陈琳在袁绍这边，也属一流人才，当年公布的征伐曹操的檄文，就是他的杰作。这篇檄文，写得条理清楚，语言辛辣尖锐，历数了曹操的

身世、为官过程和挟帝迁许的众多事例，并用许多污言秽语，漫骂曹操的祖宗三代。当时曹操恨得咬牙切齿，发誓日后抓住陈琳，不叫他碎尸万段，也要腰斩几截。今天，二人终于见面。曹操一见陈琳态度镇定，不惊不慌，面带刚毅和正直，心中倒有一番惜才之情。他对陈琳说："你可识我？"

陈琳坦然一笑："谁不识你，名为汉相，实为汉贼，臭名远扬的曹操曹阿瞒！"

曹操也未生气，仍不紧不慢地说："你事袁绍，忠心耿耿，起草檄文讨我，也属正常，但不该骂我祖宗三代，他们深埋地下，何罪于你？"

听至此，陈琳也面有愧色，低头说："檄文所写，确有过激之语，但时处两军对垒，也不得不为之。这样吧，今既被俘，只求早死，如何处置，悉听所便！"

曹操突然哈哈一笑，说："曹爱你忠心事主，秉性耿直，岂可杀戮！"接着，他问："我意招你与我共事，可否愿意？"

陈琳回答："你就不惧我暗中反水？"

曹操回答："疑人不用，用人不疑。我以诚心待你，你岂与我有二？"说完，叫人好生招待陈琳，日后，封赏他祭酒一职。

一切安置就绪，曹操带上夏侯惇、夏侯渊、曹仁、曹洪四人，提着果品酒食，到郊外袁绍坟上祭奠。到得坟前，只见石碑高竖，字迹清楚，曹操不禁悲从中来。想当年，从幼小顽童到少年入宫，再后来同朝为仕，都是很要好的朋友。随着时间的推移，朝内动乱纷起，政治见解有异，终成战场上的敌人，这些，都是为了什么？曹操也感怅然。想着，曹操潸然泪下，痛哭失声，在众人的劝说之下，方心绪不宁地回到城里。

回到邺城后，由于大获全胜，免不了又是庆贺一番，杀猪宰羊，大摆筵席，杯觥交错，热闹非凡。本来这是件欢天喜地的好事，但偏偏被一个人搅散，是谁？还是那个曹操的老同学许攸。

那个许攸此时已经喝得醉醺醺的，他端着一杯酒，摇摇晃晃地走到曹操跟前说："阿瞒，我喝了许多，你怎不喝？别看你是丞相，我可不在乎你！"说完，仰起脖子又喝了一杯。因手已没准，倒的脖子上尽是，酒液顺衣而流。

曹操好不扫兴，皱皱眉头，也未搭理，扭过头去招呼别人。只见许攸又举着杯子，趔趔趄趄地在酒桌间穿行，边走边喊："丞相算什么？算个球！阿瞒如没我许攸，能进得邺城吗？能打败袁绍吗？能……"

他还要说下去，猛听得曹操那边断喝一声："住嘴！"接着，"啪"的把酒杯摔碎，满脸怒气，甩手而去。边走边恨恨地说："该死！实在该死！"这个筵席实在无法再进行下去，众人悻悻地放下酒杯，也都离席而去。只夏侯惇、许褚二人气愤难平。他俩听到曹操走时说的话，立即乘乱把许攸拉到营外，许攸刚想张嘴问话，许褚把刀一挥，人头早已落地。

当夏侯惇、许褚把此事禀报给曹操时，曹操点点头，还是那句话："该死！早就该死！"

就在曹操在邺城庆功的时候，逃往幽州袁熙处的袁尚，向二哥哭诉了邺城失守的状况。袁熙也很着急，一时想不出妥当的方法，最后商定投奔北部的乌桓。曹操得知消息后，又操练兵马，带领浩浩大军去征伐乌桓。

乌桓，大部分是少数民族聚集地区。他们长年以狩猎为生，兼养牛、羊牲畜，贩卖皮张为业。现在大汉军队来征，因没有准备，各个部落皆告失败，这样，袁尚、袁熙又无处存身，没有办法，只得往东北逃窜，投奔辽西的公孙康去了。

二子既奔辽西，诸将又主张去征公孙康。曹操忙阻止道："不行，这公孙康虽说曾和袁绍有交往，但此人疑心甚重，不可能立即相信他俩。如果现在攻取，定和袁氏弟兄联成一体，对付于我，必损人力财力。咱暂且休息，时日不久，公孙康必不能容，定将二人杀害！"

看到曹操胸有成竹，诸将不再要求出战，静候时日，看丞相的话是否应验。

居住在柳城的公孙康见到袁尚、袁熙前来投靠，看在他父袁绍的面子上，暂时收留，热情接待，但背后却派人密切监督。两地毕竟太远，断绝音讯又有数年，谁知其有何用心？

七

碣石山顶观沧海
迁都霸业初成

曹操北征凯旋，封赏众将。为广开言路，招揽人才，曹操颁下《求言令》。为图谋更大发展，曹操向汉献帝建议将都城由许都迁往邺城。

建安十年九月，兵驻辽东柳城的曹操，终以袁氏家族的彻底击败、辽东太守公孙康的归服而取得了决定性的胜利，整个北方都成了他的属地。所以，此时的曹操，踌躇满志，心气十足。

他有个特点，就是每到一处，总喜欢游览当地的名胜古迹，山川风光。这有三大好处，一是增长知识，二是陶冶情操，三是体察民情。这次新来辽东，当然也不例外。

这天吃过早饭，他只带沈良一人外出。为了不引起人们注意，两个人全都脱去戎装，换上一身便服。俱是青中束发，长衫罩身，足蹬麻鞋，踏着城外光溜溜的小道，徜徉前行。

此时正是中秋时节，辽东的气温已经有些发凉，山间的红叶越来越浓，路边的溪水越来越清，地里的庄稼越来越少，天上的晴空越来越朗。所谓"人在图画中"，今天所见，便是如此。

曹操带着沈良正行走间，看见路上的行人络绎不绝，来去匆匆。沈良上前询问其故，正好两个乘坐三乘马车的贵族夫妇路过，对方不耐烦地告诉说："到山神庙进香，求得保佑。你们不去就快快让道！"说罢，车夫长鞭一挥，三匹马的车子，飞也似的跑了过去。

曹操听到祭祀敬神，也感新奇，敬什么神？有何威力？让这么多善男信女顶礼膜拜。于是，他带着沈良，疾步前行。

到得这座山神庙前的时候，真是人山人海，但进出庙门的多是豪门贵族，王公大臣，商贾富户。而那些穷苦的山民，大都在庙外溜达，或撮土为香，暗暗祈祷；或望庙跪拜，求神保佑。他们多数是破衣烂裳，伸手乞讨。庙里香烟缭绕，钟磬齐鸣，上香者穿戴华丽，手捧香火，虔诚地对着山神像叩头、作揖，连声祈祷神仙保护，并大把大把地往神座下扔着钱币，摆出酒肉瓜菜等供品。庙外那些乞讨者，伸着脖颈，看着一桌桌的供品和成堆的钱币，真正是望眼欲穿，垂涎三尺。还没进得庙门，就被众多把门的士兵赶走。

看至此，曹操悄问沈良："一丹，你有何感？"

沈良不动声色地说："同样为人，差之甚远！"

对沈良的回答，曹操大声地说："岂是相差甚远？你看这些豪富权势之人，宁把钱物扔于泥偶，也不接济施舍于人。人乃万物灵根，对人疾苦尚无恻隐之心，敬神、敬仙又有何益？神、仙如能庇佑于他，可谓糊涂也！"

二人正谈话间，前边忽有一阵骚动，举目看去，只见一幼童哭喊道："娘，要馍，我吃馍！"说完跑向庙里去，谁知两个把门的兵丁把幼童抓起，"咚"地扔向庙外，幼童惨叫一声，昏死过去。幼童的母亲立即抱起孩子，放声大哭，引的围观人群怒声斥责把门兵丁。

一见此景，曹操怒不可遏，他已忘掉自己的身份，迈开虎步，冲到庙门旁，一手抓住一个兵丁，重重摔在地上，另一个刚想拔刀相救，早被赶上来的沈良一脚踩倒。曹操喝问："你们是何处之人，敢如此对待百姓？"两个兵丁见二人身手如此麻利，知其不是等闲之人，只得跪地求饶："二位大人息怒，我们是当地县丞差人，命我们前来看护神庙，方才所为，实出无奈！"

曹操痛斥说："上司差遣，也不应待人如狼似虎，此行实在可恶！"说完，对沈良说："今没带家什，一丹，你就惩治他们一下吧！"

沈良见丞相有令，也就没有怠慢，喝令两个兵丁："你二人互相掌嘴二十，如果不从，我来实施！"

两个兵丁已领教了厉害，如让他打，必得把脸打烂，不如遵令自己打吧！于是，二人"噼噼啪啪"互打二十个嘴巴子，只打得脸面红肿，鲜血

顺嘴角直流,把围观的百姓逗得拍手称快。里面那些上香之人,早已窥见曹操主仆,知二者不是平常之人,都从后门悄悄溜走。

隔了一会儿,曹操对众人说:"大家把队排好,依法去庙内领一份供品和一份钱,多领受惩!"

就这样,沈良和两个把门的兵丁,又把庙里的食物和钱币,一份一份全部分给了贫苦的百姓,众人都欢喜而归。内中有两个人却没有去领,而是悄悄走掉了。

这两个人是谁?是袁尚、袁熙的余党。他们待在柳城,时刻总想着为旧主报仇雪恨。虽然不认得曹操,但既然将主人赶尽杀绝,就一定不是好人。苦于没有时机,他们终没得手。今天,他们探得曹操在城外游玩,在人们的指点下,认得了曹操的真实面容。于是,乔装成百姓,暗藏利刃,一路跟随而来。当到得山神庙后,看到曹操的这番举止,心中深受感动。如此仁人君子,比袁氏兄弟强胜百倍,行刺于他,岂不是逆天而行?于是,二人一商量,悄悄从此地离开。当然就是二人行刺,有猛将沈良在旁,也是断难得逞。

一晃又到了建安十二年十月深秋,天气逐渐冷了下来。由于这边的局势已经稳定,没有必要留大部军队在此驻防,经过一番考虑,曹操决定班师回朝。

这次班师,不能再走原路而归。上次是为征战,从幽州追至辽西,又从辽西追至辽东。而现在,要沿海边行走,一是就近,二可以观海。

因为随军将士多是中原以南的人,很少有人见过大海,这次路过,绝对是次极好的机会。

由于柳城粮草充足,人畜都是吃得膘肥体壮,再加休息了一段时间,所以行起军来速度较快,时间不长,就到了碣石山旁。

碣石山,在今秦皇岛西,昌黎县北十五公里处。这里重峦叠嶂,山岭相连,地势高耸,面临大海。此时,正逢深秋,在晴空白云下的大海,显得湛蓝湛蓝,在它的映衬下,碣石山尤显壮观。但见苍劲的青松,挺拔的翠柏,杂色的野花,使海拔近七百米高的碣石山更加雄伟壮丽。

来到山脚下,昔日秦始皇、汉武帝在此驻足的遗迹依然存在,雄伟的碣石山石，并未因岁月的沧桑巨变，消磨掉两位帝王在此曾经流连的身影。

脱去沉重的盔甲，外罩风衣的曹操，腰横利剑，从山北拾级而上。此时的曹操，年龄已过半百，五十有二，长年的鞍马劳顿，呕心沥血，使他黑红的面颊早早布上苍老的皱纹。只是颔下的三绺长须，随风飘动，仍显示着青春般的遒劲。

跟在后面的沈良要扶他一把，他挥手制止，边爬山边笑着说："山陡矣，岂如志高也！"很快，就步上山顶。

站在碣石山顶，向东极目眺望，蔚蓝的大海，尽收眼底。略带咸味的海风，吹拂在脸上，稍稍有些凉意。远处，天海形成一色，碧波荡漾；近处，捕捞的船只的淡淡帆影格外壮观，脚下排排翻滚的浊浪，拍打着岩石的波涛，总是不知疲倦地向岸边涌来。激起的片片白色浪花，一遍接一遍地冲向光滑的岩石，尔后又顺石而下，回归大海。

看着此情此景，满腹才华的曹操心潮起伏，诗兴大发，一首《观沧海》的佳作随口而出：

> 东临碣石，以观沧海。
> 水何澹澹，山岛竦峙。
> 树木丛生，百草丰茂。
> 秋风萧瑟，洪波涌起。
> 日月之行，若出其中。
> 星汉灿烂，若出其里。
> 幸甚至哉，歌以咏志。

吟罢诗，曹操仍立于巨石之上，岿然不动。海风的吹拂，抹不平此刻澎湃的心潮。他想到了几十年的浴血征战，也想到了一个个倒于他面前的豪门列强，更想到了飘摇不定、即将倾倒的大汉王朝，还想到了目前自己的处境。随着内乱之首董卓、何进等人的覆亡，再到李傕、郭汜、杨奉、张彪、董承、吕布等人的身死，还有袁氏家族的衰败，这些无不关联着自

七 碣石山顶观沧海：迁都霸业初成

曹操

— 123 —

己的前途。他们失败倒地的鲜血，染红了自己的锦绣前程，他们退出历史舞台，给自己以后的政治事业奠定了基石。历史，这就是历史，人与人的竞争，权力的更换，位置的变迁，推动着历史的前进。自己在这一前进过程中，正在起着推波助澜的角色。

"丞相，该回返了，时间过长容易着凉！"沈良见曹操还沉思于诗境之中，在旁轻声唤道。

正在这时，从山下跑上两个士兵，上气不接下气地说："丞相，不好了，快快下山！"

曹操一听，松懈了一阵子的神经又紧张起来，忙问道："何事如此惊慌？"

其中一个士兵忙说："郭祭酒病了，很是严重！"

一听郭嘉得了重病，曹操的脑袋"轰"的一下，没容多想，就被沈良他们三个人扶着，跌跌撞撞地下山来了。

事情怎么如此突然，就在上山前，郭嘉还很精神，虽说此前闹过疾病，但吃了军医的药，正近痊愈，怎么就突然严重起来呢？曹操边走边想，很快到得中军后帐。只见郭嘉躺在白布铺就的床上，脸色苍白，四目紧闭，无异于已死之人。

曹操马上伏于郭嘉面前，以手拂面，轻声呼唤："奉孝醒来，我来也！"

不知是出于曹操的威严，还是二人的友谊，郭嘉终于醒了过来。他看看面前的曹操，无力的双眼滚下两颗浑浊的泪珠，挣扎着用右手攥攥丞相，喃喃地说："丞相，我，我已不行了。只，只得，先走，一，一步。回许，许都后，先行，行封赏，后再议，议事。"停了一会儿，又挤出一句："丞相，保重！"说完，手一垂，眼一闭，魂往他乡去了。这年，仅仅三十八岁。

至此，曹操泪如雨下，失声痛哭。按常理，在众人面前哭一个死去的下属，似乎有失体面，与自己的身份不太相宜，但是，郭嘉和曹操的情谊太深了，深到了二人不分彼此，深到了郭嘉有错不追其咎。

郭嘉自从离开袁绍到达曹营后，深得曹操的器重，他深感自己遇到了一个类似管仲、乐毅的人才，不论待遇、官职，都比一般之人优厚，遇到什么疑难问题，和郭嘉请教的时候很多。因此郭嘉深受感动。他常说："主公如此厚爱，怎不尽力效劳？"于是，尽自己所学，全部用以对曹操的辅佐。几次大的战役，擒张绣、战官渡、烧乌巢、征高干、平乌桓，郭嘉都出了许多重要计略。尤其是消灭袁谭、袁尚、袁熙三个人时，曹操犹豫不决，难以了断，都是郭嘉直言相谏，指出攻与不攻的利弊所在，方使曹操下定决心继续再战，赢得今天的大好局面。当然，曹操对郭嘉的宽容也是众人皆知的。

有一次，郭嘉喝醉了酒，截住街上一个妇女进行调戏，正好被督察陈群发现。陈群当即告诉曹操，曹操虽然大力表扬陈群的公正无私，但对郭嘉此举却没追究。陈群追问后，曹操方说："我自有分寸，你不必再过问。"

现在，郭嘉突然辞世，也难怪曹操如此痛心！于是，他吩咐众人，订一口上好棺材，载灵而归，回都后予以厚葬。

这年的腊月，曹操的大部队终于返回许都。

许都，与三年前相比并无多大变化，坐于朝中的汉献帝，仍是原来的旧样子，整日无所事事，悠闲自得，和几个近臣谈笑风生，或是同几个嫔妃玩耍。有时也思虑一下国事，但想到自己受制于人，有权无势，思之又有何益？不如混吃等死，逍遥自在为妙了。

曹操回朝后，并未忘记上朝启奏。他来到天子阶前，刚要下跪，献帝赶紧伸手相搀，说："丞相免礼，你我虽是君臣，但丞相功高盖世，汉之栋梁，此礼可免！"

曹操坐在一把椅子上，心说：还算聪明！然后说："臣此次北征，二年有余。袁绍父子、塞外夷狄、辽西、辽东，尽皆平矣。此边之患已消除，皇上可安心矣！"

汉献帝听罢，喜形于色，高兴地说："完全有赖丞相，此等功绩，千秋承载，万世流芳！"

曹操听献帝所赞，头皮有些发麻，忙说："多次征战，全属众将士所为。如无他们奋斗，曹能再大，也难成功。所以，今为臣有事请奏！"

七、碣石山顶观沧海·迁都霸业初成

献帝一听，马上应承："丞相何事，速速奏来！"

曹操接着说："将士出力，皇家封赏，历来有之。受封之后，必定耿耿忠心，不忘天恩，终为我朝效力。"

献帝拍手称快，说："丞相所言极是，论功行赏，天经地义，仍由丞相代劳吧！"

曹操从朝内退回自己官邸，坐在凳子上思索起来。这次封赏，定要慎重对待，远近亲疏，都须一视同仁，方能消除日后之隐患，这点也是郭嘉临终之所虑，之所以临终有此遗言，也透出郭嘉对自己是多么的忠诚。

于是，曹操连夜写出一份《封功臣令》，其内容是："吾起义军，诛暴乱，于今十九年，所征必克，岂吾功哉？乃贤士大夫之力也。天下虽未悉定，吾当要与贤士大夫共定之，而专食其劳，吾何以安焉？其促定封行赏。"

封功臣令颁布后，马上颁布了封赏人员的名单，情况如下：

荀彧，封万岁亭侯，光禄大夫，食邑千户。

荀攸，封陵树亭侯，转中军师。

乐进，封广昌亭侯，封寇校尉。

王修，封司空掾，司金中郎将。

陈琳，封司空军祭酒。

程昱，封安国亭侯，拜威震将军。

夏侯渊，封博昌亭侯，迁护军将军。

许褚，封武卫中郎将，中坚将军。

张辽，封都亭侯，功为荡寇将军。

曹洪，封国明亭侯，迁都护将军。

曹仁，封陈侯，拜车骑将军。

对于路途之中亡故的郭嘉，曹操也没忘记，他追赠邑千户，后人可袭爵位。

这次封赏，有功之臣人人有份，这就使众将士皆心服口服，同心协力，追随曹操成就大业。

封赏完毕，众将散去，方才热闹非凡的大营，除几个在外巡哨的兵丁外，里面又剩下曹操孤身一人。他满可以到官邸好好休息一下，缓解一下紧张的神经，但他又考虑到，受到封赏的将士，如果有事再来，走了反倒不好，干脆先在这里休息片刻！于是，他伏案而卧，闭目养神。

这期间，他突然听得脚步声，睁眼看，沈良举着一把茶壶，似要向他砸来，他断喝一声："一丹，你要何为？"

站在面前的沈良惊得目瞪口呆，愣怔片刻后说："丞相，我给你沏茶呀！"

曹操此刻心神已稳，定睛看时，沈良确实在给自己斟茶。于是，缓声说："唉，老眼昏花，看不准你拿何物，故而发问，你勿多心！"

沈良定下心来，将茶沏好，放于曹操面前，退出帐外。

曹操喝着茶水，还在思忖方才之事。当初自己不是行刺过董卓吗？被董卓发觉后假装献刀蒙混过去，而今沈良是不是也是如此？想到此，曹操又否决了这一想法。沈良来此已是十年有余，一向忠心不二，诚实待人。自己待他也是不薄，他也不致如此。

但是，他又有了新的想法。亲密之人也不应久居身边，还是打发掉为宜。于是，第二天把沈良叫来，说："一丹，如今人人封赏，唯你始终没动，我甚不安。我意叫你去冀州为候，不知意下如何？"

沈良听后，感到突然，他说："丞相，我欲终身做你侍卫，封官赏物，皆我不愿也！"

曹操笑笑说："此话差矣，人生一世，谁无名利之心？封妻荫子，也是人人所望。你在此已十年有余，鞍前马后，殚精竭虑，也立下许多功劳，我意已决，明日上任去吧。"

沈良见曹操如此，知已拗他不过，好在此去官职不小，对家乡也有个交代，于是，不再多讲，终到冀州上任去了。这也算十几年忠心耿耿的酬劳吧。

沈良走了，曹操感到一阵孤寂，他在帐中来回踱步，正思考间，曹仁掀帘而进。

曹操连忙招呼："子孝快来，我正缺人说话，请坐！"

曹仁忙着回答说："丞相身旁多有谋士，想必常来畅谈，怎说缺言少语？"

曹操哀叹一声，说道："自东征来后，谋士们很少来营，更缺主动进言之人，不知因何缘故，实是令人困惑不解！"

听至此，曹仁往前探探身，郑重其事地说："今日我来，就为此事。目前我曾听人口吐怨言，对丞相多有不满。"

"哦，这事怎不及早通报？"曹操着急地问，"他们何事不满？"

曹仁马上回答："我曾路过荀彧和孔融营盘，他们埋怨丞相独断，故少进言！"

如果是别人来说此话，曹操定考虑是否恶语伤人，或是挑拨离间，但话出曹仁之口，曹操坚信不疑。

曹仁是他幼时的密切伙伴，又是本家兄弟，自随曹操从军以来，至今已有三十余载，哥儿俩从未分开，总是形影不离。况曹仁憨厚诚实，很少诳言，口说之话，句句属实。今日所讲，令曹操不得不信。

其实，曹操是何等聪明，对曹仁所说早有察觉。还是在北征夷狄之时，荀彧就曾力劝不宜征战，唯恐军队消耗过多，东征时受损。但曹操权衡一番，觉得还是应该出征，结果战斗一度失利。此次荀彧就多有怨言。曹操对此战尽管做了自责，其怨仍是有增不减，令曹操很是不满。

至于那个孔融，更是猖狂至极，说话尖酸刻薄，毫无容人之量。建安之前，孔融曾任青州刺史。因他头脑聪明，很有孝心，自幼就以"让梨"之事天下扬名。曹操以为此人必定是个人才，就于建安元年将孔融请来，聘为谋士，以辅佐自己建功立业，谁知到来后，完全不是社会上传颂的那样。他性情高傲，恃才自负，目中无人，难以驾驭。在进攻小沛征战吕布时，曾叫他任监军，他摇头拒绝，说："此等劣差，岂能我任？"后来，征战袁绍时，曹操又叫他随军出征，他又说："整日杀打，何益之有？不如在家闲待。"曹操很是气愤，严令他跟随，这才勉强出行。谁知出征后，一路之上，怨声载道，懈怠军心。夏侯惇、许褚等将军气愤不过，想挥剑杀掉孔融。曹操想到大战在即，杀戮谋士恐不吉利，故制止二人的举动，只是训他几句。孔融方有些收敛。东征回来后，曹操见军内酗酒成风，就制一禁酒令。规定行军中酒不可多喝，误事者惩。而孔融极力反对，他说："天垂酒旗之星，地列酒泉之郡，人有旨酒之德，故尧不饮千钟无以成其圣。且桀纣以色亡国，今令不禁婚姻也。"其意则是喝酒乃天经地义之事，夏桀、商纣都是重色的亡国之君，如果禁酒，等于不叫人结婚。这其实是对曹操的一番戏谑调笑。曹操听后，虽然气愤，但还是容忍不予追究。

今曹操又听到人人常出怨言，其他谋士来言也少，仍是从自身寻找毛病。他对曹仁说："子竿，谢你直言相告。文若、文举（孔融字）有怨而出，属正常之举，我身有咎，岂能阻人讲话？"

曹仁见兄台如此大度，也就不再言语，说些其他闲话，回到自己营中去了。

曹仁走后，曹操又是一阵心烦。想想荀彧、孔融，他们对自己有功时，总是随功随奖，进禄加封。而有错时，则尽量宽容，不予追究计较，可这样还不知进退，岂能无限容忍？无限容忍，在外人看来就是软弱可欺，这绝对不行？刚才本想发作，后一思量，一是当着曹仁的面此举不妥，二是还是为时过早，再过段时间让他们充分表现，岂不更有借口？"小不忍则乱大谋"，下步准备南征刘表，平定刘备，东战孙权，西平马腾，战事频仍，军务较大，还是以忍为宜。

别看宽容有人冒怨气，但对于谋士们不来进言，则不可小视。这实在是件大事。无论是谁，本领多大，成了孤家寡人，则一事无成。于是，他又陷入沉思之中。

这时，外面兵丁进来禀报："丞相，天快黑了，可否点灯？"

曹操这才惊醒过来。整整一天，封赏将士，处理事务，不知不觉天已漆黑，真是"有事压身天觉短"！他对兵丁说："不用，我回府上！"说完，迈步出营，向自己的官邸走去。

官邸内，有一个人正在苦等。谁？新纳的一个小夫人花儿。花儿年方二十，是从辽东农村携带而来的，在营中服侍曹操已经两个多月。二人虽说年龄相差悬殊，但感情至近，意气相投。花儿慕曹操的人品权势，曹

操喜花儿的脸面身材，加之性情温柔，不嫌不弃，曹操对她视若珍宝。从今天早晨曹操到得军营，去了整整一天，花儿早已等得心急如焚，正难耐间，曹操风风火火地回到屋中，花儿像一只展翅蝴蝶，轻飘飘地扑入曹操怀中，娇声娇气地说："丞相为何迟迟不回？是否军务繁忙！"

曹操抚摸一下花儿的嫩脸，笑着说："事情实是不少，本想营中就寝，但想到屋内一娇，怎好冷落，故又急急返回！"说完，把花儿紧紧搂入怀中。

激情过后，花儿头一歪，甜甜地睡去，而曹操却没有任何睡意，他又回想白天时的场景，一个需要解决的问题，使他非常困惑。那就是如何使众谋士同心同德，敢于直抒胸臆，说出自己的见解。近一步说，就是广开言路，人人都能知无不言，言而不尽。而要达到这一点，身为统帅的本人，就得诚恳、虚心。想着，他终于悟出一法，颁布一张《求言令》。有了妥帖的办法，他心绪终于平静下来，劳累过后的困意终袭心头，侧过身去，把花儿一搂，沉沉入睡。

第二天一早，大营前边的显眼处，赫然贴出一张大纸，上面三个大字非常醒目《求言令》。其内容是："夫治世御众，建立辅弼，诚在面从，《诗》称'听用我谋，庶无大悔'，斯实臣恳恳之求也。吾充重任，每惧失中，频年以来，不闻嘉谋，岂吾开延不勤之咎邪？自今之后，诸掾属治中别驾，常以各言其失，吾将览焉。"

在求言令的开始，曹操进行了自责，为了纠正这一现象，他吸取历史教训，把问题上升到理论方面，提出凡治世的能人，都有众多忠心之人辅佐。而能人的长官意志，不能一味依附和随声附和，而应主动从多方面或反对方面权衡利弊得失，提出合理建议。为减少和防止"面从"现象，鼓励众人进言献策，曹操明确了每月的初一日，所属官员都要呈送一份书面报告，对其所辖各事作出得失分析。报告中，讲得，是汇报成绩；讲失，则是汇报缺点和意见。这样就不愁不闻"嘉谋"了。

众人正观看间，忽然人群中走出两人，有一个对着《求言令》说："丞相故弄玄虚，说话何曾有信？"而另一个说的更是难听："惯用伎俩，欺人之谈，丞相的轻车熟路也！"

大家一看，并不认得他俩，这分明是对丞相的诋毁和污蔑。上面白纸黑字，态度明确，令下如山，每人必遵，何处奸细，来此蛊惑？许褚上前揪住二人，伸手就打，旁观者也齐声助阵："使劲打来，丞相岂容秽言污语？"

正在此间，曹操不期而至，马上制止道："诸位且莫动手，还是我素日有咎，故有人出此实话。能敢言者，不罚不惩，还应重奖。"接着，吩咐给这两个人每人十两纹银，然后送去营外。

这两人边走边笑，不知丞相何意，叫来每人说上句话，竟轻而易举得上一锭纹银，以后如有此事，咱还再来。

见众人平静下来，曹操又将众谋士、将军召集营中，重新议事。他望着大家说："今日求言，实出我的本心。前者因我独谋，竟至诸位少言，反复思想，此害事也。日后诚请有言即说，对否不予追究。"

众人见丞相检讨起来，心甚不安，这里面也有对众人的批评。谋士荀攸即起发言。他说："丞相不必自责，是我等精神懈怠，少替丞相担忧，日后必改。"

程昱接着荀攸的话茬，也说："丞相今日之言，我们听者心也不安，身为谋士，不出谋言，为失职也，日后必不再犯。"

大将张辽、徐晃也说："方才在《求言令》前，那两个无知之徒，如此诋毁丞相，丞相不恼不怒，好大度耶！日后我们定按言令，有话必讲当面！"

还是武将心直弯少，讲的话正中曹操下怀，听着令人心中实在惬意。人群中只有一人扭头冷冷一笑，低声说："唬人伎俩，唯莽夫不识也！"谁？又是那个就要"该死"的孔融。

"求言令"事过后，曹操终于平稳下来，又能够静下心来，谋划下步事情了。

下步事情，又是老话重提，迁都。

由于在许都定都十多年，随着军队的增多和经济的发展，这里显然已不足以再作都城了。在打败袁绍占据邺城之时，曹操就看好了那里。邺城历史悠久，地域辽阔，人气很足，不论从哪方面讲，都比许都强胜几倍。

当时，曹操在大街上游览，随行者是谋士郭嘉，走着走着，曹操"嘿嘿"一笑，故意问："奉孝，你猜测一下，我所思何事？"

郭嘉看看曹操，眉宇间露出胜利后的欣喜，又见放眼回望，频频点头，就知已相中此地。也笑笑说："下官痴愚，怎敢随意揣摩丞相所思？"隔了一会儿，看看曹操没有什么反应，又接着说："我想丞相已相中此地，日后在此落脚，它处决不可比拟！"

郭嘉确实聪明，没有点明迁都之事，而又称赞此地很好，完全迎合了曹操的心理。

听至此，曹操马上作了解答："奉孝所言极对，邺城地势雄伟，城池坚固，易守难攻，实是一理想地域，都城若迁于此，岂不比许都强耶！"

此事已过去三年有余，当时有此议的郭嘉已经作古，而今只剩自己。为朝廷有利，必须早做决断，将都城迁到邺城。

千古枭雄曹操

都城迁移，绝非一般小事可比。上次迁都，从洛阳到长安，是董卓作乱，不得而为之，后来经皇帝要求，又从长安迁回洛阳。由于几次战火洗劫，洛阳城破人少，满目凋零，终从洛阳迁都于许都，完全出于己见，也是一种形势所迫。现在重提迁都，可得慎重对待，如果鲁莽从事，必酿大祸。

首先，皇帝身边的旧臣多是河南当地和南方之人，从生活习俗到风土人情已完全适应目前状况，如果迁至河北北方，换了环境，唯恐不适，很可能从中发难。

其次，皇帝在此居住十几年，过惯了舒适安逸、稳定轻松的日子，又一次动迁，也恐不愿。

最后，自己营中的谋士，将军也应详细商议，共同出谋划策，避免迁移中出现纰漏。

第二天，曹操先到皇宫，径直来见汉献帝。

如果是在过去，还得有宫人进去通报，得到皇帝允许后，方能被带进。进屋见到皇帝后，三叩九拜，皇帝发话，方能陈述事由。现在，曹操已经得到皇帝特许，一是进宫无需通报，径直而来；二是可以带着随身武器；三是可待殿前不必下跪；四是落座，直接和皇帝对话。

这种特许，曹操的权力简直就是皇帝第二了。实际上，汉献帝也是心知肚明，自己完全处于苟活地位，生死贵贱俱由曹操所定，何不趁有这个假性权力，把曹操所需而他还没主动张嘴所要的东西给他，做个顺水人情，免却多少麻烦？

确实，汉献帝此举给自己创造了多当几年皇帝的条件，如果一味郑重其事地大摆皇家威风，循规蹈矩地履行皇家法则，也许早做了孤魂野鬼。

曹操一来，汉献帝马上站起身，满面带笑地说："丞相驾到，快快坐下。"

曹操仍是将身一躬，说："皇上快快落座，如此折煞于我，心甚不安。"说着，坐于皇帝对面。

见曹操坐下，献帝就问："丞相今来，有何事相商，快快请讲。"

既然皇帝发问，曹操也就无需隐瞒，就把迁都邺城的想法全部告诉了皇帝，末了，他说："今之所迁，也是出于无奈。当年从洛阳迁都至许，是迫于生活。现在迁都于邺，是为了更好的生活，想必皇上没有异议？"

这种问话，其实就等于给皇帝下了一道命令，愿不愿都得服从。由于汉献帝已经过惯了这种逆来顺受的生活方式，虽然此议来得突然，但定下来想了一下，总之到哪里都是皇帝，也有吃喝，不同意行吗？所以，沉默片刻，汉献帝终于开口说话。他说："丞相此举，实为汉室着想，有益大汉，有益朝廷，朕怎有异议？只是……"

献帝故意卖个关子：停住话头，看看曹操的表现。

曹操这下果然上当，站起身形，浓眉倒竖，急切地问："只是什么？莫非有人出面阻拦？"

献帝满脸堆笑，双手一挥，说："丞相勿急，快快坐下。我之所虑，此地离邺路途遥远，得走多久，方能到达？"

曹操一听，轻轻舒了口气，也笑着说："皇上此虑多余矣。河南、河北，紧紧相连，车拉马载，也就数天路程，不必忧心！"

汉献帝终于点头同意，曹操正想离宫之时，阶下忽然走上一人，跪地高喊："迁都邺城，我不同意，群臣也都不愿意，还请皇上三思！"

献帝和曹操举目看去，见此人年有七旬开外，白发满头，胡须乱抖，

跪在地上，满脸忿色。是谁？三朝老臣，献帝的老师车轩。

　　只见他又望望曹操，接着说："丞相，你是大汉臣子，还应听命于皇帝。河南乃是开国之地，当初立都于洛阳，俱是先皇所定。迁都来许，就有些荒唐，现在北迁，更是有悖祖宗遗愿。迁都是可以，但不是邺城，而应再回洛阳！"

　　好个车轩，在盛气凌人的曹操面前，竟敢说出如此违逆之语，一是胆大，二是阳寿将终了。

　　献帝还没张口说话，曹操抢先一步，厉声说道："车轩，何必倚老卖老，刚才所言，俱是谬论！"

　　车轩也不示弱，站起身，手指曹操，大声说："你身为丞相，实为汉贼，迁都邺城，意欲废帝篡权，国人岂能容你！"

　　曹操正想发作，汉献帝坐不住了。他清楚，这位老师如此谩骂曹操，绝没好下场，就一拍桌案，训斥道："车轩，我和丞相议事，与你何干？来人，快把他赶出去！"立时，进来两个武士，把车轩撵了出去。其实，这是皇帝挽救老师，然而，谈何容易？

　　曹操早已气得脸色铁青，他在献帝面前来回踱步，愤恨地说："似此违逆之人，决不姑息，他不除去，朝廷难宁？"

　　献帝一听曹操要老师的命，怎么也得保释一下，忙说："车轩老朽，昏庸荒唐，丞相不必计较，咱近日迁都就是！"

　　曹操随即回答："皇上已定迁都，就是圣旨。现有违旨之人，必须格杀，不然难正朝纲！"

　　献帝还想张嘴申辩，只听曹操厉声说道："难道皇上包庇他不成？速速降旨，着人执行！"

　　献帝无可奈何地坐下，说声："丞相着手处理吧！"

　　见献帝说至此，曹操扭头走去，回到营中，拟一道圣旨，历数车轩违旨过程，派许褚领人，将车轩一家五十多口，尽皆逮捕，押往市曹，全部枭首。可怜三代老臣，举家被杀！

　　车轩已死，朝内再没人多言多语。随之，曹操又召集谋士、众将商议此事。

由于前次有了"求言令"之事，众人再也不能沉默不语了，于是，纷纷站起来发表意见。

谋士荀攸开了先河。过去往往都是其叔荀彧抢着发言，荀彧近来情绪不振，言语不多，其侄后来者居上，荀攸说："邺城也属古老圣地，位置较好，人杰地灵，如果丞相前去治理，定比那袁本初强上几倍！"

荀攸说完，大将张辽接着讲话："迁都于邺，我无异议。况那里地域宽阔，士壮民肥，最易建都。只是累遭战火，街道多有破损，去时须加修缮。"

另一谋士贾诩也不甘落后，接着张辽的话茬说："都城迁徙，历来有之，既利于国，又利于民，何乐而不为之？况邺城城高池深，南北通衢，乃一战略要地。当年袁绍久占。兵力发展较快，嗣后他武断独谋，不听劝阻，一意孤行，方将邺城失守。今丞相前去治理，时日不长，定将城颜大换，日新月异矣！"

见大家抢着发言，猛将许褚再也禁不住寂寞，瓮声瓮气地说："主公定迁都邺城，必是一个好地方，有何商议？要走咱就早走，将皇帝那拨吃闲饭的一并捎着，有什么麻烦的？越快越好！"

许褚一番话，说得众人大笑不止，连曹操也笑了起来，说："仲康不许胡言乱语，去的利弊，大家都得找透，免得日后多生麻烦！"

曹操说完，看看众人皆都精神抖擞，跃跃欲试，只荀彧表情淡然，孔融面孔阴冷。他刚要点荀彧的名字，不想孔融突然站起，说起酸话："众人都已发言，在下不得不说上几句。我这人恶习难改，不会给人戴戴高帽、哼哼赞歌，要说迁都邺城，都说好事一件，我看也未可知。君不见，袁绍当年何等强盛，后来终致消亡，满门皆败，如居他处，何至如此？大汉朝廷本来气势微弱，我看此去，恐无返回！"

七　碣石山顶观沧海：迁都霸业初成

孔融的话，实在是晦气至极，虽然最后结局被他说中，但此时此刻听起来，既不入耳，又不吉利。曹操本想发火加以制止，想到有了"求言令"，诚请众人发言，如果拦住孔融的话头，岂不是与所言相悖而遭人非议？所以坐在上面，耐心地听孔融讲完。听完后，也没表什么态，只是心中已经决定，此人必除惩，不然于行不利。

迁都邺城的事情终于定了下来，曹操准备在这年的腊月付诸行动。但行动前，必须公布于众。一是晓谕全属，让百姓知此大事；二是看看有何异音，刹刹这违逆之风。

也是这孔融倒霉，活该有事。这天，他家来了三个好友，俱是家乡熟人。孔融就摆上盛筵接待。席间，推杯换盏，高谈阔论，慢慢地就转到迁都邺城之事上来。孔融边喝酒边说话："迁都邺城，全是曹操一人主张，那里是个不吉之地，燕、赵等国都曾在此失利，袁绍又在这里灭亡。这次如果迁往，大汉也就快到尽头了。"

三个好友见孔融说的都是违禁畜语，怕他惹祸上身，忙制止说："文举，酒已过量，少用为好，说话须得考虑，脱口而出，恐于己不利！"

孔融涨红着脸，仍是酒气十足，道："咱不怕，无非一死而已，碰上这样一个窝囊皇帝，给他当臣，活不如死。大汉王朝，迟早必坏他手。"这句话刚说完，早就在门外偷听的两个人就回去密报曹操了。曹操本想就此将他除掉，但想到迁都在即，杀戮谋臣，多有不利，还是忍而不发。

可又一想如果置之不理，任其放纵，不知还会说出什么难听之话，影响将士情绪。于是，他吩咐许褚将孔融带来，以他惑众为由，责打五十军棍，罚俸半年。当责打完毕，孔融一跛一拐地走出营门时，曹操当众说："以后谁若再发惑众之言，是以文举为样，严惩不贷，决不姑息。"

从此，迁都邺城的不同声音再也没有出现过。就在这年的腊月初一，浩浩荡荡的大队人马，冒雪向邺城进发。雄心勃勃的曹操，骑着枣红马，仍是走在最前列。

铁腕治军不容情
斩杀曹氏族人

为严肃军纪，曹操当着曹氏将士的面下令将强抢民女的族人曹洪军法处置，震慑三军。曹操又严令其子曹丕、曹植等人要和睦互助，不得手足相斗。

都城终于迁移到邺城，曹操的计谋又一次得逞。

此时的邺城，比以前有所不同。曹操自东征以后，就留下二子曹丕镇守于此。别看曹丕年轻阅历不多，但文才武略无不精通。曹操之所以将他留在此地，还有一个目的，就是锻炼一下他的胆识和才干，为以后有人继承自己的位置奠定基础。

当然，叫曹丕留下还有一个重要原因，就是他新近成亲。娶了个美丽无比的窈窕夫人，名唤甄美娘。

这个甄美娘，既不是随军而来，也不是三媒六证搭桥牵线，而是曹丕自己攻下邺城后所纳。她是邺城原霸主袁绍第二个儿子袁熙新婚的妻子。

在官渡之战开始时，袁绍就叫刚刚结婚三天的袁熙去镇守幽州了。说实在的，袁熙当时非常不愿意去。

袁熙找到正在整顿军队、出征在即的父亲袁绍，红着脸面说："父帅，我想坐镇邺城，幽州去将，还是另选他人！"

盔明甲亮的袁绍正在抚弄马鞍桥，听得袁熙说话，扭过头来说："邺城已留你弟镇守，你还在此做甚？再说，这是军令，已经下达，岂能收回？"

见不能收回成命，袁熙又要求说："美娘刚来，我不想丢下她。"

没容他说完，袁绍倏地抽出马鞭，指着袁熙骂道："好个没出息的畜生，带兵打仗，沉溺女色，如何成其大事？只你一人带领人马赴任，女人一律不得随行。别再啰唆，明日出发，违令军法论处！"

好厉害的父亲！袁熙吐吐舌头，头也不回地跑到甄美娘屋里去了。甄美娘抚摸着紧紧抱着自己的新婚丈夫，轻声细语地说："将军明日就去幽州了，任重路远，不知何时方回妾的身旁？"

袁熙贴近她的身边，安慰地说："美娘休得忧心烦躁，我到幽州后安顿好就来接你！"

显然，这是在欺骗新婚妻子，但除了安慰，又能有什么好的方法呢？就这样，二人卿卿我我，直到天亮，待到起身梳洗完毕，用过早饭后，袁熙不得不狠狠心，带上队伍，头也不回地走了。

走了，他再也没有回来。而随着曹操官渡之战的胜利，后来邺城的沦陷，曹军的占领，仅新婚三天的甄美娘就易新主，成为曹丕的第一夫人。

其实，对甄美娘的美貌，曹操一进城就有耳闻，本想安顿好一切事务后，再去袁府借看望袁绍妻子张夫人之机，看看这位漂亮的侄媳，如有机会，品尝一下或纳为己有，岂不更好？谁知这曹丕人小脚快，捷足先登，把美人抢到手中。

曹操暗暗发笑，真是有其父就有其子，在女色的追求和爱好上，曹丕真正是步其后尘，毫不逊色！尽管如此，曹操并不甘心。那天，他把曹丕唤至跟前，开门见山地问道："子桓，听人所言，你要纳袁熙之妻甄氏为夫人？"

曹丕当然不知曹操何意，爽直地答道："是的，我已对甄氏有意，呈请父帅允准！"

停了一会儿，曹操规劝说："甄氏人品不论好赖，但毕竟已是人妻，你若奉为夫人，定遭世人议论。再说好姑娘遍地皆是，何必纳此残花败柳？"曹丕固执地说："父帅，我意已决，非美娘不娶！"

言之凿凿，话语铮铮，曹丕既已被美娘所惑，作为父辈只能玉成，不能将其拆散，于是曹操点头应允，第二天，曹丕也不顾甄美娘真愿假愿，强娶进府，终于如愿以偿，成了美事。等到两天后，美娘重新拜会公参曹操时，美娘的沉鱼落雁、闭月羞花之姿色，真正使曹操折服。心说，子桓小子，艳福不浅！

曹操进城后，首先给天子安置好皇宫，尔后就是一些王公大臣们的住处，最后才安排自己这边文官武将等众人的落脚之处。待一切安置就绪后，又该谋划下一步的征战了。

北方已定，东北征服，现今威胁最大的就是江南，即盘踞荆州已久的刘表了。

今天已是腊月十五，正是月挂中天之时，曹操独坐营帐之内，思虑南征的事项，顺便阅览一下诸侯们给皇帝的奏章。而坐在他帐外的新任护卫将军许褚，边听着外边的动静，边闭目养神。

窗外皓月当空，帐内烛光摇曳，曹操坐于案前，看着看着，不觉倦意袭来。毕竟已是五十多岁了，白天忙忙碌碌，晚上秉烛夜读，渐渐就有些体力不支，趴在案上沉沉昏睡。刚合上眼，朦胧间从门外进来众多小孩，叫叫嚷嚷，细细一看，全是自己的那些孩子。他奋身起来，要赶他们走，但怎么也迈不动步，正着急间，又进来一群将士，喊他们前来帮忙，但众将士嘻嘻哈哈，谁也不搭理他。他冲冲大怒，喊声："气煞我也！"尔后突然惊醒。

醒来后，他的脑袋又隐隐作痛，回想梦中情景，倒是提醒了他一件大事，妻妾成群，多有子女，务以约束管理为上，督促引导为主，以防放任自流，而波及大业。于是，一个整顿内部的方案在脑内生成。

曹操刚满十七岁时，就娶刘氏为妻。二年后，生下长子曹昂。可能由于操劳过度，刘氏突然患病，两年后不治身亡。接着，又娶了邻村丁氏为妻。此时的曹操已步入仕途，在朝为官，丁氏一人居家抚养曹昂。为使曹昂更好地长大成人，丁氏宁愿自己不再生育，把精力全用在继子身上，其情操实属高尚。曹昂长大后，随父入伍，东征西战，驰骋沙场，成了一员战将。

建安初年，曹操去宛城征伐张绣，结果战斗失利，曹军中计，兵丁损失过半，在逃跑途中，曹操臂膀中箭，战马被射身亡，护卫将军典韦拼死相救，使得曹操逃走，而典韦这员猛将，却被张绣军队乱箭穿身而死。正逃跑间，又遭敌兵追赶，身带箭伤的曹操又遇险境。正在危难之间，曹昂奋马冲来，引开敌兵，使曹操突出重围，终得一命，而年仅十七岁的曹

千古枭雄曹操

昂，却遭敌杀害，命丧沙场。一并死亡的还有曹操的侄子曹安民。

回归许都的曹操，听到爱将、爱子和贤侄都已战死，痛彻肺腑，万分悲哀。而从小抚养曹昂长大成人的丁氏夫人，听到儿子被杀疆场，更如万箭穿心，肝胆俱裂，当场昏死过去。

醒来后，丁氏又哭又闹，大骂曹操只顾自己逃生，没将儿子带回来。曹操被她骂得无名火起，上前打她一掌，并训斥她滚回娘家。

丁氏见曹操不仅打她，还往外搡她，这在当时的社会里，绝对比挨打还难受，比挨打还丢面子。于是，赌气回归家门。等气消以后，曹操也挺后悔，就亲自到丁氏夫人家中道歉，并要丁氏同回许都。而丁氏非常固执，只顾低头织布。从此，夫妇二人彻底分开，曹操将后来的卞夫人纳为正室，而丁氏在郁郁不快中生活，几年后就死于家中。埋葬之后，曹操思之心切，曾多次到她的坟前忏悔凭吊。

后来，卞氏夫人生了儿子曹丕、曹彰、曹植和曹熊。

在长期的征战生涯中，无论是谁，都不可能随身携带妻室。基于此点，曹操每每驻扎一个地区，都会纳一位夫人。随着战事的移迁，就将夫人留于原地。而这些夫人则品尝着离夫之苦，又承担着育儿育女的辛劳。为此事，卞氏夫人曾和曹操有过一次长谈，二人几乎又要翻脸。

还是在征讨杨奉的过程中，曹操在一山村遇到一杜姓少女。此女孩肤色尽管黝黑粗糙，但五官端正，模样清秀，说话面露笑靥，十分可爱动人。当晚，曹操住宿此地，和杜姓少女恋恋不舍。于是，就想个法子，趁晚上夜色，送回都城。此时的卞氏刚刚生下曹丕不久，见曹操带来一女，心中好生烦恼，故意问他："将军，此女何人，为何带至家中？"

曹操笑了笑，说："新招杜姓小妹，前来侍候于你！"

卞氏一听，就知曹操又招一妾，冷笑一声，讥讽道："将军好大雅兴，不思建功立业，终日贪想女色，岂不有负皇恩，有悖己之志向！"

曹操大脸一红，说："我征战以来，终是所向披靡，何曾因色误事？此话日后少言为妙！"

不过，曹操所说也不十分正确，因为女色，他不仅误过大事，而且还栽过大跟头。前边已经提到的战宛城时，爱将典韦、长子曹昂、侄子曹安

民俱丧敌手，其实这都是曹操好色惹出来的祸害。

就在第一次攻破宛城时，张绣败退逃走，他的婶婶，即朝中太尉张济的妻子陈氏被曹操所俘。曹操一见陈氏虽然年过三十，却仍有花容月貌，就又萌生占有之心。从此，张绣的婶婶成了曹操又一个夫人。

张绣得知此消息后，气得暴跳如雷，大骂曹操无耻至极，并发誓非报此仇不可。可转念一想，硬来打不过曹操，要想报仇，只得智取。于是，隔了一段时间，张绣带着一队人马，来到宛城向曹操投降，曹操没想到其中有诈，欢欢喜喜地予以接纳，并安排为中军参赞。

张绣到曹营内，积极寻找报仇机会，终于在一天夜晚，趁曹操等众人熟睡之机，在四周放火，并摇旗呐喊，以壮声威。曹操等人猛被惊醒，懵懂间被张绣伏兵杀死多人，四散逃跑时，又遭火烧，乱箭射死伤亡不少，曹操虽未丧命，却付出了爱将、爱子和侄子三人身亡的惨重代价。按理说，这个教训不可谓不小，但事情过后，曹操仍是初衷不改，好色之心有增无减。

据史书记载，曹操前后共纳十五个有名有姓的妻妾。征战途中的一夜风流，以宿暗嫖的闲花野草根本无法计数，所以说，曹操一生一世，可谓是一个拜倒在石榴裙下的霸主。

妻妾多，孩子自然也多。他先后共有三十多个子女，仅儿子就多达二十五个。除了刘夫人、卞夫人所生的五个以外，还有另一刘夫人生曹铄，环夫人生曹冲、曹据、曹宇，杜夫人生曹林、曹衮，秦夫人生曹玹、曹峻，尹夫人生曹矩，王昭仪生曹干，孙姬生曹上、曹彪、曹勤，李姬生曹乘、曹整、曹京，周姬生曹均，刘姬生曹棘，宋姬生曹徽，赵姬生曹茂。

当然，在曹操占据邺城时，有的夫人还没有来，有的子女更未出生，仅有的儿子也就十七八个。这十几个儿子当中，因曹昂已死，较长的也就属曹丕、曹彰、曹植、曹熊、曹冲等人了。

此时的曹丕，年方十四，经常跟曹操出征。他自幼聪明好学，喜读诗书，文韬武略，样样精通。但他争强好胜，为人狡诈，对待弟妹苛刻无情。

千古枭雄曹操

有一次，曹操从敌营中缴获一把宝剑，因曹丕已有武器，曹操打算赏给二子曹彰，他把曹丕叫来说："子桓，这有宝剑一把，系袁尚所佩，子文至今尚无好剑，你去交与他用！"

曹丕领命，接剑在手，仔细一看，是战国时期所铸，虽有数百年之久，但仍是寒光闪闪，钢好刃锋，实属上乘好剑。

他边走边想，曹彰虽然有力，武艺粗通，但有勇无谋，不具将才。带此宝剑，实在不配。我虽已有一把，其质难以与之匹敌。他用岂如我用？想至此，来了主意，回到营中，找了一把装饰美观、质地普通的利剑，找到曹彰说："子文，父相赏你一把宝剑，你最好藏起勿用，暂用腰刀，照样杀敌立功。"

曹彰憨厚心直，接过宝剑，连连说道："代我谢谢父相，我定藏好，作传家之宝！"

到后来，曹操发现曹彰仍带腰刀没佩利剑时，问起曹丕，曹丕仍是回答："子文已当宝物收藏，父相不必多念！"

就这样，曹丕一个以桃代李的阴谋，不仅占用了旷世稀有的宝剑，还把曹操、曹彰骗得个严严实实，直到后来曹彰惨遭他手遇害时，仍把这个兄台当作好人。

当然，有时候曹丕还把手伸向三弟曹植。但曹植远比二哥曹彰聪明，讲谋论略，与大哥曹丕相比毫不逊色。

有一次，曹操带着几个儿子外出打猎，正行走间，草丛中跑出一只狐狸，后边还带着一只幼仔，踉踉跄跄地跟在后边，曹丕一见，对骑马奔跑的曹植说："子建，有两只狐狸，快快放箭！"

曹植已经看到这是一对母子狐狸，父亲早有过训令，决不许伤害哺乳及带仔动物。这也是曹操心软、仁慈的一面，如果一箭射去，伤的是狐狸，违的是父命，还有好果子吃？曹植早就对这位心术不良的大哥怀有戒心，今日撺掇他射狐狸，分明是个窟窿桥，谁敢去走？于是，他赶紧回答："大哥，我善射死靶，不善活物，还是你来吧！"

好个曹植，稍一用脑，就把扎手刺猬推了过去。但曹丕并未罢手，还是寻找时机坑害这个精明的三弟。

八 铁腕治军不容情·斩杀曹氏族人

— 143 —

有一次征战结束，曹操又遇一美丽少妇，就在众将士休息的时候，他与少妇厮混，此事只有曹丕和程昱所见，但二人假装不知，没有言语，当然也不敢去说。这时，曹植有事来找，问曹丕："大哥，可见父相何在？"

曹丕转转眼珠，略假思索后回答："父相正在帐中闲坐，如有要事，进去说吧！"

见曹丕神情诡谲，曹植又心有疑虑，向左一看，原来面对自己的程昱却扭转身去。仔细一想，绝不是曹丕所说，于是，笑了笑说："其实，并无要事，只是唯恐父相又去巡营，过度劳累。既在帐中闲坐，我就放心了。尤其大哥在旁侍候，我没必要再去打扰，说完扭身走了。

曹植三绕两绕，又把曹丕绕了过去。如果闯进帐中，发现父亲和一美妇搂抱亲热，其场面定是十分尴尬。其实，曹操这种场面真的被人撞见，这人也就大难临头了，重则遭杀，轻则挨骂，不是曹植聪明，此劫绝对难逃。

还有两个儿子需要提及，就是曹熊和曹冲。

曹熊是卞夫人所生四子，而曹冲则是环夫人所生长子，二人同年所生，只是曹熊比曹冲早生一个多月。

这个曹熊和他二哥曹彰一样，厌文喜武，对读书毫无兴趣，而舞枪弄棒、打打闹闹，则是兴致盎然。而曹冲则和他相反，自幼头脑聪明，喜读诗书，满腹韬略。有关"曹冲称象"的故事，至今仍被人们传颂。

在曹冲还是七岁的时候，江东孙权送给曹操一头大象。这个庞然大物牵来后，众将士都不曾见过，所以齐聚江边来欣赏，这个小曹冲，也拽着父亲曹操的衣带前来观看。

这头大象实在太大了。高约八尺，身长两丈有余，四腿如柱，头如麦斗，粗大的长鼻甩来甩去，那样子既憨厚，又可怕。看着看着，大家就议论起来。

大个子夏侯惇往前凑一凑，扬手摸摸象背，声高嗓大地说："好家伙，比老黄牛还大！"

护卫将军许褚从曹操身后挤过来，对夏侯惇说："亏你说得出，三个黄牛也没它重。"

千古枭雄曹操

这两个猛将平时关系很好，就是遇事爱抬杠。见许褚这样说，夏侯惇接过去道："三个黄牛准比它大，你猜大象能有多重？"

许褚反击说："谁有这么大的秤能称出它的分量？"

在旁站立的张辽、李典、于禁等人也说："称它的分量根本办不到，一是没有这么大的秤，二是不能杀死一块一块称，三是有这么大的秤也没人搭得起。"

站在后边的曹操始终没有言语，他也被众人的议论所难。是啊，要想知道大象有多重，这还真是个难解之题，想个什么办法呢？曹操使劲想也没结果。他回头望望众谋士，大家也都挠头抓耳，苦无良策。于是，他笑笑说："诸位将军、驰骋疆场，都是英雄好汉；各位谋士运筹帷幄，能决策千里，可在大象面前却显无能为力了。"

在丞相褒贬话语面前，各位将士面面相觑，不知如何应对。就在此时，曹操身边传来话音："父相，我有办法能称大象的轻重！"

曹操一看，是刚及自己大腿高的儿子曹冲。他笑笑说："冲儿孺子，以后不能滥说大话！"

曹冲走到曹操面前，小手摆摆，郑重其事地说："父相此话欠妥，难道你不相信孩儿不成？"

听至此，曹操板起面孔，严肃地说："这些精明谋士俱一筹莫展，你一七龄小童，怎叫人信服？"

此时，程昱、荀彧、荀攸众人见曹冲急得要哭，就对曹操说："丞相，公子既说有法，想必成竹在胸，就让他试试吧！"

在众人劝说下，曹操终于答应下来。只见曹冲破涕为笑，用手抹了下鼻子说："父相，你叫人快找条船来，把船推入水中，然后把象牵到船上，看看船沉入水中的痕迹，再把象牵上岸，让船重新浮出水面，然后再往船上装石头，直到沉到原来的痕迹，将石头一一过秤，石头的重量不正是大象的重量吗？"

众人一听，拍手称快，齐声赞扬说："有道理，公子说得对！"最后，大家终于称出了大象的体重。

还有一次，塞北归顺的胡人单于送来一只山鸡。送鸡的使者说："此

山鸡性情聪颖，善于跳舞，如果贵方指挥得当，跳起舞来，趣味无穷！"使者走后，曹操叫人把山鸡放在院中。只见它两腿昂立，浑身斑点，尾长冠大，十分神气漂亮。

刚才使者说如果指挥得好，山鸡就能跳舞，曹操叫来众将，说："今有一事，诸位须得用心，谁如能令山鸡跳舞，重奖黄金百两！"

百两黄金，多么诱人的数目。于是，众人跃跃欲试，有的在山鸡前边引逗，有的用棍子轰它、打它，有的则吹口哨、拍手掌，总之，想尽多种方法，山鸡就是无动于衷，仍是昂首挺立。

众人都泄气了，急得曹操直问："难道泱泱大汉王朝，竟没有一个人能抵胡人令山鸡跳舞？"

他的话音刚落，又是那七龄小童曹冲说话："父相勿急，我有办法令它跳舞！"

因有上次称象的事在先，曹操再不能小视这个小儿子了，所以他笑着说："有法快用，免得遭他人耻笑！"

曹冲令人取来一面铜镜，放于山鸡对面。山鸡见对面来了一只美丽的同伴，就"喀喀"叫了两声，对着镜子跳起舞来，直引得在场的众人拍掌大笑。他们一笑山鸡的舞姿优美动人，二笑曹冲聪明智慧。

曹冲为什么能想到此法呢？原来在他读书时，里面有介绍山鸡爱美善舞的内容，曹冲过目不忘，正好今天用上，既解了父亲的困惑，又为大汉王朝争了光。当然，从此他的名声也传播开来。

由于曹熊和曹冲年龄相似，长到七八岁时，时常吵吵闹闹，甚至打得不可开交。

一天，曹操从一旁路过，正遇二人斗殴谩骂，只听曹熊骂道："你个小野娘养的，看我打断你的狗腿！"

曹冲也不示弱，回答道："你娘是卖唱的，不是好人，也养不出好东西！"

曹熊听曹冲揭他妈的老底，实在受不了，就上前揪住曹冲的发髻，伸手就打，而曹冲力气小，一下倒在地上，哭嚎起来。

曹操见状，往前一走，猛喝一声："住手！两个小畜生，如再打骂，决不轻饶！"两个孩子这才翻身起来，跑回内宅见他们娘去了。

这一系列事件的发生，深深刺激着曹操，家中秩序极需整顿，不然日后局面不好收拾。尤其是弟兄之间，更值得注意，决不能重蹈袁绍儿子们的覆辙。

"丞相，天已为时不早，该休息了！"守在帐房外边的护卫将军许褚，抬头看见曹操还在沉思，就提醒他道。

许褚的呼唤将深深思索的曹操唤醒过来，他"哦"了一声，问："现在什么时辰？"

许褚回答："四更刚过，再过会儿天就亮了。"

曹操站起来，伸了个懒腰，对许褚说："天已快亮，就不睡了。仲康，我觉口渴，弄点儿水来。"

许褚立即回答，说："丞相稍等，我去去就来！"说完，到外边取水去了。

许褚走后，曹操复又坐下，正准备拿起一份奏章来看，忽听门外传来喊声："快走，不走宰了你！"

是许褚的声音，刚才去弄水，为什么去而复返？深更半夜，在训斥谁？曹操正疑虑间，"咕咚"从帐外跌进一个人来，许褚横眉立目，跟在他的后边。

还没等曹操发问，许褚说："丞相，我去取水走至前院，见此人躲在墙角，往这边悄悄靠近，我想必是歹人，就将他捉来，请丞相一问！"

曹操定睛细看，此人二十多岁，短衣打扮，脸色黝黑，目光炯炯，见了曹操怒目而视。

一见这架势，曹操心中明白，一定是个有敌对情绪之人，就缓声问道："壮士何人，黉夜到此所干何事！"

站在后边的许褚给了他一脚，也催问："快说！"

此人冷冷一笑，说："我行不更名，坐不改姓，叫鲍步平！"

"鲍不平！好打抱不平，好名字！"曹操听罢，呵呵一笑，刚想发问，小伙子又接着回答："对，我就是好管闲事，打抱不平。我是徐晃将军的参赞偏将，今见众将都被封赏，尤其以曹姓、夏侯姓人数为多，唯独

八　铁腕治军不容情：斩杀曹氏族人

没有我们将军，大家都深感不服。今天我是特意闯进来，问问究竟是何道理！"曹操听至此，点点头，说道："鲍将且请坐下，有话慢讲。你来这里，公明将军可知？"

见曹操态度和蔼，不火不急，这鲍步平也消了火气，平和地说："徐将军并不知晓，是我们几个部下议论起来，心有不忿，故让我前来发问！"曹操接着问他："现在已近五更，何故来迟？"

鲍步平喃喃地回答道："我早来矣，只是看到丞相彻底未眠，又不忍心打搅。刚才本想回去，不想被许褚将军所撞，既来丞相面前，我也就尽泄腹之意。方才言语粗俗，冲撞丞相，多有得罪，鲍某甘愿受过。"

听至此，曹操深受感动，多好的将士啊！他离座而起，拉住鲍步平的手说："你不仅无过，而且有功。刚才所提极是，我一时疏忽，忘对徐将军封赏，亏你为他不平，提及此事，不然我错大矣！"

至此，他吩咐许褚说："仲康，去支十两黄金，奖与鲍将军，日后有话尽管直说，决不追究！"

鲍步平欢欢喜喜地走了。此时天已大亮，曹操干脆洗把脸，拢拢发髻，来到外边溜达。

街上的早晨，空气清新，凉爽宜人的温度，完全取代了白天炙热难熬的感觉。在习习凉风的吹拂下，曹操一夜未眠的疲倦，已经离他而去。尽管已经五十开外，他的身体，除了偶尔犯犯头疼外，倒是没有什么大的疾病。一生的军旅生涯，练就了他的钢筋铁骨，其身体素质比年轻小伙子们并不弱。

跟在后边的许褚，也是精神抖擞，迈着虎步，紧紧跟行。因是清晨，二人俱是简装，既没穿铠带甲，也没披袍束带，只穿一身单衣而已。所以走起路来格外轻快。

正行走间，前边道上来了一个担水之人，至近前一看，是个七旬老者，满满的一担水，压得他忟忟歪歪，走路十分不稳。曹操唯恐把他撞着，就早早避开让路，谁知老者在抬头看他的时候，一不留神，脚下一个趔趄，跌倒在地，两桶水稀里哗啦地全部洒出，直洒得曹操满身皆是，双脚、裤子立即湿漉漉的，甚是冰凉。

许褚一见，忙上前呵斥道："眼瞎了，何故跌倒？看把丞……"

曹操没等许褚说完，赶紧加以制止，道："仲康，成什么？快把老伯扶起，给他重打两桶水来！"

跌在地上的老者慢慢起来，脚上、身上也满是泥水。他只顾打扫自己，走到曹操身边，颤颤巍巍地说："客官，对不起，弄你一身。"

曹操笑一笑安慰地道："老伯，请勿自责，年纪这么大，何来担水？"老者抬眼看看曹操，见他一脸慈祥，说话也说胆大起来。他说："我儿在去年曹操和袁绍打仗时，遭乱兵杀害，剩下儿媳妇侍候我夫妇二人。谁知前几又被曹操军队一姓曹的将军……掳……给掳走。"说至此，老者已是泪眼婆娑，哽咽着难成话语。

听至此，曹操感觉"轰"的一下，头皮有些发胀，忙问："老伯慢讲，你怎知是曹姓将军？"

老者喘喘气，用脏手背抹去脸上的泪水说："此人正抢我儿媳时，外边有人唤'曹将军，用我帮忙吗？'他说：'不用，我自己能办。'说完，将我儿媳扛起就走了。"

曹操的火气心内早已生成，但为了弄清真相，还须耐心询问："老伯，抢人将军年纪有多大，你儿媳唤何名字？"

老者见曹操问的这么细，渐渐有了疑心，他战战兢兢地问："你，你是，官府，官府的吧？"

曹操平静地说："我是一客商，听此事心感气愤，只是问问而已！"

老者这才放心，接着告诉说："这个曹将军和我儿年纪相仿，二十二三岁，左脸有一刀疤，我儿媳名叫丁一环！"

正谈话间，许褚健步如飞把把两桶水拎来，往老者跟前一放，对曹操说："丞……"刚说至此，见曹操把眼一瞪，就转个弯说下去："成什么事，井台口有两个兵士在打架，被我一拳一个都打趴下了，我才把水拎来！"老者已不再关心别的人打架，担起水桶慢慢地走了。这边许褚方把打架的事学说一遍，这一学说不要紧，又险些把曹操气个半死。

许褚到得井台旁时，正有两个兵丁连吵带闹，其中一小个子说："这水就我先提，我们将军在等着用！"说完，就往井中放桶。

另一大个子也不示弱，一把将他的水桶拉上来，说："你们将军，不就是降将张辽吗？他算个屁！我们将军曹休，曹家军，能比吗？"

小个子立即反击说："别小看降将，丞相的命张将军救过几次，你的曹将军有何能？也就倚仗一个'曹'字。"

大个子上前揪住小个子的脖领，骂道："仗就仗，丞相是我们将军的叔父，就是比你们强。"

小个子手快，回过头来冲大个子脸上一巴掌，很快，两个人打在一起。站在旁边观看的许褚，见二人就要出事，上前一手揪住一个，扔出两丈多远。二人只顾旁边哼哼，再也不顾打架，许褚这才把水拎了回来。

曹操听完，加上方才老者所说之事，直气得好长时间没有说话。隔了一会儿，才对许褚说："仲康，咱们回去！"

回营以后，曹操着人把曹洪、曹仁、曹真、曹休四个找来。他在上首坐首，脸色铁青，表情严肃，四人一看，知道准有什么大事发生，并且涉及到家族内部的事情。因为向来议事，从没单独找过曹氏将士。所以，四人都忐忑不安。

四人到来后，曹操只是坐着，两眼死死地注视着他们，也不打招呼，更没安排什么座位。

还是曹仁年岁大，有些胆量，他谨慎地问："丞相，唤我等何事，敬请明言。"

曹仁说完，曹洪也开口发言："丞相有话请讲，莫不是涉及族中之事？"

二人问话结束后，曹操这才长叹一声，面对四人说："我曹家军问世以来，都是治军严谨，身正心直，从不纵容和姑息行恶之人，你们可查查所属族内有无不轨之徒！"

四人思索了一会儿，齐说："并未发现！"

曹操问道："你们族内小将，可有左脸带疤之人？"

听丞相问至此，曹洪立即慌乱起来，他急问："我家小侄曹信，左脸有疤，是去年征讨袁绍时所伤，莫非犯有罪恶？"

曹操这次火了，他"叭"的一拍桌案，厉声说道："子廉，你可知罪！就是这个曹信，下去强抢民女，造成的影响极坏，其行实在可恶，你

可速速查明，是否实有其事，如有军法论处，清理曹姓门户，以正视听。"

曹洪此时再也待不下去，他边走边骂曹信："小畜生，在外坏我名声，看我怎么处置你！"尔后，告别曹操，回归本营寨去查了。

时间不长，曹洪绑来一个人，个子不高，面孔白皙，一疤刻在左脸，正是副将曹信。曹洪到得营寨后，立刻找到他，询问有无绑架妇女一事，当时曹信抵赖不认，经曹洪踩上两脚，痛骂一顿，方才承认，并告诉了民妇丁一环的藏身之处。

曹洪马上叫人把丁一环送回家中，将曹信捆个结结实实，马上送交曹操面前。

此时的曹信已吓得面如土色，浑身筛糠，他跪在曹操面前，叩头求饶，不住嘴地说："丞相伯父，小侄知错，请你饶恕！"

曹操气得往前一走，狠狠踢他一脚说："我如何饶你，你身犯三罪，件件可恶。一是强抢民妇，二是破坏军纪，三是坏我曹氏家族名声，于情于理于法都不可赦！"

此时，站在旁边的曹仁、曹真、曹休也都气愤难言，他们说："这害群之马，实不可留，让我等将他杀掉，以解心头之恨！"说完，各拔出兵器，就要动手。

曹操赶快制止："且慢动手，你们四人速速回营，把所属曹姓将士齐聚于此，给他们予以警示。"

曹仁、曹洪、曹真、曹休领命去了，时间不长，就集合了一百二十多人，俱是曹姓、夏侯氏的将士，同来的还有夏侯惇、夏侯渊等。他们整整齐齐地站在曹操营前，静等曹操的训斥。

曹操站在众人面前，语气沉重地说："今将众人唤来，是为维护军法政令，更是维护我曹姓名声。我可直言相告，我们虽都姓曹、姓夏侯，若论家族，并无非议。可我们是汉室军人，还有很多外姓将士，我若对本族人加以放纵，以后怎能严于律人？严则人心相向，疏则人心涣散，涣散则不能取胜。"说至此，他对曹洪说："子廉，你可叙说一下曹信事件！"

曹洪怎敢违逆？尽管是亲侄，今天这个阵势，既不能求情，也不敢讲情。看样子是死罪一个，也是咎由自取。于是，他将事情经过如实一说，

队伍中一片哗然。

曹操看火候已至，就招呼许褚道："仲康，将这害群之马推出去斩首示众！"

许褚得令，用手拎起已抖成一团的曹信，拉到营外，一刀将头砍下，随着一腔鲜血的喷出，死尸立刻倒地。

曹信被斩，曹操的气也消了一些，众将士也都心有所动，暗暗说道："以后切不可胡乱行事。不然也得身首分离！"

随着曹操的命令，众人尽皆散去，曹休刚想走，忽被曹操唤住："文烈，你且站住，今晨你营有一士兵，自恃归你所管，和文远的士兵在井边打水时争执不停，并厮打在一起。回去速速查清，严厉教管，以后此风定刹，如再发现，定拿你们示问。"

至此，今天早晨发生的两件事情，算是处理完毕。

这天，曹操召唤众谋士前来议事。

近几天来，发生的一系列事情让他的头痛又加重了，军营内的军医虽然给他熬制多副草药，喝下去也没起到多大作用。头痛使他难以入睡，饮食也大有减少，人也明显削瘦下去。

看到这一情况，卞氏夫人非常关切，她委婉地劝慰道："丞相，对事情勿要思之过慎，心静方能气顺，气顺则身体无虞。"

曹操躺在卞氏身边，拉着她的手说："我何尝不知，可眼前各事繁纷复杂，如果处理不当，要酿大祸矣！"

他想到封赏一事，当时徐晃因军务外出，一时疏忽，没有封赏，引得部下人员不服，方有鲍步平深夜来找，还有曹信打着曹姓旗号，违规乱纪，祸害百姓，两个士兵抬出将军名头在井台斗殴。尤其最不好办的是家中这些儿辈，有的成人，有的日渐长大，还有站在他们背后的娘亲，件件都是棘手之事，如果没有一个妥当的办法，不加以及时解决，必将日益严重，或内讧，或分崩，或敌人乘虚而入，等等。思之再三，真是叫人后怕。

他深思几天几夜，还是先召集众谋士商议一下再定章程。

众人陆续来到营中。荀攸在前，程昱、贾诩、荀彧随后。

曹操招呼众人落座，尔后说："今召诸位，有两事要议。一是这次对众将士的分封赏赐，军中有何议论，或有什么遗漏。二是曹姓将士和外姓将士，偶有纷争，特别是曹姓族人，倚仗权势，多惹祸端，这都对我军不利。众位都抒高见，将这些事加以理顺，以防后患出现。"

曹操说完，荀攸开口说话："丞相所言，我已察觉，其他将士封赏，都无他议，只徐公明（徐晃）外出没封，有人口出怨言。"

曹操点点头，说："是我一时疏忽，确有不公之处，我正决定，封他为夏阳侯，赏金千两，以慰其心。公达议完，谁还再议？"

曹操话音刚落，程昱接了下去说："这家族之人，屡屡闹事，看似不大，实则不小。如若不加制止，在内易引混乱，丞相有护短之嫌；在外，败坏名声，更易有人钻空子。"

程昱说完，贾诩就接了上来。他说："族姓、外姓，都是丞相所属，如公平待之，则少生事体。若对待不当，处置不妥，实有后患。"

三人俱拿见解，独过去很爱讲话的荀彧还未发言，曹操对他说："文若有何看法，不妨也陈述一下。"

荀彧沉默了一会儿，然后说："公达、仲德、文和三人所说，我无异议，只有一点，尚需提醒，丞相家事，也应思之慎重，不然也易出事矣！"

别看荀彧现在很少讲话，但说出来的都能切中时弊。关于这点，曹操确实看出，并已有实施办法，只是这家事一宗，没必要和谋士们说罢了。现听荀彧说出，也是点头称诺："文若言之有理，这些我已有考虑。"

整整坐了半天时间，时近中午，主仆五人方结束议事，谋士们纷纷回到自己家中。

既然已经策划妥当，就不能继续拖延。首先，曹操先到各位夫人房中，向她们一一说："你们俱是内室，其职在抚养子女，育其成材。除此外的政事，均不得参与。尤其对所生子女，只应助长，不能助虐，如经发现，决不轻饶。"接着，将十几个儿子齐集一起，教训道："你们俱是曹氏血脉，我的后人，有的已成战将，驰骋疆场；有的尚在读书，用心刻苦；有的年幼无知，只知玩耍。但不论年龄大小，都应牢记，维护家族之

利益，弟兄之间团结。大者维护幼者，幼者尊重长者，取人之长，补己之短，这样下去，方能使曹姓家族永立不败之地矣！"

说到这里，他看看众子，大都静静听训，只有长子曹丕在旁边坐着，若有所思。曹操早已听说他待兄弟们不厚，故特嘱咐道："子桓，现你已成带兵将军，领着千军万马，在家中你是大哥，时时处处都要行表率之风，心正身直，严以律己，宽以待人，这样才可得家人尊敬，外人重视。"末了，他宣布一条规矩：以后都要团结互助，如遇尔虞我诈者，互相倾轧者，与外人勾结败坏家规者，决不轻饶！

曹操的用心可谓良苦，初衷可谓好矣，然而，这只是他的一厢情愿罢了。就在曹丕继承王位挤掉皇帝，自封为魏王后，第一件事就是排挤二弟曹彰、三弟曹植，将他两人派出外边任职，以免除对自己的威胁。后来，又下毒药将曹彰毒死，当继续加害曹植时，因曹植聪明，才躲过一劫。后来流传的曹植"七步成章"，就是此意。嗣后的四弟曹熊也战死。其他的族弟都小，最后大多被继承王位的曹丕儿子的曹睿所收拾。只那个聪明的曹冲，在十三岁那年染病身亡。

把家中的事情处理完告一段落后，曹操先找到徐晃，说："公明将军，上次封赏时你外出未归，今给你补上，封夏阳侯，赏黄金千两。"

徐晃深受感动，他说："我自离杨奉后，投在丞相麾下也十载有余，每每谈及，都深感路途走对，跟定丞相，意愿心甘。封与不封，赏与不赏，我俱不争，只尽心竭力报效知遇之恩就足矣！"

尔后，曹操又召集全体将士，陈说处置曹信一事，声色俱厉地说："曹信是我族侄，但他违反军规，坏我名誉，祸害百姓，已于前日处死。日后如再发现，定将严惩不贷。对曹姓如此，其他姓氏也是如此，既是没室军人，就不能分出姓谁。凡为官者，视官兵一致，公平对待，如有再分亲疏远近之人，我绝不轻饶！"

曹操此举，实在高明，试想，如果有一个铁的纪律，尤其是对待家族之人，按章办事，一不姑息，二不迁就，就能将众人凝聚一起，人心所向，事业必定兴盛矣！

九

曹操谋划征刘表
玄德寄居荆州

曹操发兵征讨荆州的刘表，未到前线，刘表病死，其子刘琮把守荆州。曹操对刘表父子并未太放在心上，真正的心腹大患是寄居荆州的刘备刘玄德。刘备手下有关羽、张飞、赵子龙等猛将，又有诸葛亮出谋划策，是曹操一统天下的强劲对手。

邺城的事情一切安置就绪，曹操又谋划兵进荆州，南征刘表了。

这是建安十三年九月。

这天，曹操用罢早饭，穿戴整齐，腰悬利剑，步履矫健地来到汉献帝宫中。

献帝早已习惯了这种程式。曹操自由出入宫中，所有繁文缛节全免，并可带利刃来见皇帝。所以，今天此举，他毫不惊奇。

曹操来到皇帝面前，刚想拱手说话，不想献帝倒先开口道："丞相如此早来，想必有事相商。"

如果换作他人，皇上必然正襟危坐，待看见朝臣叩首后，方问有何事可奏。然而，这曹操就不同了，所以问得很有策略，用了"相商"两字。

这献帝总归还是皇帝，见其发问，曹操赶紧回答道："南方刘表，占据荆州，屡有成王之心，我欲前往征讨，恳请皇上恩准！"

献帝一听去征刘表，心中"咯噔"一下，吃惊的样子险些显露出来。因早已和刘表论过，他们系同宗同室，刘姓一家，他怎敢称王？更不可能称帝！可曹丞相的话既已出口，谁又能奈何于他？不如还是满口应承，做个顺水人情罢了。

想至此，献帝开颜一笑，说："爱卿既已考虑成熟，南去征伐也好，不然又多一个霸主，惹得天下混乱。"

这个汉献帝时年已二十八岁，自九岁被董卓架到皇宫当皇帝始。已有近二十年的历史了。从他的年龄和做皇帝的时间来看，本应是精力旺盛、经验丰富、大展宏图的时候。然而，他所处的环境，自幼年遭遇的事情，已经把人的性格固定和束缚在"怯懦、软弱、无力、顺受"的怪圈里。

其实，汉献帝在幼年时，是比较聪明伶俐的。他名叫刘协，在他的同父异母的哥哥刘辩做皇帝时，他已出任陈留王。后来，董卓祸乱朝纲，将十四岁的刘辩赶下台，硬扶持着九岁的刘协坐上宝座，当了皇帝。

当时，他仅仅九岁，还不谙世事，朝中一切大事，完全听命于董卓。在他初登皇位的时候，目睹了董卓的暴行，这些在他幼小的心灵上深深打上了恐惧的烙印。有一次，董卓借大宴宾客之机，将朝中文武大臣全部请来，给宾客预备的是美酒，而文武大臣喝的则是生水，众人敢怒而不敢言。

董卓在上首席上，边喝酒边搂着先王汉灵帝的两个妃子。两个妃子都是二十来岁，纤纤细腰，丝丝秀发，婀娜多姿，十分美丽。董卓见大臣席上有个叫彭尚虎的人，面露愠色，不吃不喝，就指着他叫："彭尚虎，你面有不快，难道对本相心中有恨？"

这彭尚虎脾气刚烈，站起来手指着董卓骂道："你这祸国殃民的奸贼，不仅我恨，朝廷内外人人都恨，恨不得扒你的皮，抽你的筋！"

见彭尚虎如此大胆，董卓岂能容忍，他把两个美人搡下去，走到彭尚虎跟前，嘿嘿冷笑，然后招呼："奉先何在？"

时当董卓的义子吕布，马上从旁边走来，问："义父有何吩咐？"

董卓猛踢彭尚虎一脚，说："把他拉下去，挖去双眼，割去舌头！"

吕布应声而上，将大骂不止的彭尚虎拉到帐篷外边，只听一声惨叫，彭虎的双眼和舌头俱被剜出和割掉。进来的时候，彭尚虎的脸面上如同血人一般，汩汩鲜血，流得身上皆是。随着吕布的用力，"咚"地倒在众人面前。赴宴的宾客和文武大臣，个个吓得面如土色，战战兢兢，被董卓又搂在身边的两个美女吓得几乎昏死过去，而坐于旁边的小皇帝刘协，则尖声哭嚷起来。

尽管如此，董卓还不解气，他又叫吕布拉出去两个掩面哭泣的大臣，

九 曹操谋划征刘表·玄德寄居荆州

一刀一个，斩杀于帐前。这个可怕的场景，在幼年的汉献帝的内心中，久久挥之不去。所以。每次上朝议事，只要看见董卓，无不心惊肉跳，容颜变色。

后来，随着董卓被刺身亡，董卓原来的部将李傕、郭汜又兴风作浪，将都城迁至长安。从此，献帝的命运又系在了这两个暴徒手中。

随着形势的发展，在众大臣的抵制和汉献帝的要求下，李、郭二人不得不答应从长安重回洛阳都城。此时的李傕、郭汜虽大势已去，但又来了安集将军、献帝的丈人董承。

这董承也是董卓的部下，向来奸猾狡诈。他虽无篡权谋政的野心，却有凌驾于皇帝之上、一手遮天的贼心，朝中一切大事，没有他的参与，不经他的应诺，件件都得落空，汉献帝成了完全听命于他的"儿皇帝"。

随着曹操势力的兴起，将朝廷迁都于许，皇帝的一切，从生活到政事，完全倚仗曹操一手操持和安排。此时的汉献帝，除了几个妃子和宫中太监自己可以使用的外，所有的文武大臣、朝中要员，悉数由曹操一人掌握。最后，发展到代发圣旨、代诏天下、代批奏章，代任命驻外诸侯大臣。

基于此点，刘协这二十来年的皇帝生涯，惊慌少于安定，痛苦多于幸福。

今天，曹操提出去征伐刘表，别说是刘氏家族的一个皇叔，就是生他养他的皇父，他也不敢拒绝和制止。

走了经皇帝"恩准征伐"的程序后，曹操又回到自己的官邸。回来后的第一件事仍是要召集文武官员前来议事。

这已经成了他的习惯，每有大事，都要广开言路，听听众人的意见，作为对自己谋略的启发和补充。

时间不长。武将曹仁、曹洪、曹休、曹真、夏侯渊、徐晃、张辽、张郃、李通、于禁、乐进等人全部到场。接着，谋士荀攸、程昱、荀彧等齐聚厅堂。

众人到齐后，曹操仔细一看，武将当中缺夏侯惇，文官谋士少贾诩。他对大家说："除元让、文和外，均已准时到达。今召诸位，商议兵进江

千古枭雄曹操

南一事，诚望多拿见解，以定行程。"接着，他率先详细分析了占据荆州的刘表其所处位置、兵力分布、粮草辎重等情况。

曹操讲完以后，众人沉默片刻，便都踊跃说了起来。特别是对刘表比较了解的张辽、程昱等人，谈的很多很细。今天的议事气氛非常活跃，大家的发言也极富哲理，尤其将敌我双方的形势利弊分析得特别透彻。

张辽发言中说："刘表虽有一定势力，但为人软弱，缺少智慧，况内部人员复杂，存有抵触情绪。咱若选派精兵强将，按时择地进攻，我觉不难取胜。"

张辽的话音刚落，谋士荀攸站起来说道："文远所言不无道理。刘表徒有其名，倒不足虑。但有一点，务须牢记，那个刘备，投身刘表一年有余，他对荆州虎视眈眈，占有之心早已有之，这不得不防。"

程昱也不甘落后，他待荀攸说完，马上接过去说："公达所言，我无异议。还有一点须得提及，就是荆州地处江南水乡，我方将士大多来自北方。生活的气候、环境多有不同，还应该引导大家锻炼身体，以适应战时需要。"

大家的踊跃发言，使曹操今天特别高兴。他笑声朗朗，问大家："诸位发言，争先恐后，都没口渴？"

见曹操如此高兴，众人情绪都高涨起来，那话语不多、憨厚诚实的曹仁说："口渴好办，丞相给想个法子就好了。"

曹仁说罢，众人皆大笑不止，连刚刚止住笑声的曹操也又笑了起来。他望着曹仁说："子孝何时学会揭人短了？"

曹操说的揭人之短，确有其事，事情虽已过几年，但凡经过的人谁也不能忘却。

那年六月，曹军奔走在争战袁谭的途中。本来河南的六月已十分炎热，加之天旱无雨，烈日当头，路边的庄稼、道旁的绿草都被晒得茎萎叶蔫，脚下的地皮隔着薄薄的一层鞋底，走在上面有些发烫。而急于行军的曹军将士个个汗流浃背，口渴难忍，嗓内冒烟。一些体质弱的甚至晕倒在地。正由于此，行走的速度缓慢下来，有的士兵干脆在路边的树荫下停了下来。

— 159 —

骑在马上的曹操也是汗水涔涔，头脑发胀。他见将士们热的如此厉害，本想命令就地分散休息，但想到如果错过时间，袁谭逃走，这仗就等于白打而宣告失败。这时候，如果出现一条河，哪怕一条小溪，一口井也好，大家喝上口清水，润润喉咙，马上就会振作精神，加快行军速度。可此地离幽州尚有几十里地，途中偏偏俱是沙滩薄地，到哪里去找水源？曹操为此可真犯了愁。他骑在湿漉漉的马背上，头脑迅速动了起来，时间不长，终于想出一法。

他纵马走在大家面前，高声喝道："三军将士听着，天旱口渴，我也知晓。现在我有一言晓谕，前边有片梅林，红红的梅子挂满枝头，旁边有片瓜地，滚圆的西瓜也已成熟。这里的梅子我吃过，又酸又甜，往嘴里一吃，酸得口水直流。旁边的西瓜我也尝过，皮薄瓤厚，甘醇可口，吃上一口，甜水润喉，清凉解渴。"

这曹操不愧是个绝世奇才，这子虚无有的事情，让他这么凭空一描绘形容，众将士一想象，干渴的嘴里条件反射，顿时涌上口水，萎靡不振的情绪跑得无影无踪，立即精神抖擞地迈步前进了。当然，直到幽州打起仗来时，也没见到梅林和瓜地，但凭着这焕发出来的精神，终于夺得这场胜利。

此时，曹操挥挥手，对众人说："今天再也不是'望梅止渴，思瓜生津'了。仲康，快叫人把西瓜搬上来。"

曹操话音一落，许褚马上打发人把准备好的两筐西瓜抬来，令大家啃食，用以消暑止渴。

吃瓜毕，几个士兵将现场清理好，曹操最后说："西瓜吃完，话归前言，方才仲德所提极是，各营都要训练好士兵，强健肌体，以备迎战。从明日始，文远、文则、文谦各领一万人马，屯驻长社、颍阴、阳翟，以防刘备、孙权前来偷袭。"

张辽、于禁、乐进立即领命，回归本营准备去了。接着，曹操又说："妙才、子廉、子丹、俊义和公达、仲德随我出征。其他众人及元让、文合俱在邺城留守。"

众人点头答应，各回营准备去了。曹操站起，也想回去，忽然，门外

进来一人，进屋就闹："丞相，我要随军出征，不作留守。"

曹操抬头一看，是夏侯惇。只见他脸色苍白，面色憔悴，一块黑纱遮着左眼。虽刚受伤，但仍是虎虎生气，精神抖擞。

曹操扶夏侯惇坐下，说："元让，你眼睛刚刚受伤，叫你出征，我心有不忍啊！"

夏侯惇复又站起，着急地说："我早有言，你去何处，我到何处，难道这次还能失言？"

见到这个同宗兄弟对己如此忠心不二，又想他是前天为己负伤，曹操被感动得不由热泪盈眶。他又扶夏侯惇坐下，说："好，咱俩同去。出征还有一段时间，你暂先休养，身强体壮些岂不更好！"

见曹操答应下来，夏侯惇方高兴而回。望着他的背影，曹操的思绪又翻腾起伏起来。

夏侯惇，是曹操夏侯家族的堂兄弟，他身高九尺，相貌堂堂，性情豪爽，臂力过人。十四岁的时候，拜老师读书。别看他学习一般，但很尊敬老师。有一天走在街上，来了一个牵驴子的恶棍硬逼着老师从驴肚子底下爬过。夏侯惇一看老师要受辱，怒气冲冲地上前，一拳将恶棍打倒在地。从此，那个恶棍再也不敢为非作歹了。

还有一天，曹操与夏侯惇、夏侯渊兄弟二人去郊外打猎。行走间，天上飞来一只大雁，曹操对二人说："看我将雁射下。"说完，弯弓搭箭，就要射去。此时的夏侯惇也把弓箭备好，向大雁射去。说时迟，那时快，二人箭头齐发，正中目标，大雁"刷"的翻身落地。曹操哥儿三个刚要去拣，谁知后面窜来一只黄狗，叼起大雁就跑，曹操三人纵马来追。不一会儿，从那边过来一群人，为首的是一瘦弱公子，年纪二十多岁，后边是十几名家奴，个个贼眉鼠眼，尖嘴猴腮。只听那个瘦子说："干什么，我们的狗叼来一只雁，你们要抢？"

曹操一看，是当地县令的李公子，就躬身施礼说："李大公子，雁是我们射死的，请你奉还！"

李公子没回答，一个恶奴说："奉还倒易，只怕黄狗不给！"说完，把黄狗唤来，直冲曹操扑来。

九　曹操谋划征刘表·玄德寄居荆州

此时黄狗已扑到曹操身上，旁边的夏侯惇早已按不住火气，冲上去，照着黄狗猛踢一脚，黄狗惨叫一声，倒地身死。随后，夏侯惇把死狗拎起来，去追打李公子等人。

曹操见状，忙招呼："元让，勿要行凶作恶，要回大雁，回家去吧！"李大公子带着家奴，丢下死狗，抱头鼠窜一般地去了。

隔了月余时间，曹操带着夏侯惇、夏侯渊去酒馆喝酒边唱酒，边听一个叫玉珍的姑娘唱小曲。正听间，外边进来两人，恶声恶气地说："唱曲的，过来给大爷掐掐腰。"

曹操抬头一看，真是冤家路窄，又是那李公子。那唱曲的玉珍姑娘，没有理他，边唱曲边收馈银。这李大公子一见玉珍姑娘根本不理睬，又是恶气横生，他冲到玉珍面前说："大爷叫你为何不来，莫非耳朵聋了？"说着，一把手将玉珍搂到怀中。

那玉珍身体孱弱，在李公子手里乱吵乱闹，怎么也挣不脱。见此情景，许多听唱的都认得是县令公子作恶，一哄而散，只曹操哥儿三个没有走开。夏侯惇无名火起，骂声："畜生该死，我去将他干掉。"

曹操也忍耐不住，大声喊道："朗朗乾坤，光天化日，岂容你胡作非为？把人放开！"

李公子一见又是他们三人，冷笑一声说："你是何人，又来坏我好事？难道想死不成？"说着，和那家奴一齐抽出腰刀，要砍曹操。

曹操见状，往旁边一躲，抬起一脚正踢在李公子手腕上，李公子腰刀立即脱手而出，不偏不倚，正好落在家奴头上，犀利刀锋，顺势而下，家奴的左耳"唰"的掉地，满脸鲜血，流得全身皆是，家奴抱头跑去。李公子一看不好，也想逃走，夏侯惇早已过来，抄起落在地上腰刀，猛地扎去，只听李公子一声惨叫，随着扎在腹中的钢刀鲜血喷溅，翻身栽倒，死于非命。

这时缩在旁边的玉珍姑娘见出了人命，对曹操三人说："恩公，你们是何人搭救于我？快快逃走吧，我来顶着！"

曹操顺手拉起她说："不怕，你也和我们走吧！"说完，四个人一起离去。这个玉珍姑娘，见曹操一表人才，又侠心义胆，就委身于曹操，成为他的又一妻妾，这就是现在的卞夫人。

三人闯祸以后，再也不能在家，就一齐往朝中找曹操的父亲曹嵩去了。时间不长，三人一齐从军，开始了政治生涯。从此，夏侯家哥儿两个，始终和曹操形影不离。尤其是这夏侯惇，作战勇敢，一往无前，屡立战功，实在难得。

如今，随着光阴流逝，已经过去三十多年，眼见功成名就，夏侯惇却突损一眼，这又是因他而起。思想至此，曹操肝肠寸断，好不揪心。

这是在上个月的一天傍晚，曹操和夏侯惇轻从简装，在邺城街上闲逛。期间，哥儿俩边走边谈。这天正逢十五望月，淡红色的圆月，已从东边天际慢慢升了起来，就要黑下去的街道，转瞬又变得朦胧起来，皎洁的月光如轻纱般的披在二人身上。

望着这美丽的夜景，曹操无限感慨地说："元让，你我都已五旬开外，征战三十余载，还未离鞍下马，不知你有何感想？"

夏侯惇是个粗人。既无诗情画意，又不会有感而发。他直爽地说："杀杀打打，血染征袍，全系命中注定。待到人老体衰，无能为力时，如不丧身疆场，马革裹尸，就解甲归家哄抱孩童矣！"

曹操长叹一声，接着话茬说："所说也是。不过你我相伴一生，刀头饮血，睡卧马鞍，如孑然而还，岂不悲哉、冤哉？再过几年，我定叫你封妻荫子，故里荣归，心方安定矣！"

曹操刚说至此，只见面前闪过一人，还未细看，就见一条明晃晃的钢枪冲曹操面门扎来，站在旁边的夏侯惇说声"不好！"一把手将曹操推至一边，自己则挡在前边，只听"噗"的一声，钢枪扎在夏侯惇的左眼，夏侯惇惨叫着倒在地上，刺客撒腿就跑。曹操一个箭步上前，抓住刺客衣服，狠命摔倒在地。此时的夏侯惇，一手捂着受伤的左眼，倏地翻身而起，冲到刺客面前，右手提剑，脚踏胸腔，厉声问道："你是何人，敢来行刺？"

刺客躺在地上，嘴上并不求饶说："我是袁尚家人，前来为主报仇。今既被捉，只求速死。"

夏侯惇左眼还在顺手指缝滴血，听至此，气愤地说："那就依你所

九　曹操谋划征刘表·玄德寄居荆州

— 163 —

言！"说完，剑随声下，扎在刺客胸口，随着一声大叫，双腿一蹬，到阴曹地府向他的主子复命去了。

主仆二人回营后，曹操立即叫军医给夏侯惇左眼敷上草药，但终因伤势过重，造成失明，使这一猛将成了有名的独眼将军。

今日，正在营中休养的夏侯惇听说南征刘表要让自己留守邺城，心中着急，风风火火地来找曹操。直到曹操终于答应带他出征，方心满意足而归。

曹操正思虑着与夏侯惇的往事，忽听外面又有人说话："丞相，邺城不可留我，我定随队前行！"说着，掀帘而进。

曹操一看，是谋士贾诩，忙招呼："文和快坐，你来何干？"

贾诩并未坐下，他望着曹操，殷切地说："丞相，南征刘表是件大事，你不可留我待在邺城。随队而行，多少我还能出些主意！"

曹操呵呵一笑，说："文和，你新婚宴尔，岂能远离？得罪新娘，我可吃罪不起！"

贾诩脸一红，也笑着说："偌大年纪，还谈什么燕尔新婚，我意已决，定随丞相出征，还望丞相应允！"

贾诩此举，又使曹操深受感动。是啊，这些文人谋士，虽然身无缚鸡之力，但他们有一个聪明的头脑，蕴藏着无尽的智慧，长年累月随队出征，出谋划策，沥血呕心，也可以说功勋卓著。按照常理，给他们一个休息的机会，实是难得。可这贾诩，却放弃安逸，选择艰辛，着实可贵。今天，曹操的思想异常活跃，他又回想起十几年来，贾诩总是这样赤胆忠心、忠心事主。

贾诩，字文和，汉灵帝时是朝内一个小官。后来，随着朝廷的变更，董卓之乱，贾诩又成了一名无所事事的闲官。当董卓被王允、吕布杀戮身死后，他的余党李傕、郭汜想乘乱回乡，脱离干系。此时的贾诩则找到他们，给他俩出主意，何不召集旧部在京也闹一场？听从贾诩的话后，李傕、郭汜真的召集几千人，劫持年幼的汉献帝西迁长安，一时成了汉朝举足轻重的人物。他俩成功以后，不忘贾诩的谋划之功，就要提拔他当个都尉参谋。此时的贾诩已看出李、郭的狼子野心，料到他们早晚必败，于是婉言谢绝当官，连夜走出京城，去投奔宛城张绣去了。

到得宛城后，张绣正和曹操作战，贾诩就献出一计，结果将曹操打得落荒而逃。还有一次，曹操又攻宛城，仍是贾诩施计，火烧曹营，险些要了曹操一命，结果曹操长子、侄子和爱将典韦，都葬身此地。后来，张绣多次败北，在贾诩的劝说下又投降了曹操。当时，贾诩对曹操说："将军两次在宛城受挫，均是我过。今日来投，听凭处理，我无怨言。"

曹操将伏在地上的贾诩扶起，安慰说："文合说话欠妥，今日来投，给我带来许多人马、粮草，怎说有罪？不仅无过，而且有功！"当时，曹操就他封为祭酒谋士，并赏黄金百两。

见曹操如此宽厚待人，贾诩真心受感，自叹过去投错门路，白费许多心血。今日遇此明主，嗣后可要尽心竭力，展其所能了。所以，从此以后，贾诩对曹操忠心不二，沥胆披肝，在征战袁术、袁绍，平定北方，收服辽东等各大战役中，为曹操出谋划策，并且都收到好的效果。对此，曹操非常满意，在封赏文官武将时，给贾诩升了三级。

对于曹操的厚爱，贾诩自然是感激不尽。他非常高兴，在自己的官邸摆了几桌筵席，宴请亲朋好友。席间，尽言曹操的宽厚仁慈，颂扬其待人之美德。众人也很高兴，都开怀畅饮。然而，正当大家推杯换盏、兴高采烈之际，一个丫鬟突然慌慌张张地跑来，说是夫人突患重病。贾诩一听，不敢怠慢，立即到后宅一看，夫人已是昏迷不醒，气息微弱。时间不长，就气绝身亡，撒手人寰了。

本来是个喜庆的日子，但夫人身患重症突然身故，赴宴的人们，就改成了操办丧事的来宾，搭灵棚、做道场，院内一片悲哀之声。

贾诩的夫人死了以后，贾诩一度甚是沉默，他的精神确实受到很大刺激。

他的夫人小他三岁，自十几岁跟他以来，因贾诩无官无职，屡屡跟着受穷受苦。经过几十年的辛苦努力，贾诩终遇明主，很得丞相青睐。官职已有，钱也积存，刚想过过好日子，夫人却消受不着，离他而去，这也难怪贾诩悲痛不已，伤感过度。

为此事，曹操已经看望过几次，劝慰贾诩节哀，勿伤身体。并且还极

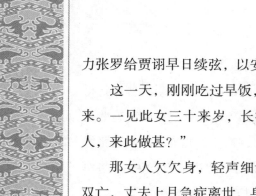

力张罗给贾诩早日续弦，以安其心。

这一天，刚刚吃过早饭，营帐外有一女人来找曹操。曹操叫人带进帐来。一见此女三十来岁，长得花容月貌，楚楚动人。曹操问她："你是何人，来此做甚？"

那女人欠欠身，轻声细语地说："我叫尹蓉，乃尹英之妹。因我父母双亡，丈夫上月急症离世，身旁无人，故来投奔丞相。"

曹操一听是自己尹夫人的妹妹，又是美如娇花，心中一喜，说道："原来是小姨，无怪今早门前喜鹊登枝。贵人到，大家笑，快到后边见你姐去吧！"接着，喊过一人，将尹蓉送往尹夫人屋中去了。

晚上，曹操正灯下看书，听得门帘响动，一看，尹蓉如天仙一般，来到面前。

今天的尹蓉，打扮得真如出水芙蓉一般，头上青丝高挽，身上素裹银装，脸色泛红。曹操忙问："小姨子这晚来此，想必有事？"

尹蓉抿嘴一笑，纤纤细指拢了一下额前一绺黑发，柔声说道："想来会会姐夫，不会赶我走吧？"说着，往前轻挪脚步，距曹操愈来愈近。

曹操听此言行，心中明白这尹蓉是有意而来。于是，站起身来，故意在屋中踱起步来。

曹操虽生爱慕之心，但是又不轻浮，和三亲六故有联系的，哪怕连上一点儿，他也决不沾染。今天这个尹蓉，一定是和她姐说好，前来纠缠，要委身于这位权大位高的丞相姐夫。但曹操有他的规范之德，不能乱性，不会胡来。所以，过了一会儿，他对尹蓉说："天已不早，我还有要事需办，小姨暂回房休息吧！"

后来，曹操左思右想，这尹蓉和贾诩相配，非常恰当，虽然年龄有十来岁的差距，但这并不影响生活。于是，经他牵线，这贾诩和尹蓉，共同又做了一回新郎新娘。好在两人情投意合，志趣一致，结婚以来，终日密不可分。皆因这点，曹操在南下荆州、欲征刘表时，将他留守邺城，谁知这贾诩不是贪恋女色之人，执意要扔下娇妻随行，曹操也不得不允。

经过一个多月的准备，曹操南征江南的部队终于成行。

此时，正是农历的十月，地处太行山近郊的邺城，天气已有寒意。将

士们的铠甲里面已经套上棉袍。浩浩荡荡的队伍，在"曹"字大旗的指导下，急速前行。路旁的景致十分优美，天高云淡的上空，一行排成人字形的大雁也向南方飞行。时而传过来的"嘎嘎"叫声，极似行军队伍中长官的命令。路旁，成行的杨柳，挂满黄色的叶片，随着阵风吹过，叶片纷纷从空中落下。桥下的小溪，流水淙淙，清澈见底，条条小鱼悠闲地随波逐流，往前游去。远处的山根下，几个樵夫挑着沉甸甸的柴担，边走边唱着山歌。

这是大自然恩赐于人类的享受，也是对造物主的无偿贡献。不过，人们正在对这种恩赐恣意践踏，对这种贡献无情鞭笞——这就是无休无止的战争和厮杀。

就在曹操率领大军向荆州进发的时候，前方传来消息，刘表已经病死，坐镇荆州的是他的二儿子刘琮。

刘表死了，这其实对曹操的震动并不大。因为他了解刘表的为人，也清楚目前荆州的概况。这次虽名为征讨刘表，实为夺取荆州，挟制刘备、孙权势力的发展，同时打击刘表家中的实际掌权者。

刘表，字景升，山阳高平人氏，前汉鲁恭王刘余之后，汉灵帝时，就在朝为官。后灵帝病逝，与老臣张俭等人共同辅佐少帝刘辩登上皇位。后来，随着董卓作乱，刘辩被废，刘协继位号称汉献帝，刘表又成了这朝的大臣。

献帝初平元年，时任长沙太守的孙坚，杀掉荆州刺史王睿，皇帝就派刘表前去继任。从此，荆襄重地，就成了刘表的地盘。后来，在谋士蒯越等人的帮助下，平定江南，遂有"南接五岭，北据汉川，地方数千里"的区域和"带甲十余万"之众。

刘表其人，性情软弱，少有智谋，但为人宽厚，仁慈诚信，本人虽无大的本领，但对待部下非常好，故许多将军、谋士都替他出谋划策，助他成其大业。每征服一地，他总是亲自去安慰当地的百姓，招抚归降将士，所以深得人心，引得四面八方的仁人志士相投。

由于他的性格软弱，畏惧之事颇多，占据荆州后，只图自保，不谋发展。在北方，曹操同袁绍、袁术、吕布的多次争战中，他不偏不倚，居于

中立，谁也不帮，和谁也不战。故谁也说不出他好，谁也说不出他坏。

最明显的一点是，曹操在征服乌桓，平定辽东时，许都兵力空虚，并无守家良将。从袁术那里逃到他这里避难栖身的族弟刘备，就撺掇他趁机攻许，抄了曹操的后路，扩大自己的区域和势力。但刘表摇头不从，使曹操征战无忧。从一另角度讲，曹操成其大业，似乎还有刘表部分"功劳"。后来，曹操将北方统一后，又磨刀霍霍，即将来征荆襄，以实现其称王称霸的目的，刘表这才后悔当初没听刘备之言，如今处于行将挨打的地位。

说实在的，他确实没有他族弟刘备高明。从仁慈、宽厚方面来讲，刘表、刘备倒有几分相似，但讲究智谋、韬略，刘表可就大有逊色，比之不及了。

这刘备最大的长处，就是长于"韬晦"，胸怀宽阔，肚大容人，喜怒不形于色。这点，曹操独具慧眼，将刘备看得清清如水，洞彻其心。

汉献帝初平四年，曹操进攻割据徐州的陶谦，陶谦向青州刺史田楷求救，田楷则使投靠他处的刘备率军前来支援。将曹操打退，刘备就留在陶谦处。陶谦见刘备作战有谋有智，又是汉室宗亲，就向皇帝推荐他作豫州刺史，管理当时的谯县。第二年，陶谦闹病身亡，刘备就接任成了名副其实的徐州牧。

建安元年六月，袁术欲夺取徐州，继而攻打刘备，双方在盱眙、淮阴一带交战。偏此时，吕布趁火打劫，从背后端了刘备的驻地下邳的老家，掳走家属一干人等。刘备又甩开袁术，来战吕布，因腹背受敌，牵扯精力过大，最终失败。无奈，只得投降于吕布。后来，因些琐事又和吕布闹起矛盾，就连夜去沛县投靠了曹操，终和他联手，将吕布打得一败涂地，索回被袁术掳去后交与吕布的家属。

刘备到了曹营后，谋士们都很反感他。程昱说："刘备此人深藏不露，腹有异心，迟早必成其害，不可留也！"

而郭嘉则持反对意见，他说："主公正处用人之际，今刘备来投，如果不容，或挤走，或杀害，传扬出去，日后谁还敢来？定成孤家寡人。不若将他收留，盛情待之，密切监视，使他不能为害。"

曹操一听，拍手称快说："仲孝此计，助我壮大之良方也！"随后，

千古枭雄曹操

他又补充说："密切监视，如有不轨行为，再除掉也为时不晚。"

刘备到达沛县后，确实受到曹操的热情款待，住处豪华，宴席丰盛，歌声缭绕，美女伴舞。曹操有时外出，还邀刘备同车同行。

刘备实是聪明，他已看出曹操居心不良，给他灌尽蜂蜜，甜得他不想吃喝；给他优裕的生活和环境，麻痹得他不再有发展和争夺之心。所以，他在这里的生活虽然舒服，却如履薄冰，随时面临覆亡的危险。

要想不被加害，让曹操在自己的假象中麻痹大意，刘备也不是想不出办法。他处事谨慎，说话注意分寸，布衣着身，麻鞋草帽，没事时侍弄菜园。有时，思谋着大事，却看着渠水灌入菜畦。有一次，畦已灌满，渠水四溢，刘备正静思间，全然不觉。正逢曹操到来，看到此景，笑着说："玄德公，畦水已满，勿忘堵口矣！"

刘备猛地一惊，忙掩饰道："昨夜十贯钱突然不见，时至现在，思之再三，也想不起失于何处！"说完，铲起泥土，将畦口堵上。

曹操笑笑，返身而去。隔了几天，曹操宴请刘备喝酒，席间，他故意问起当今天下谁是英雄？刘备已知其意，故编袁术、袁绍、孙坚等人。曹操一一否决，最后说："唯君和我耶！"

曹操此话声音不大，但分量不轻，说明对刘备已有所警惕。既有防备，谁敢保证不予加害？故而，刘备惊得丢掉吃饭的汤匙。此时，天气突变，响起一声闷雷，刘备故意掩饰说："雷声骤起，惊掉汤匙，真不好意思！"曹操又是笑而不答。

从那天以后，刘备夜不能寐。食不甘味，总是提心吊胆，忐忑不安。也是事有凑巧，命不该绝，袁术突然进攻曹操，于是，曹操就派出刘备前去抵挡。

大好时机不容错过，刘备一听，痛快应声，立即带着义弟关羽、张飞策马而去。当曹操的谋士郭嘉听后，埋怨地说："主公差矣，今派刘备出征，等于放虎归山，他定不回来也！"只此一句，提醒了曹操，派人去追杀，但为时已晚，哥儿三个早已跑得无影无踪。

刘备胜过刘表的还有一点，就是有两个"不求同生，但愿同死"的结拜义弟关羽和张飞，还有一个另称四弟的常山赵云。这几个人，都有万夫

不当不勇，武艺超群，忠心耿耿，死保刘备。这还不算，重要的是有一个世外高人来助刘备，这就是久负盛名的诸葛亮。

诸葛亮，字孔明，琅琊阳郡（今山东沂南）人，他"少有逸群之才，英霸之气，身长八尺，容貌甚伟，时人异焉"，往通俗里讲，就是一表人才，身体伟岸，且有独特的性格。

诸葛亮出身于官宦家庭。祖父诸葛丰在朝当过司录校尉，是个权高势大的官职，父亲诸葛珪做过郡丞。诸葛珪及其夫人英年早逝，抛下刚刚两岁的诸葛亮，交与弟弟诸葛玄扶养。这诸葛玄也做过小官，受兄嫂的托孤之责，无微不至地照顾起了幼小的诸葛亮。他见诸葛亮聪明伶俐，就请了个私塾先生给诸葛亮传授知识。这诸葛亮寒窗夜读，孜孜以求。尤其是孙武的兵书战策，更是用功研读。他长大后，就独居一处，在自己的门前躬耕田亩，侍弄庄稼。尽管如此，他总是纵观时局，胸怀大志，一旦遇有明主，就要挺身而出，施展抱负，尽其所能，辅佐成其大业。

后来，诸葛玄到荆州做官，诸葛亮也随之到了荆州，自己找了一处叫"卧龙岗"的地方闲居，静待出头的机会来临。

其实，他闲居时并未真正闲着，经常同几个好友坐在一起讨论时局变化，研讨国家大事。这些朋友是，比他年长的司马徽、庞德公，和他年龄相仿的徐庶、石韬、孟建。几个人关系非常密切，凑在一起，默契相投，无话不谈。若论才华，这几个人都是满腹经纶，但讲起才智谋略，谁也不敌诸葛亮。所以，众人都称诸葛亮为"卧龙先生"。

诸葛亮尽管躬耕田亩，不好张扬，默默无闻地暂先隐避。但这几位朋友却把他的名声吹得荆襄地区人人皆知。这一出名，就有人要给他做媒，帮他找一个助其成就的贤内助。

这个人叫黄丞彦，人称黄石公，也是当时的一个大人物。不仅有才有智，而且还有政治背景。他的连襟刘表，此时已成荆州刺史，内弟蔡瑁也在刘表手下做官。黄石公养有一女，自幼出奇的聪明，凡他教给的知识，从不忘记，在当地系有才女之称。然而，就是这样一个才女，却没长出一副好模样：黄发黑脸，双眼鼓鼓，暴牙突出，许多公子哥慕才而求，见面后却都蔫蔫而退。

这黄承彦在刘表处做官，听到附近有个聪明绝顶、志向高大的诸葛亮，就想到自己的这个宝贝女儿，如果和他匹配，将来必定成其大事。于是，他就自荐门户，找到诸葛亮，把女儿许配于他。不知是二人有缘，还是黄承彦的政治背景起了作用，诸葛亮痛快回答说："人品具备，何在脸面好赖？我无异议。只目前我乃一介村夫，家中也很萧条，若贵府千金不弃，此亲算成矣！"

诸葛亮的这番话，把个黄承彦喜得乐不可支，他忙跑回家中，对夫人、女儿说起，俱都同意。于是，就在这年春节，给二人完婚。至此，诸葛亮算是有了夫人。

随着时局的变化，朝廷迁徙，居无定址；诸侯纷争，战乱四起，许多有志之士投笔从戎。或统帅人马，做一方霸主；或辅佐一人，成其基业。而诸葛亮这些人，仍不为所动，隐居山野之中。

这天，他们的老大哥司马徽从外面回来，说起了外面的时局变化，启问大家都有什么志向，可以言明。

众人在漫谈的形式中，都把自己的志向直言不讳地讲了出来。这个司马徽首先说话："我如遇有机会，就去做一个幕僚，和大家同谋一事。"

那个庞德公摇头说："我不入官场，愿找一地，教书为先，桃李天下，人之快也！"

年轻的石韬、孟建观点一致，他俩说："我们准备到一将军身边，做一偏将，尽自己所学，率兵打仗，还怕不胜矣。"

还有那个徐庶，较有城府，见别人抢着发言，自己缄口不语，见没人再抢时，方开口说话："我和诸位有别，能干则找个好的官职来做，最低做个校尉，不然，不若闲居在家。"

这些好友全都表了态，唯独诸葛亮还是没开其口，坐在旁边，只是微笑。有时，嘴角还露出一丝轻蔑之意。

众人见状，不知何意，那个司马徽问他："孔明，众皆言其志，唯你三缄其口，不发一言，莫不是想默默一世？"

石韬心直口快，也说："足下常以管仲、乐毅自诩，现又不言其志，难道只是说说而已！"

诸葛亮确实常把自己比作战国时的名相管仲和名将乐毅。他们二人当时辅佐一代君王，俱成其大业，成了万人称颂的精英人物。由此，也可窥见诸葛亮的远大志向。

今日石韬提起，诸葛亮再不发言已是躲避不过，于是，他笑笑说："诸位所议，亮实不敢苟同。我是不鸣则已，鸣则惊人。所投之主须是明君，喜才重德，见宾如友，是有鸿鹄之志的仁人君子。否则，宁守田园，躬耕一世！"

朗朗话语，使在座众人无不惊骇，他们默默点头称许，才不济也，志亦不如矣！晚上，诸葛亮坐于家中，闷闷不乐，思虑白天所议，内心很不平静。

坐于蜡烛旁读书的夫人黄秀英，见丈夫若有所思，就放下书本，轻声问道："夫君为何面带忧虑，莫非身有不适？"

诸葛亮没有回答，只是摇头否认。

黄秀英见诸葛亮身体无恙，就又问："难道是和人争吵，引得不快？"

诸葛亮这次没有摇头，只是简略地吐出两字："非也！"

这就奇了，既不是身体有病，又没和人打闹，心中郁闷，不可能没有原因。

这黄秀英终归是名人之后，也终归是头脑聪颖、腹有见解之人。她思索一会儿，终于悟出缘由。于是，直截了当地说："那么，夫君所思，定是意向不遂，难遂大志的事了。"

这次真正是一箭中的。诸葛亮微微一振，说道："夫人所言极是，当今乱世，难寻英明之主，其志难遂，岂不悲哉！"

黄秀英一笑，说："谁说没有，姨丈刘表就在眼前，如其投他，还愁不得官职？"

诸葛亮摇摇头说："刘表此人缺谋少智，性弱无刚，投之无益也！"

黄秀英接着说："曹操乃人中豪杰，治世能臣，且爱才如命，夫君投他，定遂其志也！"

诸葛亮又摇摇头说："曹操乃人中豪杰，实属不假。但此人仁中有诈，性格多变，且已人才济济，像身旁郭氏奉孝、荀氏叔侄，都有济世之能，去之难料结局，故不能投也！"

黄秀英听丈夫说之有理，寻思一会儿说："那就去投孙权。此人城府较深，不喜张扬，志向高大，投之必有益矣！"

这黄秀英实不简单，她对当时世之英雄，了如指掌，如数家珍，与她有个济世之才的父亲，以及自己常读诗书、常问世事大有关联。

听至此，诸葛亮又回答："此人虽是不错，但有两点也难去投。一是江东地域狭小，难成大业；二是孙权身旁两人，文有张昭，两代老臣，有恩于孙家；武有周瑜，有勇有谋，又系孙策的连襟。孙权视二人如同手足，他人去之，定遭冷落。这样，怎能相投？"

夫妻二人对话，终以无果而结束，诸葛亮的志向，也就拖至建安十二年。终于，刘备的出现，成就了他的平生之志，从卧龙岗走到刘备军中，尽心效力，完全做到了"鞠躬尽瘁，死而后已"。

刘备的为人志向高尚，可谓文武全才，又有旁边这些有济世之才的文官武将相佐，刘表哪里比得上？目前，刘备身在这里，实在是不得已而为之。

当然，刘备出头之日，也就其时不远。他又成了曹操的强硬对手。

九　曹操谋划征刘表：玄德寄居荆州

十

孔明献计救刘琦
曹操计取新野

刘表死后，他的两个儿子为荆州牧一职产生争执，长子刘琦听从诸葛亮的计策，驻防外地以求自保。诸葛亮恐刘琮母子对刘备不利，众人连夜离开荆州。东吴孙权攻下江夏，也欲夺取荆州。曹操利用叛将季义打开城门，占领荆州新野。

就在曹操率领大军直抵荆州时，荆州太守刘表却因病而亡。

此时，曹操正驻扎在离荆州不远的宛城。刘表死亡的消息传来后，曹操不由为之一震，怎么这么凑巧，还没和这位老朋友打个照面，对方就撒手人寰，不知此事是喜是忧。于是，他将贾诩唤至跟前。

贾诩来到曹操营帐，问道："丞相莫不是问我刘表死亡一事？"

曹操让贾诩坐下，说："文和真是聪明至极，正是为此事找你讨教，你看此事如何？"

贾诩坐在曹操对面，说："据我看来，此事喜忧参半。"

曹操着急地问："何谓喜？何谓忧？"

贾诩说："喜者，刘表已死，城内群龙无首，有利于我们争占荆襄。忧者，刘表虽死，后人仍在，尤其刘表的内弟蔡瑁、外甥张允及其夫人，都非等闲之辈。还有躲于其身后的刘备、江东之孙权，都对荆州虎视眈眈，梦寐以求想将荆州夺到手。似此大事，主公切要加以谋划。"

贾诩的发言，甚合曹操心意，这些他也已想到，今问贾诩，只不过是想印证一下自己所思的正确程度。今见贾诩所说同己不谋而合，心中十分欢悦，他一改换刚才的忧郁面容，满脸微笑地说："文和真乃我知己也，想的周全，言之正确，我必重新谋划占据荆州。"

真亏曹操说得出口，贾诩本来就忠心耿耿，现在二人成了连襟，岂不更是披肝沥胆，尽其所能！

见已无事，贾诩走了。曹操感到有些口渴，伸手去抓茶杯，结果空空如也。他喊许褚："仲康何在？送壶茶来！"

无人应声。他又喊句，还不见许褚到来。于是，他走出帐门，发现许褚正在一墙角烧纸钱。曹操感到奇怪，愣小子在干什么？怀着不解之心，曹操来到许褚背后，轻声发问："仲康何为？"

许褚一怔，回过头来，见是曹操，面露慌乱之色，忙说："丞相何时而来，我一点儿不知。今来宛城，我想起一人，故烧几张纸钱，以表心意！"

都说许褚猛愣心粗，今天看来，并非如此。他的话，猛然将曹操惊醒：啊，我怎么忘了呢？他是在给典韦烧纸，以此寄托哀思。

许褚的举动，引起了曹操的深思，也使曹操的心头涌上一阵悲痛。

是啊，已经整整十年，当年在此征战张绣，不仅损失了爱将典韦，也痛失了长子曹昂和侄子曹安民。由于军务繁忙，已有多年没有祭奠。这次由北方行军至此，一路上想的尽是征战荆州、对付刘表。驻扎此地，也没想到宛城城郊深埋着三具枯骨。因为当时战死的士兵也都埋在此处，他们的魂魄，或许正在上空游荡，企盼着故人前来祭奠。

想至此，曹操呼唤许褚："仲康，快去买些纸钱，预备一桌酒菜，唤上几个人，一齐到城郊祭奠。"

许褚领命而去，时间不长，一切应用之物全部备齐，由两个士兵赶着一辆马车拉着来到曹操面前。

主仆几人，穿过宛城大街，向城郊走去。走了二里多地，来至一个长满杂草的荒凉地方。此时已近初冬，杂草早已枯萎。只见遍地白色草根，一些草叶、草末随风在空中飘荡。掩埋在草地里的座座坟头，已是不太明显，若不细看，简直分辨不清。只有靠边的三座较大的坟茔矗立的三块石碑，清楚地显示着这是典韦、曹昂、曹安民的安息之地。这三个坟头后面是几株杨柳，是当时几个埋尸的将士特意栽植下的，十年过去，已经长成大树，只是无人修理，满身枝枝杈杈，已经落完叶子的树干，直刺蓝天。此时，有几只苍鹰在上空盘旋，有一群黑老鸹在枯树上聒噪，此凄凉之景，顿时给前来上坟祭奠的曹操、许褚，倍增悲痛之感。

曹操领着许褚在众坟头面前黯然肃立，缓缓低头。然后，拿着纸钱，

十

孔明献计救刘琦·曹操计取新野

带着酒菜，来到典韦、曹昂、曹安民三人坟前。不见坟头犹可，见到坟头，刚强如铁的将军，再也控制不住心中的伤感，泪流满面。许褚点燃纸钱，摆上酒菜，跪在地上"咚咚"叩头，边叩头边哭泣。他喊着典韦的名字，悲切地说："哥哥，我来看你了，我给你钱，收下吧！我给你酒，喝上几盅吧！"其音凄凄，其意诚挚，站在旁边的两个士兵也被感染得如泪人一般。默默站立的曹操，和许褚当然不同，他思念曾紧紧追随他、护卫他的爱将典韦，更思念原想由其继位的长子曹昂以及受弟弟之托，带出来征战的爱侄曹安民。现在，他们已经作古，深埋寂寞的地下已十年。他痛彻肺腑，泪水顺着已是满脸皱纹的面庞流下，湿透衣服。他本想大声痛哭一场，释放一下郁结胸中的悲愤，但冷静的头脑又抑制他这样去做，他不能这样去做。如果他这样做，许褚岂不哭闹得更加厉害？这样做，身旁的士兵传扬出去，总是有些不妥！所以，他只轻声呼唤着他们的名字："典韦、子修、安民，你们安息吧，待战事结束，成功之日，定给你们重修新坟，厚重安葬。"

两个士兵见时间已是不早，就轻声呼唤："丞相、许将军，咱们回去吧！"

曹操点点头，过去扶起仍趴在地上的许褚说："仲康，咱走吧，日后有空再来！"

许褚起来了，二人就要往回走去。突然，曹操又唤住许褚："仲康，暂停一下。"

许褚不解地问："丞相，还有何干？"

曹操问："可还有些酒菜？"

走在前边的两个士兵回答："还有一些，我们险些扔掉，丞相有何用处？"

曹操拿过酒菜，对许褚说："走，跟我回去一趟。子修的母亲也已作古，生前对子修感情极重，为子修我俩分离，虽没在她坟前祭扫，咱去交与子修，给他母亲带一些去，略表一下我的恩情。"

多么心细的曹操，多么注重感情的丞相，其言、其语、其情、其意，怎不催人泪下，怎么令人心里酸楚？许褚又是泪如雨下，来到曹昂坟前，摆好菜肴，洒上酒水，主仆等人方才离去。

正在曹操紧锣密鼓地商议夺取荆州之时，处于江东的孙权也并没闲着，而是在召集众人，欲强夺三江要地。荆州，土地肥沃，区域宽广，共辖八十一个县，是个人人都想争夺的战略要地。

孙权争夺荆州，一是嫌自己地方狭小，妄图扩大自己的势力范围，就是做梦也想着吃这块肥肉。二是他和刘表有杀父之仇，这事在前边已经略述。

孙权的父亲孙坚，字文台，吴郡富春人，他自幼胆识过人，十七岁时，他和父亲乘船去钱塘，路上遇见匪盗抢劫，孙坚毫不畏惧，挺身冲到岸上，挥刀冲向敌群，一刀先将匪首砍死。众劫匪见首领已死，马上四散逃亡。从此，孙坚名声大振，被官府任命为县尉，专管地方治安。后来又升任县丞，仍抓这个差事。

在董卓之乱时，孙坚已升任长沙太守，当时随着董卓的兴风作浪，群雄并起，各乡党也多有作乱，孙坚在此动乱时期，雄风倍增，作战英勇。当时的荆州刺史王睿，站在董卓这边，助纣为虐，孙坚冲进城中，一刀将其斩首。南阳太守张咨，贪赃枉法，欺压百姓，助长作乱，孙坚乔装进城，刺杀张咨于营帐之中。后来，在山东鲁阳与董卓军队相遇，孙坚英勇作战，打得董卓部队落花流水。董卓部将华雄前来迎战孙坚，只几个回合，就被斩于马下。从此，孙坚名冠朝野，所知之人无不喝彩。

后来，董卓派人与孙坚讲和，并以美女相送。而孙坚立场坚定，爱憎分明。他说："董卓乃一乱世国贼，同他讲和，就是与狼为伍。"于是，斩了来使，又起兵讨伐董卓。至此，董卓吓得龟缩在洛阳城里，瞅准一个机会，挟持着皇帝往长安去了。

取得一系列胜利后，孙坚逐渐张狂起来，他要南征荆襄，灭掉刘表。当时，刚任他谋士的张昭就劝阻他："主公慎行，荆州乃江南要地，四面环水，地形不熟，待探明情况后征发不迟。"

孙坚此时盛气凌人，哪里听得进去别人的劝阻，他斥责张昭说："胆小怕事，岂能成功。我自征战起，屡屡取胜，这次去战，易如反掌矣！"说完，带着人马走了。谁知走到江夏地界，正逢江夏太守黄祖守城，孙坚

十

孔明献计救刘琦·曹操计取新野

单人独马前去讨阵，被狡猾的黄祖引到陷阱坑中，孙坚连人带马掉了进去。黄祖见状，马上叫人放箭，可怜一盖世英雄，身上被射得如同刺猬，动也没动就连人带马死于陷坑之中。

当时，孙坚的两个儿子孙策、孙权俱在一旁，见父中了埋伏，被射身死，放声大哭，但因敌兵人多势众，无法去救，只等黄祖带兵散去，方抢出父亲尸首。从此，他们和荆州刘表，尤其是黄祖，结下了血海深仇，经常念叨，早晚此仇必报。

孙坚死后，江东大业交与长子孙策统领。孙策，字伯符，英武超过其父，武艺出众，人人皆知，故此人称"小霸王"。

有一次，他和刘繇的部将太史慈相遇，两个人马上厮杀起来。由于二人武艺不相上下，杀了个难解难分，最终也没有胜负结果。后来，孙策卖个破绽，诱太史慈进招，太史慈往前一上，孙策一个回马枪，将他刺于马下。太史慈被俘后，英勇不屈，只求速死。而孙策爱惜英雄，亲自给他去掉绑绳，并好言相待。太史慈问他："伯符既然抓我，为何不杀，莫非有意辱我不成！"

孙策忙将他拉来坐在自己身旁说："我慕将军英勇，何故杀戮？方才阵前若不是我施一小计，断断不能取胜。今有一言，不知将军可听？"

太史慈忙问："伯符有何话，请速明言！"

孙策说："当今乱世，极需匡世之人。刘繇迂腐无能，在他身旁有何出路，不若到我这边，共谋大事，日后定会有功报禄。"

太史慈一见孙策言语恳切，又慕孙策乃当世英雄，思索一会儿，慨然应允，孙策马上委托他为中郎将。

第二天，太史慈找到孙策说："伯符，我想回去，将旧部一齐招来，扩大一下我们的力量，不知可否？"

孙策高兴地说："子义说得有理，速去速归，回来后给你接风洗尘。"

太史慈骑上马走了，存人对孙策说："主公，今放太史慈走，他若不归怎么办？"

孙策一笑说："子义将军不是反复小人，他定会归来！"

事实确实如此，隔了几天，太史慈果然带着两千多人来投孙策。从此，可用之士又增添不少，此事一时传播甚广。

当曹操听到这个消息后，深为后悔，他了解太史慈为人忠诚、武艺出众，他们二人曾有过一段相处的时间。曹操叫人给太史慈送去一份礼物。太史慈接过一看，是一包中药材"当归"，立即明白了是什么意思，他向来人说："回去告诉孟德将军，我已投孙伯符，一将不事二主，请予谅解。"

就这样，太史慈在江东奋战一生，对孙氏兄弟忠心耿耿，立下许多汗马功劳。在为报孙坚大仇上，太史慈起了决定性的作用。

孙策为人比较刚直，遇事从不隐晦观点。当年，孙坚、袁术都曾在朝廷为官，袁术非常喜欢武艺出众、心地刚直的孙策，孙策也常去这位世叔营中玩耍。后来，孙坚占据江东，袁术驻兵九江，双方很少来往。孙坚战死后，时日不久，袁术妄图称帝，自立国号，四处拉拢力量。当时，他想到孙策的英明果敢，就派人去联络，并带去一信。孙策打开信后，只见上面写道："伯符世侄，当前汉室将坠，皇帝无能，朝廷制于曹操，群雄不奋。我欲将汉废除，另外立制，欲招侄同来共事。其职其爵都将不低，请自速速决断。"

孙策看完信，怒气冲冲，一把将信撕碎，大骂道："袁术奸贼，妄图推翻朝廷，自称皇帝，其野心可谓大矣！拉我同谋，大逆不道，这是妄想，来人！"

随着一声喊，进来两个士兵，孙策吩咐："将送信之人割去一耳，让他回去告诉袁术，叛国另立，有悖天理，不日我将征讨。"

就这样，送信之人被割去一只耳朵，回去给袁术复命，差点儿把袁术气死。从此，二人怨恨很深。

孙策这个人，在刚直的背后，其不可改变的毛病就是粗暴、爱杀人。送信之人丢掉一只耳朵而没有丢命，就是为了让他回去给袁术复命，不然定做刀头之鬼。正因为孙策有此毛病，最后自己也早早丧命。

当时，隐居余姚的一个文人名叫高岱，胸藏珠玑，志向很大，就是不爱出面助人。孙策知道后，派人去请高岱，叫他来江东闲聊，二人顺便论论《左传》。可孙策派去的人叫丁五，此人一向口大舌长，爱说闲话，好管闲事。见孙策派他去请高岱，就受宠若惊，献媚说："高岱其

— 181 —

人，我很知情，他目空一切，性高气傲。将军乃习武之人，他未必瞧得起，兴许不来。"

孙策听后，摇头一笑说："你说我请，也许能来，快去吧！"

这丁五终于来到余姚，见到高岱后，递上信件。高岱待他很热情，找了把椅子让丁五坐下，还亲自倒杯茶水递到丁五手中，这下他可高兴了。他心想：这么个高人，对我这个小兵如此客套，看来我面子实在不小。于是这个丁五话又多起来。只听高岱问他："孙将军要论《左传》，是否有不明之处，要我前去指点？"

丁五喝了口茶水，缩下脖子说："隐士所说，我想也是如此，不过，恕我直言相告，孙将军和人论事，向来爱高谈阔论，隐士去时，最好不要开口，应付几句而已！不然，定找没趣。"接着又喝了口茶水，见杯子所剩不多，干脆一口喝干，尔后，抹抹嘴，又说："隐士，你盛情待我，我方多说几句，别人，我定不管。"

好家伙，这小子多说不如少说，少说不如不说。一个送信之人，完成任务也就是了，何必多话？只这多话不要紧，反而要了高岱一条性命，也使孙策留下骂名。

高岱到得孙策营中后，孙策忙迎进去，拿出《左传》一书，殷切询问起来。这位高岱，在议论时，大都听孙策所说，每每只是点点头，"嗯嗯"两句而已，对孙策之言，既不肯定，也不否认，孙策已有几分不满。孙策心想，真如丁五所言，这高岱真的瞧不起我。于是，脸露愠色说："高隐士，何不开口说话，我议如何，请予指点。"

高岱仍是不紧不慢地说："本人学识浅薄，将军所谈，高屋建瓴，吾不及也！"

这下，孙策火了，这哪是吹捧于我，分明是讥讽、轻蔑，看我不起。这种穷酸书生，留之何益？于是，唤来武士，把高岱推出去砍于门外。可怜一个高人，竟糊里糊涂命丧江东。

从此以后，孙策的残暴之名也四散传开，完全对上了"小霸王"的名号。

高岱被杀以后，消息传到吴郡，吴郡太守许贡和高岱交情甚厚，二人

千古枭雄曹操

还有一些亲戚关系，许贡因此对孙策非常不满，扬言有朝一日，一定走出江东地界，离孙策而去。

孙策听到这个消息后，暴跳如雷，大骂许贡用心不良，妄图离主而去。离主就是反叛，反叛就要处死。于是一天晚上，冲进吴郡许贡府中，将他拉出来一刀砍死。

许贡一死，引来吴郡一片哗然之声，由于许贡治理有方，吴郡百姓对他印象很好，现突遭孙策杀戮，声讨之声一片。

许贡对老百姓不错，对待家人也很好，对仆人、丫鬟、婆子、厨师也总是和蔼可亲，笑脸相对。为此，很多人都想为许贡报仇雪恨。

事隔两月以后，孙策去城外打猎，他拉弓搭箭，射着一兔，奋马去追，追着追着，突然从草丛中射出一支利箭，不偏不倚，正中面门，孙策大叫一声，翻身落马。后面赶来的众将急将孙策救回，到得营中，急叫医生来治。医生拔出利箭，上好药，嘱咐他不可着急，安心静养。因这箭有毒，如果伤口复发，就会有生命危险。

孙策头缠白布，整日在屋中养着，心中十分窝火，是谁暗算于我？他当然不知这是许贡的家人所为，人家已经暗中跟随他多日，此日隐藏在草丛中，正好有了下手的机会，来报许贡被杀之仇。

休养将近一个多月，孙策几乎天天训人骂人，好不容易伤口快愈，一日，他去照镜子，看见原本英俊的面容，多了一个好大的伤疤，心中立刻忧愤起来，他伸手摔碎镜子，大叫："此等面容，日后如何见人。"说罢，伤口顿时崩裂，口吐鲜血，倒地而亡，死时年仅二十六岁。

孙策死后，江东大权被交与二弟孙权。孙权，字仲谋，为人憨厚仁慈，礼贤下士，善听人言，从谏如流。还是在养伤期间，孙策就曾有过遗嘱。他召集老臣张昭，自己的连襟周瑜，谋臣鲁肃等人。对他们说："中原方乱，夫以吴、越之众，三江之固，足以观成败，公等善相我弟！"然后，把孙权叫过来，说："带江东之众，决机于两阵之间，与天下争衡，弟不如我；举贤任能，各尽其心，以保江东，我不如弟。如今区域已定，局势已稳，只待守疆卫土，日后我在与不在，江东全交于你矣！"

孙权接印在手，文有张昭辅佐，武有周瑜相助，加之他举贤任能，一

十 孔明献计救刘琦·曹操计取新野

些人才相继涌来。除鲁肃外，文人如顾雍、虞翻、薛综等，武有程普、甘宁、黄盖等。他们的到来，使江东势力逐步强盛起来。

随着局势的发展，群雄争立，各图发展，都想侵占对方，扩大自己的势力范围，江东的张昭、周瑜等人，自然也都看中了荆州这块宝地。所以，早在孙策在世的建安五年、建安八年分两次进取过荆州，但由于刘表防范严密，两次都是无果而终。

今天，他们又把夺取荆州之事列入议程。当时有两种意见，以张昭为代表的一伙主张守卫家业，养精蓄锐，后图再进。而以周瑜、鲁肃为代表的一部分人一致主张再取荆州。他们分析，西南的张鲁、刘璋，西部的马腾，都在维护自己的地盘，俱无夺荆州之意。北部的曹操正在东征后部署迁都于邺城的事项，不能顾及，那个刘备虽有其心但无其力，现只有江东适合。只这样一分析，方取得统一意见，最后商定，先征江夏，以讨伐黄祖为名，再围荆州。

这样，黄祖就成了刘表的挡箭牌和先死之鬼。

其实，黄祖这个人也实在该死。他虽死心塌地辅佐刘表，但也是异常残暴，杀人成性。十年前孙坚死在他手，那是在对敌阵前，情有可原。而以后的一件事，则是罪责难逃了。

山东平原郡有一个叫祢衡的人，他脾气古怪，性情高傲，但非常有才华，对事物看得透彻，且敢言敢讲，不顾情面。最初，曹操在许县时，曾听说过他的才华，就派人前去请他。他到来后，很傲慢，但对曹操所提之事皆对答如流，曹操很是高兴，对他的傲慢态度，并未计较。当问祢衡还有何能时，祢衡回答说："一无所能，事事敢干！"

听至此，曹操随之就说："这有军鼓一面，能否试试？"

祢衡笑笑，说："你是妄图叫我出丑，偏不叫你遂心！"于是，走至鼓前拿起鼓槌，擂起鼓来。鼓声"咚咚"，有板有眼，点中有音，音中有调，引得众人欢声一片。听见众人喝彩，这祢衡敲得劲头更大，敲得兴起，干脆脱掉衣服，抡起双臂敲起来。直到累得汗流浃背、气喘吁吁时方才罢手。自此以后，就留在曹营任个参事，专门管理打鼓、吹号等事项。

这份不起眼的差事和无人看重的职位，祢衡当然也不满意，经常发发牢骚、冒冒怨气，尽管如此，但什么事情也耽误不了，太大的毛病也挑不出来，所以，曹操拿他也没有办法。

有一次，刘表来朝廷办事，正和曹操相遇，二人谈起招兵买马之事，刘表说："孟德君，我处人手太少，日后如招得人马，可给我一部分。"

曹操笑着说："景升请勿忧心，既受君托，我定尽心效劳。为表真心，我处有一参事，乃荆襄人氏，总想回归家乡，今先给你，意下如何？"

刘表是个实在之人，听得曹操说得如此好听，一定是个不错的人，就高兴地说："我谢孟德好心，今日愧领，容当日后报答。"

就这样，曹操将祢衡这个刺猬甩给了刘表。当祢衡到得刘表处后，更是孤僻高傲，性情懒怠。刘表所交之事，每次草草完成以后，就去呼呼睡觉，有时呼之也不醒。当刘表责问他："你来干甚？为何萎靡不振？"

听至此，祢衡针锋相对地说："你这刺史怎么当的，我来干啥尚且不知，怎能管好荆襄八郡？请问，我萎靡不振何事没干？干没干坏？"

这么一问，将刘表问了个张口结舌，半天没有还过话来。没办法，只得训斥一句："真是胡搅蛮缠！"便甩手走开。

自此以后，刘表再也不去过问祢衡之事，也不分派具体事情，用他的话说，宁可养个闲人，也不去踩这泡狗屎。

过了半年后，江夏太守黄祖，来和刘表要人，说缺一个养马官员。刘表一听，非常高兴，马上答应给人，并将要给的人员祢衡大赞一通，并说这是个难得之才，日后定能协助成其大业。就这样，祢衡像个皮球一样，从刘表处又被传到黄祖手里。

黄祖的为人性格，可和曹操、刘表大不一样，不管你的才能多高，能耐多大，如果不听话，违逆行事，他是断断不允的。

祢衡来后，黄祖叫他去管理马匹，祢衡当然不干，没等黄祖说完，扭身就走。

黄祖气得一拍桌案，说："你来做甚？"

祢衡不紧不慢地说："将军当得实在差劲，我来干啥你都不知，还有资格问话！"

黄祖斥责说："少说刁话，你来这里，务必尽心尽责，将事做好，不

— 185 —

然，不会轻饶！"

祢衡哪听这套，冷冷一笑，说："黄将军不愧能当江夏太宗，对我这微末之人气使颐指，实在令人佩服！我说，你对别人有这个胆量吗？"

黄祖一听这纯粹在和他叫阵，这还了得，想我黄祖，一个管辖几千人的官员，让一个狂妄之士如此顶撞，以后世人会如何耻笑？这种人一定要好好整治。

想至此，他横眉立目，手指祢衡，大声说："你目无尊长，狂妄自大，该当何罪？"

祢衡也来了气，接着说："我何罪之有？你有来言，我有去语，难道你不允我说话？若此，你能定我什么罪？"

黄祖听罢，把脚一跺，牙一咬，说："我就定你死罪，把这狂妄之徒拉出去砍了！"

就这样，一个非常有才华的人，死在黄祖的手里。祢衡死后，曹操很是惋惜，他既讨厌祢衡的狂妄，又怨恨黄祖的残暴，如果会用此人，他不见得命落此种下场。

孙权进攻江夏，委任大将甘宁为先锋，太史慈为副将，另拨五千人马，浩浩荡荡地杀向江夏而来。

江夏城内的黄祖，此时正在和众将议论军情。因他们正听说江东要来进攻，参军谋士向左说："咱城池虽固，但兵少将寡，还应向荆州求救，让刘表拨些人马支援！"

黄祖一听，很不满意，说："兵少要强，将寡要硬。孙权若来，看我手到擒来，还用求这找那？"

有一副将匡仁提醒说："将军不可大意，孙权文有张昭、武有周瑜，都是国之栋梁、人中豪杰，若来进攻，必安排周全，若是大意，城池危险矣。"

黄祖听后，跳了起来，咆哮道："向左、匡仁，你二人何意，长他威风，灭我志气，若不看你们素日有功，今日定将你等斩首。死罪饶过，活罪难免，来人，把他二人各打五十军棍！"可怜二人为他黄祖多说几句，竟遭如此棍棒之灾。

千古枭雄曹操

向左、匡仁二人一瘸一拐地被人搀扶下去，黄祖还要议事，忽听人报："将军，江东兵临城下，气势不小。"

黄祖马上站起来，吩咐："给我备马，看我将他们斩尽杀绝！"说完，怒气冲冲地出了营帐。

此时，驻扎在城外的江东人马，已将城池包围起来，甘宁、太史慈在营帐中正在计议如何进攻。只听甘宁说："子义，黄祖这人武功如何，性格怎样？你可清楚？"

太史慈马上回答说："兴霸将军，黄祖这人武艺倒是精湛，一口大刀能敌千军。不过，他脾气暴躁，易于发怒，故只能智取。"

说完，二人商量了攻城之计。

太史慈先带一部分兵马，来到城下骂阵，众兵士喊："黄祖黄祖，胆小如鼠，城门不开，缺筋少骨。"

刚刚披挂整齐，来到城门口的黄祖，一听此言，马上叫士兵开城，冲了出去，正遇太史慈挺枪立马，立于阵前。太史慈佯装不认得，端枪一指，说："无名小将，你来何为？快去换黄祖来受死！"

黄祖一听大怒，大砍刀一举说："谁说无名？我是黄祖！莫非不认识本将军？你是何人？快快拿命上来！"说着，手举大刀冲了上来。

太史慈一见黄祖火气上来，并不迎战，虚晃一枪，说："原来是你，好生厉害，我难抵挡，快快撤走。"说完，拔马而逃。

如果是个聪明人，就能看出这是诱敌之计，断断不能追赶。可此时黄祖已被激怒，哪还去管这些，他一抖马缰，大刀一举，纵马追了下去。追至一土岗前，太史慈往前一跳，突然从马上栽下，黄祖一见，大喊一声："贼兵该死，快拿命来！"随之冲上去举刀就砍，谁之刀还没举起来就连人带马掉进陷坑里面，这太史慈马上从前面折回，手举金枪，喝令军士将黄祖拉上来，绑了个结结实实。

被绑后的黄祖仍是横眉怒目，对太史慈说："你到底是何人？为何不敢道上姓名？"

太史慈笑笑说："你这鲁莽之徒，只想一刀将我劈死，哪能容我通姓报名？我叫太史慈，现在孙权将军手下任职，你可听清？"

黄祖点点头，说："难怪如此狡猾奸诈，原来是你，早有耳闻，曾在刘繇手下，现在给江东当狗，我今被捉，只求速死，绑我何干？"

太史慈说："死期还未到，绑你还有大的用处！"于是，将黄祖送上囚车，直奔江夏城里。

此时的江夏城，早由甘宁攻下。入城后，将黄祖家人皆尽杀戮，并搜其家中的金银珠宝之物，全部装上车辆准备运往江东。工夫不大，太史慈押黄祖到来，二人一商量，连人带物，一齐拉走，所有江东士兵，全部撤出。至此，江夏已成一座空城。半个月后，他们方回到江东。到得城里后，孙权马上命人将黄祖枭首示众，然后把首级摆到孙坚墓前祭奠一番。孙权跪在孙坚墓前，哽咽着叩头说："父亲，黄祖已杀，此仇已报，请安息。"

曹操听得江东孙权已攻下江夏，杀掉黄祖，心中着急，率领浩浩荡荡的军队，杀奔荆州而来。

因刘表刚死，荆州城里一片混乱。客居此处的刘备，会同诸葛亮、关羽、张飞等人，协同刘表家人张罗后事，而刘表的家人却为争权夺利，几乎闹得你死我活。

刘表生前共有两子，长子刘琦，系已死的前妻所生，次子刘琮，乃后妻蔡氏所生。蔡氏，乃诸葛亮之妻黄秀英的亲姨。此人生性刁钻，嫉妒心强，对刘琦态度很是不好，时时处处偏祖亲子刘琮。

刘表身体羸弱，早年曾有意让长子刘琦继承自己的位置，但碍于蔡氏夫人刁蛮，始终没敢言明。为此事，他曾问计于刘备，刘备也曾劝他当机立断，宣布由刘琦将来嗣位，蔡氏母子也就一筹莫展了。可刘表事到临近，又举棋不定、畏缩不前，终是没有明确宣布。结果，他眼睛一合，气一咽，给家人留下一场灾难。

这蔡氏本就刁蛮，旁边又有弟弟蔡瑁、表弟张允。这二人都非良善之辈，好主意没有，坏水却满肚子皆是。他们三个人商量，最好将刘琦害掉，然后刘琮就名正言顺地继承位置，承领荆州刺史这一职务。他们的谈话不慎被一个和刘琦较好的家人听见，马上去向主人通报。刘琦听后大惊，吓得面如土色，举止无措。还是这个家人有办法，告诉他去求助刘备，问问此事该如何办理。刘琦倒很听话，便去问这个客居的刘叔。

刘备听后，感到这事非常棘手，表态也不好，不表态也不好，想了想，说："我家先生在前边，你可前去问他，必有解决办法。"

刘琦从刘备处又去找诸葛亮。诸葛亮见刘琦来找，已知来意，也是一个劲推托。他说："此事很难讲，你我相识已久，刘琮既是你弟，又是我内人表弟，这办法实在难想。"

刘琦见他推托，哪里肯依，又死死缠他，并声泪俱下说："难道你就忍心看我死于他们手上？"

此话终于震动了诸葛亮，他确实清楚他那几个亲戚俱是心地歹毒之人，真说不准哪天将刘琦加害，自己明知却不伸手相救，怎对得起死去的老主人刘表。于是，他思虑起来，片刻之后，说："要想安全无虞，只有一法，就是躲开是非之地。回去后，速和你继母说你已讨厌此地，要去江夏驻扎，她必然答应。"结果真如他所料，蔡氏痛痛快快地叫刘琦去江夏了。

刘琦既走，已无后顾之忧，在蔡氏夫人的主持下，刘琮正式宣布，继承荆州刺史这一职务。

自己的儿子掌了大权，蔡氏终于如愿以偿。但她还有一事担心，就是客居在这里的刘备主仆几人，若不把他们挤走，早晚必是祸害。于是，她和谋士蒯越、弟弟蔡瑁商议一计，邀刘备前来赴宴，席间若将他杀害，就可了却一桩心病。

这天早晨，刘备门前来了一人，说："皇叔，我家夫人感你操劳费心，设立一宴席以示答谢，请皇叔速速前去。"

刘备一听，说声："好，我已知道，告诉你们夫人，我换换衣服就去。"

来人走后，刘备立即到诸葛亮处，说起此事。诸葛亮心头一沉，说："此系鸿门之宴，去者必受其害。"

刘备一听，胆战心惊地问："不去怎行啊？先生你说如何是好？"

诸葛亮回答说："确实，不去也不行，既想加害于你，今天躲过，还有明天。当今之计，只有一法，就是除掉刘琮等人，皇叔可执掌荆州大事。"

十 孔明献计救刘琦·曹操计取新野

刘备一听，摆手摇头，忙说："此事万万不行，刘表乃我家兄，借住此处良久，现乘人之危，夺取其地盘，日后被人说起，叫我如何做人？"接着又说出几个"不行"。

诸葛亮正色道："皇叔此言差矣，荆州所辖俱是三江重地，早有人欲夺在手。咱若不要，不消月余，曹操、孙权定有一人发兵而来，到时后悔晚矣。不若趁此慌忙之际，夺取在手，日后谁来都是徒劳！"见到刘备还未言语，诸葛亮又接着说："刘琮是你家侄，但他年幼稚嫩，无法左右其母。再说，蔡氏也是我的亲戚，论理也不该出此计策。但思之，这非正人君子所为。你不图她，她定除你，为了日后大业，主公切不可优柔寡断。"

刘备点头称是，说道："先生此言不无道理，但我终是认为同为刘氏家族，况刘表生前待我不薄，现在动手，取而代之，如景升地下有知，岂不痛恨于我？思之再三，总觉此事不妥。"

诸葛亮见实在劝说不了，只得长叹一声说："主公实在不忍，只得作罢，但日后如再想取荆州，可就难以得手。现在别无他策，只有速速离开，免招杀身之祸。"

刘备这才点头同意，马上召集众人，收拾行李，静悄悄地逃出城去。至此，蔡氏夫人精心策划杀害刘备的阴谋，终未得逞。

这年十月，曹操大军终于先于江东，急匆匆到得荆州地界，首先占领了新野。

当时新野守军将领名唤季恩，他于刘表在世时提拔而成。此人三十来岁，为人忠诚，虽无出众的武艺，但刘表爱他一心事主，聪明能干，故委派他这重任。

季恩还有一弟，小他一岁，名唤季义，为人奸诈，武艺不高，鬼点子不少。季恩来守新野，也带他同来，委任他做了一名副将。

这天，曹操大军兵临城下，守城士兵速速报告季恩，季恩马上召集众将，商议迎敌对策。

季恩已经披挂整齐，面对众人说："曹操犯境，大军压境，今日只有死战，以此效劳主公信任之恩！"

来的将士们大都点头同意，只有季义摇头反对，他说："哥哥三思而后行。你可想，曹操兵多将广，能人云集。今日来犯，其势不小，我新野弹丸之地，岂能抵挡？如依我见，不如献城投降，保全性命要紧。”

季恩一听，脸色陡变，训斥他说：“不许胡言，刺史待咱情深义重，如今有敌来犯，只有拼死抵抗，另无其他选择。”

季义鼻子一哼，说：“什么情深义重，那年好险命丧他手！”

季义所说，是指前年一事。有一次，季义聚众赌钱，结果输得两手精光，分文不剩。无奈之下，当晚摸进刘表祠堂，去偷供桌上的金杯银碗，结果被人发现，将他痛打一顿。按当时规定，侵犯祖宗利益当处死刑，刘表念其兄季恩忠诚，就免季义一死，只是重责三十军棍。对此，这季义耿耿于怀，不忘旧恨。今日敌兵犯境，他即刻想到献城投降。

季恩一听，又是一声呵斥：“那年挨打，全系你咎由自取。勿再多言，拿枪上马，随我前去征战。”

于是，众人来至城前。季恩等人站在城头往下一看，曹操军队黑压压一片，只听有人在下面喊：“曹丞相大军已到，快快开城迎接！”

曹操也到城下，见城门紧闭，吊桥高悬，甚是坚固，就对城上喊：“我乃曹操，今日来征刘表，从此路过，开门投诚者有赏！”

城上季恩一听，马上叫人放箭，并朝下喊：“曹操，勿要以大压小，我食刘家俸禄，就是刘家人，叫我投降，白日做梦。”说完，也“嗖”的放出一箭。因曹操没有留神，此箭正中他盔上红缨，“呲”的一声红缨落地，将曹操惊得险些落于尘埃，曹操马上策马而归。第二天调集军队又来硬攻，谁知城上檑木滚石，再加乱箭如蝗，攻城军士损失不少，还是没有得逞。

当晚，曹操召集众将，商议如何取下新野，正在这时，有人来见曹操，曹操一问，方知是守城副将季义。

曹操问：“你叫季义，为何来此见我？”

季义小眼睛滴溜一转，说：“丞相别疑我是刺客吧，我不是。守城求官季恩是我哥哥，我恨他孝忠刘表，故来献计破城。”

曹操没动声色，“哦”了一声，说：“你是季恩之弟，怎能背叛兄长，前来投降？”

季义马上接下去说："你是丞相，朝中重臣，普天之下谁人不知，投降于你，总比保个刘表强胜百倍。所以，我要献城投降！"

曹操又问："你有何法破城？"

"明日该我领兵把守城楼，你们早早就去，天亮前就到城下，而后我打开城门，迎接你们进城，岂不是好！"

就这样，双方商量好，季义以投降后当个将军为条件，终于背着季恩把新野城献给了曹操。等季恩发觉后，满城尽是曹操军队，他刚要上马抵抗，早被许褚从马上拽下，绑好后去见曹操。

到得曹操面前，季恩昂首挺胸，大义凛然。曹操问道："你就是守将季恩？"

季恩回答："对，就是那个射你不死的季恩，你要做甚？"

曹操呵呵一笑，说："今日你已被擒还能做甚？我要你投降！"

季恩脖子一挺，说："既已被擒，别无他求，只想一死，方对得起刘景升对我的知遇之恩，要我投降，只是妄想！"

这时，从后边来了季义，嬉皮笑脸地来到跟前说："我说哥哥，你心太死，刘表已经做鬼，还谈什么报恩？今投丞相，还给咱做个将军，何必顶撞，自讨苦吃！"

季恩"呸"的一口，骂道："休叫我哥哥，快快滚去，别在我跟前丢人。"接着，又对曹操说："杀剐存留，任凭你使，如再劝降，白日做梦。"

曹操见状，劝降无望，本想杀他，又心有不忍，如此忠良义士，实在难能可贵，如果收服，定是一个有用之人。可他却是如此执拗。

曹操正思虑间，猛见季恩冲开众人，往北跑去，还没等大家明白究竟是何事，就听他大叫："主公，季恩无能守城，我去也！"说着，头猛地往一巨石上撞，顿时鲜血崩流，倒地身死。待曹操到得跟前时，已然晚了一步。

曹操哀叹一声，吩咐军兵快快解开绑绳，把尸首整理好，对他们说："找副上好棺材，好好将季恩埋藏！"

而这边的季义却滴泪未落，再看愤愤地说"死了活该"，接着，他来到曹操面前，笑笑说："丞相，这守城将军，我就当仁不让了！"

— 192 —

曹操回过身来，铁青着脸，心想，怎么一母所生，竟是如此不同？季恩射我，骂我，我却心无半点儿恨意，而这季义，献城投降，摇尾乞怜，竟是如此让人恶心。这为什么？曹操并未多多去想，望了一眼季义，隔了一会儿说："好吧，你看那边谁来了？"然而，就在季义回头间，曹操猛地拔出宝剑，将他刺死，随后，头也不回地走了。

十

孔明献计救刘琦·曹操计取新野

曹操轻取荆州地
泄愤斩杀孔融

刘表之子刘琮知曹操兵强马壮、势不可当，倘若征战定无疑以卵击石，为保全性命，索性大开城门，迎接曹军进城。曹操轻而易举地占领荆州。刘备逃出荆州后无安身之所，派孙乾面见曹操，想要归服，被曹操一顿训斥，灰头土脸而回。孔融就此顶撞曹操，被曹操罗织罪名杀害。

　　曹操取得新野后，急速带领人马往荆州进发。消息传至荆州城里，刘琮等人一派惊慌。

　　刘琮，毕竟年仅十几岁，面临如此严峻形势，可说是举止无措，一筹莫展。当然，真正掌大权的是他母亲蔡氏夫人和舅舅蔡瑁。当得知曹操大军压境，即将兵临城下时，马上跑到后边去找其母。

　　蔡夫人听到曹军就要到来，马上将弟蔡瑁、表弟张允找来，还有谋士蒯越、傅巽、王粲和大将文聘，共同商议迎敌办法。

　　只听蔡夫人说："诸位大概已知，曹操军队进犯在即，主公已逝。刘琮年小，我乃女流，大敌当前，还仰仗诸位出谋划策，度过难关。"

　　大将文聘首先说话："难关好过，那就是兵来将挡，水来土淹。曹军一到，我先杀他个片甲不归。"

　　文聘刚一说完，坐在旁边的蔡瑁也开了口："仲业将军所说，论理是应如此。但可曾想过，曹操兵威将广，曹洪、夏侯惇、张辽、张郃、徐晃等人，都有万夫不当之勇，凭咱这点儿力量，焉能抵过？"

　　文聘正将回话，文官席上的蒯越也站了起来，说："蔡将军言之有理，如果说仲业英勇，能挡一阵，那么以后恐难再战。我意也是如此，不如迎接曹操进城，免得全城生灵涂炭。"

　　蒯越说完，张允、傅巽、王粲等人全部赞同，就连刘琮母子也未反对。这下文聘眼睛发直，手脚冰凉，他喊道："难道刘家基业就如此拱手相送？你们枉对景升知遇之恩，所为实属卖国也！"

文聘的话，如同一根木棍扎在蜂窝之上，顷刻间，毒蜂飞舞，恶言四起，群起而攻之。一致谴责他不识时务，硬撑好汉，实乃葬送全城百姓。

听至此，文聘牙一咬，脚一跺，气呼呼地走了。余下众人，意见完全一致，做好了迎接曹操进城的准备。

曹操大军已进入江陵，估计明日就可到达荆州城里。晚上，他独坐帐中，正在谋划着到达荆州后，如何攻城占领的事宜，忽然帐外进来一人，抬头看时，哦，是老友蒯越。

曹操忙打招呼："公侯，不在城内抵挡于我，何事找来营中？"

蒯越笑笑说："老友到来，我兑现前言来了。"

兑现何前言，此事只有曹操、蒯越二人知道。

还是少年时期，曹操和在朝内为官的父亲曹嵩住在洛阳城里。因是官宦之家，堂上摆着各种名贵玉器，其中有一件翡翠雕成的骏马，是汉灵帝所赠。晶莹剔透，葱绿放光，不说价值连城，也是珍贵难找。所以，曹嵩爱不释手。

一天，有两个伙伴来寻曹操玩耍，其中就有蒯越。在玩耍期间，蒯越不小心将翡翠骏马打碎，顿时吓得直哭，他虽不知此物有多大价值，但就曹家的重视程度来看，他家是买不起的。这还不算，此是皇帝赠物，遭此破坏，定是死罪一条。为此，曹操当时也很害怕。

正当几个伙伴害怕之时，曹嵩忽然回家，看见心爱之物被毁，立即大声发问是何人所为，直吓得蒯越面如土色，不敢说话。曹嵩一见，一把抓住蒯越的衣领，问："是不是你摔坏的？"

此时，曹操往前一走，说："快把人家放下，与他无关。是我将它撞倒，掉地摔碎，父亲打我吧！"

曹嵩放下蒯越，上前狠狠打了曹操两个耳光，因为是自己儿子所为，也只得作罢。自此以后，蒯越对曹操感激不尽。

后来，二人一同读书，经常以此事开玩笑。一次曹操问他："公侯，我曾救过你一次，日后如何答谢？"

蒯越立即回答："如果咱俩各在一城为帅，你若来时，我定献城于你！"

当时，此话虽是笑谈，但时过四十多年，尚未忘记。后来，二人各奔一方，曹操成了朝内权重之人物，而蒯越辅佐刘表占据荆州地域。

蒯越是个聪明之人，他早已看到刘表此人不能成大事，又见其家庭分崩离析，挤走刘琦，刘琮年幼无知，蔡氏夫人刁蛮掌政，又加上蔡瑁、张允二人俱是不良之辈，所以知道曹操要来攻城，就有心将城献出。现在，偏偏几个人都愿投降，岂不省却自己许多麻烦？所以，今天特意出得城来，先给曹操通个口信。

曹操听完，拊掌大笑，说："公侯兑付前言，真仁人也！"于是，二人谈了一些荆州城内的情况，在提到武将之时，蒯越说到了文聘。他说："文聘将军赤胆忠心，是条好汉。他虽阻挡丞相入城，其情可原，入城后要善待之。"

曹操朗朗一笑，说："忠臣孝子，我之爱也！这样之人，骂我，厌我，皆不怨矣。"

千古枭雄曹操

曹操所说，确是实事。在征服袁谭，将他杀戮后，曹操曾经号令，不准收尸。可袁谭的一个偏将名叫王修，却逆令而行，定要去给袁谭收尸。军士报告曹操后，曹操问这个王修："我已下令，给袁谭收尸者斩首，难道你不怕死？"

王修凛然回答："丞相号令，我确知晓，但想到袁将军生前对我不薄，让他暴尸街头，我心不宁。待我将尸收好，任杀任剐，决无怨言！"

曹操听后，立即恩准，王修收好袁谭尸后，来至曹操面前，引颈受戮，曹操将他扶起，大加赞扬。从此，王修成了曹操营中的忠诚官员。

还有一个叫毕谌的，他曾在张绣手下当将官，张绣归降后，这个毕谌终不肯降。为此，曹操很是生气，问他："主已归顺，你何不投降于我？"

毕谌回答："我从军时，家父曾经嘱咐，人要有节，不事二主。今家父尚在，我岂改变初衷？待他殁后，我定来投奔丞相。"

毕谌所说，曹操十分钦佩，发给他百两黄金，回家敬父。两年后，老父去世，毕谌终来曹营，被曹操委任一个校尉。

蒯越从曹操处回来后，并未声张。第二天，曹操大军到得城下，蒯越急急告之蔡夫人，蔡夫人偕同刘琮、蔡瑁、张允和蒯越，开城门出迎曹操。自此，曹操没损一兵一卒，将荆州夺回自己手中。

荆州落到手后，曹操开始进行封赏，封蒯越为山阳侯，户邑三千；封傅巽琼山侯，户邑一千；封王粲襄阳侯，户邑一千；封刘琮为青州刺史，蔡瑁为正阳将军；张允为水师将军。现在只有文聘没在。当曹操得知文聘在江陵老家时，忙带领许褚、蒯越，黑夜赶往江陵。

到得江陵后，寻到文聘家中。蒯越告知家人，曹丞相前来拜访。家人速速进去告知文聘，文聘急速出来相迎。

曹操呵呵一笑，说："仲业将军一向可好？曹某拜访来迟，还望海涵。"

文聘急忙还礼，说："曹丞相何必如此，实实折煞小人。文聘现已为民，何劳丞相足登寒舍！"

曹操上前拉住文聘的手说："闻知仲业武艺超群，为人忠诚，我实慕之，特请将军共举大业，想必不能推却。"

文聘长叹一声，将曹操主仆三人让进内厅落座，叫人斟上茶水，几个人边饮边谈。

曹操喝口茶水，说："仲业方才长叹，莫非有难言苦衷？"

文聘看看曹操如此待己，深受感动。感动之余，心内仍是极不平静。停顿片刻，他说："丞相此来，文聘受宠若惊，实是难以承受。但我抱愧的是，我主刘表待我不薄，曾委托于我守住城池，助幼主成其大业。可我身无能，荆州失守，主公所托化为乌有，怎好再图富贵，封官晋爵？"

曹操和蒯越，也为文聘的忠心所感动，多好的将军，多有情义的君子啊，此人不用，还有何人？想至此，曹操说："仲业所言，以明心志，不仅我们三人有感，就是景升地下有知，也会对将军赞叹有加。方才你言，荆州丢失，岂是你责？景升在世，用人不当，治家无方，蔡氏专权，荆州在这些人手中，怎能完好？今日承请，万勿推辞。"

曹操话音方落，蒯越也接着说："仲业将军，咱都共事一主，彼此心心相知，你可用心思量一下，景升所为，怎能和丞相比拟？讲才智，胸无点墨；论谋略，满脑空白；讲用人，有失公道；讲创业，目光短浅。咱追随这样之人，焉能有好出路？"

曹操和蒯越的话，句句点在文聘心中，细细想之，句句属实，皆金玉

良言。但思想上的弯子还是难以扭转。所以，尚未开口说话。

此时，待在旁边的许褚心中着急，他心想，怎么这么不识相，还不答应归降？思至此，他开口说话了："文聘，我是直人，不会讲文雅之语。你只是刘表一员战将，并未有功于丞相。丞相何等身份，一人之下，万人之上。今看将军是一人才，方躬身前来请你。如是他人，只消我们来上几人，将你绑去就是了。"

许褚的话虽粗糙，说的倒是句句在理，曹操、蒯越放声直笑，文聘脸一红，终于说道："仲康所言，把我敲醒，文聘何德何能，还赖在家中不走？好，现在我已属丞相之人，日后愿给丞相牵马坠镫，追随一生，以报今日相邀之恩！"

文聘终于随曹操三人回来了，回来后，曹操立即封他为江夏太守，统领将军。

随着荆州被占，踌躇满志的曹操心里又轻松了许多。

是啊，这长江沿岸的肥沃地域荆州，自建安三年到得刘表手里后，经过十年的治理，其地域广阔，范围很大。当时，共含南阳、南郡、江夏、零陵、桂阳、长沙、武陵七个郡，真正是"南接五岭，北据汉川，地方数千里，带甲十余万"，境内"万里肃清，大小咸悦而服之"。基于这点，方令各路诸侯觊觎，妄图取而占之。今日，他们都梦想落空，唯我独独占领，实在叫人乐不可支。

几个月的征尘洗涤，曹操好久没有今天这般心情轻松。他招来许褚，主仆二人要到荆州城里浏览一番。

荆州城，地处江南，风景美丽，宽宽的街道，高耸的房屋，密集的店铺，车来人往，实是繁华。此处的风光，远比处于黄河以北的邺城强胜几倍，难怪刘景升独处十年不走，只是此人迂腐无能，守不住这富贵之地。

曹操边走边想，思绪起伏。

二人正行走间，来到一座庙前。在这里，有一宽阔空地，只见众人围成一个圆圈，喝彩之声不断传来。

曹操感到惊诧，众人在看何事如此高兴。他快步走上前去看，因他个头不算太高，站在人群后边，根本看不清里面的情景。

见此状况，许褚想出一法，他抓住曹操后面衣带，从背后一使劲，呼啦啦前边趴下十几个人，许褚拉住曹操，快步走到前边。

到得圈子里边，曹操这才看清，里面是一卖艺之人，牵着一只猴子，猴子在众人面前翻跟头，踩高跷，旁边一只小幼崽，跟在大猴后边蹦跳玩耍。这猴子大概是母子两个，非常亲昵，有时大猴表演，小猴上前掺和，耍猴之人则举起皮鞭一阵猛打，直打得猴子"吱吱"乱叫。正看间，曹操忽见小猴子抱住母猴不放，钻在肚下就要吃奶，母猴无奈，只得停下，而耍猴人哪里允许，上去抓住小猴子往远处一扔，直摔得它倒在地上四肢乱抖，"嗷嗷"啼叫不止。看至此处，曹操心中很是不忍。可能是过于饥饿之故吧，小猴子又翻身而起，继续走在母猴身边仍要吃奶，耍猴的人急忙举起皮鞭又要去打。曹操实在看不下去，大喝一声"住手！"

耍猴人被这一喝，举起的鞭子停在空中。一同观看的人们也都惊奇起来。耍猴人忙问："你是何人，管此闲事？"

曹操跨前一步，说："难道你就心忍，对小崽如此虐待？"

耍猴人一听就为这事，瞪着眼睛说："你多管闲事，我花钱买猴挣钱，打与不打，与你何干？"

曹操笑笑说："虽与我无关，可小猴饥饿，我看可怜，最好别打，吃奶后再耍不迟！"

耍猴人冷冷一笑，说："你倒心软，可怜它就给钱把它买下，有钱吗？"

好气人的艺人，曹操没动声色，早把许褚气得七窍生烟，听完话，就要从后面上去揍他几拳。曹操把他拉住，问耍猴艺人："我还真想买下，要多少钱？"

耍猴人翻翻眼睛，隔了一会儿说："买大的五两白银，小的三两，娘俩都要给七两！"

曹操一听，心想这艺人真正是在讹人，哪里值这么多钱，但转念一想，也行，于是，从许褚手里要过十两银子，交给耍猴艺人说："多给你三两，猴子归我了！"

耍猴艺人高高兴兴地接过银两，一句话没说，扔下猴子匆匆忙忙地走了。而曹操主仆二人，一人牵着一只猴子走在大街上，引得满街人观看。

十一 曹操轻取荆州地·泄愤斩杀孔融

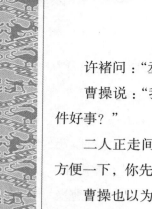

许褚问："丞相，咱买猴子何用？"

曹操说："我看母子两猴实在可怜，咱买回把它们放回山林，岂不做件好事？"

二人正走间，许褚忽然把小猴交给曹操，说："丞相，我有尿了，去方便一下，你先一齐牵着。"说完，扭头就走。

曹操也以为这小子是让尿憋的，于是接过来，待在一旁等着。工夫不大，许褚气喘吁吁地跑回。曹操问："仲康，怎去这长时间？"

许褚一笑，说："我撒个谎，哪去撒尿？这耍艺人太没人性，追上他把咱的银子夺过来了。"

曹操一笑，并没责怪许褚的鲁莽，主仆二人很快牵猴回到营中，交与两个士兵，放到郊外山里去了。

曹操坐在营帐之中，思忖着刚才街上的一幕，尤其是许褚追回的十两银子，使耍猴人猴财两空，觉得很是可笑。对这些奸诈、不善之人，实施一些惩罚也有必要。

正思虑间，忽听门外有人说话，刚想发问，只听门帘一响，一前一后进来两人，定睛一看，原来是蔡夫人、蔡瑁姐弟两个。

蔡瑁自被封赏正阳侯后，心中无比高兴。高兴之际，他又想，如要巩固自己的地位，必得格外靠近曹操、笼络曹操，使曹操待自己更加亲近。用什么方法呢？他想到了寡居的姐姐。

他的姐姐自十六岁嫁与刘表，到这已有十几年的时间，现在年龄刚进三十，正是激情澎湃之时。她长的虽说不是花容月貌，但端详起来也并不难看，实际上比起当年的貂蝉也毫不逊色。不然，当时权势那么大的刘表也不会娶。现在刘表撒手西归，剩下姐姐一人也实在寂寞难耐。听说曹操离女人又是很近，如果将姐姐介绍与她，凭着姐姐的姿色，再用些风流手段，他决无不答应之理，到时候，姐贵弟荣，我蔡瑁可就一步登天了。

想至此，他来到蔡夫人房中，把自己所想说了一遍，这蔡夫人立即满口应承。

蔡瑁感到很是诧异，今天姐姐为何答应得如此爽快。确实，蔡瑁根本不知其姐所想。

早已说过，这蔡氏夫人心地不良，今见曹操占据荆州，她嘴上不说，心中却愤恨不已。因为这块土本应属于她儿子刘琮所有，现在让人占了，她怎甘心？只不过是无力回天罢了。

要想回天，夺回已失的地盘，硬拼是办不到，只有使用软的手段，而软的手段，就是凭借自己的姿色，去迷惑这个非常喜爱女人的曹操，混得火热后，再寻机予以加害，成功也就有望了。正思量如何去面见曹操时，偏蔡瑁来到。于是，姐弟俩策划一番，径直来找曹操。

曹操忙打招呼："嫂夫人、蔡将军快快请坐，来此何干，请自明言！"

蔡瑁赶忙回答："闲来无事，姐姐想见丞相，有话一叙，特相陪来此。我还有事，你们先谈，我去去就来。"说完，蔡瑁转身而回。

屋中仅剩曹操和蔡氏，曹操又问："嫂夫人找我，想必有事，是否有人相欺或是下人照顾不周，若是，直言相告，我必去追究。"

蔡氏忙着回答："并无要事，只是想着丞相来荆之后，待我一家甚为优厚，实实感激不尽，思想之下，特来致谢。"说着，拿眼瞟了曹操一下。

曹操正听之间，也一抬头，二人相视，都觉对方目在传情，不觉心有所动。

自蔡氏进屋，曹操也未细看一眼，现在这么一瞥，总算看个清清楚楚。只见她颜面无粉自白，身材不高不矮，弯弯的眉毛下，长有一对传神的双眼，虽不似貂蝉那么妩媚，但也多姿多彩。看至此，曹操递上茶水一杯，这蔡氏伸手一接，曹操趁机一把抓住，戏问道："嫂嫂芳龄多少？"

蔡氏手也不缩，红着脸说："妾身已近三十，还谈什么芳龄？红颜退尽，已惹人嫌矣。"

曹操松开手，故轻声说道："不必悲伤，我自不嫌，若是有意，今晚可来营中！"

蔡氏又用眼轻瞟一下，含羞点头，款款离去。

贾诩正巧有事，准备来和曹操商量，刚想掀帘进门，听得里面有女人说话，就停在门外等待，二人的话语听得清清楚楚。贾诩心想，这个女人，绝非寻常之辈，如被她钓到，必有祸事临身。

这贾诩真正聪明，其洞察力可谓特强。他见蔡氏一走，马上进到屋

中，曹操忙招呼："哦，文和来了，请坐！"

贾诩坐下，单刀直入地询问："丞相，此女是否前来献媚献色？"

曹操根本没有想到贾诩问得如此直爽，如是别人，兴许发怒，可这贾诩现在绝非他人所比，因此也就没有发火。但他问得实在突然，没有思想准备，一时很感窘迫。他满脸通红，说："你，文和怎如此说话？"

贾诩一脸正经地又说："我在外已听多时。丞相可知有句俗话'当事者迷，旁观者清'？这个女人非同一般女子，她自跟上刘表以后，处处为难于他。刁钻蛮横，心地不善，人人皆知。她来献媚，必有其意。如果献色，必有所图。所以，丞相切勿入她圈套，免得吃亏上当！宛城之训不可不记啊！"

贾诩一番话语，如同盛暑下的一瓢冷水，泼在曹操的头脑上。曹操浑身打个激灵，顿时醒过神来。他何尝不知蔡氏的为人？公子刘琦，险丧她手；刘备主仆，被挤出城，全是此人佳作。如今送色上门，岂有白占之理？弄不好，重蹈宛城覆辙也未可知！想至此，他对贾诩说："文和所说，金玉良言，我当谨记。只是她今晚若来，如之奈何？"

贾诩一笑，说："请自放心，我必有安排。"

晚上，街上一片漆黑。蔡氏满脸浓妆，穿着一身艳服，轻快地直奔曹操营帐而来。走至拐角处，突然上来两个莽汉，一把将她摁倒在地，刚要喊，嘴里立即被塞上一块麻布。两个莽汉将她紧紧捆上，往肩头一扛，直奔城西而去，到得江边，狠劲一扔，只听"哗啦"一声，这蔡氏连哼都没哼一声，就顺流而下，命丧长江，死尸喂鱼去了。

当然，这些全是贾诩所为。

第二天，曹操找来蔡瑁，故意发问："你姐已说好，昨晚怎么没到，此举实在令人失望！"

蔡瑁摸摸头，不解地说："是呢，今晨我去找她，也未在家中，不知去了何处，丞相勿急，我再去找！"

近来，曹操闲暇无事，经常到各营帐看看。各营帐间，众将大都在抓紧时间操练人马，唯家中几个将官，待在营中闲坐，有的去野外郊游，有的去深山打猎。

看到此情此景，曹操心中甚是不安，外来将士都没懈怠军情，唯家人如此，实是不该。

于是，在第二天，首先把曹丕叫来。

曹丕来到后，问："父相唤我有何事吩咐？"

曹操让曹丕坐下，说："子桓，你是带兵领将之人，事事都应从严从紧。昨日我见各营都在操练兵马，唯你们四处玩耍，懈怠军务，这是断断不行的！"

曹丕没有坐下，而是垂手站立，向曹操回答道："父相所言甚是，当今天下尚未太平，不应松懈斗志，贪图玩耍，从明日起，我将督促家弟多多练习武艺，以图后进。"

"好。正是应该如此！"曹操见曹丕回答得很好，心甚高兴。接着说："明日你们练兵，我要去看。"

第二天，曹操果然早早来到曹丕这里，只见众位兄弟齐聚门前，一个个腰佩短剑挂刀，紧身打扮，精神抖擞。曹操一见，非常高兴。

曹丕来到曹操面前，说："父相，你看今天如何进行？"

曹操坐在一把椅子上，满脸堆笑地说："比试武艺，看看都有什么长进！"

曹操一说，曹丕立刻照办！他将人员一组一组地分开：曹休与曹彰一组，曹真与曹彪一组，曹植与曹铄一组，曹熊与曹冲一组。这四组人俱是曹操子侄辈之人。为了在曹操面前好好表现，每个人都做好了思想准备，好好比试一场。

曹丕一声令下，先比射箭，于是众人都搭弓在手，瞄准箭靶，"嗖嗖"射去。有的技艺超群，箭箭中靶，而有的则差些，时有走空。尤其是刚刚十多岁的曹熊、曹冲射的更是差劲，但他们岁数尚幼，只要勇于比试，就是不错，为此，曹操还鼓励一番。

接着，比试赛马，骑马捡物。只听战鼓紧擂，马蹄得得，各式各色的马匹。在赛场上驮着主人驰骋。一件件的物品随着马匹的飞过倏地被从地上拾起，一面一面的小旗也在马蹄得得声中被拔干净，众人又是一片喝彩。

最后是比试练刀练剑，砍砍杀杀，只许武器相碰，不准误伤于人。

首先，曹休和曹彰对打。这二人都是久经战阵之人，曹休使用的是把宝剑，明晃晃映人二目，而曹彰也使出了一把好剑，即原来曹操所赠，被曹丕调包的那把。曹彰并不知情，以为父亲所赠，定是克敌宝物，平时不曾使用，今日比试，正是显露之时，何不借机用上一用？于是，他也没和曹操、曹丕说，就拿到赛场上一用。

曹休、曹彰二人骑在马上，一招一式地比试起。若论武艺，曹休高于曹彰，可若论力气，曹彰大于曹休。所以，二人打得棋逢对手，不相上下。最后曹彰一急，抽出华丽的宝剑向曹休剑上砍去，曹休赶紧用剑一迎，只听"咔嚓"一声，曹彰的剑折成两截，曹彰一看，原来是把假剑。

曹彰的剑一断，急坏了两个人，一个是曹操，一个是曹丕。

曹操很着急，忙把曹彰叫过来问："子文，我且问你，你使之剑，可是子桓代我给你那把！"

曹彰手拿半截断剑，回答说："正是那把！"

曹操走至跟前，接过一看，大惊失色，这哪是那把？那把宝剑是国外所送，寒光闪闪，锋利无比，且钢口很好。这把剑只是街头卖艺人所用，只有华丽的外表，没有丝毫使用价值。想至此，他厉声喊叫："子桓，你快过来！"

此时的曹丕早已吓得面如土色，他没有想到曹彰会拿出此剑来参加比试，现在马脚一露，怎么应付？正害怕间，听得曹操呼喊，立即过来，垂首站立。

曹操何等精明，他早已悟出这是曹丕搞的调包之计。他气愤至极，喝令曹丕跪下。

曹丕听话地跪于曹操面前，曹操厉声问："你说，这是怎么回事？是不是你从中做了手脚？"

曹丕情知无法申辩，于是只得承认错误。他说："父相，子桓知错。当时父相给子文一把好剑，我看很好，就私藏留下已用。用一把孬剑搪塞过去。今日想来，实是不该，望父给予责罚。"

曹操的火气还没有消，他说："私自留物，这于德、于情、于理俱是

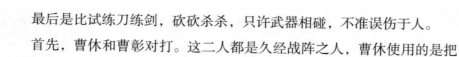

千古枭雄曹操

不该。我给之物，你从中截留抵换，使我蒙受不实之名，这是缺德；给你司胞之弟孬剑，若在战场使用，必遭敌害，这是居心不良，属无情无义：如此办事，失信于人，先己后人，尽是私心，这是失理。犯此三条，应该重罚。"接着，他喊来簿籍官，给曹丕减薪俸半年，回营面壁两天。

说实在的，曹操还是在庇护曹丕，众目睽睽之下，发现此咎，不知以后怎么服人？若论性质，就是处斩也不为过。因此，众人一个说情的都没有。否则，若待日后曹丕掌权以后，均遭他的打击和报复。

夺取荆州后的曹操是高兴的，但从荆州避难出逃的刘备却是心如油煎，浑身难受。

刘备身边尽管有万夫不当之勇的义弟关羽、张飞和大将赵云，又有谋略精深的诸葛亮，但仍没有摆脱疲于奔命的境地。他此时尚无固守的存身之地，也无与他人匹敌的军事力量。他只有依靠众人的谋略，慢慢摸索，徐图前进。所以在他称雄天下以前，走的就是"韬晦""忍让""逃脱"之路。

这次从荆州出来，他们一路来到樊城。到了樊城后，他们又谋划起下一步的出路问题。

到得樊城后的第二天，诸葛亮因家中有事暂被人叫回。军中的谋士只剩孙乾、糜竺、简雍等人了。

谈到以后的出路问题，孙乾说："曹操大军压境，终占荆州。此地离荆百十里路，对我仍存有很大威胁。以我之见，派人去荆州见见曹操，陈说一下我们的难处，央他不必逼迫于我，他不会不应。"

刘备众人一听，也觉有理。现在暂且委屈一阵，待日后兵强马壮之时，再抗衡于他不迟。

议定以后，决定仍是由孙乾前往曹营。谁知他到了曹营以后，曹操根本无暇搭理。

这天，天气晴朗，风和日丽，刚刚脱去棉衣的人们，感到格外地轻松和愉快。此时的曹操和一些文官武将正在营盘中饮酒作乐，自在逍遥。

曹操和众人围成一圈，边喝酒，边看着十几个美女跳舞。跳舞期间，有乐队伴奏，吹笛的、鼓瑟的、拨筝的，古牌曲、乐曲混杂在一

十一　曹操轻取荆州地·泄愤斩杀孔融

起，奏出一支支优美动听的曲牌。那些舞女，白衣拖地，排舒长袖，腰肢扭摆，两脚走动，随着优美的曲牌跳出眼花迷乱的舞蹈。在席上喝酒的曹操众人，举着酒杯，哼着歌曲，看着美女，好不自在。

孙乾被人带至曹操跟前，往前一站，躬身施礼说："丞相，孙乾这厢有礼了。"

此时被酒精染得满脸通红的曹操已经失去了往日的风采。他醉眼蒙眬，斜着眼看着孙乾，说："你来何干？"

孙乾回答："我主刘备，有……"

没等孙乾说话完毕，一听"刘备"两字，曹操就火了起来。他大声说："什么刘备？野心家、大耳贼。想当年，我待他不薄，却给我不辞而别。我南北征战，他东躲西藏。现在我拿下荆州，他又来做甚？回去告诉与他，不日我就征讨他！"

好家伙，气势汹汹，根本不容人说话。面对这种形势，孙乾怎还能待着？于是，他怒容满面，两手一甩，出了曹操营帐，回归樊城复命去了。

对于曹操所持的态度，有些人很不服气，代表人物正是孔融。

孔融本来就和刘备要好，而曹操的许多做法孔融又不满意。所以，他经常怨声载道，恶语相间，极尽讽刺挖苦之能事。因此，曹操对他耿耿于怀，总想除之以后快，只是没有适当的机会，又碍于他是孔夫子后人的影响。

今日孔融一见曹操如此对待孙乾，立即站起来，大声说："丞相，今取荆州，还未取得江东、蜀汉和西川，何功之有？刘备派人前来，想必有事相商。不问青红皂白，训斥而回，这就是英雄所为？"

孔融一席话，险些把曹操气死，本想训斥几句，可孔融说的又句句在理，在这欢乐时刻，在众人面前曹操失去这个颜面，如何受得了？他站起来，"啪"的把酒杯一摔，愤然离席而去。曹操一走，谁还有兴趣玩乐下去？于是，一哄而散，方才这十分热闹的营盘，立即空无一人。

人们离席而去，满屋的杯盘器皿还摆在桌上。在这些器皿当中，有许多是玉和金银制品，非常值钱。此时，有一个叫路粹的人见有可乘之机，竟蹑足潜踪地溜进屋内，拣着许多值钱之物，划拉成一堆，找块布包起来

就走。谁知刚走一步，进来几个收拾酒席的士兵，见路粹盗窃这么多值钱之物，马上将他捉住，绑起来送到曹操面前。

此时的曹操还在屋内生着闷气，恨孔融恨得牙根直咬，心中暗说：若不把你除掉，从此不再征战！正思虑间，有人进来，将盗贼路粹押上，兵丁和曹操一说此事，又把曹操气得脸色发白，挥挥手说："情属可恶，推出去砍了！"

这路粹一听，忙叩头求饶，说："丞相，看在我是跟随你多年的老兵，过去一向守节，饶我一死吧！"

路粹说的倒是不假，还是在曹操初带兵之时，这路粹就到了队上，因他拖拖拉拉，多年征战终是士兵。现在跪地求饶，曹操心有所动，便说："你不愿死？"

路粹说："真没活够！"

曹操对他说："没活够为何偷盗宝物？这犯的实属死罪，难道不知？"

路粹又是叩头，哆哆嗦嗦地说："丞相饶我一命，日后定肝脑涂地，以死相报。"

曹操说："好，我暂且饶你，但必须给我办一件事情。"说完，看看两个兵丁还在，就把他们打发出去，接着说："你注意孔融，罗列一份材料，历数他的罪恶，弄好后，不仅此罪免去，还给你官职！"

路粹一听，又是叩头拜谢，忙说："丞相所说，小人谨记，不日即有结果。"

这个路粹本来是个小人，缺德之事件件办全。这次让罗列孔融罪证，正是他的拿手好戏，没用几天，就编了出来。

这天，他来到曹操营中，将罪证材料一一奉上，曹操一看，写的有板有眼，虽说全是不实之词，但如同真的一般，就对路粹说："写得很好！孔融这些罪状，是定斩之罪！"

路粹眨眨眼睛，问："真的斩首？"

曹操说："铁证如山，岂容推卸？"说完，将许褚叫来："带几个人把孔融抓来，我有话问，还有，把这路粹找个地方款待一下。"

路粹还在发问："丞相，我的官位怎办？"

没容曹操回答，许褚抓住他的衣领呵斥道："快走吧，到时候丞相岂能忘你！"

工夫不大，许褚带着几个兵丁，把孔融带至曹操营帐。曹操铁青着脸，把桌案一拍，说："孔融，你仗着是一老臣，孔夫子后裔，竟然屡屡攻击朝廷，宣扬不孝父母之道，不守君子之规，这些均是灭门之罪！"

孔融刚要申辩，曹操挥挥手，说："仲康，推出去速速斩首！"工夫不大，许褚将孔融血淋淋的人头扔在地上。曹操冷笑一声说："文举，请勿怪我无情，我已受指责多年，今日方舒心臆，是你咎由自取也。"接着，他问许褚："那个路粹放在哪里？"

许褚回答："后面营房，有两个人看守！"

曹操手一挥，说："那是个坏事根苗，不可留也，快打发他走！"

许褚领命，不一会儿，就将路粹斩首于营房一侧。

千古枭雄曹操

这些事情办完后，曹操命人将孔融的罪状一一公布在外，让众人知道，孔隔被斩，因为犯下的全是不赦之罪。

孔融已除，曹操心中的恶气消去一些，但细想起来，此事皆因孙乾的到来所起。细想之，若不是孙乾前来，我不至于发脾气；我如没气，孔融也不会指责于我；他不指责，我也不致加害于他；不加害于他，营盘内外，文官武将也不致多有微词。这一切，皆是由刘备引起，现在，他们居住樊城，近在咫尺，若灭他们，易如反掌，此时不去，更待何时？

想到这里，他让许褚唤来文官武将，商议消灭刘备一事。

见众人到齐，曹操开口说话："今日相请，议论追剿刘备一事。此人逞雄，有心无胆，难成大事。趁此时机，不若早日除之，不知诸位意下如何？"

谋士荀攸又是第一个说话。他说："追剿刘备实是应当，但丞相所说此人无胆，我看未必，不除早晚是害！"

荀攸说完，程昱马上接茬。他说："就是前去征战，也须小心为是。且不说他身边的关羽、张飞、赵云等将，就那诸葛孔明，实是难以对付。"

二人几乎同音同调，曹操听之很反感，他不满地说："你们所言刘备、诸葛亮十分了得，难道他们武能敌我众将，文能比你公达、仲德？待我发

— 210 —

兵，不消一天，定将他们消灭。"

见曹操口气如此之大，绝非好兆头，贾诩要上来降降温度，他说："丞相切勿掉以轻心，刘备、诸葛亮非当年袁术、袁绍、吕布等人所比。还有，江东孙权，虎视眈眈，时有进攻荆州之意，也须提防为是！"

贾诩此话，曹操更不爱听，他站起身，大声说："别说刘备，我有所知。就那诸葛亮，山野村夫，何能之有？还有江东孙权，碧眼儿郎，更不值虑，怎的今天诸位如此胆小怕事？"

正如曹操自己所说，今天不知他是怎么回事，不，应该说是在前几天，不知身犯何病，急躁、狂傲，议事明为商量，实则武断。

前几天，各营将士本来正常练兵，他突然喝令停止，让大家玩上几天，又召集众将，连续喝酒玩乐，真是歌舞升平，大有天下相安无事的样子，因阻拦于他，曹仁、曹丕都挨了他的训斥。现在，议论起刘备、孙权来，又如此轻敌，实是令人费解，不知何意。

正当大家不解之时，门外忽然进来一人，在曹操旁边耳语一番，他马上面向众人，说："今日所议，就此结束，对刘备追剿，日后再行谋划。"说完，随那个人走了，就是连护卫将军许褚，也没带领。

这更使大家疑惑不解。刚刚议论追剿刘备，顷刻之间就被取消。

一场惊天动地的大难就要落在身上！大难，也许使你沉沦，也许使你变得更加坚强。总之，这是一场严峻的考验！

十一 曹操轻取荆州地·泄愤斩杀孔融

诸葛妙计败孟德
曹操将计就计

诸葛亮用激将之法，诱曹操人马杀往樊城。曹军在城中遭刘备军队埋伏袭击，大败而归。曹操将计就计，令伙夫吴直向刘备谎报曹营军情，刘备中计派张飞带人马突袭曹营，在阵前遇险，幸得关羽相救。

孙乾带着刘备的使命，来到曹营摸底，被曹操一顿训斥而归。当刘备听后，也觉得十分气愤。

刘备在房中坐定，自顾唉声长叹。他说："想我刘备，出仕以来，风雨颠簸数十载，至今尚无立锥之地，栖身诸家，委曲求全，好不令人悲伤也！"想罢，落下几滴泪珠。

刘备的话说得虽是酸楚，但也确是事实。

他刚刚起兵时，因手无分文，十分艰难，靠中山王国两个善人济财资助，方得以招点兵、买点马。有了兵马，就被朝廷录用，先去征剿黄巾起义，有点儿成绩，被授予"安喜尉"这一小小的官职。当时，他的两个义弟关羽、张飞对此很是不服，怨恨朝廷无道，没有慧眼识人。当然，他们看的只是表面现象，实质上朝廷难以驾驭当时的局面，一切封赏任用人员，全归董卓、何进一班权臣说了算，刘备人贫性耿，疏于入朝打点，别说功劳不大，就是功勋卓著，董卓之流也不可能委以显赫之职。

没有重要的官职，就没有重要的地盘，没有地盘，就少有人员来投，而自己则带着两个义弟和妻子四处流浪，寄人篱下。后来，好不容易当个豫州牧，因董卓之乱，避到徐州好友陶谦府内。陶谦死后，自领徐州牧。刚说有了地盘，又有吕布犯乱，被赶出徐州。从徐州奔了袁绍，又被曹操追得四处逃窜，避死逃亡。后来不得已投靠曹操时，又被曹操怀疑，死死束住手脚。由于袁术犯境，借被派去攻打袁术之机，投奔荆州刘表，又被

刘表的夫人、内弟蔡瑁猜忌，险些被杀丧命。这条坎坷之路，这步步挫折和眼前仅仅借助樊城栖身的境地，也难怪刘备落泪伤心。然而，就是目前这个样子，曹操还不想放过，依仗兵强马壮，妄图灭之而后快。

思想至此，刘备又长叹一声说："看来，曹操真不容我也！"

见刘备这个窝囊样子，站于旁边的关羽、张飞、赵云等将十分恼火。尤其是那脾气火暴的张飞，高声喊道："大哥何必如此，曹操不来则罢，来了咱以一当十，将他们打个落花流水。"

张飞，字翼德，涿郡人氏。生的身高八尺，豹头环眼，络腮刚须，卖肉为生。自幼脾气暴躁，好打不平。一次卖肉时，见街上两个恶奴在欺负一个老妪，他放下肉刀，来至近前喝问："两个恶痞，为何欺一老妪？"

那老妪颤颤巍巍地说："客官，我身佩一块玉坠，乃我传家之宝，被他二人看见，强行索取，哪有如此道理？"

两个恶奴踢了老妪一脚，骂道："大爷喜欢，你就快给，何必如此啰唆！"接着冲张飞吼道："你不好好卖肉，与你何干？"

张飞火气更大，上前一手一个，拉住两个恶奴耳朵，厉声问："再动手动脚，要你俩小命，说，你们给何人强索玉坠？"

两个恶奴早已疼得龇牙咧嘴，"嗷嗷"乱叫，但又难以挣脱，只得哀告："张爷，饶了我俩，不关我事。是我家督邮老爷，见此玉坠价值连城，特叫我们前来索取。你有胆量，找他去吧！"

看样子两个恶奴认得张飞，听他俩这么一说，张飞哈哈一笑，说："小小督邮，有何不敢？就是当今天子，光天化日欺人，也敢揍上两拳！"说着，双手一使劲，将两个恶奴的头猛地撞在一起，喊道："去吧！"尔后，收拾肉案，拉着老妪，去找督邮。

张飞带着老妪，找到督邮。此人官职相当于一个邮政局长，有钱有势，为非作歹，涿郡街上无人不恨。见张飞带老妪来到，高兴地说："老太太真正识相，把玉坠送来家中！"

张飞冲到督邮面前，猛地扬起一脚，喝声："给你玉坠！"只听"咚"的声，督邮如同一个足球，飞起五尺多高，落下后，不偏不倚掉在猪圈之内。几头肥猪不知从天下掉下何物，一齐来拱督邮。督邮如屠猪般嚎叫起来，连呼："好汉饶命！"

张飞见状，哈哈大笑不止，戏谑地说："以后再仗势欺人，强抢民物，一脚把你踢上树梢！"说罢，拉起老妪，扬长而去。

后来，自和刘备、关羽结义，南征北战，屡得奇功，尤其在当阳桥，敌挡曹兵，怒喝敌将，使曹营将士胆战心惊。这样一个好汉，哪经得起如此窝火之事？

刘备总有那大哥之相，他不紧不慢地说："三弟勿急，此事容我考虑周全为是！"

张飞愤愤地说："勿急？曹操刀已伸向脖颈，不急头就掉了！现在只有一个办法，打他！"

"翼德所说极对，非打不可！"众人议论之际，门外突来一人，话语朗朗，掷地有声。谁？诸葛亮！

众人皆喜，尤其是刘备，更是笑容满面，忙说："先生终于归来，想煞我也！"接着，递过一个凳子，让诸葛亮坐下。

诸葛亮缓缓坐下，从赵云手中接过茶杯喝了一口，说："方才大家所议，我已听得清清楚楚。现在曹操欺人太甚，避之唯恐不妥。当今之计，只有和他打，我与翼德所议相同。"

站在旁边的关羽、赵云等齐声赞同："再也不能东躲西藏了。"

接着，诸葛亮说："我此次回去，只在家中小住两夜。而大部分时间，俱用于曹营之中。"

诸葛亮所说，实是不假。他在隆中住了两夜，将家事处理完以后，本想返回樊城刘备营中，在行走间，他又想到曹操驻扎荆州，不可能久占不走，他定南攻樊城，灭刘备。那么，曹操现呆荆州所做何事？他前后分析一番，无非有两种可能，一是加紧操练人马，准备再战；二是滋长狂妄，懈怠军务。而后面这种可能为大。因为目前他兵多将广，又屡屡胜利，所向披靡，攻无不取，既对刘备心有藐视，认为迟早都能灭掉；又居功自傲，洋洋自得，定认为天下大势，舍我其谁？真若如此，正是曹操应当受挫，我将得益之时，抓住时机，大败他一场。

当然，这些都是诸葛亮审时度势、细细加以分析后的见解。

也是曹操时运有限，刘备事业当兴，半途中杀出一个诸葛亮来，方才对他的分析，真正是剥皮露骨，实在透彻。

诸葛亮又想到，目前时局确对曹操不利。而对刘备有利的一面，还有就是曹操的一个谋士郭嘉早早身亡。只有郭嘉能预知前程祸福，也只有郭嘉能一改曹操的行事之辙，除此再无二人。所以，当前将曹操的动向摸准，再瞅准时机，予以打击，定能煞煞他的狂妄之风。

这天，诸葛亮乔装成一个卖柴回归之人，头上用布条束发，身穿半旧长衫，腰系一条麻绳，手持一根扁担，悠然自得地走在荆州街上。当到天齐庙前的开阔地带时，这里人山人海，大小车辆来往不绝，吵吵嚷嚷，十分热闹。往前一看，有一圈人围着看斗蟋蟀，非常有趣。这些人中间，偏偏出现曹操、许褚主仆二人。只见他俩俱是便装打扮，蹲在斗蟋蟀的旁边，拿着三个蟋蟀，一对一地和对方斗着，其表情又紧张，又严肃，大有对敌作战之架势。

原来，曹操近日非常高兴，没有攻无不取的州城，没有战而不胜的对手，渐渐地就有些飘然之感，说话盛气凌人，办事刚愎自用。再加身旁没有了洞察秋毫、敢说敢谏的郭嘉，其头脑热得更如脱缰的野马，无羁无绊。

这天吃罢早饭，他见了许褚，满面带笑地说："仲康，听说荆州人喜斗蟋蟀，咱去看看如何？"

许褚乐得大手一拍，说："总归没事，正应出去见见世面！"

于是，二人换上便装，来到荆州大街，问问行人，说天齐庙跟前有斗蟋蟀的，就向那里走去。到了天齐庙旁，只见来庙里上香祈祷的善男信女络绎不绝，从老远处，就听到僧侣们抑扬顿挫的念经之声，看到缭绕香烟和升腾而起的纸钱飞灰。而斗蟋蟀的，就在庙前一空地上。

曹操带许褚直奔这里，拨开人群，直奔斗蟋蟀的跟前。曹操蹲下，问："怎的斗法，多少钱一斗？"斗蟋蟀的庄主望望曹操，指着旁边放着的一篓蟋蟀，说："从中挑出三只，分强、中、弱三种，和我手上这三只格斗，赢输标准以两胜一败或两败一胜，而后输者给赢者十两。"

曹操一听，说声："好啊！"就从篓里挑了三只蟋蟀和人家斗了起来，

谁知斗了几盘，盘盘皆输，直把旁边掏银子的许褚输得嘴撅得老高。正在焦急之时，诸葛亮恰好挤进人群看见此景。

这诸葛亮倒是认识曹操。这是早在几年前曹操和袁术征战时，曹操军队路过汝阳，诸葛亮在人群中看到这个骑着高头骏马、面孔黝黑、身披战袍、威风凛凛的汉室栋梁。诸葛亮当时看后，心说："此人相貌不凡，日后定成大器也！"后来，随着曹操的征战，时局不断改变，对他的名声，诸葛亮也愈加谨记。今日一见他在这个场合，轻松无忌地玩了起来，个中原因，已被这位绝顶聪明的人猜了出来：骄情所致。诸葛亮头脑急速一转，有个奇想顿时生成。

因曹操主仆虽知诸葛亮其人，但不识其面。诸葛亮对曹操说："这位客官，这个斗法，你必输无疑！"

曹操扬起头，看是一个风雅俊秀、个子高高的年轻小伙子，就问："你说怎么能赢？"

诸葛亮笑笑说："我必有法，但法不白支，须给纹银一两！"

此时，许褚早已输得火烧火燎，现在来了个智谋之星，还不把他抓住，忙说："别说一两，赢了这些钱全部归你！"

诸葛亮说："好！"于是将曹操拉过来，说："他是强、中、弱三只，你现在用弱的战强的，用强的战中的，用中的战弱的，岂不两胜一败？这次你一定下大赌注，把输了的钱全部赢回！"

曹操何等聪明，一听这个方法，拊掌大笑："一时糊涂，竟没想起，这实是绝好一方！"于是，照葫芦画瓢，这样一赌，将所输银子全部赚了回来。

这下许褚乐了，将银袋递过来，咧着大嘴说："这位兄弟，咱言而有信，钱都归你！"

诸葛亮笑着摆摆手，说："方才笑谈而已，似此小技，小儿皆知！"

这句话许褚倒没听清，只是听说不要钱袋，快快收回。而曹操则听之有意，端详一会儿，对诸葛亮说："阁下何方人氏，能否找个地方小谈片刻？"

诸葛亮点点头，三个人一齐挤出圈外，来到一个酒馆。

这下可得许褚做东掏钱了，三人点了些小菜，弄了壶酒，边吃边谈起来。当然，许褚只是吃喝，谈话自然是诸葛亮和曹操了。

曹操端着酒杯，呷了一口，说："阁下刚才所言，你处小儿皆会此技，请问家住何方？名讳怎讲？"

诸葛亮拿着酒杯，也小抿一口，说："笑谈而已，何必当真！我就住在山前小村，姓夏名边。今日卖柴进城，尔后，也是来此闲逛。不知二位客官所做何事，也来玩耍？"

今天曹操可能因喝了点荆州烈酒，也许是心气太盛，在这陌生之人面前直言不讳地道出了身份。他说："阁下有所不知，我乃曹操，进城已有多日，还没到街上走走，不想今日一玩，遇见阁下，实属幸会！"

诸葛亮暗暗一笑，心说：一向狡诈无比的曹操，今天怎的如此实诚？好吧，也该你厄运当头！想至此，故作惊讶之状，忙放下酒杯，跪在地下，边叩头边说："实是不知大人驾到，刚才多有冒犯，还望海涵！"

曹操也放下酒杯，伸手将诸葛亮扶起，说："夏边……"刚叫出口，曹操心想，挺聪明的人怎起了这个别扭的名字，真是山野荒村，人文粗俗。但语已出口，还得接着说下去："夏边，我看你聪明伶俐，能否到我营中服役，建功立业，耀祖光宗！"

诸葛亮站起身，说："谢谢丞相好意，我父母双亲，俱已古稀，我若一走，身边无人，实有困难。今日小子有福有缘，得见丞相一面，也是三生有幸！"

曹操夹着菜，放在口中愉快地嚼起来，边嚼边说："我人不出众，貌不惊人，见我有何福矣！"

诸葛亮朗朗地说："丞相，你有所不知。当今天下，谁人不闻丞相大名？谁人不慕丞相英名？伐董卓、灭杨奉、捉董承，辅佐皇帝，沥血呕心。什么吕布、袁术、袁绍、刘表，这些人比之丞相，你是众人仰慕的高山，他们只是令人鄙夷的一抔黄土。就是目前称雄的孙权、刘备、刘琮、马腾等人，提起丞相大名，俱都是胆战心惊，势若毛鼠。无怪乎丞相来荆之前，百姓们都盼之又盼，来荆之后，都视若神灵，给你祈祷，愿你长住于此，庇护保佑！"

真好一个诸葛亮，一顿迷魂汤把个曹操灌得神魂颠倒，晕晕乎乎，真比喝了五斤荆州白酒还厉害。

曹操高兴得脸面通红，双眼眯起，白酒一杯一杯喝了下去，忘情地说："当今天下，舍我其谁？不是自夸海口，当年秦皇汉武，若论文攻武略，恐也不过如此！"

末了，他好像又想起什么，说："我叫阁下这名字，总觉十分不雅，能否改动一下！"

诸葛亮一笑，说："多谢丞相关爱。我乃一介草民，名字好坏无关大碍。再说已叫习惯，改了反倒不好！"

看来，多聪明都有失误之时。这两个都是绝顶的聪慧，在今天却都犯了个大错。试想，这诸葛亮瞎编的"夏边"如真是山野之人，哪里知道朝中如此多事，哪里了解这许多英雄豪杰？这曹操，神魂颠倒之际，也没有意识到这点，竟至不知不觉进入诸葛亮的圈套之中。

三人谈话毕，许褚付完钱，搀扶着曹操走了。边走，曹操边对许褚说："仲康，回去传我命令，全营将士，欢庆半月，载歌载舞，尽情娱乐。"

望望他俩的背影，诸葛亮点点头，心想，今番瞎编一气，兴许有些效用，让他好好玩吧！接着，他抄起扁担，往回走去。走至几步，见旁边烧饼铺前有两个士兵边吃烧饼，边说闲话。诸葛亮路过时，正听到其中一个说："咱丞相对夫人真是关怀，仅仅伤风，就让买这多草药！"

只听另一个说："二人年岁相差甚远，不关怀不让上床也！"说罢大笑起来。

听至此，诸葛亮又眉头一皱，想出一个计谋。

他先去药店一趟，回来坐于二人跟前，买了一壶酒又喝了起来，边喝边说："二位军爷，如果不嫌，也喝口吧！"

两个士兵翻翻眼，望着诸葛亮说："你是何人，叫我们吃酒？"

诸葛亮说："四海之内，皆兄弟也！听二位俱是曹营之人，我哥已在那里几年，在夏侯将军手下做一偏将。今日见着你们，倍觉亲切，故相邀尔！"

两个士兵一听，乐了，齐说："原来是一家之人，还谈什么客套，恭敬不如从命，喝吧！"于是，三个人凑在一起，吆五喝六地畅饮起来。

看着酒已喝了不少，诸葛亮开口说话了。他说："二位给谁买的草药？"

其中一个士兵说："丞相夫人，是个小夫人，有点儿伤风咳嗽，叫我哥俩买药。"

诸葛亮说："我家祖传，能治百病，能否叫我看看都是何药？"

另一个士兵说："都是些草根、树皮、鸟粪，你看吧！"说完，将药包抖开。

此时，诸葛亮偷偷将几个文银丢在地上，装模作样地看起草药来，边看边说："这是桔梗，这是甘草，这是牛黄。"说至此，他"哦"了一声说："什么东西这么硌脚？"

两个士兵低头一看，高兴地说："哈哈，银子！"说完，二人钻到桌下去捡，诸葛亮马上掏出从药店买来的药粉，撒在药包里。此时，二人已经将银子捡起，要给诸葛亮一些，诸葛亮摇摇头说："你们在军队当兵，格外辛苦，哥俩儿分了吧，我不要！"接着又说，"我看了一下，这些草药都很不错，快包上拿走吧！"

就这样，三个人分手而去。两个士兵回营，将药给曹操夫人花子熬好吃了，当晚，花子的感冒好了，可心中却火烧火燎，原来，诸葛亮买了包春药，放在草药里面，叫女人吃药后春心荡漾，死劲纠缠男人，一耗其精力，二懈怠其斗志。所以，花子每晚都得让曹操来陪，把个年已半百开外的曹操折腾得面色憔悴，精神萎靡。

按说，诸葛亮此招实在有些过损，但敌我双方，尔虞我诈，乃兵家常事，哪里还有仁慈、宽厚可讲？

这些就是诸葛亮归营途中的所作所为，也是晚来樊城的原因。当他把这些事情说完后，引得众人大笑不止。张飞大嘴一咧，声高嗓亮地说："遇着先生，曹操这罪可就受大了！"说罢，又是一阵大笑。

诸葛亮的到来，给刘备等人带来了极大的欣喜，特别是当前的曹操处于胜利后的骄傲时期，他是不把这些人放在眼中的，既然如此，何不打他

一下，杀杀他的气焰？刘备和诸葛亮在营帐之中速速商谈这一事项。

刘备此时已绽开忧虑了好长时间的愁苦面容，轻松地说："先生所说曹操狂妄自大，咱暂栖身于弹丸之地，想必不会来犯！"

诸葛亮摇摇头，说："主公不可如此去想，曹操此人，早言要灭于我，今日临近，怎能罢手？目前是狂妄滋长、斗志松懈之时，正给咱留一机会。"

刘备点点头，说："先生所言，是指我等趁机远走他乡？"

诸葛亮摇摇头，接着话茬说："终日逃亡，何时是头？现在我们迎头而上，打他一下！岂不是好？"

刘备苦苦一笑，不解地说："先生是否笑谈？想我兵微将寡，去打曹操，无异于以卵击石，自取灭亡尔！"

诸葛亮一听刘备这个口气，心中非常愤懑，他口气严正地说："主公多年逃亡，想必已忘疆场征战，以少胜多、以弱胜强之事例，历史多有出现。昔周文王抵制商纣，力量可谓悬殊；越王勾践对抗吴国，国力也是相差不少，但他们都养精蓄锐，磨炼意志，最终都能取胜。难道我等就不及古人！"

一席话说得刘备频频点头。他钦佩地说："先生所言极是，备只是担心而已。当今之计，怎生为好？"

不知是出于考问试探，还是真心求教，诸葛亮不再顾及这些，拿出自己的见解，说："我已想出一策。"于是，诸葛亮说出自己的打算，刘备听后，乐得直鼓掌，连说："好，依计而行。"

第二天，曹操召集文官武将，刚要升帐议事，忽然门外有人来报，说："丞相，营外有人送信，他说要面交于你！"

曹操"哦"了一声，说："早来送信，必有佳音，速速带进来！"

时间不长，送信者来到营中，他走到曹操跟前，递上信件说："曹丞相，我从樊城而来，奉皇叔刘备派遣送来一信，请拆阅。"

曹操接过信，看着看着，脸色忽然阴沉下来，方才轻松微笑的面容，已经荡然无存。他把信递与身边的谋士荀攸，荀攸从头到尾边看边念起来。只见上面写道："闻得丞相轻取荆州，并非你等兵强将广所致，而赖景升家中不睦，夫人刁钻，小人弄权，蒯越作祟。我与刘表同室同宗，况临终托我接管此地，故荆州应归于我，丞相占据于情不合，于理有悖，你乃聪明之人，见信细细思忖，何时退还，静候音讯。"

荀攸刚刚看完，曹操忽地站了起来，说："公达，你看气人不气？这刘备几天不再逃窜，今竟有胆索取荆州，实是不知进退。"

荀攸接着曹操的话说："刘备羽翼已丰，迟早必成祸害。只是尚无立足之地，不能遂其志也！"

曹仁在旁，也很生气，说："既如公达所说，必成祸害，何不早日歼之！"

曹仁说完此话，曹操厉声说道："刘玄德何德何能，敢和我争荆州？子孝所说极对，即日起兵，剿灭他。"末了，他对送信的人说："回去告知刘备，还荆无望，准备引颈受戮吧！"

来人走后，大家又议论一番，决定不日即进攻樊城。只程昱、徐晃二人持反对意见。

程昱这样认为："刘备无能，但手下关、张、赵有勇，诸葛孔明有谋。今来此信，恐怕是有请君入瓮之意。进攻樊城，还应从长计议。"

徐晃接着说："刘备今来此信，可能是有意而为之，咱如贸然出兵，要小心上当为是。"

曹操立将二人驳斥："仲德、公明所议不妥，如不进攻樊城，一是刘备耻笑，二是会养虎遗患。想我兵精将广，所向披靡。昔日袁家弟兄、吕布等人中豪杰，俱一一落马，无能刘备，还在乎他吗？不消三日，定将他等歼灭！"

言之凿凿，盛气凌人，谁还能前来阻挡？阻挡只能招致无趣。

曹操终于出动了。

他骑在高头大马之上，全身披挂，雄赳赳、气昂昂。斗大"曹"字旗帜，随风飘摆。跟在后边的大将曹仁、夏侯惇、徐晃、于禁等人，带领着一万多人，浩浩荡荡地向樊城进发。

到得樊城以后，并未十分费劲地攻进城门，部队潮水般的涌进城里。此时，街上行人很少，只有为数不多的鸡狗时而在街上穿行。路旁的住户

十二 诸葛妙计败孟德·曹操将计就计

几乎全部关门，卖物品的小铺也是大门紧锁，整个城市，死一般的沉寂。

曹仁从城楼上抓来两个士兵，询问刘备等人的住处。两个士兵眨眨眼，回答说："前边那个大门即是！"

根据士兵的指引，曹操大军直奔前边大街而去。此时，正是旧历二月的天气，顽固的冬天还没退去，嗖嗖的北风吹得走在街上的人感到一股寒意。尤其是刚才一阵急行军和攻占城门，一番紧张的行动过后，大都汗水淋淋。现在行动缓和下来，早已湿透的衣衫被风一吹，冷得浑身颤抖不已。

当来到刘备的住处门前时，这里的街道明显见窄，脚下的路面满是石子和沙砾，人一踏上去，不是硌脚，就是站立不稳。

曹操策马冲到前边，高喊着去抓刘备，谁知此时梆子一响，利箭像雨点般射了过来。房上、街头、路边，俱是喊声连天的军队。他们边喊边射，尖利的箭镞使人猝不及防，许多士兵中箭倒地。曹操一见，说声"不好"，策马就跑，他一走，众将士紧紧相随。街道很窄，路上石子、沙砾又滑又不好走，被挤倒、马撞倒、踩倒的人员死伤无数。马的嘶叫，人的惨叫，夹杂着箭镞的"突突"声，演奏着一场十分揪心的、令人毛骨悚然的曲调。

众人正逃跑间，忽然从前面冲来一支人马，当头一员大将，身高八尺，上下皂黑，满脸胡须，手持一支丈八长矛，在高头大马上一坐，不怒而威。谁？猛将张飞张翼德。

他端着长矛，瞪着环眼，在马上怒吼道："曹操哪里走，赶快留下性命！"说着，望着曹操便刺。曹操一偏身，矛尖从身边刺过。虽然未被刺中，但直吓得三魂出窍，伏在马鞍上就跑。谁知马下尽是逃跑的士兵，哪里跑得动，还是许褚从后边上来，把大斧一挥，砍倒一片拦路士兵，杀开一条血路，这才往北一路跑去。张飞还要追赶，被曹仁、徐晃死死敌住，顶了一会儿，赵云从后面赶来，一齐夹击曹仁、徐晃。本来张飞一个就够二人抵挡，现在又多一个赵云，哪还敢继续再战？二人虚晃一招，也不管手下人马，一夹坐骑，踏着鬼哭狼嚎的士兵，一溜烟跑了。

众人逃到城门边上，城门早已紧闭，很难出去，曹操带着随行将士，齐聚城墙之下。此时，听得城门楼上淡咳一声，举目一看，刘备、诸葛亮稳坐上边，后边是手持大刀的关羽。只听诸葛亮在城头问："丞相，可还认得在下？"

曹操抬头一看，呀，是那天的"夏边"，忙问："你是何人？怎的在此？"

诸葛亮一笑说："实言相告，草民诸葛亮是也。上次和丞相相会，实是瞎编一气。今日和我主刘备，正在恭候丞相。"

曹操一听，鼻子都气歪了，哎呀，原来你就是诸葛亮！于是骂道："好个山村野夫，竟敢戏耍本相，看我抓住你怎样处理！"

诸葛亮也回击说："不用抓我，让我来抓你好了！"说完，回过头去吩咐："云长将军，令人放箭！"

诸葛亮话毕，关云长立即把令字旗一摇，四面八方向曹操队伍中放起箭来。这次的箭，不同于前次，全是火箭。箭杆上都缠着一团棉花，棉花蘸上牛油，用火点着，再射向人群，射哪哪着，谁中谁死，只听得曹兵队伍惨叫声一片，声震苍穹。工夫不大，张飞、赵云又带队杀来，曹军死伤将士不计其数。曹操一见不好，马上号令砸开城门突围。开始上去的几个人谁也砸不开，猛将许褚上去，狠劲三斧，火花四溅，铁锁落地，这才推开大门，曹军像落潮的海水一样，迅即退去。期间，落下吊桥城壕和马踏的将士又是一片。曹操带着众将，总算突围出来。在道上一点人数，剩余还不足五千。这就是说，冲击樊城一战，损失将士五千多人，比战宛城时，损失的人数还多。这也是曹操出师以来的第二次受损。当然，也是诸葛亮出山的第一件功劳。

这次失败后，如果曹操认真总结一下教训，他也不会招致第三次更为沉重的打击。然而，这次失败，却并未触动他的思想深处。他只看到失败的外在因素，却并未从本身找内在的问题，这才导致了历史上的赤壁之战。

曹操带着众将士退回荆州城内，来到营中坐定后，众文官武将齐来问候。曹操招呼众人坐下，说："想不到我堂堂大汉丞相，统率千军万马，今日却败在一山野村夫之手，想起来，实在可恨。"

十二 诸葛妙计败孟德·曹操将计就计

谋士程昱曾在出自己战前提醒过曹操，现果然中计，败退而归。他怕曹操肝火过旺，不服此输，就委婉地说："丞相切勿轻视诸葛孔明，此人有管仲之才，乐毅之谋，稍有不慎，就要吃亏上当。"

程昱说话虽出自好心好意，谁知不知不觉间却揭下了曹操的疮疤。连续几次，又上当，又受骗，大人物屡屡栽在小人物之手，要说不恨，恐怕谁也难以办到。

曹操望望程昱，铁青着脸没有说话。本想发作一通，转念一想这样做显得自己没有容人之量，也怕自己有负先前曾颁布过的"求言令"，若是把人家话头拦回，以后谋士们不再讲话，岂不又重蹈覆辙，所以，他还是点了点头，似在赞同程昱之见。

见曹操没有说话，好久没有进言的荀彧开口说话了。他道："仲德所说，实是正确，若不是轻敌，岂有今日之败？以后再战，可得好好谋划一番。"

这几句话分量更重，哪是前来进行安慰，分明是对曹操的尖锐批评。

经过此番劫难，曹操本来就积蓄着很大的火气，今又受到众人的埋怨和批评，就是度量再大，也难以承受。他挥挥手，对众人说："我已太累，需要回房休息，此事日后再议。"

说完，起身直奔自己住处，到花子房中去了。

谁知走近花子房间，忽听得里面有男女嬉戏之音。抬脚把门猛的踢开，一见两个男女，正在帐中苟合。花子和那个男人——伙房的师傅立刻吓得面如纸色，浑身筛糠，急忙穿衣，就是难以穿好。

此时的曹操，眼中冒火，手提利剑，本想一剑一个将他们结果性命，但又怕张扬出去实在于名声不好。成熟的性格、冷静的头脑使曹操终于没有动手和大声吵闹。他只是一字一句地对跪在面前的二人说："你们，起来，我有话说！"

二人哪敢抬头，还是跪在下面叩头如同捣蒜，曹操厉声说："起来，别再装熊！"只一句，二人激灵一下，终于站起身。

曹操对花子说："你先去帐中等我。"后又问那个伙夫："小伙子，馋媳妇了，竟敢前来偷我的？你叫作什么名字？"

伙夫战战兢兢地说："丞相饶命，我叫吴直！"

曹操将宝剑入鞘，坐了下来，思索一会儿说："饶命可以，你须给我办件事情！"

吴直急忙回答："丞相吩咐，所办何事？我定速去速归！"

曹操说："你快快出城，去到樊城刘备营中，就说我失败归来，打人骂人，闹得天翻地覆，将士怨天恨地，无心再战。若是说好，你将还可活命。"

吴直一听，说："好，我这就去！"说完，扭头就走。刚走两步，曹操又把他唤住："等等，口说无凭，刘备不信，须得有点儿真实形象！"说罢，抽出宝剑，猛地刺向伙夫，眨眼间，左耳随着剑锋落下，一股鲜血，流得满身皆是。

曹操擦擦宝剑，这才说道："快去快回！"

吴直捂着带血的耳朵眼，龇牙咧嘴地走了，剩下曹操和花子两个人。曹操说："你来我的身边已有五年，虽没生养，我并未怠慢于你。今日趁我不在，干这等龌龊之事，于心何忍？"

花子哭哭啼啼，哽咽着对曹操说："妾身确已知错，请丞相赐我速死！"说罢，猛地抽出曹操腰间的宝剑，就要自刎。

曹操一把将她拉住，看着她的面容，又可怜起来，多好的脸蛋呀，白中透红，红中有白，五官匀称，鬓发漆黑，笑似荷花开放，哭似雨后芭蕉，这样的美人，和自己同床共枕五个年头，真正是有割舍不断的情感。今日让她一死，曹操怎能舍得？可又转念一想，方才一幕，又实在叫人难以承受。想了一会儿，曹操说："花子，你别死，路已走错，死有何益？但目前我这也不能留你，我先给你寻个地方，暂住一段时间，待时间一长，我定会去看你！"

说完，他出去把许褚唤来，吩咐："仲康，你去找辆马车，花子要去南边尼庵看她姑姑。把她送去即归。"接着，曹操给庵主慧通法师写去一信，交由花子带着。尔后，花子坐上马车，眼含热泪告别曹操上路去了。

再说那个吴直，回到后边叫人把耳朵上好药，包扎好，找匹快马，直奔刘备营中。到得樊城后，他随人进去，打听到了刘备住处，径直往里边

走去。到得刘备跟前，往下一跪，痛哭不已。

刘备忙问："壮士何人？为何带伤前来见我？"

吴直说："我从荆州而来，曹操自败退归营后，打兵骂将，一塌糊涂，人们怨声载道，都想退出荆州回归北方。昨天怪我多说一句，险些将我砍死。今来投奔皇叔，万望收留。"

刘备一听，心中非常高兴，好哇，曹操信心丧失，何不趁乱袭击荆州？他刚想说话，站在旁边的张飞更是着急，他嚷道："大哥，给我三千人马，马上冲进荆州，将曹操捉来，以报上次追你之仇！"

刘备思索一阵，说："三弟，不可鲁莽，待军师回营后再议！"

张飞跺跺脚说："何必等他，你是主帅，快快拨兵，我去去就来！"说完，往外就走。

刘备心想也对，趁此混乱之机，叫翼德先去荆州冲杀一阵，曹操一走，这里可就归自己了。于是，也没等诸葛亮巡营而归，就拨了三千人马，让张飞杀向荆州去了。

曹操自打发吴直到刘备处告密后，马上叫来徐晃、于禁，吩咐道："荆州东、西、北门紧闭，只留南门大开。门内挖好陷阱灰坑，城楼上埋好伏兵，不论谁的军队来犯，均予以攻而歼灭之。"

徐晃、于禁不解地问："谁的军队敢来进犯？"

曹操严肃地说："无须细问，你们照办就是了！"

二人应声退出，带领人马，在南门城里，紧锣密鼓地准备起来。就在当天午后，张飞突然带着人马攻城而来。他骑在高头大马之上，手持丈八长矛，连喊带叫，冲进城门，走不多远，只听得城楼上面响声呼哨，顿时箭如飞蝗，从四面八方射来，张飞情知不好，连呼"上当"，想着带人马退回，然而，谈何容易？只听人喊马嘶，伏兵从周围潮水般涌来，张飞见状不好，拨马往一空旷地方一撤，只听"轰隆"的一声，连人带马，俱落入陷阱之中，里面有半坑生石灰粉，人往下一落，白灰呛得人喘不上气，睁不开眼，上面立即伸过几条枪来乱打乱捅，好在张飞力大，抓住几条枪杆，往上一纵，即跳出坑外，但马匹却死在坑中。

张飞跳出坑外，刚想站起，谁知左腿疼痛难忍，只好又坐在地上，这时，徐晃骑马赶到，见张飞跌在地上，哈哈大笑说："丞相真是神机妙算，张飞果然前来送死！"说着，举斧就剁。

正在危急时刻，猛听后面一声叫喊："徐公明不可伤我三弟！"话到人到，只见关羽骑着赤兔马，手擎青龙偃月刀，直取徐晃。徐晃自知不是关羽对手，带兵往南撤去。这边关羽马上从地上抱起张飞，往马背上一放，一齐出城而去。

原来，诸葛亮回营后，听刘备一说，知道张飞此去凶多吉少。曹操何许人也，就一员战将，带兵三千就能将曹操赶出荆州，这无疑是痴人说梦。于是，赶紧派关羽前去救援。关羽到时，听得城里喊杀震天，马上强行攻城，打开城门，冲进里面，救出张飞。等回过头来看时，所领人马已剩不足千人，无奈只得回营复命去了。

这时，报信的吴直偷偷跑了回来，见到曹操说："丞相，我已回来，还有何事？"

曹操思索一会儿，对他说："你去城外营寨给元让将军送去一信，叫他明日回城议事，以后，你再也不用操劳此心了。"说完，写好一信，交与吴直手里。

这吴直只字不识，手拿着信，心想，看来跑这两趟腿，曹操的小美人也就白睡了。顶多少个耳朵，这算什么？只要命在，以后还有机会去找。再说，曹操年岁已高，说不定哪年撒手西归，这样，花子美人兴许长归我手了。

这小子边想着美事，边往夏侯惇营中走去。来到城外的一个山脚下，到得夏侯惇的驻地。夏侯惇听说有人前来送信，接过用独眼一看，是丞相手书，上面除叫他明日回城议事外，后面还有两行小字，只见写着："送信之人反复无常，居心叵测，不可留也！"

夏侯惇心中明白，这是卸磨杀驴之计。曹操的话，就是命令，夏侯惇向来唯命是从。于是，他对吴直说："你后边怎么还有一人？"吴直扭头一看，夏侯惇即刻拔出挂刀，将伙夫拦腰斩断，这恐怕就是偷情的代价吧！

张飞兵败回城之后，刘备并没有责怪于他，而是自己承担了责任。倒

十二　诸葛妙计败孟德：曹操将计就计

是诸葛亮说得比较严肃："皇叔，我自投你以来，全是诚心以待。如有何处不周，还请指责！"

诸葛亮的话语，带着几分不满。是啊，既然你们三顾我处相请，就成一家之人，有事须得商量以后而行，似此莽撞行事，有多少兵将够受损的，大业何时能成！

刘备已然听出，忙说："先生此心，备全明了。你来之后，对我尽心竭力，何有不周？昨日此行，实属我错，嗣后决不再犯矣！"

既然刘备已经认错，诸葛亮若再不依不饶，就太不给他面子了。于是，诸葛亮又反过来说："打仗败负，确属常事，若是谋划周全，兵败就可免也！"

刘备问道："先生，咱下步棋如何走？眼看曹操要长居荆州，怎生是好？"

刘备说完，面露难色。诸葛亮安慰说："皇叔勿要忧心，我已有一打算，定将曹操打败，赶出荆州。"

刘备一听，又高兴了，忙问："先生快说，有何计策？

诸葛亮笑了笑说："单凭我们的力量，要想敌住曹操，战胜于他，实属不易。如今只有联合他人，笼络孙权，共同抗曹，方为上策矣！"

刘备还想再问，门外有人来报："华佗仙医来到！"

说完，门外进来一人。只见此人四十多岁，颔下无须，脸面白皙，头上青巾束发，身穿长袍，肩上斜背一个布包。众人均不认识，只诸葛亮很是熟悉，这就是神医华佗。

华佗是当时有名的神医。他内治五脏六腑之疾，外治矫正筋骨皮肉之残。所治之病，不说个个痊愈，也是收效显著。

今张飞在荆州遭围，陷落灰坑之中，腿脚骨头脱臼，动弹不得，咧着个大嘴直喊疼痛，诸葛亮这才想起华佗，着人去江陵城里请来。

华佗来到张飞切近处，让他脱下衣裤，只见小腿和脚踝处肿得老粗，稍一动弹就疼得连吵带嚷，站在旁边的刘备、诸葛亮都问："先生，三将军要不要紧？为何如此痛苦不堪？"

华佗一笑说："小病一桩，不消一治就好！"说完，对张飞说："三将军，你身下压着何物？"

张飞一惊，忙问："没什么呀！"说完低头去看。这在此时，华佗猛地拉住张飞小腿，狠劲一拉一推，把个猛汉疼得大叫一声："你做甚？"刚一喊完，忽然一笑："哎，好了，怎么不疼了？"接着，扭转翻身，运用自如，似个好人一般。

华佗一笑，说："这是骨头脱臼错位，且不要劳碌过度，休息两日，准好无疑。"说完，就要走去。

刘备急忙挽留，并要给些银钱。华佗连忙推辞，说："四处行医，只是救人为本，若是为钱，我定不来也！"说完，头也不回地走了。

张飞病体已好，余下之事又要商谈联合孙权对付曹操了。只这一联合不要紧，又让曹操栽了个平生最大的跟头。

十二 诸葛妙计败孟德·曹操将计就计

赤壁失策遭火攻
千古一战惨败

曹操从荆州带兵顺长江东下，想灭掉东吴孙权。诸葛亮到东吴面见孙权，游说孙权与刘备联手对抗曹操。双方大军在赤壁对峙。曹操误信了曹福之言，将各战船用铁链连成一体，结果被孙刘联军用火攻之法打败。曹操带领残兵败将逃到华容道，幸得大将张辽接应方才脱险。

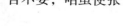曹操兵败樊城逃回荆州后，料定刘备必乘乱前来偷袭。为了让刘备确信这边锐气大减，无心再战，引刘备派兵速来，就唆使给他戴绿帽子的伙夫，前来樊城诱使刘备上当。结果，刘备真信其言，张飞兵败荆州，曹操又赢了一仗，挽回一些败回樊城的面子。

有了张飞偷袭的教训，诸位谋士都忧心如焚，他们前来曹操营中，提醒他切勿大意，尤其防备孙权、刘备联起手来对付这边。然而，曹操不为所动，他对众谋士们说："你们视孙、刘如虎，如此惧怕，有何良策，予以敌挡？"

曹操如此一问，众人也都踊跃发言，荀攸又是首先说话。他说："当今之计，须严密布防，沿江关隘，重兵把守，免得他们再来犯境。"

荀攸说完后，贾诩又接上了茬。他说："左有刘备，右有孙权，如果各个击破，不成其为大事；但若是两方联合起来，麻烦可就大矣！"

程昱、荀攸还想发言，曹操当即挥手制止："公达、文合所讲，似乎有些道理，岂不知咱目前独居荆州，势敌南北，兵强将威，谁人敢轻视我等？刘备乃败军之将，不在话下，孙权胆小如鼠，只大军压境，就得吓得跪地求饶。这等鼠辈，咱何惧之有？"

这些话，使在座谋士都较反感，似这样轻敌，这样不听劝谏，必自寻其祸也！仍是那个荀彧，又是迎着枪尖直往上冲。他说："我觉丞相此言不妥，咱虽使张飞偷袭不成，可目前荆州受挫，总难忘却。若不是跑得快，恐还在樊城牢中矣。"

荀彧说的话实在太损，这番揭短话语，弄得曹操非常尴尬。他脸一红，不满地看看荀彧说："文若所说倒是不假，但那次情有可原，全是中了诸葛亮的计谋。你放心，日后再难有此境况！"

但曹操说归说，办还是要办的。派后军都督、征南将军曹仁和军粮督运使夏侯渊驻守江陵，历锋将军曹洪驻守襄阳，另一部分水陆军由襄阳沿汉水南向夏口，后自己率部及荆州士兵顺江东下。

曹操率军东下以后，使得刘备甚为震动。他忙召集众人商议对策。诸葛亮安慰地说："主公勿急，咱仍是旧话重提，联合孙权，共同抗曹。"

刘备想了想，说："联合孙权，我们赞同此议，况鲁肃尚在营中，只是谁做使者，去说服孙权联合拒曹！"

刘备所说鲁肃尚在营中，还是几天前的事情。那时，曹操尚未来攻樊城，因孙权已知曹操占据荆州，并有吞并江东和刘备之意，情急之下，方派出鲁肃前来刘备处，探询对付曹操的动向。因当时诸葛亮外出未归，刘备也没明确表态。后诸葛亮回来，紧急之下抗击曹操进犯，后来张飞贸然偷袭兵败而归，终未得空和鲁肃详谈。今日刘备提起，诸葛亮说："联络江东，说服孙权，非我莫属。临去之前，先和鲁肃谈好为宜。"

刘备一听诸葛亮毛遂自荐，心中十分高兴，他当众宣布："自今日始，诸葛先生为我军军师，掌管三军事宜，代行军政权力，诸位将士须得听命。"

诸葛亮听后，即刻跪地叩谢，忙说："亮有何德何能，受主公如此厚待？所领军师之职，实是有愧也！"

刘备伸手将他扶起，众将齐向军师祝贺。尔后，诸葛亮径奔后营去见鲁肃了。

鲁肃，字子敬，临淮东城人，投到江东已十年有余，曾辅佐孙坚、孙策父子二人，父子二人殁后，又效力于孙权。他为人忠厚诚实，爽快正直，文韬武略，实乃江东股肱之臣。前些时日受孙权所派，来刘备处探听动向，时至今日尚无结果。

今早起身，站立窗前，正思忖此事如无果而归，主公问起将如何应

十三 赤壁失策遭火攻·千古一战惨败

对。这时，门帘一掀，诸葛亮迈进屋中。

鲁肃忙迎上前，问道："先生从何而来，可有曹营消息？"

诸葛亮上前拉住鲁肃的手，谦恭地说："终日军务繁忙，对君多有冷落，还请子敬海涵！"

鲁肃回答："先生何必客套，临来之前，我主孙权对肃有言，曹操灭我等之心，有目共睹，问询皇叔对此事有何打算？"

诸葛亮紧紧答道："我方才从主公处来，众人商议，决定和江东联成一体，共同破曹，不知你主仲谋意下如何？"

一听此话，鲁肃高兴地两手一拍，笑着说："皇叔既有此意，何不早说？我主仲谋亦有此意。只是身旁多有微词，使他举止无措，犹豫彷徨。先生能否和我同去说服主公？"

既然已经取得共识，就不能再拖延时间，于是，鲁肃偕同诸葛亮，坐上船从樊城往东顺流而下，直奔孙权的驻军之地柴桑。

经鲁肃介绍，诸葛亮已略知江东概况，即孙权所闻曹操要灭于己，心中恐慌不已。有心要战，又唯恐不敌曹操，心中很是矛盾。周围的文官武将，基本上两条战线，以张昭为代表的一拨文官主张降曹，而以周瑜、鲁肃为代表的将官们力主拒曹。所以，孙权若是议事，势必争论不休，把个向无主见、胆又不大的江东之主，挤兑得莫衷一是、无所适从。

诸葛亮和鲁肃，一路顺风，很快来到柴桑，进得孙权官邸之后，孙权正独自一人，默默思索，诸葛亮的到来，方使他精神一振。

二人寒暄一阵后，孙权问："先生对目前之事，有何见地，可否当面赐教？"

诸葛亮早已胸有成竹，对孙权说："将军不必过谦，当前，海内大乱，将军起兵据有江东，我主刘备亦据江南，与曹操并争天下。今操征战北方，俱已铲平。遂又至荆州，震慑江南诸地，其锋芒直指江东。将军应量力而行，若能以己之能，与之抗衡，就该当机立断，主动出击。若觉力量不足，慑于操之威力，不按兵束甲，跪地举降！今将军外托服从之名，内怀犹豫之计，事急而不断，祸至无日矣！"

诸葛亮用的是激将法。他知道，这样刺激孙权一下，使他在精神上受受刺激触动，比沉闷不语要强得多。果然，孙权听完诸葛亮的话后，孙权勃然大怒，说："吾不能举全吴之地，十万之众，受制于人，如何面对江东父老，怎对得起列祖列宗？我意决矣，立足于战！"

诸葛亮待孙权说完后，又接着说："当前之势，曹操虽兵多将广，我主和将军虽有不济，但于我等还有六利。一利是我方都有一些势力，并非孤家寡人；二利是曹军劳师远征，乃一疲惫之师；三利是曹军将士多是北方之人，陆战见长，水战乏力；四利是曹操初占荆州，人心涣散，居民多有不服；五利是我们双方联手，对付一方，很易取胜；六利是破曹之后，局面定成鼎足之势，曹操退至北方，将军独居江东，我主皇叔另寻占地，这样，有何不好？"

诸葛亮的一番话语，说得孙权乐不可支。他哈哈一笑，说："先生所说，精辟透彻，句句在理，乃一副清凉好药也。"接着，他传令下去，宣众位谋士前来，共同商议破曹之计。

时间不长，诸谋士全都到齐，孙权将诸葛亮的分析学说一遍，正准备叫众人议一议时，门外忽来一人，送上一封信，孙权抖开看时，顿时吓得面如土色，痴呆呆地好久没有说话。隔了一会儿，他将信拿与众人看，方知是曹操的一纸战书，其意是："操奉旨讨伐，尽平违逆，今北方已平，特率众挥师南下。今刘琮已降，荆州已到操手，现正领水军八十万众，不日将伐江东，与孙仲谋会战，望有所准备。"

曹操前来吞并，并未偷偷而来，倒是先发战书，予以明争明斗，以显示自己的凛凛威风。

曹操此举，不仅孙权害怕，就连众谋士都大惊失色。沉默了一会儿后，孙权问："曹操请战，如之奈何？"

长史张昭，字子布，是个三朝老臣。他若不讲话，谁也不敢说。所以，他首先应声，说："曹操凶如狼虎，现名为汉相，实挟天子征讨四方，动辄拿朝廷为借口。当今之计，不若归顺于他，上可效忠汉室，下可保江东无事，此乃万全之策。"

张昭话音刚落，左司马顾雍说："过去的袁术、死去的刘表，都曾以长江为天险，但最终仍是难免一败。现在曹操占领荆州，尽收刘表的水

军，战舰数千艘，还有几十万名士兵，水陆可以并下，长江之险已经与我共有。若论我之力量，相比之下特别悬殊，我与子布所见略同，不如出迎曹操。"

张昭、顾雍这一带头，其余众人随声附和，也都力主降曹。内中只有一人没有说话，是谁？鲁肃！

鲁肃向来与这些人观点不一。让众人这么一说，主降派占了绝大优势，鲁肃心急如焚。他看看孙权，只见孙权满脸通红，面逞忧虑之色，一会儿搓手，一会儿跺脚，真不知如何是好。

正在孙权来回踱步间，到得鲁肃跟前，鲁肃用脚踢了他一下，往外就走。孙权忙说："如厕出去方便。"跟了出去。

到得外边，他问："子敬，你有何话，速速讲来。"

鲁肃严肃地说："主公，方才众人之话，切不可听。子布他可降曹，顾司马也可，甚至我们都可归顺曹操。唯独你不可。"

孙权不解地问："这是为何？"

鲁肃回答说："别人降曹，曹操俱能按其职位，加官晋爵，论功行赏。而你降曹以后，兴许委一州牧，或一太守，车有几乘，人有几十员，岂如你现在独居一方，万人称尊的好？故主公切勿被众人所误矣！"

孙权"唉"了一声，说："这些我何尝不知？只是曹操率领八十万水军，强行压境，我兵不过三万，将不过数十员，怎能与之抗衡？"

鲁肃听完，心说，诸葛亮那番话说的何等精辟透彻，当时深得你的赞扬，时间刚过几刻，就已被忘得一干二净。被众人一议，又吓得如猫爪下的老鼠，这怎成大业？当然，这都是他的心里话，就鲁肃的为人性格，他不可能当面说出这种话来。

没办法，他又重复了一下诸葛亮的意思，他说："主公，此前诸葛孔明说得实在有理，若想抗曹，保住江东之地，只有和刘备联合，别无其他出路！"

鲁肃的话，如同给孙权注射了一针强心剂，又精神起来。他高兴地说："子敬此言有理，众人险送江东前程，真误国之论也！"接着，他想了想又说："公瑾都督，现在鄱阳练兵，你速派人将他请来议事！"

一听去请周瑜，鲁肃心中十分高兴。都督年少有为，腹有雄才，且有主见，故伯符临终时有言，外事皆托于他。若是周瑜到来，这些主张降曹的都得退避三舍。想至此，鲁肃派人到鄱阳去了。

此时，待在江东会馆中的诸葛亮，正在思忖着江东的形势，不知孙权所持何种态度，就听有人在外面说："二弟何时到江东，近日可好？"

诸葛亮听得此言，就知是他的胞兄，在孙权处任职的诸葛瑾。

诸葛瑾，字子瑜，是诸葛亮同父异母的兄长。他为人老实诚信，秉正无私。年轻时到京师洛阳游学，对《毛诗》《尚书》《春秋左传》都有研究。他母亲过世后，待后来的继母很有孝心，侍候得如同生母。对后来的二弟诸葛亮、三弟诸葛均，有情有义，谦恭礼让，深受哥俩的尊敬。长大后，兄弟三人各事一主，诸葛均在曹操处为官，俱各忠心耿耿，毫无二心。尽管兄弟三人常通家信，但所议俱是家中私事，从不涉及公务。为此，后来的魏、吴、蜀都深赞诸葛兄弟三人的高风亮节。

几年一别，今日相见，哥俩分外亲热。诸葛瑾总是兄长，先问其弟："二弟身在刘备处，过得可好？"

诸葛亮回答："哥哥勿念，刘备乃中山靖王之后，现为皇帝族叔，为人忠厚，礼让待人，赢得四海之内人人仰望，实为一明主也！"

诸葛瑾又问："我已略知刘玄德，其人礼贤下士，厚载敬人，弟辅佐于他，定能光宗耀祖。只是目前尚无定居，实在不及江东。"

诸葛亮思忖一下说："皇叔刘备，仁义待人。在曹操占据荆州之前，刘表病卧床榻，曾将荆州礼让于他。因刘表尚有两子，固执推辞，终未接受。后刘表病殁，刘琦被挤走，刘琮遭其母控制，即时劝他速将荆州取回，也属名正言顺。但他又虑刘表死时不长，如将荆州取在手中，恐世人耻笑，结果终到曹操之手。以此接二连三坐失良机，就是目前尚无地域，也被世人称颂，以后必有立足之地。"

诸葛瑾点头称是。随后，诸葛亮问："兄长在此生活如何？"

诸葛瑾朗朗笑说："我很舒心，主公孙权待我不薄，其职、其薪俸都很优厚。尤其他仁慈礼让，待人如宾，众人无不仰慕，此兴国之举，兴邦之根也！"

嗣后，兄弟二人又说了些孙刘联合之事，诸葛瑾方告别而归。

诸葛瑾刚走，门外又有人到，说："诸葛先生，我家都督外出归来，请你过去一谈。"进屋一看，原来是鲁肃。

诸葛亮迎上前，问道："子敬，周瑜何事相请？"

鲁肃回答道："我家都督回来后，听到有人要迎曹操进城，也很气愤。后听先生在此，方觉心安，故让我请你过去，共议孙刘联合之事。"

说罢，挽起诸葛亮的手，一起来到周瑜营中。只见周瑜三十多岁，身材高挑，面如冠玉，穿着一套戎装，更显出英俊威风。

见诸葛亮来到，周瑜忙迎上前，叙礼毕，分宾主坐下。周瑜问："江东受敌，曹操不日犯境，众文武官意见不一，不知先生对此有何高见？"

诸葛亮见周瑜问得倒挺实在，也就即刻回答道："曹操托名汉相，实为汉贼，今得荆州，必然南下。今冒称领兵八十余万，据我所知，不过二三十万。且将士久战，身疲力倦，荆州所得兵丁，心中多有抵触。今以久疲之师，御狐疑之众，数量虽多，并非可怕。"

见诸葛亮停顿下来，周瑜马上接着说："胜负乃兵家常事，为将只料其胜，不虑其败，非良将也！若如此，刘皇叔或可一走了之，我江东六郡的百姓，又将哪里安身？这样江东谋士降曹的主张，倒有可取之处！"

鲁肃一听，反倒吃了一惊。他想，方才都督还气势汹汹，大骂曹操犯境，申斥众谋士迎曹之议，怎么这么快就态度迥异，判若两人？他立即反驳说："公瑾所说，不切实际。江东基业，已历三世，岂可这样轻送于人？伯符将军生前有言，外事托付于都督，保土卫国，完全仰仗于你，现怎么又突发懦夫之语？"

周瑜看看鲁肃，说："子敬勿急，我并非不想去战，只怕咱兵马不足，难以取胜，若必须战，还须刘皇叔鼎力相助，借给二万人马。"

此意早被诸葛亮识破，他思索一会儿，说："两家联合破曹，我方必将尽力，刘皇叔所率兵马，岂能放置不用？一定全部拿出破曹。"

周瑜点点头，说："既然如此，就请先生返回樊城，把大军调来柴桑，候我调动使用。"

诸葛亮越来越明白周瑜之意，唯恐刘备从中渔利，先行制敌，夺其主

— 240 —

动。此人真是名不虚传，聪明奸猾，气量狭小。此事既不能应，也不能回绝。当今之计，只有激他速速出兵，方可保我主刘备无虑。于是，诸葛亮说："我看这样，有关破曹之事，都督不用倾巢而动，我们也勿出多少兵。如想使得曹操退兵，只有一个良方可使！"

周瑜忙问："我实不懂先生之意，你我都不出兵，曹操就能退兵而回，岂不是痴人说梦！"

诸葛亮严肃地说："非是笑谈。亮在新野之时，听得曹操在玄武池中获得一只铜雀，高有丈五，十分壮丽，想要修建一台，名曰'铜雀台'，上立铜雀，下纳妻妾女乐，以娱晚年。他对多人说过，要纳江东乔太尉两个女儿大乔、小乔，收于铜雀台中终日玩乐。听说这两个女人貌若天仙，温柔可爱。曹操对女人颇感兴趣，将军若是寻着这二人，花重金买下，送于曹操，遂他梦寐以求之愿，他必还师回朝矣。"

听至此，周瑜青筋直暴，脸色突变，但仍耐着性子问："先生此说可有实证，不能妄加于人矣！"

诸葛亮又郑重其事地说："都督若是不信，岂不闻曹操的儿子曹植有首《铜雀台赋》，内中提到的'揽二乔于东南兮，乐朝夕之与共'，其证不是很足吗？"

周瑜听到这里，再也忍耐不住，一声大吼，骂道："老贼欺我太甚，定与老贼势不两立！"

诸葛亮说的二乔，原来均是江东太尉乔玄乔阁老的孪生女儿。姐俩长得一模一样，自幼聪明伶俐，美丽无比。长大以后，分别许配两个如意郎君，大乔嫁于小霸王孙策，小乔嫁与都督周瑜。两个美女嫁给两个美男，真正是郎才女貌，天地之合，大江南北，谁都知道这两对美满婚姻。今日诸葛亮知道周瑜气量狭小，故以此激怒于他，以坚定他抗曹之决心。

诸葛亮故作不解地说："从前北部单于屡犯疆界，汉天子许他公主远嫁和亲。想想帝王女儿都能舍得，将军怎舍不得民间两女，以解万民之悬？"

坐于旁边的鲁肃，心地实诚，他对诸葛亮说："先生有所不知，这二乔都已嫁人，大乔乃伯符之妻，二乔是周都督夫人。曹操欲讨此二人，岂

不是目中无人，欺人太甚！"

听至此，诸葛亮故作惊慌之状，连连施礼道："亮实不知此情，失口乱讲，多有冒犯，诚请都督海涵。"

周瑜挥挥手说："先生不知，岂能怪罪？我与伯符连襟之亲，现在老贼欺我二人，就是欺我江东，我岂能任他横行？来日去见主公，力促他早日出兵。"

至此，诸葛亮和鲁肃相继退出，各回住处。

次日，孙权升帐议事，文臣武将俱到，分列两旁左右。孙权对众人说："曹操统领大军八十万，屯于江中，要与我会战于吴。现在公瑾已回，当再商议，以求万全之策。"

此时，周瑜站于孙权旁边，振振有词地说："曹操此贼，野心勃勃，欲来吞并我等。将军神武雄才，又有父兄英烈，割据江东，地方千里，兵精粮足，何须依赖他人鼻息度日？现今曹操违背天时，远来江上，其必败无疑。"

站在文臣之首的张昭似有不服之色，他问道："都督言之切切，怎见曹操来之必败？"

周瑜说道："子布听好。其一，曹操北方虽成一统，但民众多有不服。马超、韩遂占据关西，随时都可袭曹之后。第二，曹操来自北方，军士多不习水性，若是离鞍下舟，属舍长取短矣。第三，时值寒冬季节，军马难觅草料，人员数十万之众，粮食也难供应。第四，北军南下，水土不服，必生疾病。有此四大不利，曹操迎头而上，不可不败。"

周瑜说罢，孙权大喜。孙权拍案而起，说道："老贼想废汉自立久矣。时只惧二袁、吕布、刘表和我。今诸人俱灭，只我尚在。现又前来灭我，岂能让他遂心如意！"说罢，拔出所佩之剑，"咔嚓"一声，砍去桌案一角。尔后对众人说："我意已决，誓破曹兵，望诸位同心协力，再无异心，以后谁再有降曹之意，就与此案等同。"

此举一出，众人皆哑口无言，接着，孙权解下佩剑，交于周瑜之手，说："日后有不听令者，都督代我行刑！"接着，发布号令：拜周瑜为右都督，程普为左都督，鲁肃为参国校尉，择日就起兵破曹。

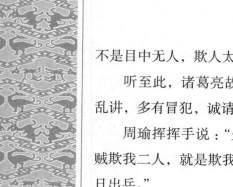

周瑜回到住处后，又请诸葛亮前来议事。诸葛亮来后，周瑜说："今天我家主公决心已下，授我右都督官职，命我择日出兵，愿先生教我破曹之计。"

诸葛亮一笑，摇摇头说："唯恐说说而已，兵仍是难出。"

周瑜不解地问："此话怎讲，瑜甚不解！"

诸葛亮说："孙将军虽主张出兵，我料他心思未稳，还得有变。"

周瑜道："我看不见得，主公赐我宝剑，让我掌握生杀大权，他若有变，岂不自相矛盾。"

诸葛亮知周瑜不会轻信，于是分析道："你家主公之所以仍是犹豫不决，仍虑本身兵力不足，若不解他这一疙瘩，只恐日后仍有所变。"

周瑜听罢，点点头，将信将疑地去孙权那里了。

到得孙权府中，只见他伫立窗前，眼望长江，不住唉叹。

周瑜急急上前，问道："主公何事烦恼，唉声叹气？"

孙权回头望望周瑜，脸色凝重地说："刚才得报，曹操水军已到江上，大小船只无数。我料恶战将起，谁胜谁负，心中仍是底数不足。"

周瑜问他："主公是否忧虑曹兵势大，我军难以抵挡？"

孙权点点头说："我总觉得咱兵力不足，比曹操差之太远，恐难取胜耳！"

周瑜一听，果真应验了诸葛亮的估计。他暗暗佩服诸葛亮的先见之明，又嫉妒他的聪明，这点自己怎没估计到呢？他安慰孙权说："主公切勿忧虑，曹操虽称兵有八十余万，其实属欺人之谈。主公只需拨我五万人马，定破曹操于长江沿线，难道主公还不信于我！"

孙权听至此，方转忧为喜，按周瑜所说，拨了五万人马，交于周瑜调动使用去了。

诸葛亮一言猜中孙权所虑，实属聪明。但此举又不聪明，既然知道周瑜气量狭小，喜嫉妒，就应换个方式来说，这样就不至于招得周瑜接二连三的嫉恨和追杀。这些都表现在下步的赤壁大战之中。而周瑜也是聪明绝顶，但嫉恨成性，不能容人，招致本身屡屡失败，最后气愤而亡，这都属于聪明反被聪明误了吧！

此时的曹操，正在荆州、江陵一带训练水军，准备由水路下长江，直达柴桑，吞并孙权。

但他又经探报得知，孙权、刘备意欲联合，刘备这边已派出诸葛亮前去东吴游说。荀攸急到帐中来见曹操，说："丞相，以咱力量，东征孙权，南打刘备，各个击破，都无大难。唯独可怕的是两家联手，对咱实存威胁。"

曹操站立营前，举目眺望滚滚长江，听的训练水军的声声号角，轻蔑地说："公达所忧不无道理，但咱将几十万的水师大军训练结束，还怕他什么？孙、刘二人加在一起，能有多少人马？到时稍一冲击就能取胜矣！"

荀攸听了点点头，又说："我是有忧虑之心，既然丞相成竹在胸，我虑也属多余矣。但有一件，还须言明，将几十万水师交于蔡瑁、张允训练，我看欠妥。"

曹操一听，马上问道："他二人可有异常表现？"

荀攸说："明显异常倒没发现，只是总觉得这两人行动诡秘，心地不良，是否真心事我，还须多加小心。"曹操点点头说："公达所说，金玉良言。这点我已察觉，已派于禁、文聘两位将军前去督阵，待时机成熟，再取而代之。"

正在此时，忽有人报，说周瑜率百艘战船来攻荆州，曹操忙令蔡瑁、张允带水军出战。蔡瑁说："丞相，若胜东吴兵马，我水师力量不足，还须派些青州兵来为宜。"

曹操点头应允，又拨给他从北方所带的青州兵马一万，待到周瑜船只到来后，蔡瑁指挥青州军奋勇抵抗。

由于这些人都生于北方，不习水战，到得船上后，头晕目眩，站立不稳，多有后退，然蔡瑁见有退者，便亲自督战，挥剑乱砍，杀死兵丁不下几百人。因此，青州兵丁再不敢后退，持枪拿刀和周瑜船上的士兵战到一起。周瑜士兵系精练水师，都习惯船上作战。又有周瑜身先士卒，奋勇杀敌，士气相当高涨。两相比较，曹军明显势弱，东吴虽然兵少，然以一当十，终将曹操军队打得落花流水，大败而逃。曹操所拨万余青州兵，损失大半以上。

第一战就出师不利，曹操将蔡瑁、张允唤至跟前问道："我军人多势众，为何败于东吴人少势微？"

二人伏地回答道："皆因青州兵丁不识水性，少有战斗力，因失败也。"

曹操又问："既然如此，为何不用荆州之旅？"

蔡瑁赶紧回答："原以为丞相所带青州兵马，俱能英勇杀敌。因荆州兵是刘表所带，怯懦无能，谁知适得其反？"

曹操思索一会儿，又问："下步准备如何办理？"

蔡瑁回答："必须先立水寨，令青州兵在内，荆州军在外，教习熟练，方可出战。"

曹操点头，二将退去。走到外边，张允问蔡瑁说："舅舅，这次水战，为何如此打法？"

蔡瑁回头看看，见无人相跟，就对张允说："难道你忘了咱主是谁？是刘表，刘景升。荆州本该是咱的乐土，今被曹操所占，谁能甘心？咱明为曹兵，实是荆州主人，待时机成熟，将他们赶走，接回少主刘琮，还是咱大权独揽！"

一席话说得张允频频点头，也完全暴露了他们的狼子野心。当然，这样一来，他们离死期也就越来越近了。

蔡瑁、张允走后，站在旁边的荀攸又开口说话："主公，我看今日之战有诈，为何死的俱是青州之兵，而荆州之兵损失甚少，此二人不可不防啊！"

曹操点点头，说："公达放心，我已有所注意，也有一定安排。"

这时候，程昱、贾诩等人也来营中。曹操忙让众人坐下，他对众人说："当前孙、刘联合，不论成与不成，对咱都很不利。我看是不是用一方法，将他们联合予以离间，使其互不信任，岂不胜于强攻硬战？"

"怎么个离间之法？"众人一齐问道。

曹操马上说："这倒好办。听闻诸葛亮来到周瑜营中，故意以我激怒于他，还说我儿子建有赋戏弄于江东二乔，这都属于无中生有，中伤于我。我欲派人前去周瑜处说穿此事，将孔明之计揭穿，让他们自相践踏，

十三 赤壁失策遭火攻·千古一战惨败

岂不更好！"

众谋士点头称是。那么，派谁去东吴说服周瑜合适呢？当然必须是周瑜的熟识之人且关系又较密切者。想了一会儿，程昱趋前一步，说："九江有个蒋干，字子翼，年轻时和周瑜是同学，二人交游甚好。蒋干博学多才，能言善辩，不如把他招来，去游说周瑜，定可有用。"

曹操点头答应，即刻派人去到九江传唤蒋干。第二天下午，蒋干如期到来，曹操亲自出迎。

进帐后，二人分宾主坐下，寒暄几句后，蒋干问："丞相唤我前来何事？"

曹操说："先生与周公瑾少年相交，能否把他请来江北一叙？"

蒋干连忙摆手，说："干才疏学浅，拙口笨舌，恐难以难任。"

曹操离席摆手说道："我听说先生博学多才，今日相请，诚望帮我破了东吴水军，日后必有重谢。"

蒋干也起身答礼，说："丞相休得如此，非是蒋某不为，而是周郎生性刚强，不易被人言所动。容蒋某过江去相机行事，如何？"

见蒋干答应，曹操很是高兴，就把诸葛亮到东吴后，如何以《铜雀台赋》愚弄周瑜等事全部告诉了蒋干。蒋干一一记下。最后，曹操说："子翼先生自东吴回后，就是我帐下幕宾，一同共事。"

周瑜第一次和曹操在水上会战，虽侥幸取胜，但看到曹操水师队伍齐整，对己日后发展有大威胁，故心事很重。想起是蔡瑁、张允这两个水军都督时，就心想得用一法，将二人除掉，以去这心头之患。正思虑间，人报蒋干来访。周瑜深思一下：我俩虽有交情，但一别二十几年，从未会面，今两方交战，突然而至，必是曹操一说客，还须小心。又转念一想，去除蔡瑁、张允，也正用此人。想至此，他吩咐左右须得如此如此，接着，赶忙迎出帐外。

周瑜上前拉住蒋干的手，亲热地说："子翼兄，一向可好？多年未见，实是令人想念！"

蒋干也是笑脸相迎，说："东吴办事，路过柴桑，想到老友，怎不驻足一看？故到此耶！"

于是，二人进帐落座。周瑜吩咐人备上茶水，接着便与蒋干聊了起来。

周瑜故意说："子翼兄，听说你来，初时我以为是曹操派来的说客，险些不来见你。"

蒋干也笑着问："这是为何？多年老友拜访，你就给吃'闭门羹'！"

周瑜忙忙挥手，说："哪里，毕竟是多年老友，说说而已。因我主已有号令，叫我领军抗曹，怕有人前来说情，特将所佩宝剑授于我，对于劝说降曹者一律斩首。我想，子翼不会因此而来吧！"

周瑜此言真真把蒋干的嘴堵得个严严实实。想说也无法开口。于是，他话锋一转，说："我现是一商人，打仗之事向来与我无干。今来有两个意思，一是多年未见，叙叙友情，二是听说诸葛亮想把东吴二乔送与曹操，是否实有其事？"

提到这里，周瑜大怒，忙问："子翼听谁所说？怎么传得如此迅捷"。

看着周瑜就要入套，蒋干微微一笑，说："我坐船中，江北之人无不知晓，人人都在议论，岂不传入我耳中。"

一听是这回事情，周瑜更是疑惑不解，他说："此事是孔明和我谈话间，说是曹操老贼早有此意，并吟唱了曹植的《铜雀台赋》，故我信尔。莫不是孔明四散传开，情实可恶！"

蒋干接着说："是谁传开，我哪知晓？曹植有哪两句，公瑾可还记得？"

周瑜愤怒得直吼，他说："当然记得，你听'揽二乔于东南兮，乐朝夕之与共'，曹贼这不正是辱我？"

蒋干微微一笑，从怀中拿出一张纸，上面写着曹植的一首非常完整的《铜雀台赋》，递给周瑜说："公瑾请过目，看看有无孔明所说二句？"

周瑜忙接过，只见这首歌赋，段落不少，看遍全文，也没有这么两句。至此，方知受了诸葛亮的愚弄。

本来周瑜就已嫉恨诸葛亮的才智，现在经蒋干这么一挑唆，周瑜的气就更大了。他咬牙切齿地说："可恶的山野村夫，愚弄于我，若不除他，誓不为人。"

见周瑜火气上升，对诸葛亮恨之入骨，蒋干暗暗好笑。心想：周郎中计，孙刘联合化为乌有，我功大矣！这些他当然无法表现出来，只是一味

十三 赤壁失策遭火攻：千古一战惨败

安慰罢了。

晚上，周瑜设宴招待蒋干，席间，二人频频举杯，俱喝得酩酊大醉。席散之后，周瑜吩咐人："让子翼到我屋中安寝，晚上共叙友情。"

到得房中后，蒋干只看见里面布置得富丽堂皇，最显眼的是桌案上放着一只和田青玉雕成的大蛤蟆。这只蛤蟆蹲在桌上，两只鼓鼓的眼睛栩栩如生，身上的条纹十分清晰，其形象逼真，做工细腻，真是人间少有的稀世之宝。

蒋干正观看间，周瑜喷着酒气，一步三晃地走来，问："子翼，此物可好？"

蒋干也是醉眼朦胧，忙说："价值连城，弥足珍贵！"

这时，周瑜端来一盆凉水，说："若是放在水里，更是妙不可言。"

蒋干说着就要往水中放，周瑜忙说："等等。"然后从蛤蟆嘴里掏出一张纸，折叠一下放于桌上，然后把蛤蟆放入清水之中。谁知这玉石蛤蟆一进水，就似真的一样，两只眼睛翻滚，大嘴一张一合，并发出"呱呱"之声。

蒋干一看，乐不可支，忙说："此宝何时所得？"

周瑜歪头看看蒋干，说："子翼兄问这何干？"

蒋干说："问问而已，难道有啥难言之隐？"

"那好，老朋友无话不说，有啥难言之隐？谈！"周瑜大大咧咧地告诉蒋干："此蛤蟆乃蔡瑁、张允几天前着人送来。他两个子翼不一定认识，原来刘表的小舅子和外甥，现在与曹操共事，我们是多年老友，前天托人给我带来的。"

蒋干一听，心中突突直跳，今天收获可谓不小，原来丞相的水军都督，却是东吴的奸细！虽如此想，他可没露出一点儿声色，佯装醉状说："什么代瑁、王允的，不认识。但交这样的朋友实在难得！"

谈了一会儿，二人入睡。正睡之间，门外有人喊："都督请起！"

周瑜翻身下床，蹑手蹑脚，轻声问："深更半夜，何事来报？"

只听外面说："蔡瑁、张允两个将军派人来了。请都督快去说话。"

周瑜返身回来，轻声呼唤："子翼兄！"见没动静，就走了出去。

此时，佯装睡觉的蒋干翻身起来，抖开周瑜从蛤蟆嘴里抠出来的信件，只见上面写着："公瑾都督，今奉上玉蛙一只，请笑纳。另我等已将水师控制于手，待时机成熟，将曹贼首级并水师，一并交于君手。"

蒋干本想将纸条装起，又怕周瑜回来查问，就寻找纸笔，抄上一份，装进口袋。此时，听得周瑜回来，就又躺下佯装熟睡。

第二天，蒋干一早告别了还要挽留的周瑜，绕道回到了荆州，将东吴一行全程向曹操一一说知，并把周瑜夜间接待蔡、张所派来人和给周瑜玉蛙之事详细说出。最后，拿出密信一封，曹操一看，拍案大怒，很快将蔡瑁、张允抓来，不容分说，推出去将头砍下。水军则交与于禁、文聘二人管理。

这就是周瑜施计，蒋干中计，曹操上当一事。然而，在周瑜施计当中，自己也没摆脱厄运，中了蒋干的离间之计，时时处处加害于诸葛亮。

曹操杀了蔡瑁、张允以后，荀攸来见。他提醒道："丞相，我疑杀此二人，是周瑜反间计也！"

曹操一笑，说："我当然知道。但是，这蔡、张两人，从始至终，就怀异心，一天也未真心事我。前天和东吴交战，一下损失青州兵丁五千余名，而荆州兵一个没损，这具是他们祸心所在。今借周瑜之手，将他们杀掉，可谓一箭双雕。一可安诸将士之心，二可麻痹东吴周郎。"

听了曹操的话，荀攸深为佩服，他说："丞相处事，百变不惊，世人莫比。今既孙、刘合体作战，计将安出？如何迎战？"

曹操轻蔑地一笑，说："联合与否无关大碍，于、文二将把水军练好，还怕他们进攻不成？"

正谈话间，有人前来，一看，认得，此人名叫曹福，系曹操一个远房侄子，现在曹仁手下当个参事。曹操忙问："福儿，你来做甚？"

这曹福忙着回答："叔叔，我来营中已有几年，至今寸功未立。今日到水师营中一看，各艘战船摆摆晃晃，士兵都站立不稳，我有一法，不知可否使用？"

这一难题，于禁昨天也曾提起，只是还未想到解决之法，现在这个曹福一说，倒引起了曹操极大兴趣。他问："福儿，你有何法，不妨

说上一说。"

曹福马上回答："我在家曾捕过鱼，主要用牛皮筏子。后来为了稳当，几个人把众多筏子绑在一起，到得水中后很是好使。从这里我想到战船，如果用铁链连成一体，在水上打起仗来岂不更加方便！"

曹操听完，拍手大笑说："福儿说得很好，十船一排，走在水上，又平又宽，还怕北方人站船不稳？"接着，他告诉荀攸说："公达，你记住，事成之后，对曹福予以封赏。并去告诉文则他们二人，如此办理，方保无虞！"

其实，曹福献计，虽出好意，实在害人不浅。在江中行驶，真如遇见麻烦，诸船连在一起实在难以摆脱困境。当程昱知此事后，也曾及时提起："此法不可取也，若是东吴用火攻伐，势必酿成大祸矣！"

然而，曹操却不为重视。他说："冬季多有西北风，他敢用火，岂不是自找麻烦？"

曹操如此一说，程昱也无法再坚持己见，只得作罢。就这样，几百只战船，全部连在一起，平平整整，人马都可在船上活动，喜得曹操仰天大笑："江东小儿，灭你不远矣！"

就在曹操自以为得意之时，东吴周瑜却遇到两大麻烦，直愁得他急火攻心，病卧在床。

第一个麻烦是缺少箭枝，在水上战船打仗，比不得陆地，临近之后真刀真枪的连砍带扎，制敌于死地。这在水中船上，不可能离得太近，所以，用弓箭取胜，则成关键一环。这次水战，周瑜估算一下，起码得需十万支箭，而东吴要想一下子找出这么多箭，根本办不到。

正在一筹莫展之际，他想到了诸葛亮。他既来东吴帮助抗曹，就得听命于都督。都督给他军务，就得完成，如若拒绝或完成不好，则是抗令不遵，而抗令则当处斩刑，这叫罪有应得。想至此，周瑜又高兴起来，不管箭造多少，总之，找到一个除掉诸葛亮这一眼中钉的借口。于是，派人将诸葛亮找来，说三天内造十万支箭之事，诸葛亮不仅没有推辞，反而说三天时间太长，这样有怠军机，只消一天就能造出。

这不仅令周瑜感到意外，就连鲁肃也替他担心。谁知，这诸葛亮审

千古枭雄曹操

时度势，观看天时气象，准知第二天清晨大雾迷漫，利用曹操鬼心多疑的特点，弄了百只船只，扎满草人，趁清晨雾天将船开至曹营邻近，敲锣打鼓，号角齐鸣，做进攻状。曹操闻后，果然不敢出战，号令江上士兵，猛劲放箭，只射得战船草人遍身皆是，天亮船只返回以后，令人拔出的箭，足有十万余支。

诸葛亮此举，招致曹操上当，周瑜拣了便宜，而自己在东吴的处境则愈加危险。这周瑜又高兴，又嫉恨，越发不能容忍诸葛亮生存下去。

第二麻烦就是决定近日攻打曹操。当周瑜得知曹操的众多船只连在一起，曹军欢喜地手舞足蹈之时，周瑜也高兴地拊掌大笑，说："这是天助我也！"可是，正笑之际，猛地吹来一阵西北风，使他立即满腹惆怅，头脑晕眩，跌倒在地。

因他已经决定火攻曹操，这是和诸葛亮取得共识后决定的。但是，就地理位置来说，曹操在西北，东吴在东南，要用火攻须得东南风才行。可现今时处寒冬，多有西北风向，此时若无东风，岂不一片心血付诸东流？所以，他真正是忧虑过度而身染重疾。

这天晚间，诸葛亮无事闲坐小舟，边喝着茶水，边想着破曹之计。他抬头一看，天边一片黑云被风吹来，遮往旁有月晕的皎月。一会儿月亮露出后，红晕再现，四周皆有，只西北方向空缺，诸葛亮默默点头，心说，天气要变，东风将至，破曹指日可待。

正饮茶间，鲁肃来到面前，谈起周瑜不知何故，几日饮食废止，病卧不起。诸葛亮指出这是心病，马上写了一剂药方托鲁肃带回。周瑜一看，上面写有十六个字："欲破曹兵，宜用火攻，万事俱备，只欠东风。"

周瑜一见，马上翻身而起，把诸葛亮招来，问何时方能来得东风。诸葛亮故弄玄虚地说，须得在南屏山修建一座三层高台，台中央设坛。坛外分列一百二十名兵丁，各执旗幡，随他作法。三日之内，必借得东风到来。他让周瑜早作安排，一旦风起，即刻起兵，破曹就在此日。

听完诸葛亮的吩咐，周瑜马上照办，命鲁肃挑选一百二十个兵丁，协助诸葛亮到南屏山修筑高台一切安排好后，诸葛亮随即修书一封叫人

十三　赤壁失策遭火攻　千古一战惨败

— 251 —

送与刘备，等三日后让赵云来此接他，破曹即在这日，并准备好兵马，等他回樊城时调用。

接着，诸葛亮身披道袍，长发披肩，跣足登上高台，手拿宝剑，作起法来，只待东风到来。

周瑜将祭东风之事安排好后，马上部署攻曹准备，兵分三队，各登战船，船上备足弓箭和火药。接着，又吩咐丁奉、徐盛二将，待东风起，船队出发后，将诸葛亮在内的所有祭坛人员，全部杀戮，一个不留。

果然，三日后阴云密布，东风骤起，浩浩荡荡的船队从柴桑往西北进发，直抵荆州江面的曹营战船。与此同时，丁奉、徐盛二将，迎着东风，赶往南屏山，再找诸葛亮，早已没了踪影。问守坛士兵，说早在三个时辰前，就乘一只小船，顺江而走。当丁、徐二将把消息告诉周瑜，周瑜又是气得咬牙切齿，并恨自己没有预见，让诸葛亮终回樊城。

东吴大军的船只横冲直撞直奔曹营，鼓声大振，号角齐鸣，箭如飞蝗般向曹操船上射去，很多士兵中箭身亡。接着射出火箭，只烧得曹操各船烈火直燃，想逃脱却又被铁链锁住，只得被动挨打，有劲使不上。就这样，曹操号称八十万大军被东吴五万多人连烧带射，弄得鬼哭狼嚎，人马成片成片死于长江之上，再想开船行走，更不可能。最后，只有曹操带领一部分人向襄阳逃去。

在临到襄阳以前，他们路过一个叫华容道的地方。这个地方，是个沼泽区域，一片片的草地上面是一片片清水，水下是一汪汪泥浆，人踏上去，又湿又泞，泥水没过膝盖。此时正是隆冬时节，他们主仆十几个人浑身泥水，又冷又饿，十分狼狈，走着走着，曹操忽然仰头大笑。众人不解，丞相何故发笑？曹操甩甩胳膊上的泥水，再捋捋被泥水沾湿的胡须，说："我笑诸葛亮、周瑜不会作战，如果是我，定在这路口设下伏兵，那时我们真的无处可逃矣！"

话刚说完，忽见后边树林有人赶来，曹操吃惊不小，连呼："天要灭曹，我命休矣！"

旁边的许褚，此时只穿一件单衣，浑身脏如泥猴，他见又有军队来追，就扛着一把大刀，说："丞相勿急，我拼命也要叫你逃走！"说着

千古枭雄曹操

往前冲去。谁知到得跟前一看，忽然哈哈大笑说："文远，你险些把人吓死！"原来是张辽带兵赶来，寻着曹操，一起奔到襄阳。

这次赤壁之战，曹操输得实在是惨，这也是他生平最失败的一次。

十三 赤壁失策遭火攻·千古一战惨败

十四

大功未成病先扰
华佗妙手救治

曹操被孙刘联军打败，一直逃到襄阳方才落脚。急火攻心、思虑过度，曹操的头疼病开始发作。他派人去请神医华佗，华佗妙手回春，缓解了曹操的病症。

孙刘联合抗曹终获成功，将被打得焦头烂额的曹操，追至远离荆州的襄阳。这场战斗，不仅损失很多将士兵马，就是作为大汉丞相、权力如日中天的曹操本人，也简直是丑态百出。

在烈火熊熊的战船上，他指挥军队抵抗东吴兵将，结果战袍撕破，几缕布条挂在身上随风飘摆。头盔也不知何时丢掉，剩下一块方巾束着长发，对面扑过来的大火，又险些将长发点燃。头发虽没烧着，但三绺黑须却有一绺半被烈火燃去。幸得护卫士兵眼疾手快，方保火势没往面颊上燃。

在一路逃窜的过程中，跌跌撞撞，坎坎坷坷。原本雪白的坐骑，早已染成色彩斑驳的花马。伏在上面的曹操，气喘吁吁，汗透衣衫。尤其是到得华容道后，一片沼泽湿地，弄得泥水满身，十分狼狈。正当人困马乏之际，幸得张辽带兵赶到，脱下自己的战袍，换下曹操身上已被汗水浸透、穿在身上透骨凉的脏衣服，并将随行的一匹好马让他骑上，主仆多人终于来到襄阳城。

镇守襄阳城的将军曹洪，赶紧放下吊桥，大开城门迎接曹操众人进城安歇。

进得城来，曹洪给曹操安置好住处后，又给众将士安排。一切就绪，曹洪连同张辽和后来赶上来的曹仁、徐晃、夏侯惇、夏侯渊、李通、张郃及众位谋士，一齐来给曹操问安。

众人躬身伏地，齐说："丞相，我等无能，造成如此惨败下场。尤使丞相受此惊吓，担大风险，实我等之罪也！"

特别是那许褚，如孩子般地痛哭起来，他哽咽着说："若不是丞相太有造化，早就升天做神了。是我该死，没能把丞相保护好，丞相你罚我吧！"

这个愣将军的话，又可笑直爽，又感情真挚，让所有人听了，无不楚楚发酸，眼中含泪。

此时已经换洗一新的曹操正襟危坐于桌案后边，见众人这个样子，淡然一笑，说："大家何必如此，如果自责，应当是我。你们何过之有？都起身坐好，笑谈一番！"

他起身来到屋外，在四周巡视一番。众人不知何意，也跟他来到大院之中。只见曹操来到拴马的马厩旁边，抚摸着吃草的战马，看到食槽里拌料的水结成一层厚冰，又见槽底放着一块肉火烧，不知是谁吃剩的要来喂马。谁知马不领情，甩在一旁没吃，此时早已冻得如同石块。看到这里，曹操把众人招到旁边，拍拍食槽中的冰和旁边的那块肉火烧，满脸带笑地问："你们可认得这都是什么？"

众人不解，沮丧的心情仍未摆脱，只是木然地摇摇头，没有谁来说话。当然，这些东西谁不认得？只不过认为太简单无须回答罢了。

见众人不语，曹操并未计较，他说："告诉你们，叫火烧、槽冰（火烧曹兵）。"说罢，哈哈大笑起来。

众人这才知道，丞相在拿自己的失败和大家打哑谜。这倒是非常贴切，许褚、夏侯惇这些粗人，也都跟着笑了起来。

接着，曹操又抽出佩剑，把槽底的冰戳下一块，拿在手中，往火烧上一砸，将火烧砸出好远。刚想说话，不想许褚问道："丞相，这叫啥？"

曹操朗朗而言，说："这叫槽冰不怕火烧。"

大家又都笑了起来，这猛将军许褚和夏侯惇都哈哈笑出了声。许褚说："实在有趣，对，曹兵就是不怕火烧。"

经过曹操这一调动，大家刚进屋中的那种沮丧心情已明显好转，板起的面孔也渐渐平缓起来。

— 257 —

曹操复又坐下，众文官武将仍是站立两旁。他十分郑重地和大家说："今春樊城被诸葛亮一烧，这次复又在赤壁被烧，俱大败而归。若说高兴，谁有如此心情？然切不可忘，胜败轮回，兵家常事。想当年，秦国强兵，也曾几度输于赵国，最后终将赵吞并；还有先皇刘邦，曾屡败于项羽，后也把他灭掉。我自思忖，这把大火就能把我们烧得胆却？众位一定振作精神，恢复元气，日后再战。"

曹操一通话，倒是给大家鼓了鼓气。只听文官那边有人讲话："丞相所讲，倒是很对。可这次为何败北，其因不得不找。依我之见，全在丞相刚愎独断之上。"

是谁批评得如此尖锐？又这样不讲情面。众目睽睽之下，丞相能够承受吗？众人一看，是贾诩贾文合。

众人面面相觑，都没接茬讲话，担心曹操发怒，定会重责贾诩。

谁知曹操听后，不急不恼，问："文合说我刚愎，说我独断，能否指其一二！"

今天的贾诩，看样子是豁出去了，他真正是不顾这位亲戚的脸面了。接着说："你不会忘掉公达、仲德和我，几次提醒于你，提防孙刘联合，勿中反间之计，小心冬季火攻于我，这些你如果听，何来今日之局面。"

贾诩说完，曹操一拍桌案，吓得众人心胆高悬。只听他说："对，文合所说十分正确。我如听听众人所言，不至招致此败。酿成今日局面，其责全在于我。"

帐下文官武将，见曹操如此自责，反倒心中不是滋味。程昱、荀攸、曹仁、徐晃等人都说："不仅丞相有责，我等也是无能。"

曹操倒是很感激大家的谦虚，他又深沉地说："众位随我出征，有的几十年之多，也有仅仅数载，都在征战中血染战袍，不畏生死，操实是感激之至。今因我责，遭此挫败，不仅无怨，而且担咎，更让我心中有愧。这次失败，还有一条致命之处，轻敌、自傲，恐怕大家都有看到。"

曹操所说这点，确实众人都有所觉，但就是没有明言。这次自己说出，虽不十分确切，但能大胆揭出其短，这在一个封建时代的三军统帅来说，实属难能可贵。

议论完以后，曹操又说："因我失败，损失较重，不再多奖众人，其中必奖者公达、仲德。"说至此，又回头看看贾诩，接下去说："还有这位不饶我的贾文合！"他令许褚每人赏钱五千，绸缎两匹。

赏完以后，他又想到一个人，就是那个在曹洪手下当副将的曹福。这小子出了个用铁链将船连在一起的主意，实在太馊、太损了。从某种程度上讲，险些使曹操全军覆没。这种人，就是捉住杀他十次，恐怕也不为过。

确实，这个曹福事后，早吓得胆破心惊，深恨自己硬充好汉，去献计策。叔叔身边战将如云，谋士不少，何须自己多言多语？火烧战船，不能行动，挺着挨打，人死如麻，血染长江，这天大的娄子，自己有多少颗脑袋也偿还不上！所以，他这几天都是躲于家中，静等曹操找他算账。

今天，曹操确实没有忘记他，问曹洪："子廉，曹福何在？"

曹洪赶紧回答："可能闹病，今天我曾看见躺在屋中。"其实，这是曹洪在为他开脱。

曹操已经心知肚明，但不好直讲。他又开口说道："去，令人把曹福叫来，奖他一奖！"

曹洪一听，曹福这下可真是阳寿到头了，但不去叫绝非可能，于是，硬着头皮，叫人把曹福找来。

此时的曹福，听说曹操找他，裤裆内不知有多少屎和尿了，一边走路，一边哆哆嗦嗦地从裤腿流下粪水，到得曹操面前，"扑通"跪倒在地。

曹操一看曹福到来，完全出乎大家意料，一没拍案大吼，二没发威发怒，而是和风细雨地说："曹福起来，何故体若筛糠，莫非衣薄寒冷？"

曹福仍是趴在地上，说："丞相，是我叫你连上战船，方遭火攻遇损。我罪当死，请速用刑！"

听至此，曹操哈哈一笑，说："曹福，所说差矣！你敢给我出谋，并无诓人之意，怎能责罚于你？遭到火攻，导致兵败，是我轻敌上当，也与你无关。尽管铁索战船，不能行动自如，是我认同，方被孙、刘钻空，更是与你毫无干系。敢言、敢讲，也应受奖！"

跪在地上的曹福一听此话，冰凉的身体如同喝了几碗姜汤，顿时热乎

起来。他似乎还不相信，站起身，喃喃地问："这，这是真的！"

只待许褚把两千钱递与他手时，他方信以为真。等到路过众人旁边时，一股臊臭从他身上而出，俱都掩嘴堵鼻，他方脸色红红地溜走了。

众人散去，曹操方坐在椅子上，合会儿眼，放松一下思虑过度的大脑。片刻之后，他站起身，打个哈欠，向门外走去。

他要去找花子，和她亲热一番，调剂一下十分倦怠的身子。可当走到她的住地时，见房门紧锁，不见人影，方想起因和吴直鬼混，花子已被送往山前尼庵。想至此，方才热了的心又冷了下去。于是，折回身，去到卞夫人房中过夜。此时，卞氏早已睡下，曹操上得床榻，见卞夫人仍未醒来，就未惊动于她，躺下时间不长，就沉沉入睡。

是啊，曹操太累，太困乏了。经过这次大战，真正是伤筋动骨，大损元气。他苦心经营起来的北方部队，命丧于长江无数，几近覆亡。他在回返的路途上，在众将士的叹气唉声中，头脑逐渐清醒过来。招致这次战争受损的原因，他知道是自己太轻敌，是多次胜利后滋长的骄傲情绪。"满招损，谦受益"，在自己这次实际行动中，已得到确确实实的体现。他看看行走在归途中的将士，满身血污，一脸烟尘，衣冠不整，步履散乱，一幅狼狈不堪之相，和初时进入荆州城的形象大有天壤之别。这些勇往直前的将士，栉风沐雨，顶酷暑冒严霜，紧随自己征战二三十年，都是无怨无悔地去冲、去杀、去拼搏。他们流血流汗，换来了曹氏家族的荣耀，带来了自己的身份和地位。今天，因自己的失误，不，更确切地说是罪过，使他们成千上万的死于烈火，丧于刀枪，殁于长江波涛之中。想至此，曹操心如刀绞，肺腑皆烈。有几次，因剧烈的头痛，险些从马背上摔下来，每次，都是强忍着才挺了过去，他心中虽如翻江搅海一般折腾，但脸面上却丝毫没有显现出来。尤其回营以后，看着众人沮丧的面孔，低落的情绪，他不得不强装镇静，面露轻松之色，并以说说笑笑的形式缓解一下心头的压力和身体上的倦怠。还有一些文官武将不言自明的埋怨和几个人直言不讳的指责，还得听，还得忍，还得自责，还得抚慰。所有这些，需要多大的毅力，多强的忍耐力啊！从议事营中往住处返回的途中，尽管路程仅数十丈之遥，但他的腿如灌铅，沉重地走了好几刻的时间。并且经过这些折腾，顽固的头疼毛病又袭来。本想去看看小夫人花子，从她那微笑的面庞，婀娜的身姿，柔软的纤指，细嫩的皮肤上得到些抚慰，然而到得跟前一看，人去屋空，漆黑一片，这无疑又是雪上添霜。怀着十分的无奈，他来到卞氏房中。而偏偏卞氏又沉沉入睡，半句安慰的话语都没听到，他又不忍心惊动于她，就这样，他渐渐进入梦乡之中。

都说头脑聪明的人，善于思考的人爱做梦，也有的说头脑有毛病的人爱做梦，不论这些说法正确与否，总之在曹操身上都体现了出来，他很爱做梦。当然，今晚他也不例外，并且这次做的都是噩梦。他时而梦见董卓、吕布又勾搭在一起，手拿画戟利剑前来追杀，时而梦见董承、王子服、吴硕血肉模糊的前来索命，时而是袁氏父子哭哭啼啼的站于跟前不走，更厉害的一个是孔融，手举铁锤，狠劲向自己头上砸来，只觉得头脑已裂，疼痛钻心，大叫一声，突然醒来。

此时，睡得沉沉的卞夫人也醒了过来，她见曹操两手抱头，连连喊疼，忙拉住手问："夫君，你何时而来？是否头疼发作！"

抱头坐着的曹操，不顾夫人的询问，还是连连喊着："疼死人也！"

卞夫人急忙穿好衣服，撩起幔帐，叠好被褥，喊来两个男仆，打发他们快去请医生。工夫不大，两个随队医生来到房中。他俩例行公事般的切脉、问诊、翻眼、看舌，最后说是思虑过度所致，马上叫人买来两副草药煎熬，给曹操喝了下去。起初，倒是缓解一时，使他静下来睡到天亮。谁知天亮后，又是反复发作，疼痛有增无减。

此时，众文官武将都已得知，齐来丞相房中看望，左一拨，右一群，繁乱喧哗。后来，还是贾诩找到曹丕说："子桓，众人都来探望，虽是好事，但不利于丞相静养，还是挡一挡吧！"

曹丕点点头，对大家说："诸位将军、参赞，丞相患病，前来探视，非常感激。然所患头痛，最忌喧哗，适宜静养，大家还是暂回各营，料理公务。"这样，曹操的房间方安静下来。

他人散去，曹丕带着众兄弟都在父亲身边，曹操头裹一块白布，左额因拔火罐留下的几个紫印清清楚楚。此时曹操的疼痛又稍稍缓解了一些，虽然疼痛但能挺得过去。他看看曹丕，说："子桓，去请文合、仲德、公

达三人来此。"

曹丕领命出去，时间不长，贾诩、程昱、荀攸依次而来。贾诩轻声问："丞相，现在感觉如何？唤我等何事？"

曹操动动身子，眼望他们说："现在大队人马都已回归，但此劫太大，唯恐有些人仍是惊魂未定，你们传令各营，要整顿兵马，稳定军心，不可有扰民、扰军之现象。"

三人点头称是。接着曹操又说："我这头疼，此次犯得最厉害，头疼欲裂，简直叫人难以承受。两个随队医生，初时熬制草药，倒是顶了几刻工夫，后又拔了火罐，扎了几针，作用已是不大。公达你到外边访访医生，看看能否诊治我病！"

荀攸马上答应，说："丞相勿急，只须静养，军中大事，我们定去安抚。我这就去，看看有无良医！"说完，迈步就走。

此时，程昱把手一伸，将他拦住："公达慢走。我日前听说有一神医华佗，能治百病，前些天曾给张飞看过腿脚，若是找着他最好。"

听至此，贾诩也是一拍大腿，说："真是忙中有忘，不叫仲德提起，真是丢在脑后。华佗多活动在长江沿线，我俩曾有一面之交，若是找到他，定能医好丞相脑病。"

曹操坐在床榻之上，听到有此良医，心中稍稍有些慰藉。他对贾诩说："文合，你既和华佗有一面之识，就烦你去寻找。见面后，一定要好言相求！切勿以势压人！"

贾诩点头称是，急匆匆地去寻找华佗了。

这个华佗，不是简单之人，在当时的社会是个人人皆知的神医。上次张飞腿脚受伤，曾经出面治疗，治疗后且分文不取，径自而去，其风尚实属高贵。

华佗，字元化，沛国谯县人，实则是曹操的同乡。因曹操自幼入朝去洛阳，二人并不相识。当然，华佗对曹操尽管不熟，但名声早有耳闻。他自幼受到良好的家庭教育，刻苦努力，学习医术，成了一个妇孺皆知、可治百病神医。

有一年夏天，华佗带着几个徒弟在河边采草药，忽然发现从河里跳出一只水獭，嘴里叼着一条大鱼来吃。吃完后，把肚子撑得鼓起来，样子很是难受，在岸上一个劲儿地打滚。滚着滚着，水獭忽然从草丛中吃了一撮蓝花绿叶的草，时间不大，水獭就好了，活泼如初。从这里，华佗受到很大的启示，这是一种治疗消化不良的药草，华佗根据样子，采集了好多。

这年秋天，他到朋友家吃酒。见朋友的孩子们正在猛吃螃蟹，华佗劝他们少吃为宜。因螃蟹生性属凉，吃多恐肠胃不适。孩子们吃得有滋有味，哪里肯听，仍是狼吞虎咽地大吃一气。结果，时间不长，肚子就疼起来。朋友见状，求华佗给予诊治，华佗就叫他去河边采来蓝花绿草，熬汤喝下，时间不长就好了。从此，华佗的名声越来越响。

这天，贾诩来到夏口一个地方寻找华佗，正巧看见华佗从一户人家出来。贾诩忙从远处招呼："元化兄，别来无恙？"

华佗抬头一看，是贾诩，忙迎上来说："文合不在曹营公务，来此何干？"

贾诩笑笑说："本想来请，恰好相遇，看来你我缘分不浅。"接着，他拉华佗坐于路旁，说："曹丞相近日头痛发作，甚是厉害，他叫我前来请你，望即刻成行！"

华佗笑笑说："我这老乡闹病，想起了我，实感荣幸。再说文合前来，更不敢迟缓。我在夏口城里还有一例病人，看完后我立即起身前去。"

一听华佗答应得如此痛快，贾诩高高兴兴地回襄阳复命去了。而华佗，则去夏口给人看病。

夏口这个病人，不是别人，而是刘表那个大公子刘琦。自听从诸葛亮所言，从荆州逃到夏口领兵以来，总觉此事非常窝火。本来刘表先前已经说好由他接手掌管荆州，后来继母和继舅狼狈为奸，妄图加害于他，将荆州给予刘琮。结果呢？曹兵一到，拱手相送给曹操。这哪如交与皇叔刘备之手？在痛恨蔡氏姐弟的同时，他又痛恨起曹操，无故之中，将刘氏家族弄了个走死逃亡，家财散尽，疆土丢失。本来他的身体又不甚好，加上整日忧虑，最近更是严重，饮食日渐减少，身体愈加虚弱。今天，华佗又来府上，为他开了几付草药，就要离去。刘琦拉住华佗的手说："先生匆忙

离去，还去何处看病？如果没有，在这多住几日，我也好和你闲聊几天，以解心头烦恼。"

华佗扶刘琦躺下，说："现在我去曹营给曹操看病，回来后定陪公子闲待几日。"

听说去给曹操看病，刘琦不知哪来的力气，忽地翻身坐起，拉住华佗的手说："先生，我有一事相求，切勿推辞！"

华佗感到很是惊奇，拉住刘琦的手问："公子何事，怎敢言求？"

刘琦马上说："先生千万勿去给曹操看病。这个人名为汉相，实为汉贼，野心勃勃，侵吞四海，已遭万人唾骂。先生去给这种人治病，岂不也遭世人指责？"

听至此，华佗放下刘琦的手，严肃地说："公子此言，实难从命。华佗乃一介医生，周游天下，四海为家，只为悬壶济世，治病救人。不论其职、其位，都将尽力为之，岂能因与人有隙而不治焉？"

一番话说得刘琦哑口无言，心中虽反对华佗此举，但对华佗为人也不得不点头称赞。

这一日，华佗终于来到曹操驻地襄阳。进得曹操官邸后，早有贾诩、曹丕等人出外相迎。

进到屋中，曹操正躺于床榻之上，眉头紧锁，一脸痛苦之相。华佗上前刚要行礼，曹操忙坐了起来，挥手制止道："先生不必多礼，快快给我诊断一下！"

华佗坐于曹操面前，将他左手拿过，把中指放于腕部切起脉来。时间不长，切脉完毕，对曹操说："丞相勿急，从脉相来讲，头疼虽属痼疾，但据我所看，尚未达到不治之地。现在我开出十副草药，配以针灸，其疾可除也！"说完，将药方开出交与从人去买草药，而自己从布袋中取出银针，在曹操头上、手上按穴位扎上十根银针，边往里捻，边拿点火艾蒿炙烤银针。大约有两刻钟的时间，方将针取出。就这样连续治了三天，喝了十副草药，曹操的头疼竟奇迹般的好了。

这天早饭后，华佗就要辞行，曹操拿出百两白银答谢。可是，当许褚捧着这些银子送与他时，华佗执意不要。

许褚见他不要，着急地说："你看病之人是丞相，不是一般常人。他给银两，哪有不收之理？"

华佗对许褚说："我视病人都一样，哪有丞相、百姓之分？再说，行医看病，历来不取分文，是我之则，怎么能因他是丞相就破我常规。"

一席话，把个许褚噎得直翻白眼，连一句话也没说，就赌气回去了。

谁知事隔一月，曹操因一时着急生气，头痛又发作起来。

前几日，曹操的头疼已经消除，再休养一段时间，就又可以重新主持军务了。其实，他又很是心急，只不过华佗临走前一再嘱咐，勿要忧虑，勿要伤肝，伤肝则则导致头疼。所以，尽管不少军务需要处理，离开襄阳回归北方，还有继续西征马超、韩遂，也得进一步筹划，但怕旧病复发，都是强行抑制不想，安心静养。

这天吃罢早饭，天气特别好。再过几天就是建安十五年新年了，尽管窗外寒风凛冽，初升的太阳仍将温和的阳光投向大地。院中一棵丁香树上，枝杈之间，落着十几只麻雀，叽叽喳喳地跳跃不停。看到此情此景，刚从从床榻之上起来的曹操也有了一些精神，于是掀帘来到院中。迈步走出院门。因多日头疼的折腾，使他的双腿走路时有些发软，只有慢慢前行。他准备到附近的营帐中察看一番，看看众位将士都在干些什么。当他走到一墙角拐弯处时，听前边有两个士兵正在说话，并不时有一道青烟飘过来。

曹操感到奇怪，怎么在这里烧火？清早起来在这里有何话可说？他停住脚步，顺势靠在墙上边歇息，边听他俩说话。

只听其中一个说："二头，烧把纸就行了，快回去吧！"显然，这是一个人在劝叫二头的别在这里烧纸钱了。

只听那个叫二头的人说："老牛，眼看过年，我哥我弟都死在船上，我不烧上几张纸钱，心中实实不安！"

那个叫老牛的说："这有何法，咱那丞相老朽无能，可惜咱那番心劲，操练几个月，真是人强马壮，没有用上，让人家一把火烧得无藏身之地。"

那个二头说："凭我哥和我弟的本领，真刀真枪地去干，几个人都不是对手，可人家射来火箭一烧，谁能承受？听说丞相头疼病犯，如果就此

死去，也不是坏事！"

听至此，曹操气得心火又上升起来。他牙关紧咬，浑身颤抖，无力的身体顺墙角滑下蹲在地上。他想发怒，但没有喊出，他想喊人来制裁诅咒他的人，但没有这样来做。是啊，谁还不是如此，一奶同胞，兄弟三人，有两个葬身于烈火焚烧的战场之上，将心比心，难怪他们痛恨我曹操无能，也难怪他们恶毒地诅咒。如果不是我曹操的轻敌，如果不是独断不听人言，怎么也不致有当前这一局面！他蹲在墙角，头又剧烈地疼痛起来，尽管严冬腊月，因剧痛而渗出的冷汗却顺脸涔涔流下，他不自主地呻吟起来。

也许有了动静，惊动了两个烧纸之人，也许他们心事已尽。当俩人往回返时，发现了倒于墙根之下的曹操。他俩立刻惊叫起来："丞相，为何倒在这里？"接着，他们把曹操扶了起来。

此时，他们早已把仇恨抛于九霄云外。其实，他们一方面惧怕曹操的权威，生怕自己的失口之言被丞相听去加以重责，另一方面，他们又爱戴自己的丞相。曹操平时爱兵如子，既有严格的军令，又有仁慈的爱心，有苦有难却是尽力周全，跟着这样的丞相，也属前世有缘。战士冲锋陷阵，刀头染血，身丧疆场，都属兵家常事，能够怨天尤人吗？

二头和老牛扶起曹操，曹操以手摁头，轻声说："快，快把我送回家！"

于是，二人轮换着把曹操背回家中。此时，曹丕、许褚等人正在因不见曹操而着急，见被两个兵丁背来，忙问怎么回事。曹操摆手说："没什么，子桓，给他们每人十两纹银，我头疼，实在难以承受，快去寻找华佗！"

二头、老牛两个士兵千恩万谢地走了，这边众人将曹操安顿停当，又着人叫来贾诩，商量去找华佗一事。没二话可说，还得贾诩前往了。

贾诩上次是从夏口将华佗寻来的，这次又去夏口，结果家人说三天前被人请走了，至于去了哪里，详情不知，只听来人是九江一带口音。没办法，贾诩又追到九江，在城里转了几天，终于听药铺的掌柜说，华佗于昨天下午去了江陵。于是，贾诩又到了江陵，寻遍大街小巷，终在一个穷苦

市民家中将他找到。一见面，贾诩说："元化兄，你叫我一番好找哇！"

华佗微微一笑，说："文合兄，可是丞相旧病复发？"

贾诩两手一摊，说："正是如此，看来，非老兄丞相命不能活矣！"

华佗又是一笑，说："文合兄，你我既成故交，我也不好相瞒，丞相如果忧虑过重，病势将越来越重，如有心火加身，性命则难保矣！"

听至此，贾诩点点头，心说，言过其实。有一技之长者，为了显示己能，总是把所经之事夸大其词，以达危言耸听之目的。但不论怎样，目前的情况，非他去不可。于是说："元化兄，还得麻烦一次了。"

就这样，华佗跟着贾诩第二次来襄阳城。这次又新开十付药，重新针灸加拔火罐，没用两天，曹操的头疼终于清除，又和好人一样了。

就在华佗要走之际，许褚向曹操进言。他说："丞相，华佗来了你病就好，何不将他留在军中随时使用？"

曹操眯着的眼睛，听后猛地睁开，说："我也有此意，不知他愿不愿意？"

"我不愿意！"曹操话音刚落，门外传来华佗的话语。只见他门帘一掀，来至屋中。说："学医治病，重在救人。我自学医始，就立志于天下，怎能留在此地，专事丞相耶？"

曹操点头称是，可那个许褚却这样说："丞相何等人物，难道和平民百姓等同？"

华佗听至此，眼眉倒竖，火燃胸膛，正气凛然地说："将军此话错矣！试看天下芸芸众生，谁不是父母所养？谁无性命一条？丞相位高势大，仅在你等眼中，于我，和天下百姓一样！"说罢，转身离去。刚走几步，又回过头来，对曹操说："丞相，这次复发，比上次还重，奉劝诸事节制，不然后果难料。"说完又走。

见华佗执意要走，曹操也无计可施，只得将他喊住："先生慢走，仲康，再给先生纹银百两！"

华佗站住，双手一揖，说："多谢丞相厚爱，华佗不是为钱而来。上次没要，这次也不能要！"说完，头也不回地甩手而去。

华佗走后，许褚将曹操照顾一下，也扭身要走。谁知，曹操把他叫住。

十四 大功未成病先扰：华佗妙手救治

曹操定睛看他一阵，直把许褚看得浑身发毛，好不自在，忙问："丞相，还有何事吩咐？"

曹操又看许褚一眼，问："仲康，你来我身边已有几年，我待你如何？"

许褚回答："关怀备至，亲如父母！"

曹操仍是不急不忙地问："那你为何有事相瞒于我？"

许褚虽粗但并不傻，他已知丞相所问何事。而丞相今天方才发问，是华佗无意而露出之故。所以，他说："丞相，我知你问上次馈赠华佗银两之事，至今尚未和你言说。那银两华佗确实未收，我也没交与你手！"

曹操发问："那么说落在你的手中？家中出现什么难事，为何不说与我听？那点儿银两可否够用？"

曹操深知许褚为人，对于金钱，真正视若身外之物，既不强占，又不取巧，多年来花钱账目，都是一清二楚。今日这笔银两，定是家中出有大事才用，不然，不会不说。所以，曹操这样问，既有弄清事实真相之意，又有关怀许褚之心。

千古枭雄曹操

然而，许褚站在地下，嘴中喃喃说道："丞相，银两我分文未用，而是给了……"

"啊，你分文没用？给了谁？"曹操感到十分惊奇，怪道许褚外面也有红粉佳人？这倒是新奇之事。所以，曹操没等许褚说完就急切地问。

许褚赶紧回答："不，是给了花夫人！"

曹操一听银两给了花子，更加感到不解，他急切而惶惑地问："你如何见着花子？何时给的她？她现在怎样？"

一连串的发问，把许褚问得蒙头转向。他说："丞相你勿急，听我慢慢告诉于你！"

原来，那天许褚送华佗回来，手拿着百两纹银，将要给曹操送去，忽然，外边跑来一人，喊叫："将军慢行！"

许褚回头一看，是一位四十多岁的老尼。只见她双手一合，施礼道："许将军还认得我吗？我乃荆州城南庵中老尼慧通！"

许褚一拍脑袋，猛地记想，几个月前受丞相所派，将花子夫人暂寄放

庵中，今日慧通前来，莫非有事？他忙问："师傅何事前来军营？"

慧通又是双掌合十，说："花子夫人自到庵中，日夜思念丞相，少有吃喝，寡言沉默，终于成疾，病卧床榻，今日特来禀报丞相，此事怎生料理？"

许褚一听这事，也很着急，当时也不知为了何事，丞相定要我将花夫人送走，可送走之后，又久久思念，这个花夫人也是如此，真不知二人所唱何戏？现在，丞相病体初愈，刚把华佗送走，若是和他一说，心中一急，岂不前功尽弃？他思索一会儿，就把这包银两递于慧通之手说："慧通法师，我也实言相告，丞相近日头疼病发作，甚是厉害，方才华佗神医刚给看好，若是把此事禀告于他，唯恐病体难支。所以，你把这包银两带去，给花子夫人治病、将养，待隔些日子再告诉丞相。"

这样，慧通法师回庵去了，而许褚也并未告诉曹操事实真相。今日，华佗一来，将事情捅出来，方使曹操发问。

经许褚一说，曹操方知道了内容详情。他没有责备许褚，也没有赞扬于他，想了一会儿，长叹一声，说："没事了，仲康，你先回去吧！"

许褚回去了，但并没有像曹操所说"没事了"，而是自此深深恨上了华佗。他一恨华佗不识抬举，不肯留于丞相身边；二恨华佗说话强硬，在公开场合几次训斥于他；三是他不要馈赠，使他险在曹操面前遭到误会。华佗其人，实在可恶，待有机会，定加整治。

许褚走了，屋中又剩曹操一人。他的心潮又是起起伏伏，极不平静。是的，花子的行为，着实可恶，背着自己偷情，任何男人都不会容忍、宽让。但是，这个花子，自己对她的感情太深太重了。还有这一件事情终未弄清，花子本是非常矜持、一贯守旧之人，她浪漫并不风流，渴求并不轻浮。二人共同生活这么多年，还从未发现什么出轨之现象。他感到花子变得有些怪异，有些突然，也是一个未解之谜。所以，把她送往慧通法师之后，他就有个打算，有机会一定要把此事弄清，自己心里也好有个解脱。

过了几天，曹操的身体逐渐恢复正常，往这边来探视的文官武将们也多起来。众人见丞相身体康复，也都由衷地高兴，来到曹操身边后，又可

十四 大功未成病先扰·华佗妙手救治

以无拘无束地说笑起来。

又是一个清晨，曹操吃完早饭，喊过许褚说："仲康，备马，咱去南山尼庵一趟。"

许褚清楚地知道，这是丞相要去探视花子夫人了。他二话没说，将曹操的青鬃宝马和自己的一匹枣红马牵来，备上鞍桥，二人翻身跃上马背，直往荆州南山驰骋起来。

已经有几个月没有奔马驰骋了，尤其经过这次大病，初跨马上，头多少有些晕眩，但并不妨事，毕竟在马背上驰骋了三四十年，早已习惯了这种生活，所以，慢慢地适应一段时间后，一些不良反应全部消除。他望着披挂整齐、长得敦敦实实的许褚，笑笑说："仲康，咱比试一下，谁的马快！"

许褚也笑着说："丞相，你的身体能承受吗？"

曹操坐于马背之上，灰色的长袍衣带和颏下的胡须，一齐随风飘摆，显得那么威武、雄壮。他哈哈一笑，手持马鞭，猛地往许褚的枣红马屁股上狠命一鞭，枣红马箭也似地驮着许褚飞驰而去。而后，他双腿一夹马肚，在马后轻轻一鞭，青鬃马也风驰电掣般地追向许褚，一齐往东边大道跑去。

待在山庙庵中的花子确实病了，病得也不轻。她来庵中以后，慧通法师待她很是不薄，为避人眼目，在后院给她找了个肃静房间，吃、喝、穿、戴有两个小尼在身边侍候，闲来无事，陪她院内院外溜达溜达，观观山景，看看流泉，累了，则回屋抚琴弹唱，或教她下上几盘棋，生活并不寂寞。然而，所有这一切，并不能给她带来舒心的感受。她整日寡言少食，很快就消瘦憔悴下去。尽管慧通多次劝慰她，也无济于事。当然，劝慰也只是说上几句敷衍之话，尽一尽曹操重金相托的义务，因为她根本不知其就里原因，说什么也不会说到点子上。是的，别说慧通，就是前来送人的许褚将军，也不清楚丞相为什么把心爱的小夫人送来此地。到得庵中后，只是按他所嘱，将银两和一封信交于慧通手之后便返回军营。别人心中只是狐疑而已，可花子却是忧心如焚，坐卧不安。原来多好的环境，多优裕的生活呀，金银满屋，珠光宝气，使女成群，一呼百诺，再加之曹操

— 270 —

无限的温存、呵护，真正是栽于金盆玉钵中的一支鲜花。而今，相隔几日，就形同两人，这完完全全归咎于自己，自找苦吃，自掘坟墓。人都说"物极必反"，穷富有头，必是已应到自己的头上？她终日地想，整夜地思，再加心情忧郁，饮食不佳，怎能够不病倒在床？

有病以后，慧通前来问询，找地方郎中给她瞧病，煎食草药，但都无济于事。一天，她有力无气地对慧通说："大师，托你一事，能否办理？"

慧通说："夫人快说，老尼受丞相所嘱，就是为你办事，决无推托之理！"

花子轻轻一笑，样子并不好看，她说："我要见见丞相，求你务必派人前去，我有话要说。"

慧通想了一下说："就怕丞相军务繁忙，无暇动身。"

花子"唉"了一声，无奈地说："如是那样，我临死之前难见丞相一面了。"

这句话倒起了作用，慧通心想，曹操何许人也，他放这儿的人现在病了，连个信儿事先都不通知，如果真死了，自己怎能受得？所以，她没有派人，而是亲自去曹营了。

然而，偏偏曹操赤壁之战败北，回来后也身染重病，故慧通白跑一趟，只是又带回许褚给的一百两银子。空跑一次，并没有和花子实情相告，只是哄骗她曹操也很着急，只因正在打仗，仗后一定前来。故此，花子倒是安稳地等了下来。

由于心急马快，曹操和许褚天黑以前就来到山前尼庵。进到庵中，慧通自然要接待一番。曹操挥挥手，问："大师，花子住在哪里？先带我去看！"

慧通点点头，带着曹操向后院走去，到得花子房前，轻轻一声："花夫人，曹丞相来了！"而后转身离去。

慧通话语刚落，曹操一步跨入房中，他看到已经翻身而起的花子，脸色苍白，面目憔悴，身形消瘦，散乱的乌发盖住半边秀脸。若是往昔，花子早已投入曹操怀抱，而今，她却没有。她只是定睛看看曹操，颤声说："丞相，你，你来了！"而后，泪珠无声地滚下，再也说不下去了。

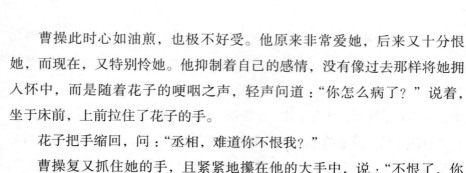

　　曹操此时心如油煎，也极不好受。他原来非常爱她，后来又十分恨她，而现在，又特别怜她。他抑制着自己的感情，没有像过去那样将她拥入怀中，而是随着花子的哽咽之声，轻声问道："你怎么病了？"说着，坐于床前，上前拉住了花子的手。

　　花子把手缩回，问："丞相，难道你不恨我？"

　　曹操复又抓住她的手，且紧紧地攥在他的大手中，说："不恨了，你既知错，我何恨之有？只有一事至今不明，你根本不是水性杨花之人，这次为何出轨？"

　　花子大脸一红，惨白的脸上有了血色，又是显得那样娇美可爱。她擦擦泪眼，轻声说："我也感到奇怪，自患伤感，吃上草药后，就欲望难耐。"

　　听至此，曹操一愣，问："那草药谁人去买？莫非药中有讹？"隔了一会儿，他猛拍一下大腿，又说："我想起，是仲康所派之人，是两个兵丁。好，回去一问便知。"

　　到这时，曹操方才明白，这是有人在陷害花子，其实也在害他曹操，或者还有其他意图，也难怪花子有此一举。真如果放上春药，欲望一来，意志再强的人，恐也难以自制。想至此，他又往前紧挪一步，抓住花子的胳膊，而花子就势扎在他的怀中，放声大哭起来。

　　曹操抚摸着她的秀发，用手抹去她脸上的泪珠，说："花子，跟我回去吧，我，不再怨你！"

　　扎在曹操怀中的花子，听到曹操说完这句话，刚刚不流泪的眼睛，又汩汩流下泪来。她从曹操怀中抬起头来，哽咽着说："丞相，有你这句话，花子心已足矣！"说完，两眼望望曹操，摇摇头说："丞相，多谢你多年关爱，有朝一日，到得阴曹地府，也不忘你的厚爱深情，只是，我不能回去。"

　　曹操抽回手问："为什么？"

　　花子痛快回答："因为我已失节，失节就不能再去丞相身边。去了，我心难安矣！"

　　曹操问道："那你想怎办？"

花子断然地说：“我意已决，留于此庵之中，断发为尼，终日经书为伴，青衣披身，渴饮山泉，饥食素饭，在此了却一生矣！”

见花子决心已定，曹操再说也是无益，只得长叹一声，说：“你我缘分到此就算为止？”

花子苦笑一下，说：“何止于此，早在两个多月前就已断决。丞相今日此来，我把心中之话已诉，心已足矣。丞相军务繁忙，快快请回吧！”

曹操还有何话可说？只是连声叹气，怅然地说：“天命如此，人力难为！”说完，向花子点点头，返身走出。到得前院，向慧通告别一番，带着许褚，心情沉重地策马而归。

回到营中，让许褚把买草药的兵丁找来，问了问当时的情形，两个兵丁如实一说，曹操这才知道又是诸葛亮从中作梗，来坏自己的大事，自然痛恨不已。但对两个兵丁言多语失，贪图去拣桌下银子，给诸葛亮留下可乘之机，使自己和心爱的女人情缘一断，更是恨之入骨。他将许褚叫来，告诉他这两人失职坏事，可以处理。许褚很快就将他俩带回，走到僻静处，一刀一个结果了性命。

不多久，曹操的身体大有好转，情绪也趋于稳定，下一步的事情，就该恢复元气，重整旗鼓，准备再度征战了。

十四　大功未成病先扰·华佗妙手救治

十五

挥师西进重征战
关中收服张鲁

曹操病愈后，又开始筹划西征。本想讨伐西凉的马超、韩遂，为师出有名，决定先伐经常有犯上之词的张鲁。曹操部将司马懿与张鲁相熟，劝张鲁归附曹操。张鲁审时度势，决定迎曹军进城。曹操势力扩充到关中地区。

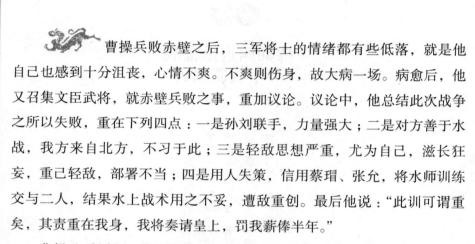曹操兵败赤壁之后，三军将士的情绪都有些低落，就是他自己也感到十分沮丧，心情不爽。不爽则伤身，故大病一场。病愈后，他又召集文臣武将，就赤壁兵败之事，重加议论。议论中，他总结此次战争之所以失败，重在下列四点：一是孙刘联手，力量强大；二是对方善于水战，我方来自北方，不习于此；三是轻敌思想严重，尤为自己，滋长狂妄，重己轻敌，部署不当；四是用人失策，信用蔡瑁、张允，将水师训练交与二人，结果水上战术用之不妥，遭敌重创。最后他说："此训可谓重矣，其责重在我身，我将奏请皇上，罚我薪俸半年。"

曹操此番话语，说得倒是十分中肯，检讨得也较深刻，自责也较明显，但仍有几处避而未谈：一是在荆州城中受到诸葛亮的戏弄，此乃增长狂妄的一个因素；二是被女色所缠，精力衰退，战略战术失衡；三是杀掉蔡瑁、张允，在很大程度上中了周瑜的离间之计。这些都为众人所不知，所以顾及自己的面子，还是不说为好。

总结完后，曹操发布号令，休养生息，整饬军队，积蓄力量，以备再战。

在这当中，他根据这次失败的教训，想到了一个大的问题，就是人才。他曾多次哀叹，如果郭嘉在，决不会出现今天这一局面。这是因为，郭嘉能够预料到，孙权、刘备的联合和诸葛亮、周瑜的阴谋诡计，这是其一。其二是郭嘉能够直言相谏，陈述己见，用以阻挡这次盲目行动。当然，贾诩、程昱、荀攸等人也都曾提示过，但他们却缺乏对诸葛亮、周瑜的全面认识，没有对这次战役的全面分析，不能果敢地阻止轻率的行动，所以招致这一惨重的败局。想到此，曹操决定任用一个主管人才的官员。他要用的人叫蒋济。

这个蒋济，原任扬州别驾，是个管理官员的职务。他为人正直无私，看事透彻，善于发现人才，曹操特把他调过来，任丞相主簿，专事招用和推荐人才。

与此同时，曹操还下达了一纸《求贤令》。其全文如下：

自古受命及中兴之君，曷尝不得贤人君子与之共治天下者乎？及其得贤也，曾不下闾巷，岂幸相遇哉？上之人求取之耳。今天下尚未定，此特求贤之急时也？"孟公绰为赵、魏老则优，不可以为滕、薛大夫。若必廉士而后可用，则齐桓其何以霸世！今天下得无有被褐怀玉而钓于渭滨者乎？又得无有盗嫂受金而未遇无知者乎？二三子其佐我明扬仄陋，唯才是举，吾得而用之。"

此令分析开来，则是指自古以来受命及中兴的君主，哪有不得到贤人君子与其共治天下的呢？讲到目前，天下未定，正是求贤若渴之时，必得千方百计网罗人才。而在网罗人才时，又必须主动去求，去恭迎，不应等贤人上门。如若人才来时，须得量才录用，切莫像春秋鲁国大夫孟公绰那样，做赵、魏这样大国的官就好好去干，而做滕、薛这样小国的官则不好好去干。据说，孟公绰，性寡欲，话少而贪，赵、魏国给他待遇优厚，则用心尽职，而滕、薛国待遇低些，就不好好去干，这样的人才在求用时应当慎重。对人才应做到唯才是举，这里，曹操用了三个典故。其一是"若必廉士而后可用，则齐桓其何以霸世"，指的是当年管仲曾与齐桓公有仇，但受到桓公的礼遇，终于扶持齐桓公称雄天下。其二是"今天天下得无有被褐怀玉而钓于渭滨者"，指的是姜子牙怀才不遇，身穿粗布衣，垂钓于渭水河畔，周文王访到了他，重用为帅，终扶周朝当兴。其三是"盗嫂受金"，指的是刘邦重用陈平。据说，陈平未出仕在家时，曾私通其嫂，占

十五　挥师西进重征战：关中收服张鲁

兄家财，到得刘邦营中后，多人反对，但刘邦看到陈平有才干，就没顾及这些，仍委于重任，结果，陈平为汉朝的建立做出了很大贡献。

从这《求贤令》中可以看出，曹操对人才的追求和渴望。他在以后的年月里，之所以大功告成，建立魏国，称雄一时，与这些也是密切相关的。

随着《求贤令》的发布，社会上和依附于其他地方的仁人谋士，到曹操身边的很多。如后官至左军师的凉茂，太仆国渊，尚书令徐奕，尚书仆射何夔，太子太傅刑颙，御史鲍勋等。

除了一些文官外，还汇集了一些武将文官。这些人才的到来，扩充了曹操的势力，为其以后的发展打下了基础。

曹操除了招用人才，还扩充了兵源，加强了军事训练，给士兵讲解今后征战的要素。因下一步就要向西出征，他还将当地的风土人情、地理环境作了细致解说，以应付对敌作战的需要。

时间已过两年，转眼到了建安十六年三月，西征关西的条件已经成熟。这天，曹操又招来众文官武将计议这一事项。

由于天气逐渐转暖，人们身上的穿戴已比寒冬时有所减少。为净化一下室内的环境，曹操令人打开关闭了一冬的窗户，循环一下清新的空气。随着窗户的开启，一缕温柔和煦的阳光洒进屋内，照耀在议事的文官武将身上，大家顿感周身暖洋洋的，十分舒畅。

坐于上首桌案后边的曹操，红光满面，神采奕奕，他环顾一下，见人们都已到齐，就说："今日相召各位，只有一事相议，就是西凉马超、韩遂二人，独霸一方，妄图称雄，如不征服，迟早必为祸害。"

曹操刚一说完，司隶校尉钟繇接口说道："主公所说，确属事实，征服二人，迫在眉睫。但有一点必得考虑，就是马超、韩遂，都属朝廷命官，并未发现悖逆之事，如此前去征伐，恐怕是师出无名！"

曹操点点头，没有言语。程昱上前一步，说："元常所说，很有道理，要想前去征讨，须有充分的理由，不然，贸然行动，不仅无益，反而有害矣！"

程昱说完，曹操仍未言语，照样点点头。这时，新任主簿的司马懿趋前说道：“若想征讨，何患无辞？今张鲁在前，何须先打马、韩！”

这番话引起了曹操的重视，他拿眼看了一下司马懿，心说，此人非寻常之辈也！

透过一言一行，曹操就能识人，这是他选贤任能的独特一面。确实如他所想，这个司马懿不是寻常之人。

司马懿，字仲达，河南内黄县人。自幼聪颖，善于谋断，能观察事物，体察人心，赤壁之战以后，慕曹操之名来投，先在曹营任一主簿。后在曹操的征战中，多次出计谋，累建功劳，官封校尉之职。当然，日后败坏曹操事业，夺取曹家天下的，还是这个司马懿和其子嗣。这些便是后话。

曹操见大家都能争抢发言，尤其所说都合理，心中特别高兴。他满脸堆笑，捋捋胡须说：“方才众位所讲，都甚正确。马超、韩遂虽该讨伐，但总得师出有名，寻找理由。仲达所说，我更赞同。地处汉中张鲁，常有犯上之言，先去征服于他，如若马超、韩遂伸手助逆，对其征伐也将名正言顺。”

众人点头称是，最后，曹操点起十万兵马，令司隶校尉钟繇为先锋，夏侯渊为护军，浩浩荡荡地出了襄阳城，直奔张鲁驻地汉中杀来。

曹操骑马走在前边，钟繇、夏侯渊带队紧随其后，这天傍晚便来到汉中城外。

汉中城外有一片茂密的树林。由于天气放暖，大地回春，新绿的树叶郁郁葱葱，傍晚看时，只见黑压压一片，十分瘆人。

部队就要穿树林而过，曹操走至跟前，把手一挥，命令部队停下。他对夏侯渊说：“妙才，你带几个人，各拿弓箭往树林上边射一下，看有无鸟雀飞舞。”

夏侯渊领命，带着五名士兵来至树林附近，往树上连连放箭，结果，一只鸟雀也没飞来，十分安静。

回来后，夏侯渊向曹操复命，曹操一听，马上把手一挥，说：“急速撤退！”

众军士很是不解，夏侯渊刚想要问，曹操厉声吩咐：“快撤，不听令

十五 挥师西进重征战·关中收服张鲁

者斩！”就这样，大队人马迅速向后退去。

他们刚走不久，就从树林里冲出一支军队，向外面射来一阵乱箭。结果，箭箭落空，一个人也没伤着。

原来，张鲁已经听到曹操大军就要进犯汉中的消息，所以安排人员躲在树林里，准备在这里打曹操个措手不及。

曹操撤出十里地后，三军将士无不佩服曹操的神机妙算。钟繇向前一步，问：“丞相，你如何知道树林藏有伏兵？”

曹操呵呵一笑，捋捋胡须说：“张鲁善于用兵，我见前边树林黑黝黝十分寂静，又是必经之路，以他的为人，肯定安排人马伏击于我。为了验证我的预见，故叫妙才等人用箭射射树林，看有无鸟雀而飞。如果有飞者，就说明里边无人，如不飞者，说明鸟雀早已被人惊动而飞走。所以，咱方安全撤回。”

众将士对曹操的分析佩服得五体投地，钟繇高兴地说：“丞相，真神人也！”

听至此，曹操又哈哈一笑，说：“元常，怎又用此言奉承于我，难道已忘屁股上的疼痛？”

一句玩笑，把个钟繇说得面红耳赤，哑口无言。

那还是在两年前，曹操赤壁兵败以后，正带领士兵在襄阳操练人马。此时的钟繇正在长安驻守。过去，由于他和曹操关系很好，同在朝廷为官，故推荐钟繇来长安这一西部重镇担当此任。

钟繇为人诚实、机警，又善于用兵，所以在这驻扎多年，治地安稳，人民安居乐业，自己的军队也得到了很大发展。为此，他非常感谢曹操的举荐之功。当他听到曹操兵败的消息后，很是痛心，料想此时的曹操元气大伤，一定需要大量的资金来帮助，于是，就把长安的驻防交与副将郭常和参赞文光，自己带着人马为曹操送去万两金银。当他们众人晓行夜宿，过黄河，越高山，千辛万苦到达襄阳后，发现曹操正在校场整饬军队。

也是这钟繇此行该有不顺，此时的曹操正在大发脾气，公布军纪。原来这天早晨，曹操刚刚起床，曹丕和曹洪两人来见曹操，说襄阳当地一些富豪拿着许多东西要来探望。曹操忙问：“这是何意？”

曹丕忙回答："这些人听说父相兵败，怕父相身心受损，拿些东西以示慰问。"

曹丕刚说完，曹洪也接着说："我们觉得这些人俱是好意，故未拦挡，他们都在外面等候！"

听到这里，曹操忽然拍案大怒，厉声对二人说："子桓，你好大胆，我的失败，是我失算，为何惊动百姓前来探望？我若成功有绩，带些东西慰藉，我诚心感谢，现在兵败归还，岂不是讥笑于我？"隔了一会儿，他又对曹洪说："子廉也属糊涂无知，我现正意乱心烦之际，哪有接受馈赠之心，叫他等速速回去，以后谁再搞此事，军法论处！"

曹操这番无名大火，把二人烧得直犯愣，实则指望兴许受到表扬，谁知却挨了一顿训斥。好在二位俱是亲近之人，一个是子，一个是弟，脾气发得再大，二人也是能够接受的。于是，他们来到外边，将众富豪劝回。内中有一个叫步时相的人，见别人都已走尽，就故意留了下来，对曹丕说："曹将军，我这些布匹绸缎，现已拿来，就不好带回，请你务必收下！"曹丕赶紧拦住，说："谢你美意，此物实不敢留，父相有令，谁敢不执行？"

这个步时相实在"不识相，"他不知事态有多严重，就笑笑说："将军，收下这点儿东西算什么违令，再说丞相是你老父，他能把你如何？"说完，留下东西转身就走。

望望他的背景，曹丕心中也觉步时相说的有理。常言道，官不打送礼之人，这算何等大事，父相就如此发火？于是，他也没去追赶步时相，而是叫人把东西放在屋中。正在此时，偏巧曹操走出，正看见几个士兵在搬运物品，当他问明事实真相后，就没动声色地吩咐人："去把步时相叫回来！"接着，对曹丕说："子桓，你先去屋中等我！"

曹丕忙说："父相，这不关我事，是他强行放在这里，我不得不留！"

曹操厉声喝道："休得再言，屋中等我！"

此时，人们已把步时相追了回来。他一见曹操到来，且怒容满面，忙跪地地说："丞相请勿发怒，是我……"

曹操见步时相跪倒在地，忙退去脸上怒容，伸手把他扶起，声音缓和地说："快快请起，与你无关，既承美意，还得感谢。来人，快给步时相

纹银百两，以示相酬。"

这步时相还想推辞，而曹操已经扭身进到屋中。无奈，自己捧起这百两银子，胆战心惊地往回走去。

回到屋中的曹操，这才冲曹丕发怒，他训斥道："子桓，我已讲明，叫你们把人支回，为何还要把东西留下？再说，有了责任，予以推诿，算什么英雄好汉？好吧，越是我子，越要重罚，你且回去，听候命令！"

曹丕走了。曹操把许褚叫来，说："仲康，把众将喊至校场，我有话说！"

不久，众将士齐聚校场，曹操随后就到。他脸色严肃，面对众人说："我们目前是失败之师，当前有两件事务必谨记，一是记教训，作明鉴，二是练兵马，利再战。其他都属外事，不得行之！"说着，他环顾一下众人，见都静静听着，又接着说："今日有人前来赠物，都被我一一谢绝。我不需安慰，更不需馈赠，还不能扰民。而今，子桓有意违抗，按规办事，重责二十军棍，凡以后送物接物者，也一概而论！"

曹丕被军士按倒，脱去衣服，"劈劈啪啪"地挨了二十棍子，打得屁股红肿，被人搀扶回去。

而正在这时，有人来报长安刺史钟繇来到。

曹操一听钟繇来了，忙去迎接，谁知钟繇一见，一躬到地，说："丞相别来无恙，一向可好！"

这钟繇是个很机灵的人，但此话却实在说得不是时候。曹操刚刚兵败，心神严重受损，怎能无恙，还怎能好？所以，曹操听后，只是一脸苦笑，说："元常千里迢迢，所来何事？"

钟繇说："带些礼物，前来慰劳丞相！"

这钟繇竟往枪口上撞，方才当众公布的命令，马上就有人前来违抗，看丞相如何办理？下面的队伍里，马上有人小声嘀咕起来。

只听曹操说："钟元常，我刚刚公布，不许有人馈赠礼物，你来得可真正不是时候！"

听至此，钟繇已是很不高兴，他想，我千里迢迢而来，带着金银给你补贴，本是好意，今日怎能如此说话？他不痛快，说话就有些变调，再加上二人关系本来就不错，说话也较随便，便开言道："我既无千里之眼，也无顺风之耳，更没钻你腹中，谁知你有此律，不让馈赠？我今日给你送来，能把我怎样？"

此话如是换在他时他地，根本不算什么，可今日情形大不一样，曹操顿时怒火上升，大声吼道："不想怎样，只按章行事就行！"说完，吩咐来人："把他拉走，打十五军棍！"

钟繇还想分辩，哪里容他说话，众兵丁拉下他的裤子，按在地上，在屁股上重重打了十五军棍。这十五下，比曹丕还厉害，曹丕怎说也是少主，兵丁在责打时手下总留些情，可这钟繇远在千里，谁人识他？故在打的时候，谁也没有留情，所以，他虽比曹丕少五军棍，而疼痛却比他重。等到打完，肉皮红肿，走路一瘸一拐。

千里迢迢来赠物，不仅没得褒奖，反遭这顿毒打，别说是他钟繇，无论换成谁，都会感到委屈、冤枉，谁都会伤心落泪。

中午吃饭时，曹操叫人送上好酒好菜，钟繇连箸都没伸，就叫士兵原样端回。晚饭时，又换几样上等酒菜，钟繇还是身子不动，眯眼躺在床上，呼呼生气。送饭的士兵说："将军，身受创伤，不吃饭唯恐不益呀！"

钟繇翻身过来，本想对士兵发火，又一想，与他何干？况且好言相劝，怎能辜负好人之心？于是，他慢慢说："我吃也难以入胃，你把丞相唤来，我有话说！"

他刚说完，外面曹操应声而至，说："何用呼唤，我已来也！"说完掀帘而进。士兵见丞相到来，忙知趣地走了。

钟繇一见曹操来到，手指着曹操骂道："曹孟德，你这忘恩小人，怎么还有脸面前来见我，快给我备车，把我送往长安，以后永不见你！"

曹操没有生气，但也没有笑容，只是往钟繇跟前一坐，抚摸着他的脸说："元常，曹某怎是忘恩小人，今日之事实属不得不为之呀！"

这钟繇对曹操有何恩德？此事只有二人才知。那还是他们入朝为官时，有一次，钟繇到曹操住处去闲坐，刚进院中曹操房前，就听里面有女人和曹操说话，钟繇以为是刘氏夫人，就没在意，推门而进，这向里一看，吓得他忙往后退。谁呀？原来是汉灵帝的一个小媳妇贾妃。二人有

意，勾搭成奸，今日得便，贾妃便送货上门。正甜蜜亲热之间，谁知这钟繇突然闯进来。

此事别说在当时，就是现在也不行。胆敢和皇帝的妃子私通，不仅自己犯掉头之罪，就是全家乃至五服之人，谁都别想活命！曹操一见，吓得面如土色，慌忙穿上衣服，这个贾妃也系好衣裙，两人双双跪于钟繇面前，乞求他守口如瓶，不要外泄。这钟繇忙弯腰将二人扶起，说："何必如此，我钟繇岂是卖友求荣之人？快快请起，我并未所见何事，以后好自为之！"

从这天以后，钟繇始终没露任何口风，曹操对他感激不尽。有一次，二人吃饭时，曹操对钟繇说："元常，你对曹某的恩德，没齿不忘矣！"

想想此事，今天钟繇确实有些伤心。他提到这里，曹操说："元常，今天之事，实属巧合。在你之前，子桓也挨了二十军棍。"

钟繇心中一动，忿忿地问："难道你已疯狂，见谁都咬？"

曹操苦苦一笑，说："元常，曹某并未痴迷，只是思想起来，此次赤壁兵败，实在窝囊丢人。今早有人前来馈赠物品，我认为是讥讽于我，将接礼的子桓痛斥一番，也打了二十军棍。正在盛怒之下，你偏巧遇上，岂不是巧合？"说完，他从怀中取出一包药面儿，说："元常，算我向你赔罪，来，脱去裤子，给你敷上最好的伤药，这是征乌桓时他们给我的。"

曹操此举，又使钟繇非常感动，他勉强坐起来，口气和缓地说："你呀，既恶又善，实在拿你没法。不用上药了，无关大碍。"

见钟繇转变过来，曹操也高兴起来，望着钟繇说："今天此举，实在对你不住，多年兄弟，还请海涵。"接着，他又长叹一声说："元常，我有一求，不知能否答应！"

钟繇奇怪地说："你有何难，如此长吁短叹？有求于我，实在愧不敢当！"

曹操认真地说："元常有所不知，我这次失败，一是怪我产生狂傲之心，轻敌上当；二是没有贤能相助，假若郭嘉尚存，我决不至如此！我想叫你到这里来，帮我成其大事，不知能否答应？"

听至此，钟繇自谦说："我有何能，到得丞相麾下？你勇冠三军，连

千古枭雄曹操

连取胜，我来恐累赘于你哟！"

曹操一听这话，知道这位老友又在戏谑于他，就笑着在钟繇屁股上猛拍一掌说："元常可恶，吹捧于我！"等到钟繇捂着伤痕"哎哟"乱叫的时候，他又孩子般地检讨起来："得罪，实在得罪！"说完，两个人哈哈大笑起来。

当曹操说完这段往事后，钟繇笑着说："亏你还记得此事！"

说笑过后，钟繇问曹操："丞相，咱下一步如何行动？"

曹操果断地说："埋锅造饭，饭后就地安寝，明早直捣汉中。"

钟繇按曹操所说部署去了。一夜无话，第二天早饭后，大军就要开拔。

正在这时，从东边来了两个坐骑，马上两个人风尘仆仆，汗水淋淋。众人一看，是荀攸和司马懿。

曹操已经披挂整齐，铠甲裹衣，威风凛凛。他见荀攸、司马懿匆匆赶来，忙问："公达、仲达，家中可有急事？"

二人喝了口军士递过来的凉水。荀攸一抹嘴先说："丞相勿急，这是件好事。仲达前天外出回营，听说丞相来征张鲁，急速赶来！"

曹操听后回答说："征讨张鲁，兵将已足，何须你等前来！"

听至此，司马懿忙上前解释说："丞相，事情是这样的，我和张鲁交情深厚，只要我去劝降，咱不费一兵一卒定能叫他投过来。"

曹操一听，心绪大变，忙问："真的如此？把握从何而来？"

司马懿这才把事情的缘由一五一十地说起来。听后，曹操心花怒放，以手弹额，高兴地说："仲达所来，及时雨也。"

原来事情是这样的。张鲁，字公祺，沛国丰县人。他自幼随父张衡入川，在这里投靠于刘璋麾下。后来，其父张衡病死汉中，全家事业，全由张鲁支撑下来。

此时刘璋任益州牧，代管川蜀军政大事。由于张鲁念书较多，且又机灵，在刘璋手下很得重用，后被提拔为校尉，据守汉中。张鲁事母至孝，自父亲死后，一日三餐，都是他亲自去送，每晚临睡，必到母亲房中问候，其孝心远近皆知。

张鲁的父亲张衡当时也不是一般之人，其妻徐氏也是名门闺秀，生得花容月貌，楚楚动人，本来夫妻恩爱，蜜蜜甜甜，又有张鲁这个出色儿子，更是遂心如愿。然而，老天不济，偏偏让张衡身染重病，不治而亡，抛下孤儿寡母，甚为凄凉。好在张鲁在刘璋手下混得不错，又有孝心，所以徐氏夫人过得倒也安心。只是此时刚刚年过四十，常有思夫之心，但干些事情，和儿子说上几句话，也就冲淡过去。

这一日，刘璋到张鲁家中办事，猛抬头看见徐夫人虽徐娘半老，然其风韵犹存。刘璋本来是个色中饿鬼，见了有些姿色的女子都难迈步，今见如此漂亮的夫人，岂能错过？但张鲁毕竟是他的下属，徐氏又是张鲁其母，怎好胡思乱想？所以，他趋前问道："这位可是嫂夫人？"

徐氏回答："正是妾身，刘将军今来府上，想必有事？"

刘璋忙说："军中有些事务，想找公祺一议，他可在家？"

"在！"张鲁正在后边练枪，听得刘璋到来，忙过来相见："州牧大人可有事情？"

刘璋想了一想说："关中有趟公务，去到韩遂、马超那里送去一信，商量联合抗曹之事，想必你能跑一趟！"

张鲁一听，怎能推辞，急忙回答："家中并无要事，只是母亲在家，有些挂念！"

刘璋笑笑说："公祺孝心实实可嘉，不过，去个十来天就能回来，家中下人也是不少。再说，有事告知我一声，必然能多够办好！"

就这样，张鲁出差去了关中，家中剩下徐氏夫人和丫鬟婆子及一些护院兵丁。刚走几天，倒是平安，并无事情发生。

可是，就在第八天早饭后，刘璋突然而至，他问下人："夫人何在？"

一个婆子不认得他，就问："你是何人？找夫人有事？"

刘璋彬彬有礼地说："我是益州牧刘璋，见夫人有话要说！"

婆子一听是益州牧到来，好大的官，就毫不犹豫地把刘璋领进夫人屋中。

此时，徐夫人刚刚用完早饭，见刘璋到来，忙问："刘大人这早到来，所为何事？"

刘璋坐下，说："公祺已走几天，本来早想过来探问，因公务繁忙，姗姗来迟，还请嫂夫人海涵！"说着，就要鞠躬。

徐氏忙忙后退，说："刘大人何必如此，老身可承受不起。公祺走后，平安无事，敬请放心！"

刘璋点头一笑，又坐下端祥一眼徐夫人。心想，真漂亮，比家中的三个夫人都有姿色。弯弯的眉，细嫩的脸，乌亮的发，合体的衣裙，如果不问年龄，谁都会说也就三十来岁。他如此目不转睛地看着徐氏，当时把徐氏看得粉脸通红，满面羞赤。她低下头问："刘大人还有何事相问？如果无事，速速请回。我这人多眼杂，很不方便。"

刘璋一听徐夫人这句话，把意思领会错了，忙说："嫂夫人，如果有意，请到我的府上，我那里人少空旷，有事谁也不晓！"

一听这话，徐氏急了，当时气得说不出话来。刘璋往前一步，顺势拉住她的双手，说："嫂子，可想死我了！"

徐夫人顺手抽回，杏眼圆睁，怒斥说："刘大人，你身为大汉命官，一州之牧，怎这等不知自爱羞耻？趁着我儿不在，竟来无理纠缠，成何体统！"

一席话，把个刘璋训得简直无地自容。他没有想到，一个软弱女子竟如此厉害，他马上转换口气说："嫂子何必如此气愤？屋中只有你我，原想你独身一人，寂寞难耐，正当壮年，谁没有激情欲火……"

没等他说完，徐氏就气得直喊："刘璋到时看你如何出门！"一看这个样子，刘璋再想，哪见过这不知情理的女人！

刘璋走后，徐氏觉得受到奇耻大辱。今天，双手被刘璋紧紧抓住，妇道人家之肌肤，怎能随便叫人触摸。特别是一寡居女人，对此忌讳更大。她越想越觉着对不起死去的丈夫，也对不住孝敬自己的儿子。想着想着，一阵心酸，干脆找条丝绸，往房梁上一搭，自缢身亡了。等到丫鬟婆子赶来时，早已气绝身亡。

两天后，张鲁回到家中，见母亲已是棺中僵尸，不由得肝肠寸断，悲痛欲绝。他扶棺大哭大闹，怎么仅仅十天时间，走时母子二人亲亲热热，来时则成阴阳两界之人，是何原因使母亲自寻短见？现在暂不搭理，待把

母亲入土后再说不晚。

由于父亲早殁，徐氏夫人很是不易，张鲁怎的也不能草草下葬，一定要办得隆重一些。所以，他守孝百天，天天祭祀，埋葬时，将母亲的心爱之物一齐埋于身边。其中有两件父辈留下的传家之宝，一件是紫铜双面阴阳镜，一件是玉铂金丝连襟衫。这两件宝物，都是价值连城之物，是父亲张衡积攒了一辈子的钱，从土人手中买来，交与母亲保存。母亲视若珍宝，每到父亲死的忌日，必拿出来祭祀一番，以抒对父亲的怀念。这次葬母，张鲁也把这两件东西陪葬进去。

这一陪葬不要紧，又给张鲁带来很大麻烦，真正是祸不单行。这天，参加夫人下葬的，有一个人叫郗德。这人二十多岁，尖嘴猴腮，游手好闲，专办缺德之事。其行和他的名字简直一无二样。他看到徐夫人的陪葬之物不仅有许多珍奇宝物，还有这两件稀世之宝，真埋进土里，实在可惜。如果晚上挖出来，岂不是发了笔大财？可这小子想得倒好，只是既没这个体力，又无这个胆量。于是，就到北山上叫出一群占山为王的草寇，讲以盗出墓中财物出来后，财物对半分成。山寇们也就答应了。终于在一天夜里，来了十几个山贼，七手八脚地把徐氏墓打开，将尸体晾于墓外，把里面财物洗劫一空。

当他们坐下来就要商量分赃时，忽然从树林中跳出一人，高声断喝：“哪来毛贼，竟敢盗墓？”话到人到。因天黑看不清模样，只看出这人身材高大，手中拿着明晃晃的宝剑。

这个郗德来了胆量，问道：“你是何人，来管闲事！”

来人回答：“你们盗墓，罪在当诛，快把尸体、宝物埋好，跟我去汉中校尉府，看把你们如何处置！”

站在旁边的山寇见只有他一人，就说：“别听他胡说，咱们一齐上前将他打倒，埋进坟里为好！”他们十几个人一齐动手，但很快就被来人打趴下了，没办法，他们只得照办，又把尸体埋好，把宝物也放到里面。这么一折腾，转眼过了三个时辰，天色已明，一看墓碑上的名讳，来人大哭一声，说：“伯母，侄儿来迟，使你遭这场洗劫！”说完，手擎宝剑，“唰唰”砍倒几个，其余的都快步跑去，只郗德没有走，被来人押上往汉中城走去。

此人就是司马懿。他还是三年前来汉中办事时遇见张鲁，二人意气相投，相见恨晚，谈得很是密切。分手以后，一晃就是三年没有见面，甚是想念，就来汉中探望，一叙别后思念之情。因为急于赶路，他就没住店休息，连夜走来，谁知走到这里，正好碰见有人盗墓。天亮一看，却是张鲁之母徐夫人之墓。故此大哭一场，押着郄德走到张鲁府中。

此时的张鲁已经弄清刘璋曾到母亲房中，但是究竟干了些什么，说了什么话，谁也不知道。不论怎样，母亲的死肯定与刘璋有关，自此以后，张鲁和刘璋的仇就算结下了。这天早晨，因这些日子特别困乏，还在睡觉，忽听外面有人喊叫："公祺，出了如此大事，还在睡觉！"

张鲁翻身起来，外出一看，啊，司马懿，忙问："仲达何时到此？"

司马懿说："闲言少叙，先问问此人！"说着把郄德叫来。郄德只好把所做之事从实招来，说完，张鲁险些气死过去，急急拉住司马懿的手说："多亏仲达，母亲尸体终于归葬，不然，曝尸荒野，叫我日后如何见人？"说完，跪下叩头致谢。

司马懿忙将他扶起，说："自家弟兄，何必如此，快快起来说话！"

张鲁看看龟缩在一旁的郄德，恨得眼中冒火，他伸手从腰间抽出宝刀，猛地向他砍去，只一下，便身首分离，死尸栽倒。张鲁叫来几个人吩咐："把他扔到荒郊，喂食野狗！"

尔后，拉着司马懿的手，往房中走去。到得屋中坐下，简单说了母亲是急病身亡，并未说出刘璋一事。不论真相如何，此事传扬出去也是不雅。接着，问司马懿说："仲达，你现在何处？为何久未见面？"

司马懿回答："我原四处流浪，居无定址，今日和你一别，打算找个安身立命之地！"

张鲁接着话茬说："凭你的能力智慧，所到何处都能有所作为，但不知想去哪里？"

司马懿也没隐瞒，他说："我想去投曹操，如今，他南征北战，汇集众多精英，此人心胸豁达，大有容人之量，跟着他干，不图光宗耀祖，怎的也得弄个封妻荫子。"未了，他又说："公祺如果有意，是否一

十五 挥师西进重征战：关中收服张鲁

起前往？"

张鲁想了想说："仲达，不瞒你说，目前我不想动身，一来先母刚逝，割舍不下，二来还有些别的事情需要处理，待日后有机会再相会吧！"

就这样，司马懿在张鲁这里待了几天，就分手投奔了曹操去了。

今天他一说和张鲁的这段交情，难怪曹操异常高兴，于是，打发司马懿到张鲁府上去了。

张鲁听到曹操来进犯自己的消息后，经过文官武将的商议，决定在曹操军队所来必经之路，也就是那片树林里，埋伏两千多兵马，要杀他们一个人仰马翻。确实，如果不是曹操识破，只要一走进去。陷阱、马坑、绊马索，再加上强弓硬弩一顿乱射，不说九死一生，也得损失不少人马。可偏偏计策没有得逞，伏兵们只得低头丧气地回来复命。

张鲁听完后，暗暗称赞曹操的用兵策略，将众人打发走后，他又思忖起来。就眼前自己这点儿力量，里外加在一起也没有三万人，而这部分人还没有都在眼前，真和曹操强的劲人马抗衡，无异于以卵击石。

他来回踱步，反复思量，应该求助于外援。可求助于谁呢？刘璋倒是挺近，但他有害母之仇，根本不行；关西的马超、韩遂，力量倒是强盛，若是前去求他，日后也怕引狼入室。遭到吞并。左思右想没有一个中用主意。正在他局促不安之际，司马懿不期而至。一进门，司马懿又是高叫一声："公祺，你在何为，老友来了！"

张鲁抬头一看，哟，真正是没有想到。他快步跨出门，忙说："是哪阵风把你刮来了？"问至此，忽又收住话头，他突然想起，这司马懿不是也投至曹操麾下了吗？今日此来，必有缘由，还是小心为好！思至此，他停下脚步，狐疑地问："曹军进犯于我，仲达所来，总不是闲叙友情吧？"

张鲁的微妙变化，司马懿早已明悉，他趋前一步，拉住张鲁的手说："公祺实在聪明，此时此刻，我决无闲心叙旧。"说着，话锋一转，又道："有朋自远方来，不乐也得让我进屋吧？"

见司马懿如此轻松，张鲁的心稍微放下一些，说："那是自然，快走，屋中请！"

说完，二人进屋落座。张鲁唤人沏上茶，没等他说话，司马懿就先道出来意："公祺，方才你已猜疑我来何为，实是为你我双方来当说客。因我回归老家些时日，曹丞相就率师西征。实言相告，这次来此，实不在你，而是意在马、韩也！所以，我速速赶来，说服于你，双方兵合一处，征战马、韩，有何不好？"

对于司马懿所说，张鲁倒无异议，只是仍是担心一旦人马被吞，自己当处何地？所以，一时没有表态。

司马懿也已看出张鲁的担心，忙说："公祺切勿多虑，曹军一到，和你融为一体，你将仍是汉中之王，荣华富贵，只增不减。又有如此强硬的靠山，日后还能惧谁？"

这句话终于使张鲁心放肚中，高兴地说："真如仲达所言，我即刻开城迎接曹军入城！"

司马懿伸手拍了张鲁一掌，说："难道你还疑我不成？"

张鲁哈哈一笑："仲达于我恩重如山，我焉有狐疑之理！"

二人终于说完，张鲁这边做好归降准备，司马懿快马而回，告诉曹操事情结果，真喜得曹操又是夸奖一番："仲达此行，胜过千军万马，大功一件也！"说完，吩咐三军将士，即刻起身，赶奔汉中。

到得汉中，张鲁早已带人迎接，见到高坐于马上的曹操，马上伏地跪倒，称："丞相，末将张鲁多有得罪，还望海涵！"

曹操忙离鞍下马，伸手相扶，笑着说："公祺何必如此，前天你我为敌，所为皆不为过。今日兵合一处，将成一家，已是自家人矣！"说着，叫人牵过一马，唤张鲁上来，二人并驾而行。只此一举，把个张鲁感动得不知说什么才好。

至此，曹操西征关中，准备征讨马超、韩遂的第一步棋已经走完，他将张鲁仍委任汉中刺史，带管三军，驻扎此地，尔后就和众人计议起如何西进马、韩的问题了。

由于曹操刚到，午饭期间，张鲁自然大摆宴席，好好招待一番，三军将士，也都埋锅垒灶，杀猪宰羊，饱餐一顿。清醇甘甜的川酒，曹操自然多喝几杯。曹操拉着张鲁的手说："公祺，听说你事母至孝，是个孝子，我实佩服，能否带我去祭拜一下，也好尽尽我的心意！"

见曹操提出要去祭坟，张鲁又是非常感动。他说："丞相鞍马劳顿，还是安歇为好，日后有空再去不迟！"

曹操摇摇头，说："不累，公祺勿忧！"接着，他喊许褚："仲康，准备一些酒菜，带好纸钱，跟我去祭奠公祺祖坟。"

工夫不大，一切准备停当，曹操、许褚和二十个士兵，在张鲁的带领下，往城外走去。

张鲁家的祖坟坐落于汉中城西郊，这里风景旖旎，环境优美。背后群山环抱，苍松翠柏，掩映其间。山前，一条缎带般的河流，弯弯曲曲。就在河流岸边，有座山石围成的墓园，里面有个碑亭，碑亭后边则是几座坟墓。坟墓四周绿树环绕，碧草鲜花点缀得更是幽然肃穆。几个人来至张鲁父母的坟墓前，摆好酒桌，烧化纸钱，张鲁伏地叩头，连连祷告："我朝丞相前来祭扫，九泉之下何等欢喜？"而站于旁边的曹操、许褚则垂首肃立，默默致哀。

祭扫完毕，张鲁陪着曹操浏览一下这里的风光美景，走至一巨石前，张鲁正待讲解巨石的来历时，就见许褚猛地把曹操推出老远，接着，一支箭"突"地飞过。真是好险，若不是许褚手疾眼快，这支箭必射中曹操。

只见许褚一个箭步，从巨石后面拽出一个手握弯弓之人。

这件突兀之事，也就发生在眨眼之间，张鲁、曹操还没反应过来是怎么回事时，许褚"咚"的一声把持弓人摔倒在地。

许褚厉声问："你是何人？为何前来行刺？"

张鲁也冲上去，扬起一脚，将刺客踢翻在地，问道："谁叫你来行刺丞相？从何而来？快说！"

曹操站于旁边，挥手将张鲁、许褚制止住，静静端详刺客。此人也就三十来岁，脸发黑，眼发直，一看就是个愣头青。曹操缓慢地问："年轻人，为何行刺于我？"

这个刺客翻翻眼睛，说："受马超所差，前来铲除奸贼。算你命大，没有射中。怎么办，快杀我吧！"

一听这话，许褚更生气了，拔出腰刀，就要砍去。曹操忙制止道："仲康不可，此事与他无关，何必要他一命！"

许褚跺跺脚，骂道："这个畜生对你下此毒手，留他何用？"

张鲁也气愤地直喊，说："快杀掉他，以解心头之恨！"

曹操摇摇头，说："我与他素不相识，他何苦害我？这些都是马超、韩遂所为，要记仇，应该是他二人！"接着，他问刺客："年轻人，我所说可对！"

这个刺客扬扬头，看看和蔼的曹操，突然说："不对，你不是曹操。我家主人说，曹操是奸贼，是个害人精，心狠手辣，你哪是这样的人？"

许褚听至此，又踢他一脚，说："不是丞相是谁？我一刀劈了你！"

至此，刺客方真的相信面前这个面色黝黑、个子不高的老头真是曹操，他的慈祥、宽厚，着实让人感动。想至此，他跪倒在地，叩头道："丞相，我眼瞎，我上当，不该前来刺你。你杀了我吧！"

曹操将他扶起，说："小伙子，叫什么名字，告诉于我，我不杀你！"

刺客起来，挥挥衣服上的土说："我叫夏孟，是马超部下骑尉。他听说你们来汉中，已叫我跟了几日，就准备得手时刺杀于你。幸得这位大哥，我才没办错事！"

这个叫夏孟的刺客就这样被宽恕了。当时叫他回去，他说："我可不敢，没有杀成，他必杀我。我要在这当兵，你们可否要我？"

张鲁、许褚没有说话，而曹操则痛快地答应："好，一言为定，我要你了！"

就这样收留夏孟，实是出于曹操的策略，在下一步的征战马、韩当中，夏孟真的发挥了不小的作用。

从坟地出来后，曹操一行回到张鲁府中，三人刚想休息会儿，不成想又有一件大事向曹操袭来，使他的心神又遭到十分惨重的撞击。

十五 挥师西进重征战·关中收服张鲁

神童曹冲一病亡
曹操误杀神医

曹操占据关中后正要西征，家中传来消息，其子曹冲病重。曹操赶回襄阳，但曹冲病情拖延太久，不治身亡。曹操迁怒于华佗，说出激愤之语，被大将许褚听到，误斩了华佗。曹操返回军营，用离间之计使马超、韩遂自相残杀，从中渔利，最终大胜而归。

　　和收取荆州一样，曹操又没损一兵一卒，就将张鲁收降过来，汉中地界又归他所有。所不同的是，上次归功于蒯越，而这次归功于司马懿。

　　这是进攻关西的前奏战斗，这个战斗的成败，也决定着征战马超、韩遂的结局。既然达到了预期目的，那就要继续往前推进。同时，马超已知这边的境况，派出刺客夏孟前来刺杀曹操，如果不是许褚发现，曹操在张鲁的祖坟附近必受其害。

　　曹操的宽忍和智慧，使他没有夺去刺客一命，而是通过施以软化、慈爱，赢得了夏孟的忠心。发生行刺一事，确实人所不愿，但由此而来的另一面，倒让曹操十分顺心。夏孟成了心腹，使下一步征战有了向导，也趁此抓住了马超、韩遂的把柄。刺杀朝廷要员，属违逆犯上，讨之则师出有名。

　　为了这些，曹操又高兴起来，他和张鲁谈天说地，盘古论今，谋划一下步的征战。然而，正在他踌躇满志的时候，家中发生的一件大事，又使他推迟了征讨时间，也使他的心神受到了更大的伤害。

　　这天，他正和张鲁询问马超、韩遂的兵力情况，许褚忽然从外边进来，附在他耳边说了几句。曹操听后，立刻颜面变色，忽地立起，向外走去，弄得张鲁等人疑惑不解。

　　曹操速速回到自己的住所，只见从襄阳来的一个老兵正在喝水，他见曹操到来，立刻跪倒在地，说："丞相，仓舒公子身患重病，夫人叫你速速回返！"

曹操来不及坐下，心急火燎地问："速速说来，怎么回事？"

老兵擦擦嘴，从前到后向曹操说了起来。

早在赤壁大战之前，儿子仓舒即曹冲，就身体有些不适，四肢瘫软，肚胀胃饱，上腹疼痛，虽让军中医生看了两次，也未痊愈，时不时发作。曹操对曹冲非常喜爱，确切一点可以说是宠爱。原因则是他自幼聪颖，机灵敏捷，善解人意。那个有名的"称象"之事前已叙述，仅仅是儿时所为。

还有一次，有个管理仓库的官员见曹操放在里面的马鞍被老鼠咬破，心中十分惧怕。因为当时认为被老鼠咬预示着不吉，丞相的马鞍被咬，还不降罪管库之人？所以，这个官员来找曹冲，叫他想个方法。曹冲略一思索，告诉官员："勿急，明日只消如此如此，保你安全无恙！"

第二天，曹操召集众人议事，正在此时，曹冲穿着件用剪子剪开几个破洞的衣服走来，对曹操说："父相，不好了，我的衣服被鼠啮咬，不祥降身边矣！"

曹操笑笑，将曹冲拉至身边，说："仓舒勿急，鼠咬人割，一个道理，哪有不吉不祥之理，属谬论也。"说完，命人去给曹冲做件新衣。

正在这时，管库官员拿着鼠咬马鞍来见曹操。到来后，双膝跪倒，请求降罪。曹操忙说："快快起来，我儿衣服尚且被咬，何况马鞍乎？我不信传说谬论，哪有鼠咬谓之不吉矣？"

就这样，管库官员避免了一场严惩。当他把此事传扬开去，并传至曹操耳朵时，对这个小儿子的聪慧、仁爱更是欣赏。还有一次，是在北方征战乌桓时，曹操曾带曹冲出席夷狄首领的一次宴会。在宴席桌上，夷狄首领酒喝至高兴处，对赴宴的文武大臣们说："今天本人高兴，又有南国曹丞相在此，我有一个问题请众人解答。答对者赏银十两，答错者罚酒三杯。"

众人齐声喝彩，说："请大王出题！"

夷狄首领站起来，望着窗外说："前边那个湖，你们猜一下能有多

十六 神童曹冲一病亡·曹操误杀神医

少桶水？"

这可真是个难题，这一湖水，怎能用桶去量？更是不能估准，所以，众人都摇头，谁也说不出所以然。当然，每个人不得不多喝上三杯烈酒。

此时，坐于席间的曹操也感为难，心说，这个混账此题出得实在无理，难怪众人挨罚。为难之际，他又担心夷狄首领让自己来猜，若猜不出，岂不给大汉王朝丢人？正思之间，忽听坐于旁边的儿子曹冲说："父相，这很好猜！"

曹操因思想集中，起初没有听清曹冲说话，就问："仓舒，所说何话？"

曹冲又重复一句："这个问题我能回答！"

爷俩的对话，让上边的夷狄首领听得清清楚楚。他看着曹冲生得眉清目秀，唇红齿白，一幅聪明伶俐之相，就随口问道："曹丞相，贵子如能猜出，赏银百两，但不知他年龄几何？"

曹操说："孺子之言，岂能相信，今年他方六岁有余！"

曹冲一听，不管曹操拦与不拦，说："大王说话算数。我是这样来猜的，这满湖清水，看你这里有多大水桶。如果有湖这么大的，就一桶水；如果有这一半大的就两桶水，如果有这三分之一这么大的，就是三桶了……"

曹冲一席话，惊得夷狄大王连连拍手，口称："奇妙，对，回答正确。"立即叫人拿出百两纹银，赏给了曹冲。自此以后，曹操对曹冲愈加重视，多次有让他继任之意。

如此聪明的孩子，怎么病得这么严重，难道子桓在家中就没给他医治？曹操忧心如焚，他想要马上弄清这些疑虑，更想立即知道曹冲的病情，然而，在这里都不能如愿，也不可能办到。因为来的仅仅是个老兵，所有这些，不可能使他全部知晓。

曹操在众人面前急切地踱着步子，黝黑的脸上呈现出局促和不安。他的思绪犹如河冰上的陀螺，转得飞快。这边的征讨，已取得初步胜利，军中将士正值斗志旺盛，若抓住这大好时机，去征战马超、韩遂，不敢说定会马到成功，但也是胜算不小。可现在却中途有变。真的置家中曹冲于不

顾，继续前去征讨，若是有个闪失怎么办？真的因一时的拖延招致孩子有个三长两短，那就可能追悔不及，抱憾终生。

想至此，曹操忽地转过身来，告诉许褚说："仲康，传我将令，晓谕三军，各营将士，就地休整，不得私自行动，一月后再行计议！"

许褚领命去了，曹操马上唤来荀攸、司马懿、张鲁、钟繇、夏侯渊，对他们说："各位，方才襄阳来人，言及小儿仓舒病重，为此征战不得不停，我且回家探望，月后我必回还。这里军务暂交公达、仲达掌握，统领三军，休养整顿，以备日后再战！"

一切安置好后，他对已经回来的许褚吩咐："仲康备马，你我立刻出行！"

许褚得令，从马厩将两匹坐骑牵来，曹操二话没说，跳上马背。众人站立一旁，齐声说："丞相一路保重！"只听骏马长嘶一声，随着主人落于身上的皮鞭，早已放开四蹄，飞奔而去。

此时的襄阳城内，百姓们的生活倒是秩序井然，而处于官邸中的曹操一家人是一片混乱，烦躁不安。躺于病床上的曹冲此时已是奄奄一息。今年他刚刚十三岁，聪明的头脑已经使他如成年人一般学富五车，兵书战法，研究得很是透彻，对目前的局势也能有所估计和推测。还是在荆州酝酿赤壁之战时，他就担心过父亲的轻狂和敌对势力的相互勾结。但此话只是和自己的生母环夫人说过而已，并未在公开场合和曹操提起。这里面的原因是他此时身体已感不适，另一个原因则是源于其母。

曹冲的母亲环夫人，姓环名静，出身名门，是一位大家闺秀。彼时，曹操平定李傕、郭汜之乱时，朝内的一个老臣环卫，时拜尚书令之职，他见曹操有勇有谋，有刚有韧，以他的慧眼所见，此人日后必能成其大事，就将自己唯一的宝贝女儿环静许配于他。这时的曹操，已经有了丁、刘、卞三个夫人，但丁氏早殁，只剩刘氏、卞氏因战事繁纷，二人俱在老家，没来曹操身边。这次听到有人要将女儿许配于己，曹操高兴得一时手舞足蹈。但不知此女长相如何，还得看上一眼。要知道，曹操非一般人物可比，长相一般的女子，他是绝对看不上，也不可能留在身边。这个环卫倒是深察曹操之心，有一天以请曹操赴宴为名，将他请至家中，其实就是

要在二人吃饭期间，唤出女儿环静相见。这环静此时年方二九，从屋中出来，先行给老父作了一揖，尔后给曹操道了个"万福"，轻启朱唇，问道："父亲，唤儿有何吩咐？"

环静这一出来，早已将曹操惊得目瞪口呆。窈窕身材，婷婷娉娉，五官端正，面目俊秀，虽没西施出奇，但也敢与貂蝉媲美。再加之这一燕语莺声地问询，直把个曹操看得端着酒杯，停在原地如同一尊泥塑，把个环卫逗得张嘴一乐，差点儿把酒喷了出来，他招呼道："曹将军请喝酒！"

一声唤，曹操方醒过神来，端着酒杯，边看美人，边往嘴里灌，结果将酒倒进脖领，衣襟湿了一大片，引得环静掩唇一笑，回归闺房。当晚，这环卫事办得倒挺实惠超前，把个曹操留于府中，晚上则和女儿安排在一起，算是拜了天地。从此，曹操成了环卫的乘龙快婿，而环静也成了曹操的夫人。

由于父亲的熏陶，这环静处世非常圆和。她能视局势如清水。但很少多言，只求自保；能看人肺腑，亦能左右逢源，穿行于恶况险境而安然无恙。所以，从曹冲幼年起，她除了辅导他学习外，还教他如何处世为人之理。这样一来，曹冲不仅聪明，而自小就变得很是世故。

这次曹操赤壁之败，曹冲也看出形势不妙，其口不言也是出于自保。因为上是老父，前有兄长，尤其是那个居之于首的曹丕须得小心。此时他不可谏父，如若自己多言，说对了，容易引起曹丕的妒忌，于己日后有虞；错了，更给他留下于己不利的借口。尤其是所处地位人微言轻，还是少说为佳。曹冲这一多虑不要紧，竟使他的父相险遇覆亡之灾。倘若曹冲当真相谏，曹操也不见得不听。这恐怕都源于集团内部的政治争斗吧！

曹操见了曹冲这个样子，心如刀绞，他踉踉跄跄地走至曹冲跟前，轻抚爱子苍白无血色的嫩脸，轻声呼唤："仓舒，为父来了！"

也许是慑于父亲的威严，也许是父子间的深情，曹操的轻声呼唤，终于使曹冲睁开了眼睛。他无力地看看父亲，伸出消瘦的手，紧紧抓住了父亲伸过来的胳膊，微弱地说："父相，你，回来了，前，前方战况如，何？"

曹操抓着他的手，缓慢地说："刚到不久。战况顺利，我儿不要思虑此事。"

曹冲点点头，深陷的两眼流出几滴泪水，顺着脸颊落入枕头上。一会儿，他喘口气说："父相，我将不久于人世，你可要保重啊！"

曹操上前捂住他的嘴，说："仓舒，不许乱说，请个好郎中，看一下就好！"

曹冲摇摇头说："哪有好的郎中，难以请到啊！"

曹冲说到这里，曹操忽然想起了他那个老乡，也就是曾经给自己看好病的神医华佗。他回头看，旁边除了环夫人泪眼婆娑地站着外，并无他人。曹操问环夫人："难道没有去请华佗来看？"

环夫人摇摇头，说："子桓说是请过，没有请到。"

是去哪里相请，为何没有请到？这些环夫人根本说不清楚。于是，曹操安抚一下曹冲，出了屋门，去找曹丕去了。

曹操出征后，襄阳一切事宜全权授予曹丕来办。这里面有两重意思，一是他在子女中居大，二是有意锻炼一下他自己处事的能力。按道理，曹冲有病，作为长兄的曹丕，义不容辞的要加以关照，要尽快去请医生诊治，但是，曹丕却没这样来做。

前文早已交代，曹丕心胸狭隘，嫉妒成性，难以容人。他已深知父亲业已五十多岁，在马上征战恐怕时日不会太长，日后他的位置，已有诸多弟兄觊觎。开始他以为威胁较大的是四弟曹植，但后来观察，这个曹植舞文弄墨倒还可以，但论到战略武功，很是逊色，为此，曹操深感失望，渐渐对他冷落下去。这些变化，其他人倒无见地，唯曹丕独具这种特长。因此，他心中暗自高兴，这个竞争对手终于失宠了。可是，后来看到小弟曹冲逐渐得宠，父亲越来越欣赏他的聪明才智，恐惧、嫉妒之心又油然而生。他也知道，这个仓舒绝非子建之辈，既有文才，又懂武略，只是因年龄幼小，没有显示的机会罢了，皆因这点，曹丕早已心存芥蒂，总想将这眼中之钉剔除。

随着曹操的出征，本来身体就有不适的曹冲终于病卧在床，其他人都为此忧心忡忡，唯独曹丕暗自欣喜，他想这是天助我也！

那天，他到曹冲房中探视，故作亲近地附在他脸前，问道："仓舒，感到何处不适？"

曹冲苦苦一笑，伸手让曹丕坐下，说："多谢哥哥关心，别处倒是好办，独腹中特别难受，不知何故？"

曹丕点点头，说："快快去请郎中，免得耽误病情！"

曹冲没有回话，旁边有个仆人名叫肖二，他说："已请两个郎中诊治，草药吃了不少，就是没有见效。"

曹丕一听没有效果，心说理应如此。但嘴里却吐出这样的话语："那可怎么办？"

仆人肖二是个好事之人，他说："听说神医华佗能治百病，原给丞相治头已经痊愈，还是去找找他来为好！"

曹丕一听，又点点头，说："对，看我一时匆忙，竟将华佗忘记。仓舒静养，我这就派人去请！"

说完话，曹丕走了。

他这一走，并未派人去请华佗，而是去处理公务。等到第二天，第三天，他连续到得曹冲跟前探视的时候，每天都有一个仆人前来和他回话，说是遍寻华佗，就是无影无踪，不知去向。每每听完，曹丕总是发通脾气，连连痛斥仆人无能。当然，这种局面，都是曹丕精心安排的。

鉴于这种情况，曹冲始终没有得到及时治疗，故发展到了无药可救的地步。

曹操找到曹丕，问询寻找华佗的结果，回答当然可想而知。这下曹操真的发火了。他手指曹丕说："身为长兄，弟弟闹病，应有手足之情，找人尽快诊治，怎能容得如此拖延！"

曹丕似很委屈，说："派人已找两次，都未找见神医华佗。"

曹操立即回驳："两次不见，为何不找三次、四次，直到找着为止！快，马上差人继续去找。"

这次，曹丕再也不敢搪塞了。他派几路人员，去夏口、荆州、江夏等地去遍寻华佗，功夫不负苦心人，有两个士兵终于在江夏城里将华佗寻着，然而，华佗却无暇前往。

华佗在江夏正给一穷苦农民治病。这个穷苦农民三十多岁，上有双目失明的老父，下有妻室和两个小孩。他是这家的顶梁柱，由于上山砍柴，不幸将双腿摔断，想去城内请郎中治疗，手中又无钱财，只得躺在炕上受罪静养。这摔伤之腿比不得肌肤之病，静养一下兴许好转，可这骨断筋折，若不及时接治，必成大患，导致终生残疾。真如果这样，一家子人可得活活饿死了。值此急迫之时，华佗听说后来到这家，经过诊断，给予接骨续筋，配以草药调理。

正在这紧要时刻，曹丕派人来请，因这家不能离开，故未能成行。

两个士兵回到襄阳向曹操前来复命，当说到华佗不能前来时，曹操立刻大怒，说："华佗好不识相，难道我儿就没一草民性命珍贵，仲康，你去，如若不来，将他绑来！"

曹操这次真的生气了，也真的有些不讲道理了。同时，也真的为了自己的小儿子着实担惊受怕了。但是，曹冲的性命并未因曹操着急上火而得以挽留，更未因他是当朝权臣而有所延长。终于，在许褚去找华佗的时候，曹冲撒手人寰，结束了年仅十三岁的生命历程。

曹冲的死使曹操痛彻肺腑，剜心摘肝。他失声痛哭，大呼"天丧我也！"接着，他又埋怨曹丕给曹冲治病不及时，继而又恨起了华佗，如若早来，爱子哪至丧命？

第二天，许褚终于将华佗捆绑而来，到得这里后，听说曹冲已死，马上去问曹操："丞相，这华佗如何处置？"

曹操挥挥手说："暂且收监，日后再议！"

就这样，华佗被收进了监狱。

华佗进监狱之后，又气又恼。他气的是曹操不该视百姓的性命如草芥，着人强行绑架来此，真不知那家穷汉今后如何生活？他恼的是，身为当朝权臣，竟然如此对待行医天下的郎中，于情、于理都不合道义。所以，他在监内不吃不喝，大闹不止。有人将此情况告诉了许褚，许褚来到牢房，训斥道："你再不老实，小心性命！"

华佗听后，冷冷一笑，说："许将军你是英雄，你家曹丞相是个好汉。动用刀枪，对待手无缚鸡之力的郎中，这种英雄好汉，恐历朝历代

都无有也！"

这许褚别看是个粗人，今天华佗的讥讽倒是已明其意。他吼道："谁是英雄好汉？再胡说割下你的舌头！"

华佗一听这个混蛋话语，倒是真的大笑起来，继而又沉下脸说："算你说的对，你和你家丞相，都不是英雄好汉。若是对付我，真是好样的，若是在孙权、刘备面前，却是一群乌合之众！"

华佗的话语，尖酸刻薄，辛辣诙谐，惹得满监室的人大笑不止，把个许褚气得恨不得冲进去，一顿刀砍斧剁，斩尽杀绝，方消心头之恨。但他不敢贸然行动，他恨恨地看了华佗一眼，去向曹操学说去了。

许褚走后，同室的一名犯人挨近华佗，同情地问："先生，你如此说话，不怕祸事来临？"

华佗摇头一笑，说："福耶，祸耶，都将难以躲也。我料必死无疑。曹操爱子早亡，他将怨恨泄在我身，必然加害于我。"

有一犯人说："如果不杀呢？"

华佗又是哈哈一笑，说："那他就不是曹操了！"

此时，许褚正在曹操面前进言，而曹操正站于窗前，冥思苦索家中琐事。家中琐事，看似简单，实则非常复杂。仓舒这一早亡，完全打破了要他继位的计划。下步确立谁？当然还得是曹丕。从目前的情况来看，曹丕倒不是不可，只是他这人性格有异，真的权落他手，自己百年之后，余下诸弟，怕都要遭他排斥，甚至于加害，这些都有可能发生。当许褚向他说华佗一事时，他根本没有听清所说何话。其实，他早已把监狱中的华佗忘在九霄云外，当务之急思虑的都是今后权力继传之大问题。当他想到曹丕的一些行径时，竟情不自禁地脱口而出："该死，实在该死！"

而站于旁边的许褚，也正问如何处置华佗一事，听到"该死，实在该死"的话语后，愣将军认为丞相又下口令，就做好准备，往监狱快步走去。

监狱的华佗还在和狱友说话。他将所带的医书交与狱友，让他出狱后务必交于妻子，传与儿孙后代，以造福于天下百姓。他刚刚嘱咐完毕，许褚就气势汹汹而来，告诉华佗，奉丞相令，将处斩刑。华佗不畏不惧，挺直身躯走出牢房，被许褚杀害于空场之地。

许褚回到曹操身边。此时曹操已坐在椅子上喝着茶水。他趋前一步说："丞相，我已把华佗行刑！"

"什么？"曹操听后一惊，放下茶杯问了一句。

许褚马上又说："丞相，按你所说，我已把华佗杀死！"

曹操急了，他站起身，咄咄逼人地冲着许褚说："仲康，我何时叫你去杀华佗？"

许褚此时摸摸头，结结巴巴地说："丞，丞相，你，不发，发话，我敢，敢去杀吗？"说完，委屈地呆立一旁。

曹操心中明白了，方才自己的随便诅咒之语，倒是要了华佗一命。可怜一代名医、神医，竟丧我的一句话下，真是不该呀！他望望许褚，轻声对他说："仲康，是你误听我语，方酿今日之错。华佗一死，可真把我坑苦了！"说罢，长叹一声，又对许褚说："仲康，错不在你，回去休息吧！"

许褚是个猛将军，他对几十年相伴的丞相，只知忠心无二的服从，从无其他心意。他是个粗心之人，并未领会出曹操话里的含意。不是吗？妄开杀戒，随意杀戮一个济世救人、行遍天下的良医，怎么不遭天下人的唾骂？轻易之间夺去了华佗的性命，自己以后的头疼病复发怎么办？更为严重的是，此举将在历史上留下千古骂名，谁能出来证明自己不是有意为之？

曹冲死去，按理应该西去征讨了。但心情沮丧的曹操并未即刻出行，而是听从卞夫人、环夫人的意见，带领大队人马，撤离襄阳，回归北方的大本营邺城。在一切事情处理好后，经过研究，曹操又带领着徐晃、李通、蒯越等人开赴西南，去与马超、韩遂等进行交战。

此时的马超与世叔韩遂正待在关西潼关城内，计议着如何迎击曹操来攻的事宜。

上次在汉中时，马超探得曹操在张鲁那里议事，就派出夏盂入城前去行刺，结果，被许褚抓获。抓获后，曹操施于仁政，终使夏盂转意回心，决心辅佐曹操成其大事。

马超，字孟起，陕西扶风茂陵人。其父马腾，曾于汉灵帝末年与边章、韩遂起兵于西州。汉献帝初年，朝廷委任韩遂为镇西将军，以马腾为征西将军，自此马腾、韩遂亲密相处，结为异姓兄弟。后马腾被朝廷调离西北到北方，这边则留下马超与韩遂共同驻守。当曹操领人第二次又来进攻时，二人复又商量对策。

大帐中，二人对面相坐，马超首先开口说话："韩叔，现在曹操又大军压境，着实可恶。前日夏孟行刺失败，不知所去何处？这次复来，还需商量一个好的对策才是？"

韩遂点点头，接着说："孟起所言正合我意。那个夏孟去于何处，已无多大意义。咱就来个兵来将挡，水来土屯，利用地势，相机出兵，定打他一个落花流水。"

韩遂这一鼓劲，使英年气壮的马超斗志激起，勇劲倍增。他兴奋地说："别看曹操兵威将广，我视他们如草芥也！不是马某所说大话，所来之人，皆让他成为败军之将！"

确实，马超此话不是吹牛。此人自幼在山中学艺，拜几个关西名人为师，长招短打，刀枪剑戟，无所不精。在研究兵书战策上，也有独到见解。所以，当时的武将如果一对一的打，恐怕谁也不是他的对手。

第二天，曹兵来到潼关城下，为首的大将是河东将军徐晃徐公明；还有常定将军朱灵，二人在城下讨战之时，城上放下吊桥，马超披挂整齐，骑着枣红战马，手持红缨长枪冲出城来。到得曹军阵前，朱灵手持大刀出阵，双方通上姓名后，立即对打起来。

按说朱灵武艺也不含糊，也曾统领数万大军征战于四面八方，取得过辉煌业绩，被敕封为常定将军。可是，今天在马超面前，可就大大逊色了。双方只交战两个回合，就被马超用枪拨开大刀，挑于马下。

不是手下士兵手快将他抢回，朱灵早已成了枪下之鬼。

见朱灵失利，徐晃怒火中烧，举着金雀砍斧，直取马超。马超知道这徐晃是曹操手下五虎将之一，武艺十分出众，所以也没敢轻敌，拿出自己的看家本领和徐晃对打起来。若说徐晃，确实真的厉害，在曹操麾下十几年，从没打过败仗，丧失性命于他斧下的战将不计其数，故赢得封侯拜将，名禄俱增。可是今天，却是碰上了对手，二人打了十几个回合后，徐晃已觉得体力不支，鬓角流汗，而马超却越战越勇，劲头十足，把个几十斤重的红缨长枪舞动如飞，使人眼花缭乱，徐晃的斧子躲得稍慢一些，被马超铁枪砸了一下，只听"嗒啷"一声斧子落地，徐晃险些翻身栽倒，在马上来了个镫里藏身，躲过马超扎来的一枪，策马回身，败回本阵去了。

马超得胜，自不必说。单说徐晃、朱灵败阵以后，可就让曹操犯了愁。徐晃是五虎将之一，从没败过战阵，今日遭受此挫，又有谁能去战马超？夏侯渊也在军中，其武艺尚不如徐晃，就是到得阵前，也是必败无疑。于是曹操招来众谋士和众将，一起商议对策。

司马懿、钟繇、荀攸、蒯越、夏侯渊、张鲁等人应召，很快来到曹操帐前。没等曹操开口，谋士荀攸就问："丞相，今日召集我等，想必商议破除马、韩之事？"

曹操点点头，回答道："公达所说不差。今公明、朱灵二将，去战马超，均已失利，想去攻城，韩遂布满强弓硬弩，滚木檑石也是难以靠近，真没想到，二人联手这么厉害难敌。"

曹操话语方落，司马懿随即说话："丞相一向足智多谋，还愁打不破潼关一城？他们二人联手厉害，何不从此地予以下手？"

司马懿的话，很快引起曹操的重视，他望望大家说："仲达所说，很有道理。马、韩二人联手难敌，如果予以拆除，恐就容易攻打了。"

经曹操这一提示，众人都有了话语。钟繇说："对，如果找到二人不睦之处，也就容易拆开了。"

听至此，张鲁跳出来，说："这有何难，只要着人深入潼关，抓两个士兵审问也就清楚了。"

曹操呵呵一笑，说："公祺昨日聪明，今日却犯糊涂，身旁有一现成之人，何须前去再抓？"

曹操的话提醒了张鲁，他也笑笑，拍拍脑袋说："你看，难怪丞相说我，把个夏孟忘了！"接着，他迈步出帐，去叫那个曾行刺过曹操的夏孟。

夏孟尾随张鲁，很快就到了帐中，他见众位谋士大将都在，心中有些

发慌，上前给曹操伏地叩头，胆怯地问："丞相，召唤小人，想必有事？"

曹操笑笑，向他挥挥手，说："夏孟，快快起来。我等有话问你，勿要惊慌，只须实话实讲！"

心感不安的夏孟站了起来，张鲁马上开口发问："夏孟，你在马超身边已有多少年？"

夏孟想了想回答："五年有余。是建安十年二月到的，从……"

张鲁没让他说其他不紧要之事，又问："马超、韩遂二人平时可有隔阂？"

夏孟摸摸脑袋，又是一阵深思，尔后说："有，并且闹得挺厉害，二人险些翻脸动刀动枪！"

曹操一听，忙说："夏孟，你喝口水，快快学说一下！"

夏孟真的拿起水杯，喝口水，绘声绘色地说起马超、韩遂闹矛盾的事情。

那还是在前年春节，马超、韩遂派人去陇西弄来500头牛羊，准备给大家分食。若按两边的将士人数，都相差无几。一边二百五十头也就行了。可是在分的过程中，马超这边一个叫艾热仕的副将说："一边一半，就是两个二百五，这个数实在难听，不如这边多留下十头，给他们二百四十头也就行了！"

这个艾热仕一说，众人高兴地拍手大笑，齐声赞成，就给韩遂那边少送去十头。

可韩遂那边也有多事之人，将这事和韩遂一说，韩遂就火了。他说："马孟起这小子怎这般投机取巧，凭什么多要十头牛羊，去，向他们要来！"

主将有话，众人还不行动？于是百十个人到马超营中抢夺牛羊。艾热仕这些人也不是好惹的，一看韩遂那些人气势汹汹地来抢牛羊，马上迎了上去，双方动起手来。毕竟是在马超营中，韩遂派去的人死伤大半，回到营中哭诉。这下，韩遂更上火了，他跨上马，提着刀，带着一千多人，来找马超讲理。

此时的马超也听众人说了此事，他训斥了艾热仕等人的不慎行动，同时也对韩遂的做法有些不满，本来些许小事，何必兴师动众，闹得翻脸？现在韩遂带兵一来，更是火上浇油，马超披挂整齐，提枪上马，准备迎战。正在这时，从北方前来探家的马腾妻子王夫人听说后，感到事态严重，于是叫人扶着来到阵前，一边大骂马超"混蛋"，一边训斥韩遂"糊涂"。王夫人毕竟是个长辈，马超之母，韩遂义嫂，她这一出头，二人都觉事情办的欠妥，马上带领人马各回营中，虽然事情平息过去了，二人心中终归有了芥蒂。

当夏孟把这些事情说完后，曹操高兴地说："韩遂气量狭小，视财如命；马超心粗，少于思考，好，就从这点入手，给他来个离间之计。"

这天，正巧是建安十五年的中秋节，按照习俗，家家户户都摆酒筵、吃月饼、祭月亮。这天傍晚，圆圆的月亮挂上东边天际，月色朦胧之中，来了百十个士兵，两人抬一个大食盒，径直走到韩遂营门前。他们故意将一大排沉甸甸地食盒往门前一摆，着人到门前问候。没等开口，把门的就问："干什么的？"

两个抬食盒的马上回答："我们从曹营来，请问这里是马超马将军府上吗？"

把门的士兵马上训斥道："难道你们眼瞎，送礼送错了门口，这里是韩府，韩遂的府第！"

两个问话的马上退回，边退边说："难怪说话这么难听，原来不是马将军府上，快去，速速把东西给马府送去，丞相等着回话呢！"

说完，众人仍是两人一组，抬着食盒往马超住处的方向去了。走到拐角处，他们把盛满砖瓦块的食盒一扔，脱下士兵服装，快速溜出城门，向曹操复命去了。

这边韩遂府上两个家人，看到沉甸甸的几十盒东西往马超府上送去，嘀咕道："你看马超，把曹操打怕了，派人送来这多东西，可该过个丰盛月圆之节了。"

另一个说："走，告诉韩将军去，同为一城之主，人家大吃大喝，咱就该馋着？"说完，二人把大门一关，真的去向韩遂诉说去了。

此时的韩遂，正在院中坐于石桌之前，望着皎洁的明月，喝着美酒，

吃着月饼，真正是优哉乐哉。

正在高兴之际，两个把门士兵，进来向韩遂学说了门前之事，并且还加上一点儿枝叶，说："人家说了，马将军厉害，不送礼物还得挨打哟！"

一听这些，韩遂刚才祭月的休闲心情一扫而光，剩下的全是愤怒和生气。他大骂："好个曹操，实是目中无人！"接着，又跺脚大骂马超："马孟起小畜生，竟然背着我勾引曹贼，私接礼物。来人，给我备马！"

于是，骑着马，带着几个士兵，怒气冲冲地去找马超了。

马超也在安闲地过着中秋佳节。自从将曹军打败之后，他还从没像今天这样轻松过。他知道，大军压境，尽管曹操暂时失利，但也绝不会善罢甘休，还得前来进犯。故此，仍是调集兵马四处布防，显得甚为紧张。今天，一年一度的中秋节到来，怎的也要轻轻松松地待上一天。然而，就在他刚刚祈求平安完毕，静下心来坐上一会儿时，忽听门外一片嘈杂之声，士兵来报，韩遂气势汹汹地来了。

马超听说以后，心中十分疑虑，不知所为何事。于是，忙迎出去，向骑在马上怒目而视的韩遂抱拳一揖，说："韩叔，天已这么晚，所来何事？"

韩遂怒声说道："马超，曹操给你送来多少礼物，何不分我一些？"

这一问，把马超闹得懵懵懂懂，他反问："韩叔说什么？我实在不懂，曹操何时来给送物？"

见马超不予承认，韩遂更是火了，他大骂出口："马超小儿，休得欺骗于我，你是何等居心，和曹操明来暗往，我看关西早晚得丧于你手！"

听至此，马超也火了，他再也不叫什么"叔叔""大爷"了，也手指韩遂，说："休得倚老卖老。上次因为牛羊之事，就欺我一次，难道看我软弱不成！"

就这样，二人你一言、我一语地吵闹起来，如果不是众人劝解，又是险些交手。

驻于城外的曹操，已经探得离间之计初见成效，就又开始了第二步行动，再给两人的怒火上浇点儿油。

早饭以后，曹操着人把夏孟叫来。夏孟来后，见到曹操跪地道："丞

相，唤小人何事？"

曹操弯腰扶起他，说："夏孟，我待你如何？请说实话！"

夏孟激动地说："丞相，夏孟非是狼虎，岂忘天高地厚之恩？就我刺杀丞相一事，碎尸万段也不为过。而丞相却不计前嫌，不计罪孽，恩施于我，别说这世尽心报答，来世就是结草衔环也要回报！"

曹操听后，捋须一笑："夏孟，事情已过，休再提起。今有一事相托，如果成后，留于我军重用！"

夏孟一听，忙又叩头，说："只要丞相吩咐，赴汤蹈火，在所不辞！"

"既然这样，你可附耳过来！"曹操在夏孟耳边交代一番，夏孟频频点头。最后，曹操抓着夏孟的手说："可苦了你！"

按照曹操的嘱咐，夏孟带着两个偏将当天混进潼关城里，候到天晚，到一僻静之地，夏孟又换上马超士兵服装，一个偏将抽出腰刀，对夏孟说："兄弟，你要咬牙挺住！"说着，照着夏孟屁股猛砍一下，顿时，夏孟一声惨叫，手摸大腿，一股鲜血顺手指流下。接着，他一瘸一拐地向韩遂府中走去，而那两个偏将，则找一旅馆住下，静候这里的一切动向，也好及时向曹操复命。

晚饭后韩遂正在上房和夫人说话，时间不长，有人将他唤出。出来一看，见有一浑身血迹的士兵站立面前。衣服上的"马"字虽沾上血污，但仍清晰可见，见着韩遂以后，他放声大哭，跪倒在地。

韩遂忙命人将他扶起，问："你是何人？为何如此模样前来见我？"

"我叫夏孟，乃马超跟前一个侍卫。今天他喝醉酒，大骂将军你，我上前劝了两句，就给我一刀，险些要了性命。这样无情无义之人，跟他何益？故来投奔将军。"夏孟按早已编好的词句，满嘴冒沫地瞎说一气。

韩遂听后，将信将疑，又问："他为何骂？所骂何话？"

夏孟接着编下去说："上次曹操送来东西，你连夜索取，马将军十分反感，骂你不识时务。今天醉酒，又骂你反复无常，迟早和你大战一场。我们众人觉得你是他叔，劝他不该忘恩负义，谁知他非但不听，还向我们下了毒手，有两个兄弟胳膊被砍断，我没伤着骨头，这才逃了出来！"

这夏孟说得有板有眼，还说起中秋节为礼物争斗一事，这些都属实，

于是韩遂再也压不住火了，立即召集人马，一齐向马超府上杀来。

这次马超更加生气，得到家人报告后，也披挂整齐，迎着韩遂上去，大声吼道："韩遂，别不知进退，看在你和我父有交情的面上，暂不和你计较，以后再不识相，切莫怪我不仁不义！"

韩遂在马上骂不绝口："马超小儿，休得张狂，日后你我恩断义绝，势不两立，看我取你性命！"说完，举刀就剁。

马超用枪把刀架开，说："我言而有信，今日定不与你计较！"说罢，拨马回归府内。

这一切行动，都让曹操的两个偏将看个清清楚楚，他们暗暗称赞曹操的神机妙算，二人果然打了起来。于是，当天混出城去向曹操报信。

曹操得知这一情况后，连连说："好，实在太好了！"接着，部署兵力，准备近日攻进潼关，以坐收渔翁得利。

果然，事隔三天，韩遂又杀向马超府上，二人终于打斗起来。曹操一见时机成熟，乘乱攻进城来，徐晃、夏侯渊、朱灵、司马懿首先占领了韩遂府第，将家中一众人等尽皆杀戮，尔后一把火烧了房屋。接着，又向马超这边杀来。韩遂、马超一见曹操大军如潮水般的杀来，武艺再高也难以抵挡。况且双方已因格斗人马损失很多，怎能拦住养精蓄锐两月有余的曹军？所以，韩遂孤身一骑，冲出重围，投奔陇西而去，马超则带着一部分兵马，直奔川东，投奔刘璋而去。

他刚走不远，前边一队人马拦住去路，定睛一看，是曹操，旁边有猛将军许褚护卫。马超此时急了，勒住马头高声喝道："曹孟德，难道你要赶尽杀绝不成？"

曹操在马上用马鞭一指，说："马超，马孟起。原来我想你是一条好汉，谁知你是一介小人，尽行卑鄙龌龊之事，你为何指派夏孟刺杀于我？"

马超"嘿嘿"一笑，说："我卑鄙龌龊，你就光明正大？难道你忘了自己如何发迹起家？投董卓之机，取平叛之巧，挟天子，令诸侯，强迁都，自封相，征袁术，收吕布，灭袁绍，平乌桓，战辽东，整个北方皆归于你。但你贪心不足，欲壑难填，又要吞并江南、江东，结果碰得头破血流，险遭灭绝。今天无故犯关西界，我着人前去刺你，有何不对？只可惜所派夏孟碌碌无能，没达所愿，至今去向不明。就上而论，你算什么英雄好汉，仁人君子？"

好一个厉害的马超，不仅武艺出众，其口齿也属超人。他这一席话，把个曹操办过的事从头至尾，前前后后历数，直把个曹操气得险些从马上栽下来。受此一刺激头痛又突然发作，顿感头脑昏暗，眼前发黑，坐于马上几乎摇晃起来，站在旁边的许褚见曹操没有言语，眉头紧蹙，就情知不好。他大喊一声，骂道："小儿马超，少耍贫嘴，今日遇见许爷，定叫你身分两段，活命难逃！"说完，指挥人马冲了上去。

二人战了几十回合，并未分出胜负。若论武艺，两个人不相上下，但马超还是高出许褚一些。不过，今天马超已战将近一天，早在同韩遂战斗时就损失许多人马，实在也无心恋战，就虚晃一枪，带着人马往南投奔刘璋去了。

许褚一见，还想去追，忽听曹操说："仲康，我好头疼，赶紧扶我回去！"

许褚这才又想起，丞相又犯头痛病，只是杀得兴起，险些将此事忘记。于是，来到曹操身边，将他扶上自己的马背，把曹操的枣红马拴在自己的马一旁，找到司马懿、荀攸、徐晃等人，撤出潼关城，回到汉中。

这次西征，基本达到预期目的，马超、韩遂虽然活命外逃，但他们的地盘终于被扫平收服。基于这点，曹操休息几天，头疼疾病缓解一些后，就发布命令，留下夏侯渊镇守潼关，自己则带着大队人马，踏上了回归邺城的路。

骑在马上的曹操，此次回归没有像往昔那样欢乐和舒畅，这虽然与马超揭了他的短处有关，但更重要的一个原因则是又有一个心病袭来，也就是曾经使自己险些灭亡的东吴。这个心腹之患如何对付？孙权、周瑜如果不加搭理，岂不让他们耻笑自己一生一世？不能，如果真对此事放任不管，曹操就枉活一世。

至此，曹操又有了一些新的打算。这年，他已经年近六旬。

十七

无奈献帝封魏公
暮年南征东吴

曹操西征凯旋，被汉献帝加封为魏公。伏皇后对曹操擅权有不满之语，被斩杀。曹操又将其女儿嫁给汉献帝。孙权派兵攻取宛城，曹操带兵南征，但因天气原因行进艰难，在合肥驻扎一段时间后，班师回到邺城。

　　曹操率领浩浩荡荡的大军，自遥远的关西地区，穿山越岭，涉水过河，终于风尘仆仆地回到北方邺城，也就是当时的国都。

　　这时正是建安十七年的正月。

　　曹操的归来，自然要轰动朝野。一方面，他自征讨江南以来，已经过去两年多的时间，人们怀着各种不同的心态，都想争看曹操一眼；另一方面，朝中现存的几件大事，定会随着曹操的到来予以解决，有个头尾俱清的着落。

　　既回都城，首要的还得去走走形式，见见尚在金銮宝殿上的皇帝。

　　汉献帝刘协，此时基本上过着醉生梦死的日子，他的身边除了部分侍从官员和宫人外，就只有伏皇后了，即早已被曹操处死的太尉伏完的女儿。由于整天无所事事，汉献帝学会了斗鸡、斗蟋蟀和下棋。有时候，也着人带着，坐着马车去城内城外游玩一番。因所带之人不多，行装比较简单，很少有人认出他就是当今皇帝。如果是其他帝王，前呼后拥，车马銮驾，护卫成群，唯恐有人前来行刺。可他却不担心这个。他自己也心知肚明，这样一个无能之人，这样一个窝囊皇帝，谁也不至于冒着杀头的危险来刺杀他。他这种人的性命若说分文不值似乎不太恰当，但总的说起来价值也不太高。所以，他出行安全，方便自由，倒是省去许多麻烦。如果说还有点儿兴趣的话，就是身边这个伏皇后，整天和皇帝亦步亦趋，紧紧相随。这个伏皇后长得虽说不上花容月貌，但比一般的女人还算是标致，三十多岁，韶华犹存，吹拉弹唱，样样精通，直哄得他心旷神怡，如痴如醉。

这个伏皇后虽对皇帝尽心尽责，但其品质却较恶劣，喜欢搬弄是非，挑唆人与人之间的关系。对皇帝所处境况，她是尤其愤恨不平，既恨皇帝无能，又恨曹操弄权施政，每每提起，都是银牙紧咬，恨不得将曹操杀戮而后快。当然，这也与她的父亲死于曹操之手不无关系。不过她毕竟是一辈女流。

这天早饭以后，献帝刚刚到院中溜达，看到墙角下有一只大花猫，叼着一只老鼠，正在戏弄。只见被猫死死咬着的老鼠在"吱吱"乱叫。叼着叼着，花猫张口放开，老鼠则慌忙逃窜，而跑出几步，花猫又猛地一扑，又把老鼠叼着。真正是一物降着一物，若是老鼠满地乱跑，纵使再灵巧的人也难以捉住，而放于猫的身上，捉捉放放，轻而易举，看着十分有趣。工夫不大，经过几番折腾，老鼠终于气绝身亡，瘫倒在地。可玩兴正浓的花猫仍是把它双爪捧起，往前一扔，而后一跳一窜地又是扑住。

身体久坐龙辇的皇帝，哪见过如此趣事，所以，他看得十分痴迷，痴迷到身边有人唤他也没听到。

"皇上，好不轻松自在！"这个人见皇帝只顾看热闹，就又大声喊了一声："皇上，我来也！"

这一声较低却带着不满的话语，终把皇帝唤了起来。他一转身，啊！忙惊慌地说："原来是丞相，你是何时回来的？"

献帝这一见着曹操，比方才看见的那只可怜的老鼠简直不相上下，心脏不知为什么"嘣嘣"乱跳。

曹操站在旁边，脸色铁青，说："皇上着实安闲自在！臣在外边东征西杀，栉风沐雨，想起来实是心酸！"

这分明是一句抱怨之语，献帝假装不懂，装傻充愣地说："对，丞相所说实是有理，常年在外打打杀杀，实属不易，我一定重重赏赐。"

说完，君臣二人回到皇宫之中。

二人落座，献帝仍是开口先讲："丞相在外征战两载有余，战绩辉煌，功勋卓著，实乃汉家洪福也！"

十七 无奈献帝封魏公·暮年南征东吴

汉献帝几句恭维之语，并未获得曹操的好感，他在临来之前，已经思忖妥善，还得向皇帝伸手要权、要势、要地盘，借以扩充自己的实力。其实，曹操这样做也是多此一举，本来各个方面都已冠盖皇权，一手遮天，还要什么权势？这就是人的难填欲壑，曹操再精明也没脱离"人"的范畴。所以，他顺着汉献帝的话说："皇上所说倒也有理，知我不易也算善心。想我年已六旬，在血雨腥风中滚打数十载，结下多少仇冤，坑杀多少生命，日后到得阴曹地府，也少不了有多少厉鬼向我索命。所以，在我有生之年，皇上既已看到我对汉室的忠诚，就该给我满足是也！"

这真是人老脸皮厚，曹操还真的好意思张嘴了。皇帝笑了笑，问道："丞相有话尽管说，我必满足！"

献帝早已视权势如粪土，总归自己不能当家做主，何不来个顺水人情，多过几天舒心日子！而曹操则是这样想的："不予满足，料你也不敢！"于是，拿出一写有字迹的纸张，递于皇帝。

汉献帝看了起来，并且看得还挺仔细。看着，有时皱皱眉头，有时嘴角浮上笑容，最后，他欢快地说："好，丞相听真，兹将河内之荡阴、朝歌、林虑，东郡之卫国、顿丘、武阳、发干，钜鹿之廖陶、曲周、南和，广平之任城，赵之襄国、邯郸，这些地盘，全属丞相所有矣。另，丞相功德丰厚，自今日始，晋爵魏公。"

曹操拿着自己起草的圣旨，交与皇帝来念，而后自己又一揖谢恩，真是天大的笑话。看起来为了捞取自己的利益，曹操这样的精明之人，也会干下令后人耻笑之事！

实际上，汉献帝干了这些违心之事，自己内心是相当苦闷。但人在矮檐之下，怎敢不把头低？敢面带怒容吗？能脸有不满吗？不敢，也更不能，只有没人时，再长吁短叹，恨己无能了。他回到后宫，心中十分懊恼，面上显得甚是阴沉无光。

早在宫中等待的伏皇后见皇帝怏怏来到，就知其心有不爽，忙问道："皇上，今有何事如此不快？"

献帝坐下，喝了一口伏皇后递过的茶水，长叹一声，将今天曹操讨封之事尽皆说出。然后，靠在龙椅之上，闭目思索起来。

这伏皇后听后，顿时气得银牙直咬，愤怒地骂道："曹操，实是一祸国奸贼，他如此横行忤逆，早晚必遭天报！"

听到这里，献帝从靠椅上翻身而起，呵斥道："难道你已活腻？此话若是走漏，传进曹操耳中，恐怕性命难保矣！"

伏皇后此时也是气愤至极，仍然骂道："逆来顺受，我已够矣！趁着能够张嘴，多骂几句奸贼，倒也心爽！"骂完，看到皇帝气得面色大变，方收住话语，回里屋去了。

伏皇后这么一闹一骂的后果，还真的让献帝猜中了，时间不长，就真的传进曹操耳中。传此话的人是个男侍从，名叫辛怀。本来是服侍皇帝的人，而实际上是几年前曹操安排进来的一个奸细，专门监视皇帝后妃们的动向举止。如果发现什么不利于曹家的言语行动，他便一一搜集起来，然后直接密报于曹操。今日伏皇后这一闹一骂，自然都被辛怀看了个真真切切、听了个清清楚楚。晚饭过后，他就佯装有事，溜出皇宫，去给曹操送信。

曹操听到后，冷冷一笑，说："好个伏氏皇后，你要心爽，就叫你爽个够！"他思索了一会儿，说："辛怀，交你一件事情，敢办吗？"

辛怀胸脯一挺，对曹操说："丞相待我恩重如山，辛怀没齿难忘，上刀山下火海，在所不辞。"

曹操对辛怀怎的恩重如山？还是在征袁绍时，这个辛怀是袁家的一个家丁，在袁绍失败逃亡之时，他趁机抢了一包银子，想偷回家。结果被曹操发现。若按当时不许趁机抢劫、违令者斩的规定，这个辛怀已犯掉头之罪。就在时任曹操身边护卫的沈良将要挥刀砍去的时候，辛怀忽跪曹操脚下，说："将军，容我说上句话，死而无怨矣！"

曹操忙将沈良制止，说："一丹，且慢动手，听他一言！"

这辛怀说："我抢银确是犯罪，然实属不得已而为之。我家父母皆已年近七旬，二人皆双目失明，日子甚为艰难，我想用这点儿银两给他们请个郎中治治眼病。今日我死后，还望丞相可怜，给他们治治眼睛，我死后也可瞑目矣！"

曹操一听，倒是个孝子，不过是否属实，还得问询一番。于是，将

辛怀押入黑屋看管，第二天派人去打听，情况果如所说，就这样，辛怀终得曹操宽恕。曹操将银两全部交与辛怀拿家使用，使他父母的眼睛得以医治复明。为此，辛怀感激不尽，就在曹操手下当了一名士兵。后来，曹操将他派在献帝身边当卧底，他忠实办事，经常向曹操提供皇帝及宫中的情况。在曹操看来，此人实属忠实，可从皇帝的角度看来，是个地地道道的心坏不良之辈。

现在，辛怀听曹操叫他办事，他哪有不应之理？

听辛怀答应得如此痛快，曹操高兴地说："皇后辱骂大臣有失国体，妄图篡政，陷害忠良，把你所知尽皆写好，言语措辞力求激烈。写好后暂存你手，到时我必找你！"

辛怀领命去了。第二天早饭后，曹操带着许褚，两脚生风地来到皇宫，见了皇帝后，直言不讳地问："皇上，伏皇后何在？"

献帝也是刚刚吃过早饭，见曹操气势汹汹而至，心又"咚咚"跳了起来，战战兢兢地问："丞相，皇后还在后边用膳，有何事找她？"

曹操厉声说道："皇后乃董承、伏完余党，那年怜她，没有处死。谁知她恶性不改，辱骂大臣，陷害忠良，已经身犯死罪矣！"

献帝一听，直吓得浑身发抖，犹如筛糠，喃喃地说："哪有这等事件？"

曹操冷冷一笑，说："皇上不信，已有证人！"接着喊："辛怀何在？"

辛怀立即兔子般地窜了上来，他拿出连编带改的揭发文书，左一条右一条地一说，直说得汉献帝跌坐在椅子上，再也说不出话来，眼睁睁地看着伏皇后被许褚揪着头发带走。中午以后，就有人前来报告，伏皇后已被勒身死，心疼得汉献帝差点儿背过气去。

曹操将伏皇后勒死后，终于去了一块心病，晚上回到住处，和卞夫人一提此事，卞夫人摇摇头说："丞相办事有些不妥！"

曹操"哦"了一声，马上问："夫人所说为何？"

卞氏不紧不慢地说："你只顾出口恶气，可知皇帝没了皇后，独身一人，日后怎么生活？他尽管当面不说，心中怎不恨你？还有，朝中文武大臣，城内黎民百姓，知你处死皇后，都将议论纷纷，你可知人言可畏乎？"

卞氏一席话，倒提醒了曹操，他一拍后脑勺，说："人老矣，想事不周，处事偏激，夫人所说，确属事实，此事当如何弥补？"

见曹操着了急，卞氏安慰地说："事情已成定局，急也无用，当想个万全之策，再予弥补吧！"

这晚，曹操没吃饭就躺下休息了。毕竟已是六旬之人了，精力已经远不如从前那么充沛了。再加之断断续续的头疼，使他的身体日渐衰弱下去，躺下时间不长，就迷迷糊糊睡去了。但是，睡觉中又几次被噩梦惊醒，再也无法睡去，就披衣坐起，思索着如何弥补杀皇后的失策。想着想着，他有了一个新的想法，顿时眼前一亮，点着蜡烛，推醒熟睡的卞氏，说："喂，醒一醒！"

熟睡中的卞氏惊醒过来，忙问："发生何事，如此惊慌失措？"

曹操忙问："咱家节儿今年多大？"

节儿，就是曹操的二女儿曹节，乃是卞氏所生。因他终年在外，连孩子们的面都少见，哪里还记得他们多大年龄？今天他一问，把卞夫人问了个糊里糊涂。她回答说："再过一个月整十六岁。为何问起此事？"

曹操听完，对卞氏说："我有一想法，把节儿嫁与皇帝为后，实是三全其美之好事！"

卞氏没有说话，曹操又接下去说："节儿给他做后，一是能平衡皇帝缺后的心理，二是能平息他人的纷纷议论，三是能控制今后皇帝的行动，你说，这岂不是好事！"

听曹操说完，卞氏也不得不点头答应。女儿毕竟十六岁，也到嫁人之时，找个皇帝做个乘龙快婿，虽说皇帝窝囊无能，但比一般的王公大臣子弟还强上百倍。所以，也没提反驳之理。

第二天，曹操穿戴一新，步入献帝宫中。这两天，汉献帝面色苍白，精神颓废，失去皇后的打击，使他简直难以承受。他躺在床榻之上，正吃着一碗稀粥，忽见曹操进来，就要勉强坐起。曹操忙过去伸手制止说："皇上身体欠佳，快快躺下。今日所来，是给你报喜来了！"

十七　无奈献帝封魏公·暮年南征东吴

献帝并未所动，只是苦苦一笑说："魏公此话从何而起，我有何等喜事可报？"

曹操笑笑说："真的，并未说谎。我家小女曹节，年方二八，我和夫人及她均已说好，要嫁与皇帝为后。这岂不是喜事一件。"

汉献帝一听，真的来了精神，这个曹节他虽没见过，但听说她模样俊秀，天姿聪明，敢作敢为。真的娶她为后，毕竟是个黄花女子，总比伏皇后要强上几倍。再说，和曹操这一联姻，今后就有了主心骨。于是，他痛痛快快地答应了下来。时间不久，二人就拜堂完婚，献帝又过上了甜甜蜜蜜的幸福生活。

曹操的又一计划已实现，和皇帝联姻，以自己的女儿将他加以控制，天下终将成为己有。什么孙权、刘备、刘璋等各地诸侯，谁都得听命于己，谁都得前来朝奉，这一言九鼎、万人拥戴的日子，真是愈来愈近了。

曹操异常高兴。由于事事顺心，近日饮食俱增，使原来有些憔悴的面孔又红润起来，压抑的心情也逐步舒缓起来。

人若是心情舒畅，欢快高兴，就会想到娱乐和享受。这不仅仅是现代人的专利，就是在两千年前的曹操时代，也是如此。这天，曹操忽然想去铜雀台一观。

铜雀台的来历，前文早已做过交代，说是在邺城动工盖房时，从地下发现一只铜雀，为了祭拜它，特修一豪华楼宇，顶层供奉它，下面则供人住宿。其实，这供奉的铜雀谁也没有见过，从地下掘出也没有见证之人，这恐怕完全是出自曹操之口，为了掩人耳目欺骗后人而杜撰出的故事而已。

这座豪华的铜雀台，占地十多亩，上下两层，飞檐拱角，画壁雕梁。上层几间屋中，除供奉铜雀外，还有天神、地神、人神的雕塑，整天香烟缭绕，瑞气升腾。而下层则是厅堂相间，有房有舍。小的房间布置豪华富丽，大的厅堂则是供乐班演奏、起舞翩翩之场所。大小房中，侍养着美女少妇，俱是绝色佳人。这纯属供曹操父子闲暇之时尽情娱乐玩耍的安乐窝子。

今天，恰逢建安十八年的三月三日。和风熙日，春暖花开，杨柳垂丝，莺飞草长。拣了这样一个好日子，曹操偕同妻妾，儿子曹丕、曹植和一些擅长文字的文官如王粲、陈琳、阮瑀等人。他们并未停留在下层听曲看舞，而是攀上二楼，登高远眺，观看园中美景。只见这座楼前修有一湖，湖水清澈，阳光下绿波烁烁闪闪。湖中心有座凉亭水榭，明柱暗梁，八角相称。亭中有一叶扁舟，舟中有一撑船之人，边摇橹边穿梭于碧波绿叶之间，时不时捞上一些水草等物。湖的沿岸，是弯弯曲曲的小路，隐没于绿柳、青松、紫槐、桃花相间的树丛之中，叽叽喳喳的小鸟，飞来飞去，更给这如诗如画之景添上一笔生趣。

美景如画，而画中之人更加心神澎湃。曹操此时真正是心旷神怡，陶然如醉了，他站起身，手指湖中亭榭，对曹丕等人说："你们俱喜文弄墨，今日趁此大好时光，何不比试一下才华，来个吟诗作赋，以此抒发心意？"

见父亲如此高兴，曹丕早已跃跃欲试。他一方面想显示一下自己的才华，另一方面也要让众人看看他并非只是一介武夫，同时也是有才之仕。他略一思索，一首诗随口而出：

　　　　乘辇夜行游，逍遥步西园。

　　　　双渠相灌溉，嘉木绕通川。

　　　　卑枝拂羽盖，修条摩苍天。

　　　　惊风扶轮毂，飞鸟翔我前。

　　　　丹霞夹明月，华星出云间。

　　　　上天垂光彩，五色一何鲜！

　　　　寿命非松乔，谁能得神仙？

　　　　遨游快心意，保己终百年。

曹丕吟完，曹操喜上眉梢，连说："以诗写景，有景有情，堪称好诗。"接着，他望望曹植，说："子建，你也来首？"

曹植点点头，说："我与哥哥来首和诗吧！"于是，也开口吟了起来：

— 323 —

公子敬爱客，终宴不知疲。

清夜游西园，飞盖相追随。

明月澄清影，列宿正参差。

秋兰被长坂，朱华昌绿池。

潜鱼跃清波，好鸟鸣高枝。

神飚接丹毂，轻辇随风移。

飘飖放志意，千古长若斯。

曹植吟罢，曹操又是乐不可支，为自己的儿子们有如此才华，而感到高兴至极。

正在此时，忽听有人喊他："魏公，外边有人求见！"

曹操立即从铜雀楼台走了下来，一名士兵手拿书信递了上来。曹操接信在手，一看是留守关西汉中的夏侯渊所写，其意是近日刘备带兵入川，刘璋怯懦无能，将川蜀皆让与刘备所有。另有马超众将皆投刘备麾下，成为五虎将之一，深得重用。刘备野心勃勃，有进攻关西，夺取汉中、潼关之意，形势甚为紧急。

曹操看完以后，头脑中的轻松之感一扫而光，代之而来的是重重的压力。他想，看来这刘备羽翼已丰，势力越来越大，正有和自己抗衡、形成鼎足之势。论理应该乘机征伐于他，趁他立足未稳，杀他个措手不及。但是，这江东孙权，更是心腹之患。听有人言，东吴屡有犯境之意，若是麻痹大意，顾此失彼，其后果实在危险矣！

曹操招呼众人，离开铜雀台，回到自己的府中。

回府以后，他又绞尽脑汁思考起来。川中刘备，地理遥远，暂时不征，也不能成其大害，只东吴孙权，威胁较大，不可小觑，当今之计，只有重征孙权，别无他路可走。

不过，若在征讨之前，先给孙权写封长信，以此历数战争危害，夸大曹军的兵强马壮，打击东吴的应战情绪，就可以给征讨进攻制造可乘之机。所以，在部署大军的同时，曹操在灯下奋笔疾书，将书信写就，先派人送往东吴。

此时的东吴孙权，已听众文官武将所议，将京口（今镇江市）驻地迁至"山川形盛"的秣陵，即后来的建业（今南京市）。这日，正和群臣议事，忽听外面有人说话："仲谋将军，别来无恙？"

孙权抬头一看，原来是老同学，现在曹操手下任密令史的阮瑀。忙站起身来迎接，说："元瑜到来，事先不知，未能远迎，还望海涵！"说罢，牵住阮瑀的手，坐于自己的旁边。

由于孙权来了客人，众臣只得离开议事大厅，里面只剩宾主二人说话。

孙权看看阮瑀，笑着问："元瑜不在曹营公干，来东吴有何事情？"

阮瑀掏出曹操书信，递与孙权道："我主魏公，给将军写信一封，特差我来相送，请过目！"

孙权欠身接过，抖开一看，几张纸密密麻麻，好长的一封信件，信中先述旧好，说："离绝以来，于今三年，无一日而忘前好，亦犹姻媾之义，恩情已深，违异之恨，中间尚浅也。"继而又写道，"常思除弃小事，更申前好，二族俱荣，流祚后嗣。"然后，又为自己赤壁失败而辩白，"昔赤壁之役，遭离疫气，烧船自还，以避恶地，非周瑜水军所能抑挫也。江陵之守，物尽谷殚，无所复据，徙民还师，又非瑜之所能败也。"同时，假惺惺地表示，自己无意于掠取荆州，"荆土本非己分，我尽与君，冀取其余，非取侵肌肤，有所割损也。思计此变，无伤于孤，何必自遂于此，不复还之。"最后，又为自己的备战活动打掩护，"往年在谯，新造舟舠，取足自载，以至九江，贵欲观湖溠之形，定江滨之民耳，非有深入攻战之计。"接着，又转笔锋，口气凌厉，大加威胁。一述自己有能力将东吴打败，又称水战难挡王者之师，"以君之明，观孤术数，量君所据，相计土地，岂势少力乏，不能远举，割江之表，宴安而已哉！甚未然也！""若恃水战，临江塞要，欲令王师终不得渡，亦未必也。夫水战千里，情巧万端，越为三军，吴曾不御；汉潜夏阳，魏豹不意。江河虽广，其长难卫也。"信的末尾指给孙权两条必走之路："其一，内取子布，外击刘备，以效赤心，用复前好，则江表之任，长与相付，高位重爵，坦然可观。上令圣朝无东顾之劳，下令百姓保安全之福，君享其余，孤受其利，岂不快哉！其二，若怜子布，原言俱存，亦能倾心去恨，顺君之情，更与从事，取其后善，

但擒刘备，亦足为效。"

看完这封长信，孙权视老友在身旁，言语沉默，头脑迅速思索起来。曹操在信之初所说的姻媾之义，确实有之。还在初入朝廷为官时，二人关系较密，曹操将弟弟之女许以孙权弟弟孙臣为夫人，又将孙权堂弟孙贲之女纳与二儿曹彰为妻，故此，二人常以此为笑谈。曹操说："曹家女，孙家男，孙家女，曹家男，互娶互嫁，不亏不盈也！"孙权也憨厚地说："你我既成亲家，如能长期友好，岂不妙哉！"

然而，随着社会的动荡变迁，二人各占一地，独居一方，皆成霸主，终于各怀异心，妄图灭掉对方而后快。今天曹操写来此信，孙权绝非七龄幼童，易信他言。即使曹操连拉带打，也不能将他讹诈和哄骗。

阮瑀见孙权沉默不语，不知他内心如何思索，于是问道："仲谋信件已看，想必已有主意？"

阮瑀的话，既是询问之语，又有探听之意。孙权抬起头来，含混其辞地回答说："元瑜回邺，告诉孟德，孙某已将信阅，希勿多虑矣！"

这搞政治的人就是狡猾。长期的征战使他们养成了将信将疑、谋而善断、揣测心理、窥视一斑的性格。今日孙权看信后的态度，已使阮瑀清楚的懂得了这一点。他既然已完成使命，就没必要在此多待，于是，告别了孙权，回到邺城复命于曹操。

当然，曹操也未拿此事当作至宝，当阮瑀走后，他马上点齐四十万人马，由张辽、臧霸为先锋，直向东吴杀来。三天后，即达长江沿岸濡须口。

到得长江边上，但见江水自西而下，一泻千里，波涛翻滚，大浪滔天，让人见了，颇有头晕目眩之感。尤其北来之兵，大都历经了三年前的赤壁惨败，见水心悸，不敢贸然行动。这天，又偏偏遇有阴雨，冰凉的雨丝在东风裹挟之下，落在身上湿漉漉的，令人浑身发冷。时间虽近四月，但毕竟还未进入暑期，冷雨浇得众将士浑身发抖。又兼脚下道路泥泞，走路一跌一滑，弄得满身泥水，狼狈不堪。

此情此景，别说士兵们头疼发怵，就是百经战阵的大将张辽，也产生了畏惧心理。张辽说："似此境况，根本无法前行，咱应退兵为好！"

副先锋臧霸是曹操新提拔的心腹将领，他初生之犊不怕老虎，更未经过赤壁之败的惊恐，所以他阻止道："文远此议不妥，此情魏公必知一二，明日定将派兵支援我等。"

果如臧霸所言，第二天曹操亲自带兵来到，组织人员向孙权的江西大营发起猛攻，结果，攻城胜利，将镇守江西的都督公孙阳俘获。

当晚，孙权得知江西大营丢失，马上召集众将商议，并于夜半时分，亲率十万大军抵达江西口岸，就地驻扎，和曹军对垒。同时，密令甘宁为先锋，带领三千精兵，潜入曹操营中，趁曹军兵困马乏、人人熟睡之机，手举亮子油松火把，边呐喊，边放火，边马蹄营盘，直杀得曹军惊慌失措，乱跑乱窜，自相践踏，人员死伤无数。曹操、张辽、臧霸带着队伍，又退出江西大营。只此一仗，甘宁为东吴立了大功，孙权喜得赐他丝绢千尺、宝刀百口。

曹操又遭失败，带人退回濡须口。他看着东吴军队舟船器仗军伍整肃，喟然叹曰："生子当如孙仲谋，刘景升儿子若豚犬耳！"

曹操紧闭城门，坚守不出。若想出战，实有所难。将士情绪低落，人人怨声载道，又兼春雨潇潇，就是硬性进攻，还将失败，思之再三，又怪自己行动冒昧，急功近利。

孙权也想趁机进攻曹操，只是一方面天不作美，难以进攻，另一方面曹操毕竟人马众多，若陈兵战场，刀马相向，自己无异于以卵击石，自取失败也。于是，他想出一法，给曹操写去一信，仅仅八个字："春水方生，公宜速去！"另外，又夹上一个纸条，也写了八个字："足下不死，孤不得安。"

曹操众将官看见信后，都愤怒至极，摩拳擦掌，纷纷要求和孙权决一死战。

此时的曹操倒冷静下来，他没有发怒，而是哈哈一笑说："孙权不欺孤！"尔后，传令撤兵。就这样，曹操出来六个多月，又匆匆地回归邺城。

回归邺城以后，曹操并没有闲着，他一面继续操练人马，一面想着一件大事，就是自己的政治前途和政治抱负。

十七　无奈献帝封魏公·暮年南征东吴

说实在的，处于目前状况的曹操，如果废掉汉献帝，自立称王，其条件早已成熟，现在坐于龙椅之上的皇帝，如同自己手中的木偶，一切任己操纵和指挥，叫他站着不敢坐下，叫他往东不敢西行。随时随地都可以取而代之，称孤道寡。尽管自己目前已行皇帝之实，但在名分上还是汉家臣子，好似心里有些不平。为此，有些将军、谋士也都劝过他，让他废掉皇帝，也尝尝面南坐北，称王道帝的滋味。早年孙权也曾怂恿他这样去做，但被曹操断然拒绝了。尤其对孙权，已经识破其心，说："小儿要把我放火上烤耶！"

他想得很是深邃，这也是早在二十多年的政治主张，挟帝不废帝。如果匆匆废帝，条件没有成熟，早成众矢之的，必将一事无成。现在，按说已具备充足条件，称帝轻而易举，但自己有言在先，人人皆知其不登皇位。如果出尔反尔，叫人品评起来，岂不耻笑至极？还有一面，刘备占据川蜀，有称王之意，东吴孙权，也已跃跃欲试，称为吴君。如果自己在邺称帝，岂不形成鼎足之势，和刘备、孙权等辈不就平起平坐了吗？以曹操的孤傲性格，是永远看不起这两个人的，如果让汉献帝在位，出一个皇帝诏书，自己则可随心所欲地征讨他们，指责他们。胜之名正言顺，把地盘收归汉室，败之也不显出自己的低劣。

当然，曹操并不是心甘情愿的称臣，而是想把皇位留于自己的后人来继承。目前，自己要做的就是收拢权力，占据地盘。于是，"诏并十四州，复为九州"。十四州为司、豫、冀、徐、青、荆、扬、益、凉、雍、并、幽、兖、交，复为九州，则省去司、凉、并、幽四州。其中最重要的变动是割幽、并二州及司州之河东、河内、冯翊、扶风四郡入冀州。这样，曹操的权势得到了充分扩大。当然，所有这些仍是借汉献帝之口说出的。

曹操扩地晋爵，做的是实在突然武断，既没有和众文官武将商量，也没有和卞夫人及儿子们通气，众人听后，都感十分惊讶。但惊讶归惊讶，谁都没有言语和表示反对。当然，所说谁也没有反对也非实际，内中有一人就反对得非常起劲，是谁？时任尚书令，曾为曹操出过许多智谋，现又被曹操厌恶的荀彧，荀文若。

这天早饭后，荀彧又来到曹操府上，见曹操正伏案想事，就咳嗽一

千古枭雄曹操

声。曹操抬头一看是荀彧,不动声色地问:"文若,所来何事?"

荀彧坐于旁边一凳上,也是板着面孔说:"丞相,你自称魏公,已经引得议论纷纷,今又扩地并州,是何居心?"

荀彧本来就遭曹操厌恶,现在仍尊"丞相"一职,岂不是小瞧于己吗?如今三军上下都称"魏公",唯你荀文若如此轻视,真的叫人不快!于是,曹操不满地说:"扩地晋爵,都是皇上所赐,非我强求。再说,我何等居心,何必你来责问?"

这荀彧也是倔强,总归己不得宠,还是有话直说为好,于是,他又说:"我觉你已变化太大,不似过去听人劝谏。你曾下过'求言令',似此样子,怎谈得上是求言?长此下去,定成孤家寡人矣!"

曹操内心已经特别愤恨,本想发火,但加以抑制。他想,这荀彧是个人所皆知的智囊人物,曾出过许多计谋,屡建功劳,如果如此暴发,众人必有议论,不若先忍一忍,日后再作计议。于是,他缓和一下,说:"文若所说有些道理,容我思考一下,如有不妥,我定放弃。现在我累了,需要休息,你走吧!"

就这样,曹操把荀彧从大本营中撵了出来。没过多久,便打发他到谯县慰劳军队。后来又派其去寿春,结果病在那里。

当曹操知道后,就派人送去药品给予治疗,并托人带去一信。荀彧在病中拆信一看,纸上只字没有。荀彧点点头,对送信之人说:"我已明了丞相之意,请回去复命吧!"

待送信之人走后,荀彧整顿好自己的一切,穿戴整齐,把熬制的草药里放上毒药,一饮而尽。尔后,从从容容地倒于床上。工夫不大,毒酒发作,七窍流血,气绝身亡。

曹操闻知后,叫人把他的尸体拉来,买副上等棺材装殓,并对其家人好好安慰,让其子也来军中任职。至此,曹操的一块心病总算去掉。

曹操的晋爵扩地,不仅内部人感到吃惊,就是他的敌对势力,刘备、孙权也觉惊讶。他们推测出,曹操废除汉帝为期不会太远,决心要煞煞他的威风,狠狠打击一下他的嚣张气焰。于是,在建安十九年闰五月,孙权兵发东吴,率领大军攻打宛城。时主帅吕蒙,大将甘宁,身先士卒,冒着

城楼射下的箭雨和滚木檑石，一举冲上，把守将朱光生擒活捉。接着开了城门，迎接孙权大部队进城。

宛城失守的消息传至邺城，曹操非常愤怒，急派张辽、徐晃带人去救，谁知为时已晚，待到城下时，城楼上甘宁威风凛凛，对他们大喊："文远、公明速回，告诉曹操，他死期不远矣！"

张辽、徐晃见事已至此，不能挽回，只得速速回邺，将实情向曹操一说，险些把他气死。他手指东南大骂："孙权小儿，欺我太甚，我岂能饶你！"就在这年秋天，又领兵去征东吴。

由于时为七月梅雨季节，天气整日阴沉，淅淅沥沥的雨水下个不停。别说打仗，就是行动都很困难。三军将士都不愿行，但又不敢开口相劝。主簿贾逵心直胆大，找到曹操说："主公，此等天气出征，实在不利，只怕仍将兵败而归矣！"

一句话激怒了曹操，他呵斥道："无稽之谈，蛊惑军心，实在可恶！"接着，命令把贾逵押入牢中，出兵回来后再做处理。

此时，尚书令荀攸正在闹病，听说后，带着虚弱的身体来至曹操面前，说："主公，不可贸然行事，幼然话语虽有不妥，但用意还是不错，且饶他一次吧！"

曹操看看这位一向忠贞的参谋，如今带病前来相谏，实受感动。他着人给荀攸拿来一把椅子，扶他坐下，说："公达，我出征在即，幼然此言实为不吉也！"接着，他吩咐人把贾逵放回，教育他日后不许胡言乱语，下不为例，再犯严惩！

荀攸见自己在搭救贾逵上起了作用，但劝曹操改变出征计划，恐怕很难奏效，就又沉默不语，带病跟着出征了。

这次出征的大将，仍是张辽、徐晃、李典、乐进，谋士有荀攸、贾诩，领着二十万大军，浩浩荡荡地向长江沿岸进发。

这天的雨出奇地大，当步入河南地界时，雨水遍地，没过小腿，所有人马，俱浑身尽湿。虽是盛暑，但已被雨浇了一整天，又没吃饭喝水，大家都身体发冷，浑身倦怠。尤其是闹病的荀攸，骑在马上几次摔入泥水之中。没办法，只好到得开封地界后，找了几个村庄驻扎下来。

驻扎下来后，各营急忙趁着雨已停止埋锅造饭，人马休息。曹操把自己的营帐设于城边开阔地带，他脱下湿衣，许褚给他换上干的，然后拿湿的去烤。红红的火焰映照着许褚的大脸，他仔仔细细烤完这件又烤那件，而自己身上的湿衣却顾不上去换下。

看着如此忠心不二的爱将，曹操心中很不是滋味，发酸的心中促使他眼睛一下红起来。这时，他方又后悔起来，怎么回事呢？难道岁数越大越固执、越任性？为什么选择这个时机出征？晚几个月有何不可？看样子又是老毛病复发！想至这里，他对许褚说："仲康，你也换换衣服吧！"

许褚嘿嘿一笑，憨厚地说："我不冷，正好热得难受，这下可凉爽了！"

曹操摇摇头，苦苦一笑，正要坐下看书时，帐外张辽进来，忙说："主公不好！"

曹操一惊，问："我有何不好？"

张辽猛地觉出自己说话唐突，忙忙改口说："不，主公，是荀公达病情加重，众人都围看矣！"

曹操一听荀攸病势严重，马上放下书本说："快，文远、仲康，咱速去看看！"三个人急匆匆地走了。

到得荀攸营帐，只见这里挤满了人，里边正在有人呼唤："公达，快醒醒！"当曹操来至跟前时，众人忙让开一条路，三人走至荀攸跟前。

只见荀攸躺在床上，面色蜡黄，嘴唇发紫，双目深陷，紧闭不睁。曹操伏在他的耳边，轻声说："公达，我来也，你觉心中怎么不畅？"

荀攸仍未动弹，只有鼻息气若游丝。曹操问身边人："可请郎中来看？"

旁边一待从回答："郎中刚刚离去，他说情况不妙，让备后事。"

听至此，曹操鼻子猛地一酸，眼中滴下几颗泪水，顺着苍老的面颊流下。他又伏下身，抓住荀攸的手说："公达，你不能走，睁眼看看，曹操来也！"

也许曹操的动情，真的唤回了荀攸的灵魂，他微微睁开眼睛，无力地看看曹操，用别人根本听不到的声音说："主公，我要走了，你，你要保

十七 无奈献帝封魏公·暮年南征东吴

— 331 —

重！"说完，一只手从曹操手中滑落下去，闭上眼睛，气息已断，驾鹤西游去了。

荀攸的死去，对曹操的打击太大了。自起兵开始，荀攸就和叔叔荀彧来投，共同举事三十余载。这荀攸，不同于荀彧，说话稳重，掌握分寸，能够权衡处理一切事项，并且头脑聪颖，智谋丰富，在曹操几十年的征战过程中，真可谓功勋卓著。同时，二人私交也是不错，说话办事，曹操不说言听计从，但很少回绝于他。现在荀攸一走，曹操总好像少了点儿东西，内心控制不住情感，当着众将士的面，痛哭起来。

他刚吩咐去买上好棺材，装殓好荀攸后存放一处，外边忽慌慌张张进来一人，说："不好啦，魏公营帐起火了！"

曹操一听，如同五雷轰顶，头脑一阵晕眩，险些跌倒在地。他问："怎么回事？"

来人说："众人正在救火，不知营中何物被火烧着！"

曹操这才想起，由于走得匆忙，许褚可能将烘烤衣服放于火堆边，故时间一长，便燃着了。于是，他跟跟跄跄地快步走去。

当到达营帐，早已先到的许褚、张辽等人已将大火扑灭，每个人的脸上、身上，都是黑灰土面，如同戏装。正如曹操估计的那样，确实是燃烧着衣物，衣物又连着床铺，结果帐中的一切，均已化为灰烬。

这次的损失尽管不大，但对曹操的打击确实不小。荀攸的死去，火灾的发生，都是不祥之兆。曹操的头疼病又犯起来，许褚把带来的早已熬好的药液给他喝下，疼痛减轻一些，没办法，只得另给他安置营帐休息。

淅淅沥沥的雨倒是小多了，继之而来的是蒙蒙细雨，比之那种雨更是烦人。曹操带着部队来到合肥，里边的守将开城将曹操迎了进去。众人刚刚坐好，有人来报，说是东吴孙权带人来攻。曹操听说，立刻派张辽出战。由于有了上次失败的教训，张辽肚里已窝着火，他改变了战术，诱吴兵深入，然后带着伏兵出击，一举将孙权杀退。

这次小小的胜利，总算给曹操一点安慰。从战略上讲，这次出兵还是正确的。原本孙权要夺取长江沿线的城市，经过这次打击，再也不敢嚣张地进攻了。他退回驻地秣陵，暂且不出，边筹划建立吴国，边窥测时机，

千古枭雄曹操

准备随时再出战。目前他的劲敌不仅有曹操，还有川蜀的刘备。

曹操小胜在手，也不想去乘胜出击，他干脆在合肥休养一段，这一休养，就是一年有余，转眼就到了建安二十一年冬。

此时，虽然气候寒冷，但天干物燥，非常利于行军。于是，曹操下令班师回朝，大队人马，又回到了邺城。

在出征这段时间里，邺城似乎没有什么变化，表面看来十分平静。然而，探寻深处，确实存在着十分复杂和严重的问题。这些问题，都和邺城里面的一部分人一样，翘首等待曹操的到来。

看来，曹操这一生，也就是个奔波操劳的命了。杀杀打打，每天不停，刚刚从江南回到北方，很多事情又压在他身上。这些事情，真使他心力交瘁，煞费精神。

十八

三国鼎立大局定
一病不起寿终

曹操回到邺城，被汉献帝加封为魏王，与天子平起平坐。曹操立曹丕为太子。刘备占据蜀地，派黄忠率军夺取关中地区，在定军山斩杀了曹操的异姓兄弟夏侯渊。曹操又疼又气，旧病复发，一代枭雄撒手西去，终年六十六岁。

曹操又回到了京都邺城。

这是建安二十一年二月，由于春节刚刚过去，人们还沉浸在新年的喜庆当中。

这天，曹操来到皇宫，向皇帝叙说了去冬征战东吴的状况，还准备说说下一步的打算。

此时的汉献帝，红光满面，喜笑颜开。曹操进宫时，献帝正陪着皇后曹节下棋，边下棋，边说笑，显得是那样地和谐、幸福。

由于又有了国丈的地位，献帝对曹操的恐惧心理多少有些减轻。他见曹操到来，忙下阶相迎，说："魏公，何时回到京都，这次征讨可否顺利？"

曹节也走上前来，给曹操见礼，后挪把椅子，扶父亲坐下，笑容可掬地说："父相，你年事已高，终日外出征战，我们年轻力壮，却享受在家。思之起来，心甚不安！"

还是当女儿的心疼父亲，这几句体恤之话，说得曹操心中火热。他接过曹节递过来的水杯，喝上一口水，然后说："久经摔打，皮糙肉厚，倒不要紧。只要你们挂念于我，心就足矣！"

汉献帝听到这里，忙喜笑颜开地说："挂念，哪有不挂念之理？尤其是现在，自曹后进宫之后，对我照顾无微不至，呵护有加，此恩此德，我没齿难忘！"曹操见献帝说的倒很恳切、真诚，心里很是舒畅。他想，只要你知道对你的照顾和有恩于你，诸事倒好办了。而这次进宫，也就容易开口提自己所想的条件了。

确实，曹操这次进宫是有备而来。回归邺城之后，他本没这个打算，原想好好歇歇腿脚，重新整顿一下队伍，准备时机成熟了再去出战。说实在的，曹操真是雄心勃勃，就是放到现在，年已六十二岁之人，不是离岗，就是退休，很少还有站在第一线冲锋陷阵的。而曹操这匹伏枥老骥，却征心不泯，斗志旺盛，大有踏遍青山人不老之势！

那天晚上，他回到卞氏夫人身边。

卞氏对曹操说："我听人讲，刘备占据西南，孙权锁住长江东部，都有封王称帝之心，难道你就没有所想？还有，原来对太子一位，你曾有立仓舒之意，他虽不是我生，但只要对曹氏有益，立谁都行，我没异议。现在，仓舒已死几年，若不再立，恐为时晚矣！"

别看卞氏是女流之辈，此番见解非常精辟，所说两件大事，确应摆上议事日程。曹操听后，翻身坐起，披上衣服，眼望窗外，深沉地说："夫人所见，实是正确。这些事情，俱在我胸之中。有关称帝之事，咱和刘、孙不同。他们独占一地，而咱身边还有汉皇，暂先不能称帝，待时机成熟也不为晚。不过，先讨一王位，这倒很有必要。有关太子立位之事，还得交与子桓。这虽是无奈之举，也不得不如此为之！"

就这样，夫妻二人谈了好久，直到夜半时分方相拥睡去。

话说曹操到得汉献帝身边，寒暄一阵后，就落到了正题。曹操说："皇上，不知你是否听到，占据西南的刘备要称帝，处于东吴的孙权，拟当吴王，似这等行径，实在气煞人也！"

献帝听罢，搔搔脑袋，思索一会儿说："他们称王称帝，全属自封，有谁承认？我意封你为王，不知可否同意？"

曹操听罢，微微笑道："皇上既封，哪有不愿之理？只是目前，朝内还有些事情，待处理完后再封也不为迟！"

皇帝扔过来的皮球，又被曹操踢了回去。这是为何？其中原因，皇帝是根本不知的。直到曹操向他一说，献帝方又点头同意。

原来，当前朝廷内有一股反对势力，在暗地里煽风点火，以匡扶汉

室、铲除汉贼为名，妄图杀害曹氏父子，夺回失去的权力和地位。这些人里面，以原来董承之子，任皇帝近臣的董仁董堂必为首，拉拢伏皇后的哥哥，任司农职务的伏了伏当车，还有担任护卫将军的，原来吉平的儿子吉桥吉召司。他们凑在一起，商议着祸乱朝纲的计划。

这个董仁四十多岁，瘦小枯干，说话尖声细语。他说："诸位，如果硬和曹操来拼，他周围兵多将广，恐怕不是对手。如果咱们智取，商议一个妥帖的方法，将可取他性命，大有成功之望！"

董仁说完，那个左腿因患麻痹症落下残疾的伏了马上接着说："堂必所说极对，咱得想个办法。以我之见，就用个'美人计'，曹贼喜爱美女，引他上套，就能要他性命。"

坐于旁边的满脸络腮胡子的吉桥，瓮声瓮气地说："当车老兄真是法多，老贼就爱媳妇，此计一使就成。"

对于伏了所说，董仁也无异议，他也同意。从人短处下手，钻其空子，是最易取得成功之途径。于是，他高兴地说："当用此方，就是绝妙。我俩去物色美女，瞅准机会去给曹贼奉献，然后揳近身边动手。召司老弟准备人马，我们动手时及时接应，咱必保成功！"

千古枭雄曹操

三个人商量妥当，董仁、伏了到城里妓馆去找美女，而吉桥则去组织心腹、训练人马，准备到时发难。

这董仁、伏了来到他们经常光顾的妓馆，直接去找与他两个最好的妓女端茗。这个端茗二十来岁，生得面红齿白，姿色出众，在妓馆是当红的角色，几乎每天都有客人光顾。但自从董仁、伏了看上以后，谁也不能上前。由于常来常往，关系越来越熟，所以也就无话不说。这天，二人来到端茗身边，董仁对她说："今天有一大事求你，事成之后给你万两金银！"

这端茗本是烟花女子，哪有情感可谈？只要有钱，什么都行。她问："叫我去应付哪个男人？"

伏了马上告诉她："新晋魏公曹操，想必知道。我们把你送到他的府上，借机将他除掉，你不仅有钱，还会有功，说不定皇帝还能赏赐你。"

端茗一听，吓得直吐舌头，摇头说："奴家胆小，难见杀人。若是叫我陪他睡觉，保他心满意足，参与杀人，断断不敢。"

董仁笑笑说："不是如此说法。只要他乐意要你，待你走后我们再动手，有何不可！"

这端茗搁不住两个人的劝说，最终答应了，并说先给百两银子方肯前去。董仁、伏了也只得点头。

他们商量的计策正好被一送水的老男人听见。这老者已经七十来岁，前年来此谋生。年岁已高，只是干些零活，不给钱，只管饭。当他听到三人要设计祸害曹操时，吃了一惊。心想，这可不行，曹操是我的恩人，得告诉他提防为是。于是，在当晚到得曹操府中，面见曹操，和盘托出。

曹操怎会是他的恩人？原来是曹操刚刚迁都郸城后，一次带许褚上街溜达，正走之间，猛听后边有人骂道："这两个畜生，别走了，我和你们拼了！"接着，就从后面"咚"的一头撞在曹操的后腰之上，险些把曹操撞个前趴。等到二人一回头，只见撞曹操的是个老人，老人一看惊道："哟，认错人了！"许褚可不干了，他抓住老人衣领，上前就要挥拳去打，被曹操伸手制止。曹操问："老头儿，怎么回事？如何将人认错？"

老头用手抹抹嘴唇，说："方才我在酒馆喝酒，手旁有五两银子被两人偷走，我从后追来，老眼昏花，错认你们，还撞了一下，实在对不起。"

许褚大声喊道："你所撞谁？这是当朝丞相曹操大人！若不是丞相说情，真应一拳将你砸死！"

曹操笑笑说："仲康，何必和老人一般见识？拿出五两银子，叫他去吧！"

这一来，把老人感动得不知如何是好。错撞了丞相，不仅没有追究，还给补上银子，真正是一个大好人啊！自此以后，老人就把此事和曹操的名字记在心中。今天有人设计陷害，就马上告诉了曹操。

看起来，人不论到什么位置上，都得多做好事，宽忍容人。若是没有老人相报，在这场变故中，曹操说不定真有杀身之祸。

曹操听完之后，本想立即着人去逮捕董仁、伏了和吉桥，但他转念一想，还是等等再说。一是验证一下老人的话是否属实，二是还得告诉皇上一下。因为这三人毕竟是皇帝近臣，而且都和自己有杀父之仇，如果急于行动，不仅皇上不满意，还会弄得满朝风雨，影响自己的声誉。

（十八）三国鼎立大局定　一病不起寿终

当他和皇帝说完一切后，献帝也深表同情。献帝说："董仁、伏了、吉桥真正是胆大包天，妄图杀害朝廷重臣，实是罪在当诛。此事朕已知晓，魏公就酌情处置吧！"

这个新任姑爷对这位老泰山果然痛快。他不敢，也不可能去阻挡这一切，还是做个顺水人情好了。

就这样等了三个多月，到了这年的五月，董仁、伏了、吉桥就要采取行动，曹操即刻派人先将端茗抓来，拷问出口供后，又立刻将董、伏、吉三人逮捕。开始三人装作不知为何被抓，董仁大喊道："我们皆是朝廷命官，何故来抓我们？"

曹操冷冷一笑："抓你们必有其因。叫出一人，看你们还怎抵赖？"说完，命人唤出端茗。这端茗一出现，三个人都如霜打的菜叶，很快蔫了下去。接着，曹操吩咐，将三个人推出砍了。许褚问："这女人怎办？也一并砍了是否可惜！"

曹操已知许褚之意，笑笑说："淫荡之女，祸水根苗，怎为可惜？"

就这样，四个人的"美人计"没有搞成，反倒白白送了小命。而那送信的老人，被曹操唤来府中，找个安闲房屋，派两个士兵长年侍候，好吃好喝，享尽几年清福，直到去世为止。

到了五月末，曹操终被献帝晋爵王位，称作"魏王"。到了第二年四月，也就是建安二十二年，正是春暖花开的日子，曹操手持代皇帝起的诏书，向群臣宣布：魏王"设天子旌旗，出入称警跸"。换句话说就是，曹操出入可以打皇帝的旗号，使用皇帝般的仪仗队、銮驾、警跸，也就是在他出入的地方和皇帝一样实行戒严，断绝行人。同时，"天子命王冕十有二旒，乘金根车，驾六马，设五时副车"。旒，指冠冕前后的玉串。据史书载，古代的初级官职，冠冕前后五条玉串，侯、伯职务七条，上公九条，而只有皇帝才有资格佩十二条。这就是说，曹操成了魏王，从穿衣戴帽到衣食住行，完全是皇帝的待遇。所不同的是，就是汉朝仍旧名存，汉献帝也没有退位，曹操仅仅不是汉朝皇帝而已。

曹操的政治抱负终于如愿以偿，他出行时，旌旗开路，六匹马拉的车华丽壮观，身穿蟒袍，腰系玉带，头顶戴着前后十二条玉串的冠冕，前后

千古枭雄曹操

左右卫队相随，真正是威风凛凛，不可一世。

曹操随心了吗？其实并没有，现在，他家中的太子之争，就闹得非常激烈。所谓争斗，也就是出于一母所生的曹操的三个儿子：曹丕、曹彰、曹植。

自从曹冲死后，最高兴的当属曹丕。太子之位于他，已是触手可及。一是他在儿辈中年龄最大；二是他带兵打仗多年，积累了一定经验；三是曹操在出征时，均已委其重任，看家守城，几乎非他莫属。他清楚，现在的太子，就是为期不远的皇帝。当前曹氏家族已建魏，父亲也是六十多岁，且身体有病，说不定哪天一命归西，大权将唾手可得。然而，眼前两个兄弟，倒是心头之患，二弟曹彰一介武夫，文才浅薄，头脑简单，倒是好办。唯这个老三曹植倒是厉害，论文、论武，都和自己不相上下。要想当上太子，以后荣登皇位，只加倍小心于他就是了。其实，他曾多次设计陷害，但就是屡试屡败，偷鸡不着蚀把米，人害不成，反倒被人识破，思想起来，又是惧怕，又是愤恨。没办法，只能苦苦等着机会。终于，这年春季，曹操派曹植去幽州驻防，曹丕就找到了卞氏，让母亲去和曹操说立太子之事。他对卞氏说："父亲已经称王，立太子已成迫切之事，望母亲成全孩儿。"

卞氏对曹丕是有好感的，他能说会道，也有孝心，考虑到还是大儿子，太子之位非他莫属。所以，在晚上曹操来房时，终把此事定下，找了个日子，当众宣布，曹丕为太子，以后众将须得听从召唤为是。

曹丕成为太子，曹彰、曹植都很有气。曹彰自父亲所赐宝剑让曹丕给换去后，就已记下了这笔仇恨，只是自己没有报复的能力罢了。而曹植对曹丕的行为做法，既看不起，又非常厌恶，所以，有时曹丕发号施令，曹植多是想法绕过。这次曹丕被立为太子，哥俩都去外地驻防，轻易很少回邺，除非曹操一定要见他们，方匆匆而来，再匆匆而去。当然，这种情形已在曹丕心中植下嫉恨之种，当几年后登上皇位，他首先向这兄弟二人发难，哥俩险些全部断送性命。

时间过得真快，转眼到了建安二十三年元旦。新年伊始，万众欢欣。在这天的早晨，魏王府钟鼓齐鸣，满朝文武都来参拜和朝贺，骑马的，坐

十八　三国鼎立大局定：一病不起寿终

车的，走着的都是朝内的文臣武将、谋士参军等，而汉献帝那边则是冷冷清清、车马稀少。

看着如此风光的场面，曹操坐于龙座之上，实在高兴至极。他神采奕奕，满面红光，笑容可掬地向众人挥手说："各位卿家免礼，今逢新年伊始，满朝放假一天。有事当议，无事就可归家。"

在众人的一阵欢呼后，大厅内渐渐安静下来。曹操走下龙座。着人扶着走到后殿，脱下朝服，换上便装，向自己的住所走去。白天，他在卞氏屋中度过，天黑以后，就到年纪最轻的夫人赵姬屋中去了。

这个赵姬今年不足三十。虽已不是风华正茂，但也算得上风姿绰约，身材优美，面目清秀，深得曹操的宠爱。

这天曹操心情十分舒畅，他来到赵姬的房中，看了看年仅六岁的儿子曹茂，二人哄着孩子睡觉后，就双双进入帐中，要行床第之欢。谁知，今天的曹操无论怎么努力，也达不到自己的最终目的。不得不面对赵姬期盼的目光，摇头叹息："老矣，真的老矣！"

自这天晚上失败以后，曹操的情绪就有了显著的变化，变得急躁、爱发脾气。后来，他听说南方有个叫左慈的方士能配壮阳补肾的草药，就召人把他请来，专给他配制草药。

这个左慈，真是有办法，也不知他用的都是什么成份，这些草药熬成后喝下，还真的起作用。

此年，曹操已是六十三岁，乱用补药，虽一时性起有些作用，但属一种精髓透支的现象，无异于饮鸩止渴！

曹操正是处于这种情况当中，在这种药物的刺激下，初期确实快乐至极，然而，没超过半个月时间，就有了不良之感，身虚气喘，难治的痼疾头脑疼痛又袭了上来。

这次头痛，不同于以前几次，疼上来后，大汗淋漓，四肢抽搐，大喊大叫，直把各位夫人、姬妾急得不知如何是好，把几个年龄小些的儿女们吓得连哭带喊，众文臣武将们也是束手无策，一筹莫展。疼到厉害时，曹操连呼："华佗，你在哪里？快来救命！"然而，只是呼喊而已，因为华佗早已死在许褚，不，也可以说死在他自己的手下！

曹操闹的时间过长，困乏至极，昏沉睡去，屋中众人都已走清，只留下赵姬一人守在旁边。不久，曹丕迈进屋中，她正呆呆地望着窗外，不知在思索什么。

听到响动，赵姬扭头一看，忙轻声说："太子快坐，你父刚刚睡去！"

曹丕没有言语，点点头，望了赵姬一眼，正好赵姬也在看他，四目相对，似有深情。赵姬脸一红，立刻低下头去。

看了父亲一会儿，又转过头来看了一阵子赵姬的曹丕，猛地上前抓住赵姬的纤纤细手，拉在自己的脸上摸几下后，就放下退出屋去。而赵姬没有拒绝这种"儿子"兼太子的亲昵行为，她不敢，她也不能，小曹总比老曹要强得多。这些话，只是在她心里憋着而已，直到曹操死后，曹丕挤走汉献帝荣登皇帝位置后，方放心地被曹丕纳了过去。这些，都是三年后的话语了，现在叙述为时过早。

在众人的抢救和郎中的看视下，曹操的头疼终于止住，经过一段时间的休养，又精神起来。他康复后的第一件事，就是去派人寻找左慈，并密嘱许褚如何办理。果然，当左慈来后，又问："大王，可否再吃些药？"

曹操笑声朗朗，说："方士真神人也，如有药剂，尽管拿来！"

左慈当然高兴，因为每剂药都能赚百两银子，家中还有百十来剂，如果全都给他，岂不闹万八千两白银？于是，他回答："尚有百剂，只怕用之不了！"

曹操说："用得了，有多少要多少。用了实在妙不可言。仲康，你跟方士去取，回来照付白银！"

左慈怀着就要发大财的梦去取药了。到得城外一座破庙里，将所藏药剂全部倒出来。许褚将药放进一只布袋，装好丢在一边。

见许褚并未要走，左慈奇怪地问："许将军，咱们走吧，大王还正等着用！"

谁知此时许褚把脸一翻，喝令："你把衣裤脱下！"说着，抽出雪亮的腰刀。

左慈见状，吓得颜色大变，哆嗦着问："将军，这是为何？"

许褚又是一声断喝："少要多嘴！"接着，猛地将左慈裤子拽下，一

十八 三国鼎立大局定：一病不起寿终

— 343 —

刀上去，将他的阳具连根割掉，然后，背着布袋扬长而去。到得王府后，将药往曹操面前一放，说："大王，事情已经办妥，药全部拿来！"

曹操吩咐道："把这些药全部烧毁，以后无论是谁，再弄这些害人之物，一律斩首，决不轻饶！"

时间过得真快，转眼又是一年。这年是建安二十四年，也就是曹操六十五岁这年。此时的刘备，在西南四川地界，已经将刘璋盘踞的地盘全部夺过划为己有，并建成蜀国，自己则成了西南一代的国君，面南坐北，登上了皇帝的宝座。

由于关中还有部分地方归曹操占有，刘备昼思夜想地要争夺回来。这时候的刘备已和往昔大有不同。要地盘，终有川蜀之地，天府之国，物丰民丰；论人力，数十万之多，大将云集，五虎上将关羽、张飞、赵云、马超、黄忠，又有魏延、廖化、马岱、姜维、关平等人；文人谋士诸如诸葛亮、庞统、孙乾、糜竺、蒋琬等人，真正是兵多将广，人才济济。

刘备见汉中潼关仍在曹操手中，由大将夏侯渊、张郃等人镇守，就亲自率领大军，由老将黄忠做先锋，浩浩荡荡地向潼关杀来。走到定军山的地界，双方兵力遭遇，立即厮杀起来。若论力量，夏侯渊、张郃都不是等闲之辈，可以抵挡一阵子。但是，刘备这边智囊人物很多，诸葛亮、庞统等人惯用智谋，又是军事天才，这一比较，夏侯渊和张郃就相形见绌了。结果，在定军山一战，夏侯渊、张郃中了刘备的埋伏，张郃险遭杀害，夏侯渊上来救援，张郃夺命脱逃，而他自己，则死于老将黄忠的刀下。

张郃兵败定军山，潼关失守。急忙回归北方。到得邺城后，向曹操一说，夏侯渊被斩身死，心疼得曹操放声大哭，昏死过去。

曹操和夏侯渊的感情太深了。想四十多年前，他和夏侯惇、夏侯渊哥儿三个一齐从家中出来，入伍为卒，多易主帅，南征北战，东拼西杀，哥儿三个始终没有分离。二十年前，夏侯惇损失一眼，成了独眼残废，但毕竟他还活着，仍在自己身边。而夏侯渊，担当重任，留守西部，原打算这边安顿好后，就把他调回朝中，休养一段时间，待魏建立后，封侯拜相，封妻荫子，颐养天年，岂不是好？

谁知，一切都未实现，夏侯渊就惨遭身死。曹操边哭边喊："妙才慢走，哥哥一定替你报仇！"说完，又昏死过去。

待众人把曹操唤醒后，他的头疼病又犯了，并且疼得愈是厉害，有时候甚至疼到"咚咚"地往墙上直撞。直到吃下郎中留下的药后，稍稍有些缓解。

从最近几次犯病来看，曹操头疼的次数越来越频繁，一次比一次厉害。按说，年已六十五岁，身份、地位都已不低，可以好好休息一下，调养调养身体，四处寻找良医，对症治疗，头疼病不可能越来越重。

可是，如果那样，就不是他曹操了。他永不服老，永远抗争！他这暮年"烈士"，总有这不已壮心。

于是，这年的五月，他又带队出征，直达长安地界。在斜谷地带和刘备军队相遇，双方又展开了一场激烈的交锋，结果，两边都有较大伤亡，最后，曹操终以长安、汉中失守而兵败，自此，西南地区全部归刘备所有。

然而，战斗并未结束，刘备对曹操的进攻也未停止。这年七月，也就是距曹操病死半年之前，刘备又派义弟关羽率大将糜芳、傅士仁等进攻曹军占领的江陵、樊城。这年，由于阴雨连绵，遍地洪水，守城将领于禁见逃跑无望，守又不能，只得顾全性命，投降关羽，而副将庞德，却坚贞不屈，宁可战死，决不投降。

消息传来，又给曹操一个沉重打击。他既心疼这得来不易的城池，又痛恨于禁背叛于他。他瘫倒在地上，头痛发作，连呼"疼死我也！"

众将都前来劝解，说："魏王，双方交战，胜败无常，何须如此伤心？今日失去，明日将可得矣！"

曹操捧着头，痛苦地说："城好夺，将难得。人好求，心难得矣！"

他指的就是于禁。这个于禁，字文则，泰山郡距平县人。汉灵帝时期，曾是大将鲍信的部下。后曹操攻占宛城，他方投了过来。接着，在曹操的指引下，战吕布、破袁术、灭袁绍、平北方，都立下了汗马功劳。曹操对他的用兵方法也很欣赏，多次当众表扬说："文则真良将也，其人才难得，可和汉初韩信相比！"

而于禁也很感激曹操对他的重用。他常在众人面前说："生我者父母，知我者丞相也！此恩此德，终生难忘。"于此，在曹操的麾下一干就是三十年。曹操后封他为益寿亭侯。

就是这样一个追随三十余年、忠诚的将领，一夜之间竟投入别人怀抱。看看副将庞德，仅仅来了几年，在敌人面前宁可战死，也不屈节投降，这两个人形成的对照实在鲜明！

曹操伤心极了，不禁伏案而哭，越伤心头越痛，急得众人搓手跺脚，苦于无法劝解。

面对此情此景，别人都不能劝，也无法来劝，只有贾诩，方是前来劝解的重要人选。

贾诩来到王府，二人虽是亲戚，但现在的曹操毕竟不同于以前。原来仅是一朝臣，而现在虽无皇帝称号，也和那个位置相差无几。所以，进见、交谈总不能那么随随便便了。

贾诩进得王府，见曹操正沉默地坐于桌案旁边。他走上前，躬着身子，恭恭敬敬地说："魏王，事已至此，请勿忧心。于禁既叛，想他还有何益？"

曹操抬起头，看看贾诩，还是客气地说："文合休要多礼，坐下来谈。于文则去，我们无所畏惧，只是想到人心叵测，难知其里，谁知余下众将都有何等心思？"

贾诩坐下来，说："魏王遇事还得宽想，类似他这样之人毕竟不多。你想，咱征战多年，胜败皆都经历，也就是他屈节背叛。"

贾诩的话，曹操听着非常顺耳，于是，眉头稍有展开，长叹一声说："我不仅对文则不薄，而对众将都是如此，真如果都背叛于我，其心难平矣！"

然而，事情的发展实在难如人意，如果说于禁的投降对曹操触动较大，那后面发生的一件事，对他则是更沉重的打击，甚至可以说是毁灭性的打击。

因为荆州的归属问题，在赤壁之战，孙权、刘备联手打败曹操后，他们两家也就撕破脸皮打了起来。自此，两家矛盾愈深，都想把对方置

千古枭雄曹操

于死地。

关羽兵驻襄阳，由于于禁部队的投降，添人增口，所备的粮食已不足消费，所以，就进攻孙权的湘关，拿下湘关后用里面的粮草补充自己。

关羽此为，孙权痛恨不已，他将吕蒙叫来，吩咐道："子明将军，你带部分人马驻于南郡，待关羽路过时予以袭击，打他个措手不及，消灭有生力量，以复关羽抢粮之仇！"

吕蒙领命，立即带领潘璋、马忠等人埋伏起来，待关羽去南郡的路上过麦城时，伏兵立即出击，将关羽及其养子关平等人围住，轮番战斗。关羽的勇猛人所共知，如果这些人加在一起，恐也打不过他。但是吕蒙善用智谋，计定巧取。他在关羽走过的路途上挖了陷坑，坑边埋有绊马索，等关羽、关平带人从此路过时，猛将绊马索拉起，狂奔的马立即被绳索绊倒，关羽连人带刀栽下马背，跌入陷坑之中，很快，马忠等人过来，将关羽擒获，一齐遭擒的还有关平及随行人员。

吕蒙将关羽押往孙权帐中，喝令他跪下。关羽冷冷一笑，大义凛然地说："上跪天地，下跪祖宗，除此别无他人。"

站于旁边的潘璋发话说："关云长，现在你不是过五关、斩六将之时，你已被我东吴俘虏，见我国君敢不下跪！"

关羽听后，又是仰天大笑，说："你们是什么吴王，不就是孙权这个碧眼小儿吗？叫我下跪，痴心妄想！"

座上的孙权听后，冲冲大怒，一拍桌案，说："关云长，休得张狂，再不老实，叫你身首两处，刀下作鬼！"

听至此，被缚双臂的关羽晃晃胳膊，说："大丈夫生而何欢，死而何惧？孙仲谋碧眼贼，你敢给我一刀吗？"只这么一骂一激，孙权好不生气，他喝令刀斧手，把关羽、关平父子推出帐外，斩首示众。

旨意一下，很快过来一群刀斧手，连搡带推地把父子二人推出帐外，一刀一个，父子二人皆被砍下脑袋。

当刀斧手提着关羽的头进来时，孙权方后悔自己的冒失，怎么说杀就杀了呢？这个关羽非等闲之人，刘备闻知后，还不前来拼命。正发愁间，鲁肃、陆逊来到帐中，孙权对他们说："子敬、伯言，你们来得正好，今

日关羽被我斩首，看此事如何处置！"

鲁肃一听，颜色大变，说："主公，此事大错矣，本来曹魏总想吞并我们，因惧怕我们和刘备联合，方不敢轻举妄动。今关羽遭杀，必遣人来此报仇，如果两边夹攻，实在危险矣！"

鲁肃这番话，把孙权吓得不知所措，一会儿就大汗淋漓。

站于旁边的陆逊虽然年轻，倒很有主见，他说："子敬所言虽然有理，但也不是没有出路可寻！"

孙权一听，高兴地问："伯言快讲，有何出路？"

陆逊不慌不忙地说："曹操屡有和我们联合之心，目的就是消灭刘备。现在我们将关羽之头给曹操送去，一报喜讯，二和他联结，三也可以嫁祸于他，造成一个咱受曹操所迫，不得不杀害关羽的假象，让刘备把仇记在他的身上，岂不是三全其美的一件好事？"

孙权一听，拍手称好，马上说："伯言此法甚好，就着你带关羽头去，联络曹操，共同抗击刘备。"

陆逊领命而去，并没带多少人员，只有两个随从，用个木匣，装着关羽的头，骑上快马，直奔邺城而去。

此时，已到建安二十五年正月。这个春节，曹操过得实在惨淡。因为自腊月初，他就又病倒在床，头疼得呼天号地，而且时常昏迷、说胡话。

那天，他正在床榻躺着，忽然对守在旁边的卞夫人、刘姬、赵姬三个人说："快，把袁术、袁绍给我赶走！他们手拿棍棒，要打我的头！"

三个人一听，忙问："大王，你眼昏花，哪有袁术、袁绍？"

曹操一听，愤怒已极，他大吼一声，抓起枕头，向着床下砸去，说："分明两鬼来索我命，怎说没有？袁术、袁绍你们看剑！"

三个夫人此时心中发虚，头发根子往外直冒冷汗，赶快打发一个人去喊太子曹丕。工夫不大，曹丕到来，忙问："父王，怎么回事？"

曹操说："子桓，你自己来就可以了，为何将孔融、华佗也带来？去，叫他们走开！"一会儿，又说："华佗神医，你不能走，给我治病，我要死了！"说完，就昏迷过去，任凭人们大声呼叫，也不醒来。

就这样，曹操昏迷了三天，曹丕找了两个郎中，又吃药，又针灸，总

千古枭雄曹操

算有些好转，头脑也算清醒过来。经过多天的折磨，人明显消瘦不少。

这天，刚刚吃过早饭，曹操今天感觉比哪天都好，头也不算疼，精神也较振作，就召集众人前来议事，仍是西征刘备一题。正说话间，人报东吴有人求见，曹操忙叫人带进来。

来人正是陆逊，只见他手拎一白绸布包，到得曹操面前，双手一揖施礼，然后自报家门说："魏王，我乃东吴小将陆逊，今日前来，奉我主孙权之命，送来一珍贵礼物！"

曹操一笑，高兴地说："孙仲谋学得聪明起来，所送何礼，请你呈上！"

陆逊不慌不忙，把布包打开，露出一只木匣，把木匣打开，一颗血淋淋的人头露了出来。由于曹操征战几十年，杀人无数，见个人头并未惊奇，忙问："这是谁的人头，为何送予我手？"

陆逊笑笑，说："魏王请看，这是关羽！"

一听是关羽之头，曹操顿时惊得目瞪口呆，两眼发直，愣愣地说不出话来。接着，他声嘶力竭地喊："关云长，你为何死去？等等我，我也要去！"说完，口吐白沫，翻身栽倒在地，昏死过去。

众人一见，俱都心慌意乱起来，一边七手八脚地抢救曹操，一边大骂东吴不该此时送来关羽人头。

陆逊一见，心中也害怕起来。他想，本来是奉命前来报喜，联络两方感情，以共同对付刘备，谁知弄巧成拙，把个一世征战的魏王吓死过去，这可是个祸事，不如趁没人注意之机，快快溜走吧！就这样，陆逊偷偷走出帐外，回东吴复命去了。

曹操自见了关羽的头后，终日昏昏沉沉，恍恍惚惚。他除非不合眼，只要合上眼，就会看到关羽时而站在自己面前义正词严地挂印挂金，时而在华容道上，手举大刀，将自己夺命而去；时而满身血污，一脸悲情，来拉自己的手，一齐向西飞去。他合眼躺着，嘴里不停地喊："云长，我好想你哟！"说完，又孩子般地啜泣起来。

关羽一死，确实对曹操刺激很大。他虽知关羽是自己的敌对势力，也曾和关羽他们部队拼杀过多次，但这都消除不了他对关羽的敬仰和钦佩，

十八　三国鼎立大局定·一病不起寿终

关羽有勇少谋，大仁大义。这些，从"屯土山约三事"时充分体现出来，也从华容道义释自己而证实这点。经此一劫后，曹操忘不了这一败北之仗，更忘不了关羽的义释之恩。所以，今日一见关羽的首级，难怪他如此沉痛和伤感。本来他的病体稍稍好转，精神也略有缓和，经此事一刺激，可想而知是愈来愈厉害了。

曹操在昏昏沉沉中熬了十天。十天中他不吃不喝，病体已衰弱到极点，找来几个郎中诊诊脉，看看舌，摸摸手，一致摇头而去，连声叹息。

见曹操这个状态，众人都很着急，最忧心的要数卞氏夫人。她坐于曹操身边，看着他静静地面朝上躺着，用手摸摸鼻子，倒是有些微弱呼吸。她看着曹操日益消瘦下去的脸面，两道浓眉下面深陷的双眼，额头旁边的颧骨更加突出，颏下的胡须比较凌乱，与过去出征时骑在马上的潇洒俊逸形成鲜明对照。她越看越心酸，越看越心如刀绞。

她从使女手里接过一碗莲子汤，拿一汤匙勺上一点，放到自己的嘴边慢慢吹了吹，尔后再慢慢送到曹操嘴边，轻声说："夫君，你喝一点儿吧！"

也许这句轻唤起了点儿作用，曹操嘴唇动了一动，将勺内的一点儿莲子汤喝了下去，尔后，又把头一歪，昏迷过去。尽管在众人的呼唤下时而睁睁眼睛，也是瞬间合上，实在无力看人。

这样昏昏沉沉地躺了一天，到傍晚时，方又苏醒过来。此时，围观的人都已散了，屋内只剩下卞氏一人。她上前抓着曹操的瘦手，把脸贴在夫君皱纹斑驳的面上，几颗泪珠无声地顺着腮边流下，淌到曹操的嘴边。

曹操动了一动，看看这个跟着自己风雨飘摇几十年的伴侣，内心也无比酸楚。卞氏多好的夫人啊，她比他小整十岁，现在也近六旬，自打到曹操身边后，温柔顺从，善解人意，心胸开阔，豁达容人。她几十年来，含辛茹苦地养育了四子三女，尽管苦没少吃，累没少受，从来都是默默忍受，无怨无悔。曹操伸出手来，抚摸着卞夫人黑白相间的头发，轻声说："别哭，何必像个幼小龄童。"

卞氏用手抹去眼泪，问："夫君，你觉今日怎样？"

曹操隔了一会儿，说："实言相告，我的阳寿已尽，已没几天时日矣！"

卞氏眼泪复又流下，嗔怪说："不许胡说，你怎知道！"

曹操苦苦一笑，回答道："我已有预感，今天是何日子？"

卞氏想了一下，说："今天正月十三，后天就是上元节了。"

曹操"哦"了一声，接着说："我最多还有十天阳寿，到时你切勿过悲！"

听至此，卞氏又低声啜泣起来，边哭边抚摸着曹操的脸颊。

卞氏的啜泣，也使曹操的心绪纷乱起来，他强打精神，尽量和缓地说："你要听话，不必如此。难道你忘了我曾说过的'神龟虽寿，犹有竟时'吗？世上没有长明之烛，更无不亡之人矣！"隔了一会儿，他又说："秦皇仅活四十九年，汉祖寿也五十二岁，那霸王项羽阳寿更短，自刎时年仅而立。我已是六十有六，该知足矣！"

说至此，曹操已经困乏得又无力说话了，他合上眼睛，在卞氏的抚摸下，又沉沉睡了下去。

曹操就这样在不吃不喝中又过十天。期间，他时而喊头疼，时而说胡话，总之，清醒的时候很少。

这天，正好到了正月二十三日，也就是曹操所预感的阳寿将终的日子。

这天的天气特别好，红红的太阳从东方升起，虽然已进立春节气，但气温仍然很低，只是在太阳高悬上空后，方微微有些暖意。不知什么原因，从这天早晨起，曹操就特别精神，多日没有睁开的眼睛忽然四处看人，并闪闪发出光亮，多日水米没进，忽然喝进半小碗稀饭，尔后，精神明显振作起来，四周看看，问卞氏夫人："子桓、子文、子建何在？"

卞氏扶他躺好，轻声告诉他："夫君，他们三个都在外屋候着呢。"

曹操喘喘气，说："你把他们叫来，我有话讲！"

卞氏夫人来到外面，立即把哥儿三个唤来。他们一齐来到床榻前，轻声呼唤："父王，我们来了，你有何话？"

曹操睁开眼睛，一个一个看看他们，刚想仰头说话，突然一阵昏旋，

大家又是一阵大乱，卞氏夫人挥挥手，说："别慌，你父亲太累了，让他暂先歇会儿！"

就这样，众人又在曹操的身边守了几个小时，别人都不知底细，唯独卞氏特别担心，千万不要应验丈夫的话语，今天是归天之日。从早晨来看，倒是挺叫人高兴，忽然大有好转，哪像寿终之人？为此，卞氏悬着的心稍微有些放松。谁知到了午后，病情又有所加重，刚想说话，又昏迷过去，等到醒来时，天已近黄昏日落。

曹操又睁开眼，只是话语不清，难以表达其意，他抓住曹丕的手，从喉咙里费劲地说出："你，要对你弟……"这句话终于没有说完，曹操终于随着黄昏落日，咽下最后一口气，走完了他六十六年的传奇历程。

曹操撒手人寰，总算痛痛快快地走了。他的走，给曹氏后代留下了基业，给对立面留下了机会，也给许多人留下了遗憾。

曹操走了。他的走，给后人们留下了一页历史。这页历史，熠熠发光。

千古枭雄曹操

附录

—— 曹操大事年表 ——

曹操，生于 155 年。字孟德，小字阿瞒，沛国谯人（今安徽亳州人）。

184 年 2 月，黄巾起义爆发。10 月，张角病死。

187 年，曹操任东郡太守。

189 年 9 月，董卓废少帝刘辩为弘农王，立九岁的陈留王刘协为帝，是为献帝。同年 12 月，曹操号召各镇诸侯共起讨伐董卓。

192 年 4 月，王允设连环计，吕布杀死董卓。6 月，李傕、郭汜围长安，杀王允，败吕布。曹操击败青州黄巾军，收编为"青州兵"，实力得以壮大。

193 年，曹操东征徐州，大败陶谦。

195 年 10 月，曹操领兖州牧。

196 年 7 月，献帝在杨奉等人的护送下，回长安。吕布占徐州，刘备投曹操。曹操始兴屯田，将献帝劫持到许。

197 年，袁术在寿春称帝。曹操讨伐张绣，失败。袁绍占领冀、幽、青、并四州。

198 年 9 月，吕布攻打刘备，破小沛。12 月，曹操擒杀吕布。

199 年 11 月，张绣投降曹操。董承与王子服等密谋除曹操。

200 年，曹操诛杀董承一伙。孙策遇刺身亡，孙权继位。陈琳撰写讨曹檄文，官渡之战开始。10 月，曹操偷袭乌巢。

201 年，曹操败袁绍于仓亭。刘备投奔刘表。

202 年 5 月，袁绍病死。

203 年，孙权讨伐黄祖。

204 年，曹操平定冀州。

205 年，曹操平定青州。

206 年，曹操平定并州。

207 年 8 月，曹操大破乌桓，消灭袁氏残余势力，统一北方。

208 年 6 月，曹操封为汉丞相。7 月，曹操南征刘表。8 月，刘表病死；曹操杀孔融。9 月，刘琮投降曹操。11 月，赤壁之战，曹操被孙刘联军打败。

210 年，曹操建成铜雀台。

211 年，曹操攻破马超。刘备入川。

212 年 10 月，曹操南下进攻濡须口。孙权移至秣陵，改名建业。

213 年 5 月，汉献帝封曹操为魏公，加九锡。

214 年 5 月，孙权攻破宛城。7 月，孙权进攻合肥，被张辽击败。10 月，献帝、伏后与国丈伏完密谋除曹操，事泄，曹操诛杀众人。刘璋投降刘备，刘备自领益州牧。

215 年 7 月，曹操征张鲁。11 月，张鲁降曹操。

216 年，曹操称魏王。

217 年 2 月，曹操进攻濡须口，孙权败。

220 年 1 月，曹操病亡。10 月，曹丕称帝，建魏国。